मुहम्मद इक़बाल का फ़ारसी महाकाव्य

जावेदनामा

मुहम्मद इक़बाल का

ज़ावेदनामा

फ़ारसी महाकाव्य

मुहम्मद इक़बाल

अनुवाद

मुहम्मद शीस ख़ान

राधाकृष्ण प्रकाशन

ISBN : 978-81-8361-230-2

मुहम्मद इक़बाल का फ़ारसी महाकाव्य

जावेदनामा

पहला संस्करण : 2008

This book is printed on Print on Demand Technology : 2025

मूल्य : ₹995

प्रकाशक

राधाकृष्ण प्रकाशन प्राइवेट लिमिटेड

जी-17, जगतपुरी, दिल्ली-110 051

शाखाएँ : अशोक राजपथ, साइंस कॉलेज के सामने, पटना-800 006

पहली मंजिल, दरबारी बिल्डिंग, महात्मा गांधी मार्ग, प्रयागराज-211 001

1, अनमोल सोराबजी संतुक लेन, धोबी तलाव, मरीन लाइंस, मुम्बई-400 002

वेबसाइट : www.radhakrishnaprakashan.com

ई-मेल : info@radhakrishnaprakashan.com

Muhammad Iqbal's Persian Epic

JAVEDNAMA

Hindi Translation by Muhammad Shees Khan

डॉ. सत्यप्रकाश मिश्र की स्मृति में

अनुक्रम

अनुवादक की भूमिका

अल्लामा इक़बाल का फ़ारसी महाकाव्य 'जावेदनामा' उनकी महान् काव्यकृति (Magnum opus) है। सम्पूर्ण फ़ारसी साहित्य में यह अपने क़िस्म की अनूठी पुस्तक है। इसकी रचना 1927 में आरंभ हुयी और 1932 में प्रकाशित होते ही यह एक क्लासिक बन गयी और इसकी गणना फ़िरदौसी के 'शाहनामा', रूमी की 'मसनवी', सा'दी की 'गुलिस्ताँ', हाफ़िज़ के 'दीवान', दान्ते की 'डिवाइन कॉमेडी' और गोएटे की 'फाउस्ट' की कोटि में होने लगी। जावेदनामा की परिकल्पना एक वृत्तात्मक काव्य (Narrative Poem) के रूप में की गयी है जो एक काव्यात्मक नाटक (Poetic Drama) भी है जिसमें पात्रों के संवादों के माध्यम से औपदेशिक (Didactic) विमर्श है। यह इन्द्रिय जगत् से परे अनन्तता के प्रति कवि की आध्यात्मिक यात्रा का विवरण है। इस दृष्टि से 'जावेदनामा' वस्तुतः कवि की 'मे'राजनामा' है। पैग़म्बर हज़रत मुहम्मद के आकाशों पर आरोहण (Ascension) के फलस्वरूप ईश्वर से साक्षात्मकार की अनुभूति को 'मे'राज' कहते हैं। क़ुरआन में इसे 'इस्रा' कहा गया है। 'मे'राज' की चर्चा तथा इसकी कैफ़ियत का वर्णन अनेक हदीसों में भी मिलता है। मुसलमानों के दिलोदिमाग़ पर 'मे'राज' की घटना के प्रभाव का अन्दाज़ा इस बात से लगाया जा सकता है कि दुनिया में मुसलमानों की कोई ऐसी भाषा नहीं जिसमें 'मे'राजनामा' मौजूद न हो। 'मे'राज' दैहिक थी या रूहानी इस विवाद का मुसलमानों की राजनीति पर भी असर पड़ा जिसके फलस्वरूप लड़ाइयों तक नौबत आ पहुँची। इक़बाल ने इस्लाम के पवित्र पैग़म्बर के प्रति आदर एवं सम्मान के कारण पैग़म्बर हज़रत मुहम्मद की मे'राज का अनुकरण नहीं किया है क्योंकि इस्लाम के पैग़म्बर की मे'राज की अनुभूति अद्वितीय है। यह इस्लाम के पैग़म्बर का ही विशेषाधिकार था कि उन्होंने पैग़म्बराना गरिमा और उदात्तता के साथ आकाशों का आरोहण तथा परम यथार्थता का साक्षात्कार किया। उनके अलावा किसी अन्य मनुष्य को यह सम्मान अप्राप्य है। अतः इक़बाल ने मे'राज की सामान्य व्याख्या का अनुकरण किया है जिसके अनुसार मे'राज चेतना का एक उच्चतर अवस्थान है जिसमें भौतिकता या शारीरिकता का समावेश नहीं। इस्लामी जगत् में सर्वप्रथम स्पेन के सूफी मुहीउद्दीन इब्न अरबी (1165-1240 ई.) ने

अपनी आध्यात्मिक अनुभूति को मे'राज की अनुभूति के रूप में वर्णित किया। उनकी पुस्तक 'अल फुतूहात मक्कीयः' (मक्का की प्राप्तियाँ अथवा मक्का की ईश्वरीय प्रेरणायें) इस कोटि की प्रथम रचना है। स्पेन के सूफियों और मुस्लिम धार्मिक विचारकों के माध्यम से 'मे'राज' की परम्परा यूरोपीय देशों में पहुँची तथा वहाँ के साहित्य पर अपना प्रभाव डाला। स्पेन के ईसाई विद्वान प्रोफेसर मिगल आसिन पालासिओस (Prof. Miguel Asin Palacios) के विचार में, "इब्न अल अरबी की रचनायें विशेषतया उनकी 'अल फुतूहात मक्कीयः' वे स्रोत हैं जहाँ से दाँते (Dante) ने अपनी डिवाइन कॉमेडी का सामान्य विचार सूत्र ग्रहण किया"।[1] नरक और स्वर्ग की संरचना के ज्यामितीय रेखाचित्र तथा उस दृश्यावली की सामान्य रूपरेखायें जिसमें कि महान् नाटक घटित होता है, ईश्वरीय प्रकाश (Divine Light) का दिव्य-दर्शन (Beatific Vision) तथा इस दिव्य-दर्शन के अनुभूतिकर्त्ता का आनन्दातिरेक वहीं से दाँते को प्राप्त हुये होंगे। एक ही ढंग से कल्पित एवं रचित ये कृतियाँ एक ही व्यक्तिगत उद्देश्य को ध्यान में रखकर लिखी गयी थीं, अपने गीतों के प्रणय संबंधी विषय-वस्तु की लाक्षणिक व्याख्या में दोनों रचनाकार एक ही पद्धति का अनुसरण करते हैं। दाँते अलीगीरी द्वारा अपने अमर काव्य में प्राप्त साहित्यिक गौरव में स्पेनवासी मुसलमान इब्न अल अरबी के भाग की जिसका कि उन्हें हक़ बनता है, उपेक्षा नहीं की जा सकती।[2] इब्न अल अरबी की 'अल फुतूहात मक्कीयः' एक सूफी की अनुभूतियों को रेखांकित करती है। दाँते की 'डिवाइन कॉमेडी' में उसके कल्पना जगत् के चित्रांकन के साथ ही साथ इब्न अल अरबी के अनुकरण में नरक, आ'राफ़ (पापमोचक स्थल) और स्वर्ग के जीवन्त दृश्यों का चित्रण है। डिवाइन कॉमेडी ज्ञान-विज्ञान की प्रगति पर टिप्पणी करते हुये ईसाई क़ौमों की धार्मिक एवं नैतिक कमज़ोरियों पर विमर्श के साथ यूरोप की राजनीतिक अवस्था के प्रति संकेत करती है। दाँते की मृत्यु के छह सौ वर्ष पश्चात् रचित 'जावेदनामा' में अल्लामा इक़बाल ने एशिया की तरफ़ से यूरोप को 'डिवाइन कॉमेडी' का उसी प्रकार उत्तर दिया है जिस प्रकार इसके पूर्व अपने फ़ारसी दीवान 'पयामे मशरिक़' (प्राची का संदेश) द्वारा गोएटे के 'पश्चिमी दीवान' का उत्तर दिया था। अल्लामा इक़बाल 'जावेदनामा' को 'एशिया की डिवाइन कॉमेडी' कहते थे। जावेदनामा को एशिया की डिवाइन कॉमेडी (Divine comedy) कहने का एक कारण यह भी हो सकता है कि नीत्शे और लार्ड किचनर को छोड़कर जावेदनामा के सभी मुख्य पात्र-मौलाना रूमी, विश्वामित्र (जहान दोस्त), ज़रतुश्त, गौतम बुद्ध,

1. Prof. Miguel Asin Palacios: 'Islam and Divine Comedy', Quââasain Khan Chambers, Moolchand Street Lahore: 1977 Page : 276
2. वही, पृष्ठ : 277

टॉल्स्टॉय, ग़ालिब, ताहिरा, हल्लाज, अब्दाली, नादिरशाह, टीपू सुल्तान, जमालुद्दीन अफ़ग़ानी, सईद हलीम पाशा और संस्कृत कवि भर्तृहरि-एशियन हैं। बक़ौल हरमन हेस (Herman Hesse) इक़बाल का आत्मा के तीन अधिराज्यों-हिन्दुस्तान, इस्लाम और पाश्चात्य वैचारिक जगत् से नाता है और ये तीनों उनकी विलक्षण रचनाओं के स्रोत हैं।[3] किन्तु जावेदनामा आत्मा के पाँच अधिराज्यों-हिन्दुत्व, बौद्ध धर्म, ज़रतुश्त धर्म, ईसाई धर्म और इस्लाम की समेकित अभिव्यक्ति है। इस दृष्टि से भी जावेदनामा संसार में अपनी कोटि की एक अपूर्व और अनूठी काव्यकृति है जिसकी मिसाल विश्व साहित्य में नहीं मिलती। विश्व साहित्य में कोई अन्य काव्यकृति नहीं मिलती जिसमें विश्व के समस्त प्रमुख धर्मों के महान् व्यक्तित्वों को इस प्रकार का सम्मानजनक स्थान देकर उन्हें मानवता की विरासत के रूप में प्रस्तुत किया गया हो। इस दृष्टि से जावेदनामा वैश्विक साहित्य का प्रतिमान है। इक़बाल के समकालीन महान् बंगाली कवि रवीन्द्रनाथ टैगोर की रचनाओं में राजपूत, मराठा और सिख नायकों का आदर्श चरित्रों के रूप में चित्रण तो पाया जाता है, ताजमहल पर उनकी एकमात्र कविता है जिसमें शाहजहाँ का उल्लेख है। इसके अतिरिक्त सम्पूर्ण रवीन्द्र वाङ्मय में हिन्दुस्तान के किसी मुसलमान व्यक्तित्व का उल्लेख नहीं मिलता। बक़ौल डॉ. ए.के. मजूमदार "इस मानसिकता का परिणाम यह हुआ कि उन्नीसवीं शताब्दी में विकसित होने वाले बंगाली साहित्य ने केवल एक हिन्दू साहित्य उत्पन्न किया?"[4] यह उल्लेखनीय है कि रवीन्द्रनाथ टैगोर के पिता ने फ़ारसी कवि हाफ़िज़ की ग़ज़लों का बांग्ला में अनुवाद किया था जिसे रवीन्द्रनाथ ने पढ़ा अवश्य होगा किन्तु उनकी रचनाओं में हाफ़िज़ या किसी अन्य मुसलमान कवि, दार्शनिक, लेखक या कलाकार का सुराग़ नहीं मिलता। यही हाल है इक़बाल के अन्य महान् समकालीन कवि, विचारक श्री अरविन्द घोष का जिन्होंने 'सावित्री' जैसे महाकाव्य की अंग्रेज़ी में रचना की थी। हिन्दी कवि रामधारी सिंह दिनकर इक़बाल के बड़े प्रशंसक थे और उन्हें इक़बाल और ग़ालिब के अलावा अन्य उर्दू कवियों के अनेक अशआर कंठस्थ थे, किन्तु उनकी भी कल्पना में किसी मुसलमान व्यक्तित्व को स्थान न मिल सका। अपनी महान् प्रतिभा के बावजूद दाँते के समान अधिकांश काव्यकार एवं विचारक अपने संस्कारों, पूर्वाग्रहों एवं विद्वेषों से मुक्त नहीं हो पाते। इक़बाल ही एकमात्र अपवाद है। जावेदनामा की रचना से पहले भी इक़बाल ने अपनी कविताओं में हिन्दुस्तान की महान् हस्तियों को श्रद्धांजलियाँ अर्पित की। 'हिन्दुस्तानी बच्चों का क़ौमी गीत' में चिश्ती के साथ गुरुनानक को भी तौहीद

3. Herausgegen von Wolfgang Kohler : 'Muhammad Iqbal and the Three Realms of Spirit', (Edited) Hamburg : 1977 Quoted in Annemarie Schimmel's Article 'Germany and Iqbal' : Page : 59
4. डॉ.ए.के.मजूमदार : 'Advent of Independence' पृष्ठ : 41

(एकेश्वरवाद) का संदेश वाहक क़रार दिया। नज़्म 'नानक' में गौतम बुद्ध को पैग़म्बर का स्थान दिया। नज़्म 'राम' में श्री रामचन्द्र जी की प्रशंसा में अशआर कहे और उन्हें 'हिन्दोस्तान का इमाम' (कर्णधार) कहकर अभिहित किया। पंजाब के प्रसिद्ध हिन्दू सूफी सन्त स्वामी रामतीर्थ से इक़बाल की गहरी दोस्ती थी। स्वामी जी की मृत्यु पर इक़बाल ने 'स्वामी रामतीर्थ' शीर्षक से एक नज़्म लिखी। दूसरी क़ौमों और उनके धार्मिक पेशवाओं का निरादर करना या धार्मिक पक्षपात के कारण दूसरे धर्म के अनुयायियों के महान् कार्यों की प्रशंसा न करना इक़बाल की दृष्टि में एक नैतिक जुर्म था जो महान् व्यक्तियों को शोभा नहीं देता।[5]

प्रोफेसर मिगल आसिन पालासिओस के अनुसंधान ने यह स्पष्ट कर दिया है कि डिवाइन कॉमेडी में नरक, आ'राफ (Purgatory) और स्वर्ग की सैर का चित्रण दाँते की अपनी कल्पना की उपज नहीं बल्कि उसका स्रोत क़ुरआन की वे आयतें और इस्लाम के पैग़म्बर की वे हदीसे हैं जिनमें मरणोत्तर जीवन के सम्बन्ध में नरक, आ'राफ और स्वर्ग के दृश्यों का सजीव वर्णन है तथा जिनकी जानकारी दाँते को इब्न अल अरबी की रचनाओं के अनुवादों से प्राप्त हुयी। कितने अफ़सोस की बात है कि दाँते इस्लाम के पैग़म्बर की शान में गुस्ताख़ी करते हुये उन्हें नरक (Inferno) में दिखाता है। अपनी महान् कृति 'डिवाइन कॉमेडी' की कथावस्तु, उसमें दर्शाये नरक, आ'राफ और स्वर्ग के जीवन्त दृश्यों के चित्रांकन के लिए वह जिस धर्म की संस्कृति एवं परंपरा के तत्वों का ऋणी है उसके प्रति अपनी कृतज्ञता प्रकट करने के स्थान पर वह उस अस्तित्व के प्रति अपने दुर्निवार्य विद्वेष एवं अपनी संकीर्ण मानसिकता का परिचय देता है जो उस धर्म एवं संस्कृति का स्रोत है।

जावेदनामा में इक़बाल ने डिवाइन कॉमेडी का प्रत्युत्तर प्रतिशोध द्वारा नहीं बल्कि अपनी मानसिक और नैतिक उदात्तता द्वारा दिया है। इस्लाम के महान् व्यक्तित्वों के साथ ही साथ अन्य धर्मों के महान् व्यक्तित्वों जैसे विश्वामित्र, भर्तृहरि, ज़रतुश्त, गौतम बुद्ध, नीत्शे एवं टॉल्स्टॉय को न केवल अपनी रचना में सम्मानजनक स्थान दिया है बल्कि उनके माध्यम से सम्बन्धित क़ौमों को समानता, भातृभाव और मानवीय एकता का संदेश दिया है। डिवाइन कॉमेडी में दूसरे धर्मावलम्बियों के प्रति दाँते का जो रवैया हो किन्तु साहित्य की एक सर्वोत्कृष्ट रचना के रूप में डिवाइन कॉमेडी अद्वितीय है। जावेदनामा और दिव्यकामदी में निहित मानसिक रवैये के मध्य अन्तर स्पष्ट करने का उद्देश्य दोनों काव्यकारों के साहित्यिक सिद्धान्तों की विवेचना है। कविता की उदात्तता के अपने प्रतिमान होते हैं और कवि के लिए ज़रूरी नहीं कि वह विभिन्न धर्मों एवं संस्कृतियों के व्यक्तित्वों को अपने काव्य की विषय-वस्तु बनाये। किन्तु किसी भी

5. डॉ. जावेद इक़बाल : 'ज़िन्दारूद' शैख़ ग़ुलाम अली एण्ड सन्ज़ पब्लिशर्ज़, लाहौर : 2002

समुदाय और परम्परा के प्रति विद्वेष की भावना नि:संदेह एक अवगुण है जिसे कदापि औचित्यपूर्ण नहीं कहा जा सकता। इस दृष्टि से दाँते की अपेक्षा गोएटे और इक़बाल में अधिक नैकट्य एवं समानता है। इक़बाल की तरह गोएटे में भी अन्य धर्मों, परम्पराओं एवं संस्कृतियों के प्रति सहिष्णुता और आदर की भावना कूट-कूट कर भरी है।

जावेदनामा में नीत्शे एवं किचनर को छोड़कर शेष समस्त पात्रों के एशियन होने का एक कारण यह भी है कि उनके माध्यम से इक़बाल सम्बन्धित क़ौमों को पाश्चात्य साम्राज्यवाद के विरुद्ध संघर्ष करने के लिए उत्प्रेरित करना चाहते थे। दिव्य कामदी में दाँते का सरोकार कैथलिक ईसाई विचारधाराके अनुसार व्यक्ति का आध्यात्मिक मन परिवर्तन है। दाँते के काल, चौदहवीं शताब्दी के यूरोपीय ईसाई जगत्, में यह रुझान ज़ोरों पर था भी। जावेदनामा में इक़बाल तत्वमीमांसात्मक समस्याओं के साथ ही साथ बीसवीं शताब्दी के अपने युग की राजनीतिक, सामाजिक, आर्थिक, नैतिक एवं धार्मिक समस्याओं के परिप्रेक्ष्य में अपनी महान् कलात्मक क्षमताओं का उपयोग मूलत: एक भविष्योन्मुख विश्वदृष्टि की स्थापना के लिए करते हैं। यही कारण है कि उनकी रचना में उदार मानवतावादी प्रवृत्ति एवं सूफी चिन्तन के सकारात्मक आशावादी पक्ष, दोनों का सर्वोच्च विकास मिलता है।[6] दाँते का युग मध्यकालीन दर्शन (Scholasticism) द्वारा पल्लवित एवं पुष्पित बुद्धिवाद का युग था। इक़बाल का युग बीसवीं शताब्दी के विज्ञान, गणित और अन्तरिक्ष भौतिकी का युग था। अत: इक़बाल और दाँते में यथार्थता की व्याख्या भिन्न है। जावेदनामा में जगत्, मनुष्य और ईश्वर तथा उनके अन्योन्य सम्बन्ध में बहुत कुछ है किन्तु लगभग हर जगह तर्क तथा साक्ष्य का आरंभ सूफियाना तर्क-पद्धति के विपरीत मौजूदात (सृष्टि एवं सृष्टि में पायी जाने वाली वस्तुओं) विशेषकर मनुष्य से शुरू होकर ईश्वरीय अस्तित्व (ज़ाते हक़) या परम यथार्थता की ओर बढ़ता है। वास्तव में इक़बाल परम यथार्थता पर संवाद का आरंभ गोचर जगत्, सृष्टि या बाह्य जगत् और मनुष्य से सम्बद्ध करके आगे बढ़ते हैं। यही प्रक्रिया सन्त रूमी के समक्ष उनके अपने निम्न प्रश्न और उसके उत्तर में भी दर्शनीय हैं:

मैंने पूछा उनसे, "मौजूद और नामौजूद है क्या?
प्रशंसित और अप्रसंशित का अर्थ है क्या?"
कहा उन्होंने, "मौजूद है वह जो चाहे प्रकटन
अस्तित्व की आवश्यकता है प्रकटन।
ज़िन्दगी है स्वयं को सँवारना स्वयं पर
माँगना है साक्ष्य अपने अस्तित्व पर।

6. विश्वनाथ नरवणे : 'आधुनिक भारतीय चिन्तन', राजकमल प्रकाशन, नई दिल्ली, पटना, 2003 पृष्ठ : 324

आशय यह है कि मौजूद (विद्यमान) वह वस्तु है जो प्रकटन या आविर्भाव या अभिव्यक्ति की उत्कण्ठा या तड़प रखती है, क्योंकि जहाँ कहीं अस्तित्व होगा वहाँ प्रकटन या प्रदर्शन या अभिव्यक्ति के लिए तड़प भी होगी। मानो अस्तित्व जीवन का साक्ष्य प्रस्तुत करने के लिए विवश है। कहना न होगा इक़बाल का तर्क मूर्त से अमूर्त, गोचर से अगोचर तथा ससीम से असीम की ओर गमन करता है। वह ज्ञात से अज्ञात, परोक्ष से अपरोक्ष की ओर बढ़ते हैं। यह वास्तव में उनके दार्शनिक एवं वैज्ञानिक दृष्टिकोण का प्रमाण है। इक़बाल की दृष्टि में जगत् और मनुष्य स्थायी हैसियत रखते हैं अर्थात् उनके विचार में सृष्टि या जगत् को स्वप्न या माया या भ्रान्ति नहीं कहा जा सकता।[7] दोनों रचनाकारों के काव्यों में शाश्वतता के तत्वों की प्रधानता है। निःसंदेह इक़बाल की वैचारिक एवं मानसिक भावभूमि गोएटे के समान है और वह दाँते की वैचारिक एवं मानसिक भावभूमि से कहीं अधिक विस्तृत है।

इब्न अल अरबी 'अल फुतूहात मक्कीयः', दाँते की 'डिवाइन कॉमेडी' के बाद 'जावेदनामा' विश्व साहित्य में 'मे'राज' की परम्परा की साहित्यिक कृति का तीसरा नमूना है। 'अल फुतूहात मक्कीयः' और 'डिवाइन कॉमेडी' में प्रतीकों की भरमार है। यही कारण है कि इन कृतियों के अनेक स्थल ऐसे हैं जो आज तक पहेली बने हुये हैं। किन्तु जावेदनामा में प्रतीकों का प्रयोग ऐसी कोई कठिनाई नहीं उत्पन्न करता है। जावेदनामा में कवि सूफी सन्त रूमी के मार्ग-दर्शन में विभिन्न ग्रहों की सैर करता है जहाँ वह ऐतिहासिक व्यक्तित्वों से मिलता है जो अपने संवादों में कवि के प्रश्नों का उत्तर समकालीन राजनीतिक और सामाजिक परिस्थितियों के परिप्रेक्ष्य में चिरन्तन सत्यों पर आधारित व्यावहारिक विवेक के रूप में देते हैं। यद्यपि दाँते और इक़बाल दोनों के प्रतीकवाद का प्रयोग नैसर्गिक है किन्तु 'डिवाइन कॉमेडी' में हिंसा, अश्लीलता तथा विरूपता के उदाहरणों की कमी नहीं। 'जावेदनामा' इन दोषों से सर्वथा मुक्त है। 'जावेदनामा' और 'डिवाइन कॉमेडी' की एक उभयनिष्ठ विशेषता दोनों का बिम्ब विधान (Imagery) है। यह बिम्ब विधान प्रतीकात्मक भी है और चित्रात्मक (Pictorial) भी। प्रतीकात्मक बिम्ब विधानों (Symbolic Imageries) में दोनों कवि ऐतिहासिक व्यक्तित्वों को प्रयुक्त करते हैं जो उन गुणों के प्रतीक हैं जिनका कि वे प्रतिनिधित्व करते हैं।[8] 'डिवाइन कॉमेडी' में अनेक ऐसी पंक्तियाँ हैं जो ग़ैर ईसाई पाठकों को ठेस पहुँचाती हैं। 'डिवाइन कॉमेडी' जैसी महान् कलाकृति में यह

7. डॉ. सैयद अब्दुल्लाह : 'मुता'ल्लिक़ाते ख़ुतबाते इक़बाल' (सम्पादित) : इक़बाल अकादमी, पाकिस्तान, लाहौर : पृष्ठ 268 से 271
8. सैयद अब्दुल वाहिद : 'Studies in Iqbal' (अंग्रेजी) शैख़ मुहम्मद अशरफ़, लाहौर : 1976, पृष्ठ 147

एक बहुत बड़ा दोष है। इसके विपरीत जावेदनामा ही क्या इक़बाल की किसी भी रचना में एक भी ऐसी पंक्ति नहीं जो किसी भी मतावलम्बी या धर्मावलम्बी को आहत करे। यद्यपि अध्यात्मवाद के विपरीत भौतिकवाद पर आग्रह करने के कारण पश्चिम और साम्यवाद की इक़बाल ने 'जावेदनामा' में तीक्ष्ण आलोचना की है किन्तु इस तीक्ष्ण आलोचना में दुर्भावना या विद्वेष लेशमात्र भी नहीं है। अपनी धार्मिक संकीर्णता एवं असहिष्णुता के कारण दाँते अपने मार्गदर्शक वर्जिल को स्वर्ग में स्थान नहीं देता क्योंकि वह ईसाई नहीं बल्कि एक ग़ैर-ईसाई (Pagon) था और बपतिस्मा प्राप्त या दीक्षा प्राप्त (Baptized) नहीं था। वर्जिल ही नहीं बल्कि होमर, होरेस, अरस्तू, अफलातून, सुकरात, इब्न सीना और इब्न रुश्द सदृश मानवता के महान् गौरवों को वह नरक में दिखाता है। इसके विपरीत इक़बाल ने जावेदनामा में जर्मन दार्शनिक नीत्शे तथा हिन्दू ऋषि एवं संस्कृत के महान् कवि भर्तृहरि को स्वर्ग में स्थान दिया है। इक़बाल के विचार में ईश्वर का अधिराज्य सभी मनुष्यों के लिए है किसी धर्म विशेष के अनुयायियों के ही लिए नहीं।

1

अल्लामा मुहम्मद इक़बाल का जन्म 9 नवम्बर, 1877 को पश्चिमी पंजाब के शहर सियालकोट में हुआ था। उनके पूर्वज सप्रू गोत्र के कश्मीरी ब्राह्मण थे जो मूलत: ज़िला इस्लामाबाद (अनन्तनाग) के निवासी थे। पूरे हिन्दुस्तान में तेज बहादुर सप्रू के अलावा और किसी सप्रू ख़ानदान का पता नहीं चलता। उनके पूर्वजों ने लगभग पाँच सौ वर्ष पहले इस्लाम धर्म स्वीकार कर लिया था। इक़बाल के पिता शैख़ नूर मुहम्मद अत्यन्त धर्मपरायण और सूफी प्रवृत्ति के बुज़ुर्ग थे। इक़बाल की आरंभिक शिक्षा सियालकोट में उमर शाह के मक्तब से हुयी जहाँ से उन्होंने लिखना-पढ़ना सीखा और क़ुरआन शरीफ पढ़ा। थोड़े ही दिनों में इक़बाल के पिता ने उन्हें मौलाना ग़ुलाम हसन के मदरसे में भेज दिया। एक दिन इस मदरसे में मौलाना सैयद मीर हसन (1844-1929) आये। उन्होंने इक़बाल को देखकर पूछा, "यह किसका बच्चा है?।" मालूम हुआ शैख़ नूर मुहम्मद का। मौलाना सैयद मीर हसन सर सैयद अहमद ख़ान (1817-1998) के प्रशंसक और मित्र थे। वह मुसलमानों में सर सैयद के शैक्षिक और सामाजिक आन्दोलन के समर्थक थे। वह अरबी फ़ारसी साहित्य और इस्लामी विद्याओं के मर्मज्ञ थे। उनके व्यक्तित्व में एक ऐसी कशिश थी जो एक बार उनके सानिध्य में आता उन्हें कभी भूल न पाता। इसके अतिरिक्त वह एक अद्भुत

शिक्षक भी थे। यद्यपि उनकी शिक्षा पुराने ढ़ंग से हुयी थी किन्तु वह आधुनिक अंग्रेजी शिक्षा की महत्ता से पूर्णतया अवगत थे और अपने शिष्यों को उसके लिए प्रोत्साहित करते थे। सैयद मीर हसन के परामर्श से इक़बाल को 1893 में सियालकोट के मिशनरी स्कूल स्कॉच मिशन में हाई स्कूल में भर्ती कराया गया जहाँ मौलाना सैयद मीर हसन भी पढ़ाते थे। स्कॉच मिशन के बाद इक़बाल सियालकोट के मरे कालेज (Murray College) में दाख़िल हुये और 1895 में एफ. ए. की परीक्षा उत्तीर्ण की। सियालकोट में अब उच्चतर शिक्षा की व्यवस्था नहीं थी। यूनिवर्सिटी शिक्षा के लिए 1895 में इक़बाल लाहौर आ गये। जहाँ उन्होंने गवर्नमेन्ट कालेज, लाहौर से 1897 में बी. ए. और 1899 में दर्शनशास्त्र में एम.ए. किया। लाहौर में विद्यार्थी जीवन के दौरान इक़बाल प्रसिद्ध प्राच्यविद् सर टॉमस आर्नल्ड (1834-1930) के सम्पर्क में आये। एम.ए. करने के पश्चात् वह पंजाब यूनिवर्सिटी ओरियन्टल कालेज, लाहौर में मैक्लियोड अरेबिक रीडर (Mc Leod Arabic Reader) नियुक्त हुये जहाँ वह 1903 तक कार्यरत् रहे। तत्पश्चात् वह गवर्नमेन्ट कालेज, लाहौर में दर्शनशास्त्र के सहायक प्रोफेसर नियुक्त हुये। इस दौरान वह ओरियन्टल कालेज, लाहौर में भी अर्थशास्त्र (Political Economy), अंग्रेज़ी साहित्य और इतिहास पर व्याख्यान देते रहे। 1899 और 1900 के दौरान इक़बाल ने अपना प्रसिद्ध अंग्रेजी लेख 'The Doctrine of Absolute Unity as Expounded by Al-Jili' (अल् जीली द्वारा प्रतिपादित निरपेक्ष एकत्व का सिद्धान्त) लिखा जो बम्बई की प्रसिद्ध अंग्रेजी पत्रिका 'इण्डियन एन्टिक्वेरी' (Indian Antiquary) के सितम्बर 1900 के अंक में प्रकाशित हुआ। इस लेख में इक़बाल ने स्पेन के प्रसिद्ध सूफी मुहीउद्दीन इब्न अल् अरबी (1165-1240 ई.) के अनुयायी अब्दुल करीम अल् जीली (1365-1408 ई.) के विचारों और उनकी 'इन्सान अल् कामिल' यानी पूर्ण पुरुष सम्बन्धी अवधारणा का विद्वतापूर्ण विवेचन किया। 1901 में इक़बाल का प्रसिद्ध उर्दू लेख 'क़ौमी ज़िन्दगी' पंजाब की उर्दू पत्रिका 'मख़जन' में प्रकाशित हुआ। 1904 ई. में इक़बाल ने उर्दू में 'इल्मुल इक़्तिसाद' के नाम से अर्थशास्त्र पर एक पुस्तक लिखी। इस पुस्तक में इक़बाल ने आर्थिक ख़ुशहाली के लिए परिवार नियोजन की आवश्यकता पर ज़ोर दिया तथा इस तथ्य की ओर भी ध्यानाकर्षण किया कि आबादी में अनियन्त्रित एवं असीमित वृद्धि ग़रीबी ही नहीं बल्कि सामाजिक अपराधों की जननी होती है। उनके विचार में ग़रीबी के उन्मूलन के बिना हिन्दुस्तानी समाज की पुनर्रचना असंभव है। इक़बाल 1905 में उच्च शिक्षा के लिए इंग्लैण्ड गये। उन्होंने कैम्ब्रिज विश्वविद्यालय के ट्रिनिटी कालेज में दाखिला लिया। यूरोप में इक़बाल के अकादमिक कैरिअर के तीन पहलू थे। कैम्ब्रिज में वह शोध कार्य करते

थे तथा यूरोपीय दर्शन के अध्ययन के लिए प्रसिद्ध ब्रितानी दार्शनिकों जॉन मैक् टैगर्ट (John Mc Taggart), वाइटहेड (Whitehead), जेम्ज़ वार्ड (James Ward) तथा प्रसिद्ध प्राच्यविदों एवं अरबी फ़ारसी के विद्वानों ई.जी. ब्राउन (E.G. Browne) और रेनल्ड निकल्सन (Reynold Nicholson) के लेक्चर्ज़ में सम्मिलित हुये। क़ानून में बार ऐट लॉ (Bar at Law) की डिग्री के लिए उन्होंने लण्डन स्थित लिन्कन्ज़ इन (Lincoln's Inn) में भी दाख़िला ले लिया तथा साथ ही साथ जर्मनी के म्युनिख विश्वविद्यालय से पी.एच.डी. की उपाधि के लिए अपने शोध प्रबंध 'ईरान में तत्वमीमांसा का विकास' (The Development of Mataphysics in Persia) पर इंग्लैण्ड और जर्मनी में कार्य करने लगे। इक़बाल ने जर्मनी के अपने अल्प प्रवास के दौरान जर्मन भाषा भी सीख ली थी और जर्मन साहित्य और दर्शन का गहन अध्ययन किया। उन्हें जर्मनी, वहाँ के साहित्य और दर्शन से गहरा लगाव था। यूरोप जाने से पूर्व उन्होंने 'ग़ालिब' शीर्षक कविता में महाकवि ग़ालिब के साथ जर्मनी के काव्यकार गोएटे को आदरपूर्वक श्रद्धांजलि अर्पित की थी जिसकी समाधि जर्मनी के शहर वेमर (Weimar) में है :

आह तू उजड़ी हुयी दिल्ली में आरामीद: है
गुलशने वेमर में तेरा हमनवा ख़्वाबीद: है।

इक़बाल पहले हिन्दुस्तानी कवि थे जिसने सबसे पहले हिन्दुस्तान में जर्मन कवि गोएटे की चर्चा की थी और उसे शेक्सपियर और मिल्टन पर तरजीह दी थी। वास्तव में इक़बाल को गोएटे, नीत्शे और हेगेल के देश से विशेष अनुराग था। 4 नवम्बर, 1907 को म्युनिख़ विश्वविद्यालय से इक़बाल ने पी-एच.डी. की उपाधि प्राप्त की। इसी दौरान लिन्कन्ज़ इन से क़ानून में बार-एट-लॉ की डिग्री भी प्राप्त कर ली। लण्डन में उन्होंने इस्लाम और इस्लामी संस्कृति पर व्याख्यानों का एक सिलसिला शुरू किया जिसके अन्तर्गत इस्लामी तसव्वुफ, यूरोपीय संस्कृति पर मुसलमानों का प्रभाव, इस्लामी प्रजातन्त्र, इस्लाम और मानवीय बुद्धि जैसे विषयों पर विद्वतापूर्ण व्याख्यान दिये। प्रो. सर टॉमस आर्नल्ड के अवकाश पर जाने पर इक़बाल ने छह माह तक लण्डन विश्वविद्यालय में अरबी के प्रोफेसर के रूप में भी कार्य किया। इक़बाल 3 जुलाई, 1908 को ब्रिटेन से अपने देश के लिए रवाना हुये और 27 जुलाई, 1908 को लाहौर पहुँच गये।

लाहौर वापस आने पर इक़बाल ने भी जर्मन कवि गोएटे की तरह वकालत शुरू की और साथ ही साथ गवर्नमेन्ट कालेज, लाहौर में दर्शन शास्त्र के अंशकालिक (Part Time) प्रोफेसर के रूप में कार्य करने लगे। किन्तु शीघ्र ही उन्होंने गवर्नमेन्ट

कालेज की प्रोफेसरी से इस्तीफा दे दिया क्योंकि वह समझते थे कि सरकारी नौकरी के कारण वह अपने विचारों की समुचित अभिव्यक्ति नहीं कर सकेंगे। आर्थिक कठिनाइयों के बावजूद उन्होंने अंग्रेजों की नौकरी करना पसंद नहीं किया। 1908 से 1934 तक इक़बाल वकालत करते रहे। 1934 में उनकी तबीअत बहुत ख़राब हो गयी जिसके कारण उनकी प्रैक्टिस बन्द हो गयी। वकालत उनके लिए जीविकोपार्जन का मात्र एक साधन था, साध्य नहीं। वह उतने ही मुक़दमे लेते थे जितने से उनका मासिक ख़र्च पूरा हो जाय। इसका यह अर्थ नहीं कि वह एक सफल वकील नहीं थे। अपने जीवन की सादगी के कारण उन्होंने अपने ऊपर यह प्रतिबंध लगा लिया था कि वह एक माह में केवल उतने ही मुकदमे लेंगे जिनसे उनका महीने भर का खर्च पूरा हो जाय। वह केवल वही मुकदमे लेते थे जिसे न्यायोचित समझते थे और जिसमें वह अपने मुवक्किल की मदद कर सकें। वह झूठे मुकदमे कभी नहीं लेते थे। वह एक अत्यन्त निष्ठावान और ईमानदार वकील थे। मुकदमे लेने के प्रति अपने ऊपर प्रतिबंध लगाने के पीछे एक कारण यह भी था कि उनका जीवन बहुत व्यस्त था और एक ही समय में उन्हें कवि, लेखक, दार्शनिक, राजनीतिज्ञ और वकील की भूमिकायें निभानी पड़ती थीं। इसके अलावा उनके घर पर मिलनेवालों का ताँता लगा रहता था। इन मिलने वालों में बड़े-बड़े राजनेता, विद्वान, प्रोफेसर, विद्यार्थी और आमलोग होते थे। वास्तव में उनका ड्राइंगरूम एक सार्वजनिक अकादमी था जहाँ जो चाहे जब आ जाये और उनकी बातचीत में शामिल हो जाये। इक़बाल के अनेक हिन्दू पड़ोसी उन्हें एक धर्मात्मा समझकर बाहर से दर्शन करके चले जाते थे। शुरू में वकालत के पेशे के कारण काव्य और दर्शन के लिए उन्हें समय नहीं मिल पाता था। 1910 में इक़बाल ने अंग्रेज़ी में डाइरी लिखना शुरू किया और जिसे उन्होंने 'Stray Reflection' (बिखरे विचार) का नाम दिया। इस डाइरी में इक़बाल के अनेक विचार बीज रूप में विद्यमान हैं जिन्हें उन्होंने बाद में अपनी काव्यात्मक और दार्शनिक कृतियों में अभिव्यक्ति प्रदान की। इस डाइरी के इन्दराज से यह भी पता चलता है कि इक़बाल इतिहास को एक प्रक्रिया (Process) समझते थे और उनका मानना था कि किसी समुदाय (Community) के आध्यात्मिक और दार्शनिक विचार उसके राजनीतिक माहौल की अभिव्यक्ति होते हैं। राजनीतिक सत्ता के ह्रास से चरित्र में पतन होता है। उनका विचार था कि अवाम के चरित्र के विकास के लिए एक स्वस्थ राजनीतिक संरचना अपरिहार्य है। सरकार का जो भी स्वरूप हो वह अवाम के चरित्र की निर्धारक शक्ति होती है। इसके अतिरिक्त कला, इतिहास, मानवीय बुद्धि, ईश्वरीय अस्तित्व, वैयक्तिक अमरत्व, तत्त्वमीमांसा, मुस्लिम एकता, आधुनिक हिन्दू, हेगेल, अरस्तू, गोएटे, ग़ालिब, हाफ़िज़, बेदिल,

वर्ड्सवर्थ, मेज़िनी, गोएटे का फाउस्ट, आधुनिक विज्ञान और प्रजातन्त्र, ईसा और स्पिनोज़ा, देशप्रेम, समानता, राष्ट्रीयता की भावना, दर्शन और कविता, ईश्वर और शैतान, शेक्सपियर अनुभूति और ज्ञान, इस्लाम के पैग़म्बर द्वारा समकालीन कविता की समालोचना जैसे विविध विषयों पर इक़बाल की महत्वपूर्ण टिप्पणियों का दस्तावेज़ है यह डाइरी।

1915 में इक़बाल की फ़ारसी मसनवी 'असरारे ख़ुदी' (ख़ुदी या अहं के रहस्य) का प्रकाशन उनके साहित्यिक एवं वैचारिक जीवन की एक महान् घटना थी। इसके प्रकाशन से इक़बाल के काव्यात्मक जीवन का तीसरा दौर शुरू होता है। इस मसनवी में इक़बाल ने प्रसिद्ध सूफी मौलाना जलालुद्दीन रूमी (1207-1273 ई.) की मसनवी की शैली में अपना विशिष्ट संदेश और 'ख़ुदी' की अपनी विशिष्ट अवधारणा प्रस्तुत की है। इसी दौरान रामायण की कहानी को उर्दू पद्य में वर्णित करने की इक़बाल योजना बना रहे थे जो पूरी न हो सकी। चूँकि इक़बाल ने इस कृति में प्रसिद्ध ईरानी कवि हाफ़िज़ (मृ. 1389 ई.) की आलोचना की थी अत: 'असरारे ख़ुदी' (Secrets of Self) के प्रकाशन पर एक हंगामा उठ खड़ा हुआ। 'हाफ़िज़' के तथाकथित स्यूडो सूफियों (Pseudo Sufis) ने इक़बाल के ख़िलाफ यह प्रचार शुरू कर दिया कि इक़बाल तसव्वुफ को मिटाना चाहते है। स्पष्ट है कि लोगों ने इक़बाल के आशय को बिना सोचे समझे उन्माद का बाज़ार गर्म कर दिया। वास्तव में हाफ़िज़ की आलोचना का उद्देश्य एक साहित्यिक सिद्धान्त की व्याख्या थी कि किस प्रकार का साहित्य समाज के लिए उपयोगी होता है। इक़बाल को ऐसे साहित्य में कोई दिलचस्पी नहीं थी जो अफ़ीम की गोली का काम करे। 1920 में कैम्ब्रिज विश्वविद्यालय के प्रोफेसर तथा प्रसिद्ध प्राच्यविद् डॉ. रेनल्ड निकल्सन (Reynold Nicholson) द्वारा इस पुस्तक के अंग्रेजी अनुवाद के प्रकाशन के फलस्वरूप इक़बाल की कीर्ति हिन्दुस्तान के बाहर यूरोप और अमेरिका तक फैल गयी। 1918 में इस पुस्तक का दूसरा भाग 'रुमूज़े बेख़ुदी' (Secrets of Selflessness) के नाम से प्रकाशित हुआ। 'असरारे ख़ुदी' की विषयवस्तु 'ख़ुदी' या 'अहं' (Self) अर्थात् व्यक्ति है और 'रुमूज़े बेख़ुदी' (अहंभावहीनता के रहस्य) का समाज। 'असरारे ख़ुदी' उन सिद्धान्तों का निरूपण करती है जो व्यक्तियों के विकास को निर्धारित करते हैं। 'रुमूज़े बेख़ुदी' में उन सिद्धान्तों का वर्णन है जो आदर्श मानवीय समाज के संघटन की आधारशिला हैं। इक़बाल के विचार में मानवीय एकता और मानवीय भ्रातृभाव के मूलाधारात्मक सिद्धान्त को स्वीकार किये बिना सही अर्थों में किसी आदर्श मानवीय समाज का संघटन नहीं हो सकता। यह सच है कि इस्लामी सामाजिक संरचना में इस मूलाधारात्मक सिद्धान्त पर

जितना ज़ोर दिया है उतना किसी अन्य सामाजिक संरचना में नहीं। अत: मूर्त्त तथ्यों की तलाश में इक़बाल एक विद्यमान सामाजिक संघटन (इस्लाम) को नज़रन्दाज़ नहीं कर सकते थे जिसका उद्देश्य ही संसार से नस्ल और रंग के भेदभाव को मिटाना है। इन मसनवियों में इक़बाल का यह आशय है कि संसार के नर-नारी अपनी क्षमताओं के अनुसार अपने चरित्र और व्यक्तित्व का विकास करें तथा अपनी वैयक्तिक क्षमताओं को समाज के हित में अर्पित कर दें। चूँकि समाज की रचना व्यक्तियों से होती है, अत: व्यक्तियों को अनिवार्यतया अपने व्यक्तित्व और चरित्र का विकास करना चाहिये। इक़बाल का उद्देश्य उन मूल्यों की तलाश और उनका रेखांकन है जिनपर आधुनिक सामाजिक संघटन की आधारशिला होनी चाहिए।

1923 के नववर्ष के अवसर पर इक़बाल को 'सर' का ख़िताब दिया गया। उनका फ़ारसी दीवान (काव्य संग्रह) 'पयामे मशरिक़' (प्राची का संदेश) अप्रैल 1923 में प्रकाशित हुआ। यह पुस्तक जर्मन मनीषी और काव्यकार गोएटे (1749-1832) के पश्चिमी दीवान (West Ostlicher Divan) का जवाब था। बक़ौल इक़बाल इस काव्य संग्रह में "यूरोप के मानसिक जीवन के हर पहलू पर दृष्टिपात किया गया है और पश्चिम के सर्द ख़यालों और विचारों में किसी कद्र हरारत डालने की कोशिश की गयी है।" 'पयामे मशरिक़' के प्रथम भाग में 155 रुबाइयाँ (Quatrains) हैं जिन्हें 'लाल:-ए-तूर' (Tulips of Sinai) का शीर्षक दिया गया है। दूसरे भाग का शीर्षक 'अफ्कार' है जिसके अन्तर्गत विविध विषयों पर कवितायें हैं। इसी भाग में गोएटे की जर्मन कविता 'मुहम्मद का गीत' का स्वतन्त्र फ़ारसी अनुवाद 'जू-ए-आब' है। तीसरे भाग में 'ग़ज़लें' हैं और चौथे भाग का शीर्षक 'नक्शे फिरंग' है जिसमें 'मज़दूर', 'मज़दूर की आवाज़', 'राष्ट्रसंघ', 'दर्शन और राजनीति' जैसे विषयों के अतिरिक्त शोपेनहार, नीत्शे, आइन्स्टाइन, हेगेल, कोम्त, बर्गसाँ इत्यादि दार्शनिकों पर कवितायें हैं। अंग्रेजी कवि बाइरन तथा लेनिन पर भी कवितायें हैं। कैम्ब्रिज विश्वविद्यालय के प्रो. रेनल्ड निकलसन की पयामे मशरिक पर एक विद्वतापूर्ण समीक्षा 'इण्डिका' जिल्द 1 में प्रकाशित हुयी जिसकी यूरोप के अनेक देशों में चर्चा हुयी। प्रसिद्ध तुर्क कवि मेहमत आकिफ को इक़बाल की यह पुस्तक मिश्र में मिली जिसने इसे प्रसिद्ध मिश्री विद्वान कवि अब्दुल वह्हाब अज़्ज़ाम को दिया जिसने इसका अरबी में पद्यानुवाद किया।

1924 में इक़बाल का प्रथम उर्दू काव्य संग्रह 'बाँगे दरा' (घण्टा नाद) प्रकाशित हुआ। इसमें 1901 से लेकर 1923 तक पत्र-पत्रिकाओं में प्रकाशित और लाहौर स्थित अन्जुमन हिमायते इस्लाम के वार्षिक जलसों में पढ़ी गयी कवितायें हैं। इस

संग्रह के तीन भाग हैं। प्रथम भाग में 1901 से लेकर 1905 तक की तथा दूसरे भाग में 1905 से 1908 तक की कवितायें हैं जो यूरोप में लिखी गयीं। तीसरे भाग में 1908 से लेकर 1923 तक का उर्दू कलाम है। "यह दावा से कहा जा सकता है कि उर्दू में आज तक कविताओं की कोई ऐसी किताब मौजूद नहीं है जिसमें विचारों की यह बहुलता हो, इस क़दर अर्थ समूह एकत्र हो। और क्यों न हो, एक सदी के चौथे हिस्से के अध्ययन और अनुभूति का निचोड़ और भ्रमण-पर्यटन का नतीजा है। कुछ नज़्मों में एक-एक शे'र और एक-एक मिसरा ऐसा है कि उसपर एक स्वतन्त्र लेख लिखा जा सकता है।" 1924 में इक़बाल पंजाब लेजिस्लेटिव कौन्सिल के सदस्य चुने गये। वह ऑल इण्डिया मुस्लिम लीग के सचिव भी बनाये गये जिससे उन्होंने 1928 में इस्तीफा दे दिया। 1927 में उनका दूसरा फ़ारसी दीवान 'ज़बूरे अजम', 'फ़ारसी स्तोत्र' (Persian Psalms) के नाम से प्रकाशित हुआ। इस कृति के दो भाग हैं। प्रथम भाग 56 ग़ज़लों पर आधारित हैं। प्रथम भाग एक शे'र से शुरू होता है जिसमें ईश्वर के प्रति सम्बोधन है। दूसरे भाग में 75 ग़ज़लें हैं। इस भाग की शुरुआत एक शे'र से होती है जो 'इन्सान के नाम' है। प्रथम भाग की ग़ज़लें वस्तुत: स्तोत्र (Prayer Poems) हैं। दूसरे भाग की ग़ज़लों में मनुष्यों को जागृति के प्रति आह्वान है। कैम्ब्रिज विश्वविद्यालय के प्रो. ए. जे. आर्बरी (A.J. Arberry) ने 1948 में 'ज़बूरे अजम' का 'Persian Psalms' के नाम से अंग्रेजी पद्यानुवाद किया था। 'ज़बूरे अजम' के साथ चौदहवीं शताब्दी के ईरानी सूफी महमूद शबिस्तरी (मृ. 1320 ई.) की 'गुलशने राज़' (वाटिका का रहस्य) की शैली में दार्शनिक और तसव्वुफ के विषयों पर 'गुलशने राज़े जदीद' (आधुनिक वाटिका का रहस्य) तथा एक अन्य मसनवी 'बन्दगीनामा' प्रकाशित की। दार्शनिक प्रश्नों के निरूपण में शबिस्तरी का दृष्टिकोण वहदतुलवुजूदी (Pantheistic) है। इक़बाल के इन प्रश्नों का निरूपण क़ुरआन की रोशनी में आधुनिक दार्शनिक प्रवर्गों के माध्यम से किया है। 'बन्दगी नामा:' अर्थात् 'दासता की पुस्तक' में कवि ने बताया है कि ग़ुलाम क़ौमों के दिल मुर्दा हो जाते हैं और उनकी आत्मा शरीर के लिए भार हो जाती है। ग़ुलाम व्यक्ति मृत्यु को जीवन समझता है। ग़ुलामों की वास्तुकला, चित्रकला और संगीत कला में जीवन के आसार नहीं होते। ग़ुलामों की कलाओं में मृत्यु का संदेश होता है और वे पतन तथा ह्रास की निशानी होती है। किन्तु स्वतन्त्र कौमें पत्थर के भवन निर्मित करके क्षण में अमरता को हस्तगत कर लेती है।

1928 में इक़बाल पंजाब लेजिस्लेटिव असेम्बली और राजनीतिक व्यस्तताओं के बावजूद अपने दार्शनिक व्याख्यानों की तैयारी में लगे रहे जिन्हें उन्होंने 1928 के

अन्त तथा 1929 के आरंभ में मद्रास, हैदराबाद और अलीगढ़ विश्वविद्यालयों में दिया। दक्षिण यात्रा के दौरान उन्हें श्रृंगापट्टनम में सुल्तान टीपू शहीद की मज़ार पर हाज़िरी देने का अवसर मिला। इक़बाल ने शुरू में छह व्याख्यान दिये थे जो "इस्लाम में धार्मिक पुनर्रचना पर छह व्याख्यान' (Six Lectures on the Reconstruction of Religious Thought in Islam) के नाम से प्रकाशित हुये। बाद में उसमें एक और व्याख्यान 'क्या धर्म संभव है?' जोड़ दिया गया जो उन्होंने एरिस्टॉटील्यन सोसाइटी, लण्डन में 5 दिसम्बर, 1932 में दिया था। ये सातों व्याख्यान 'Reconstructions of Religious Thouhgt in Islam' (इस्लाम में धार्मिक चिन्तन की पुनर्रचना) के नाम से 1934 में आक्सफोर्ड यूनिवर्सिटी प्रेस, लण्डन द्वारा प्रकाशित हुये। ये व्याख्यान वास्तव में समकालीन दार्शनिक प्रवर्गों में आधुनिक मुस्लिम तत्वविज्ञान की प्रस्तुति हैं। इस पुस्तक के सात अध्याय हैं जो सात व्याख्यानों- ज्ञान और धार्मिक अनुभूति, धार्मिक अनुभूति के प्रकटनों का दार्शनिक परीक्षण, ईश्वर की अवधारणा और प्रार्थना का अर्थ, मानवीय अहम्, उसकी स्वतन्त्रता एवं अमरता, मुस्लिम संस्कृति की आत्मा, इस्लाम की संरचना में गति का सिद्धान्त तथा 'क्या धर्म संभव है?' पर आधारित है।

29 दिसम्बर, 1930 ई. को इक़बाल ने ऑल इण्डिया मुस्लिम लीग के इलाहाबाद अधिवेशन में अपना प्रसिद्ध ऐतिहासिक अध्यक्षीय भाषण दिया जिसने हिन्दुस्तान के इतिहास की दिशा को परिवर्तित कर दिया। 1857 ई. से 1947 ई. के दौरान हिन्दुस्तान के राजनीतिक मंचों से दिये गये भाषणों का अध्ययन करें तो हम पायेंगे कि अपनी युगान्तकारिता में इक़बाल के इलाहाबाद के भाषण की कोई मिसाल नहीं। इस भाषण में कवि-दार्शनिक एक उत्कट यथार्थवादी, विदग्ध राजनीतिज्ञ और व्यावहारिक तत्ववेत्ता के रूप में नज़र आता है जिसके पैर अपनी धरती में जमे हैं, किन्तु जिसकी सोच जाति, नस्ल और वर्ग से परे है, जो इस बेबाकी से घोषणा कर सकता है कि 'मैं किसी राजनीतिक दल का नेतृत्व नहीं करता और न मैं किसी नेता का अनुगमन करता हूँ" (I lead no political party, I follow no leader)। जो कह सकता है कि 'अनुभव तो यही बताता है कि हिन्दुस्तान में विभिन्न जातिगत इकाइयों एवं धर्मगत इकाइयों ने किसी एक वृहत्तर कुल में अपनी-अपनी वैयक्तिकताओं को निमज्जित करने के प्रति कोई अभिरुचि नहीं प्रदर्शित की है। प्रत्येक समूह अपने सामूहिक अस्तित्व के प्रति अत्यन्त चौकन्ना है। उस कोटि की नैतिक चेतना का निर्माण जो रेनाँ के अर्थ में एक राष्ट्र का मूलभूत गुण है एक ऐसी क़ीमत की माँग करती है जिसे देने के लिए हिन्दुस्तान के लोग तैयार नहीं। अतः एक हिन्दुस्तानी राष्ट्र की एकता की तलाश अनेक के नकार (negation) में नहीं प्रत्युत उसके

पारस्परिक सामंजस्य और सहयोग में करना चाहिए। वास्तविक राजनीतिमर्मज्ञता (Statesmanship) तथ्यों की उपेक्षा नहीं कर सकती वे चाहे जितने भी नागवार हों। हमारे सामने मात्र व्यावहारिक रास्ता यही है कि हम ऐसी चीजों की कल्पना न करें जिनका अस्तित्व ही नहीं, किन्तु तथ्य जैसे हों उसे स्वीकार करें तथा उनसे अधिकाधिक लाभ उठायें। और इस दिशा में हिन्दुस्तानी एकता की तलाश में ही हिन्दुस्तान के साथ ही साथ एशिया की भी नियति निर्भर करती है।' इक़बाल ने इस भाषण में इण्डिया को लघु एशिया (India is Asia in miniature) कहा है और आशा व्यक्त की है कि "यदि हिन्दुस्तान में सहयोग का कोई प्रभावकारी सिद्धान्त ढूँढ़ लिया जाय तो वह इस प्राचीन देश में शान्ति और आपसी सद्‌भाव पैदा करेगा तथा साथ ही साथ वह एशिया की सकल राजनीतिक समस्या का समाधान करेगा।" हिन्दुस्तानियों के राजनीतिक आचरण की विवेचना करते हुये अल्लामा इक़बाल ने इस भाषण में कहा, "सामुदायिक वर्गों के तथ्यों को स्वीकार किये बिना हिन्दुस्तान में यूरोपीय प्रजातन्त्र के सिद्धान्त को लागू नहीं किया जा सकता। अत: मुसलमानों की इण्डिया के अन्दर एक मुस्लिम इण्डिया के सृजन की माँग पूर्णतया औचित्यपूर्ण है। मेरे विचार में दिल्ली में होनेवाली ऑल पार्टीज़ मुस्लिम कान्फ्रेन्स का प्रस्ताव एक सामंजस्यपूर्ण समष्टि (harmonious whole) के इसी उदात्त आदर्श से पूर्णतया प्रेरित है जो इसके अंगभूत समष्टियों की अपनी-अपनी वैयक्तिकताओं को कुचलने के स्थान पर उनमें सन्निहित संभावनाओं को निष्पादित करने का पूर्ण अवसर प्रदान करता है। और मुझे कोई संदेह नहीं कि यह सभा इस प्रस्ताव में सन्निहित मुस्लिम माँगों की सशक्त रूप से अभिपुष्टि करेगी। व्यक्तिगत रूप से मैं इसमें सन्निहित माँगों से भी आगे बढ़ना चाहूँगा। मैं यह चाहूँगा कि पंजाब, उत्तर-पश्चिमी सरहदी सूबा (North-West Frontier Province), सिन्ध और बलूचिस्तान को एक राज्य में मिला दिया जाय। ब्रितानी साम्राज्य के अन्दर या बाहर एक स्वशासन-एक समेकित (consolidated) पश्चिमोत्तर इण्डियन मुस्लिम राज्य का निर्माण, कम-से-कम पश्चिमोत्तर हिन्दुस्तान के मुसलमानों की मुझे अन्तिम नियति प्रतीत होता है।" 1930 की अल्लामा इक़बाल की उक्त भविष्यवाणी 17 वर्षों के बाद पाकिस्तान के रूप में चरितार्थ हुयी। इक़बाल के 1930 के प्रस्ताव पर यदि तत्कालीन ब्रितानी शासन के अन्तर्गत विचार करें तो वस्तुत: यह एक प्रकार के प्रशासनिक पुनर्गठन की माँग था। यदि उसपर एक पृथक् राज्य की योजना के रूप में देखें तो विशेष बात यह है कि इसमें मुस्लिम बहुसंख्या बहुल बंगाल की चर्चा नहीं है। यदि इसे इसकी घोषणा (दिसम्बर, 1930) से लगभग दो दशक पूर्व से आरंभ होनेवाली हिन्दुओं और मुसलमानों के राजनीतिक और सांस्कृतिक संगठनों विशेषतया साम्प्रदायिक

गतिविधियों के आलोक में देखें तो यह योजना वस्तुत: एक 'उच्चतर साम्प्रदायिकता' (Higher Communalism) जैसा कि इक़बाल ने उक्त भाषण में यह शब्द-योजना प्रयुक्त की थी, के परिप्रेक्ष्य में हिन्दू-मुस्लिम राजनीतिक प्रतिद्वन्द्विता एवं पृथकता का समय-सापेक्ष समाधान था। यदि इस योजना पर हम दार्शनिक दृष्टि से विचार करें तो इक़बाल की शब्दावली में वस्तुत: यह एक वतन या राष्ट्र नहीं बल्कि एक मर्क़ज़े-महसूस अर्थात् एक गोचर केन्द्र (A Visible Centre) की तलाश थी जिसका उद्देश्य किसी भौगोलिक राज्यक्षेत्रीय राज्य की स्थापना नहीं, बल्कि हिन्दुस्तान के मुसलमानों के लिए एक धरती के टुकड़े की तलाश थी जहाँ वह अपने राजनीतिक, सांस्कृतिक एवं धार्मिक आत्मनिर्णय के अधिकार (Right of Self-Determination) का उपयोग कर सकें।[9] इक़बाल की निश्चित धारणा थी कि "देशप्रेम पूर्णतया एक नैसर्गिक गुण (Natural Virtue) है और जिसका मनुष्य के नैतिक जीवन में एक स्थान है। किन्तु वस्तुत: जो चीज़ महत्व रखती है वह है मनुष्य की आस्था, उसकी संस्कृति और उसकी ऐतिहासिक परम्परा। मेरी दृष्टि में यही चीजें हैं जो मनुष्य के जीने और मरने के योग्य हैं न कि धरती का वह टुकड़ा जिससे कि मनुष्य की आत्मा अल्पकालिक रूप से जुड़ी होती है।[10] हिन्दुस्तान के पश्चिमोत्तर भाग में एक मुस्लिम राज्य के गठन के मूल में न तो हिन्दुओं के वर्चस्व एवं प्रभुत्व से पलायन की भावना थी, न बहुसंख्यक वर्ग का भय और न ही मुसलमानों के लिए किसी भौतिक लाभ की आकांक्षा। इक़बाल का चिन्तन इस्लामी रूह से सराबोर था, भौतिक लाभ या सत्ता का लोभ उनके लिए कोई आकर्षण या महत्व नहीं रखता था। इस सुझाव के पीछे उनका मात्र उद्देश्य यही था कि मुसलमान इस्लामी पद्धति के अनुसार जीवन व्यतीत कर सकें और एक आदर्श मानवीय समाज की संरचना करें। उनका विचार था कि इस प्रकार का राज्य इस्लाम को "उस प्रभाव से मुक्त होने, जिसके निमित्त अरब साम्राज्यवाद (Arabian Imperialism) ने उसे बाध्य किया था, तथा अपनी विधि, अपनी शिक्षा और अपनी संस्कृति को संघटित करने तथा उन्हें इस्लाम की मूल भावना तथा आधुनिक युगबोध के निकटतर सम्पर्क में लाने का अवसर प्रदान करेगा"। इस योजना में बंगाल का उल्लेख न होना इस बात का द्योतक है कि यह योजना किसी विशिष्टतावादी या पृथकतावादी संकुचित दृष्टिकोण से जल्दबाज़ी में प्रस्तावित नहीं की गयी थी। इसकी समीक्षा करते समय इक़बाल के विचार को, जिसे उन्होंने 1909 में अभिव्यक्त किया था, ध्यान में रखना चाहिये :

9. अज़ीज़ अहमद : 'इक़बाल-एक नयी तशकील' : एतिक़ाद पब्लिशिंग हाउस, दिल्ली : 1980 पृष्ठ : 364
10. Latif Ahmad Sherwani : 'Speaches, Writings and Statements of Iqbal' : (Compiled and Edited) Iqbal Academy, Pakistan , Lahore : 1977 : Page : 28

"मेरी स्वयं की धारणा रही है कि इस देश से धार्मिक विवाद समाप्त हो जाने चाहिए और मैं अपने व्यक्तिगत जीवन में इसी सिद्धान्त पर चलता हूँ। किन्तु अब मेरा विचार है कि हिन्दू और मुसलमान दोनों समुदायों की पृथक राष्ट्रीय अस्मिताओं का परिरक्षण वांछनीय है। हिन्दुस्तान के लिए एक संयुक्त राष्ट्रीयता (Common Nationhood) की मन:सृष्टि (Vision) एक सुन्दर आदर्श है जो एक काव्योचित आकर्षण रखता है, किन्तु दोनों समुदायों की वर्तमान दशाओं और उनकी अचेतन प्रवृत्तियों को देखते हुये उसकी परिपूर्ति असंभव प्रतीत होती है।"

उपर्युक्त तथ्यों को ध्यान में रखे बिना पूर्वाग्रह रहित ढंग से इक़बाल के जीवन और कृतित्व, विशेषतया उनकी महान् कृति (Magnum Opus) जावेदनामा का यथोचित परिबोधन और मूल्यांकन संभव न होगा। किसी विचार की शक्ति और औचित्य की परख उसकी चरितार्थता से होती है। उल्लेखनीय है कि इक़बाल के उक्त प्रस्ताव से पहले अनेक राजनीतिज्ञों ने हिन्द-पाक उपमहाद्वीप में शान्ति के लिए उसे दो या दो से अधिक समरूप इकाइयों में विभाजित करने का सुझाव दिया था। ब्रितानी राजनेता जॉन ब्राइट (1811-89) ने उपमहाद्वीप को 5 स्वतन्त्र प्रसीडेन्सियों में विभाजित करने का सुझाव दिया था। 1883 ई. में डब्ल्यू. एस. ब्लन्ट (W.S. Blunt) ने उत्तर हिन्दुस्तान के सभी सूबों को एक मुस्लिम सरकार और दक्षिण के सूबों को एक हिन्दू सरकार के अधीन करने की बात की थी। 1907 में दो तुर्क राजनीतिज्ञ, जो हिन्दुस्तान की यात्रा पर थे, सारे हिन्दुस्तान में हिन्दू-मुस्लिम फसादों की बात सुनकर इतने क्षुब्ध हुये कि दोनों समुदायों में सौहार्द्र कायम करने के लिए उन्होंने भी हिन्दुस्तान को हिन्दू और मुस्लिम राज्यों में विभाजित करने का सुझाव दे दिया। 1920 में बदाऊँ के एक अख़बार में गाँधी जी को लिखी गई एक खुली चिट्ठी में हिन्दू-मुस्लिम समस्या के समाधान के लिए उपमहाद्वीप के विभाजन का सुझाव दिया गया था। 1929 में सरदार गुलख़ान ने नार्थ वेस्टर्न फ्रान्टियर इन्क्वायरी कमिटी के समक्ष हिन्दुओं और मुसलमानों के पृथक्करण का प्रस्ताव दिया था। इसी प्रकार हिन्दू महासभा के नेता लाला लाजपत राय ने 1924 में हिन्दू-मुस्लिम समस्या का विवेचन करते हुये 'रावी से ब्रह्मपुत्र' शीर्षक लेखों में हिन्दुस्तान को हिन्दू और मुस्लिम राज्यों में विभाजित करने का प्रस्ताव दिया था। स्पष्ट है कि इक़बाल द्वारा प्रस्तावित योजना ने लोगों का ध्यानाकर्षण किया जबकि अन्य लोगों के सुझावों का कोई प्रभाव नहीं पड़ा था। यद्यपि इक़बाल ने अपना प्रस्ताव ऑल इण्डिया मुस्लिम लीग के मंच से दिया था जिसे स्वीकार करने में मुस्लिम लीग ने 10 वर्ष का समय लिया। इक़बाल ने 'पाकिस्तान' शब्द का कभी प्रयोग नहीं किया। इस शब्द का सर्वप्रथम प्रयोग

कैम्ब्रिज विश्वविद्यालय के एक विद्यार्थी रहमत अली ने अपने एक पैम्फलेट में 1933 में किया था।

1931 में इक़बाल ने द्वितीय गोलमेज कान्फ्रेन्स, लण्डन में भाग लिया। लण्डन से वापसी के समय उन्होंने पेरिस में फ्रांसीसी दार्शनिक बर्गसाँ से भी विचार-विनिमय किया। प्रसिद्ध कलाकार अमृता शेरगिल के पिता सरदार उमराव सिंह मजीठा ने इक़बाल और बर्गसाँ की बातचीत के नोट्स लिये थे किन्तु बाद में वह अपने नोट्स को स्वयं ही पढ़ नहीं सके। इक़बाल पेरिस में प्रसिद्ध फ्रेन्च प्राच्यविद् मैसीनो (Massignon) से भी मिले जिनकी प्रसिद्ध सूफी हल्लाज (857-922 ई.) पर पुस्तक एक महान् बौद्धिक उपलब्धि थी और जिसने हल्लाज की उक्ति 'अनल् हक़' को सही परिप्रेक्ष्य में प्रस्तुत किया। फ्राँस से इक़बाल स्पेन गये जहाँ उन्होंने 'इस्लाम और डिवाइन कॉमेडी' (Islam and Divine Comedy) के लेखक प्रसिद्ध प्राच्यविद् प्रो. आसिन पैलासिओस के निमन्त्रण पर मैड्रिड यूनिवर्सिटी में एक व्याख्यान दिया। स्पेन में इक़बाल ने कॉरडोवा की प्रसिद्ध मस्जिद भी देखी जो उनकी प्रसिद्ध नज़्म 'मस्जिदे क़ुर्तुबा' की प्रेरणास्रोत थी। मुसोलिनी के निमन्त्रण पर इक़बाल स्पेन से इटली भी गये।

अक्टूबर, 1933 में अफ़ग़ानिस्तान के तत्कालीन शासक नादिरशाह ने इक़बाल को काबुल आने का निमन्त्रण दिया जहाँ एक आधुनिक विश्वविद्यालय स्थापित करने की योजना थी। इक़बाल मौलाना सुलैमान नदवी और सर सैयद अहमद ख़ान के पौत्र सर रॉस मस्ऊद के साथ काबुल गये। उन्होंने अपनी इस यात्रा का विवरण अपनी फ़ारसी मसनवी 'मुसाफ़िर' में किया है। इस मसनवी के साथ उनकी प्रसिद्ध मसनवी 'पस चे बायद कर्द ऐ अक्वामे शर्क़?' (ऐ पूर्व के लोगों अब क्या करना चाहिए?) 1936 में प्रकाशित हुयी। स्पष्ट है कि इस मसनवी में कवि दार्शनिक ने एशिया की क़ौमों को सम्बोधित किया है तथा उन्हें पश्चिम से आयातित विचारों-नास्तिकता, भौतिकवाद और जीवन को आत्मा और शरीर (चर्च और राज्य) में विभाजित करके जीवन की अखण्डता को नष्ट करने के ख़तरों के प्रति सावधान किया है।

जनवरी, 1935 में इक़बाल का दूसरा उर्दू काव्य संग्रह 'बाले जिब्रील' (Gabriel's Wings) प्रकाशित हुआ जिसमें डेडिकेशन (Dedication) में प्रसिद्ध संस्कृत कवि भर्तृहरि की 'नीतिशतक' के एक श्लोक का निम्न स्वतन्त्र अनुवाद दर्ज किया है

फूल की पत्ती से कट सकता है हीरे का जिगर
मर्दे नादाँ पर कलामे नर्मोनाज़ुक बेअसर।

-भर्तृहरि

जुलाई, 1936 में इक़बाल का तीसरा उर्दू काव्य-संग्रह 'ज़र्बे-कलीम' (मूसा का प्रहार) प्रकाशित हुआ जिसका उपशीर्षक है 'एलाने जंग दौरे हाज़िर के ख़िलाफ़' (वर्तमान युग के विरुद्ध युद्ध की घोषणा) जिसके डेडिकेशन (Dedication) में निम्न पंक्तियाँ दर्ज हैं:

नहीं मक़ाम की ख़ूगर तबीअते-आज़ाद
हवा-ए-सैर मिसाले नसीम पैदा कर
हज़ार चश्मा तेरे संगे - राह से फूटे
ख़ुदी में डूब के ज़र्बे-कलीम पैदा कर।

इक़बाल के अन्तिम वर्ष लम्बी बीमारी में कटे। 1937 में मोतियाबिन्द (Cataract) के कारण उनका लिखना-पढ़ना लगभग असंभव हो गया। फिर भी उनकी बौद्धिक योजनाओं में कोई कमी नहीं आयी। उन्होंने कई पुस्तकें लिखने का मंसूबा बना रखा था। क़ुरआनी अध्ययन के सिलसिले में वह एक किताब 'Aids to the Study of Quran' के नाम से लिखना चाहते थे जो क़ुरआन की उनकी वैयक्तिक व्याख्या पर आधारित होती। इसी प्रकार नीत्शे की 'Also Sprach Zarathustra' शैली में 'The Book of a Forgotten Prophet' लिखने की भी योजना बना चुके थे। इस्लामी विधि की पुनर्रचना के सिलसिले में भी वह एक पुस्तक वर्तमान युग की आवश्यकताओं के लिहाज़ से लिखना चाहते थे। 1 जनवरी, 1938 को लाहौर रेडियो स्टेशन से नववर्ष के अवसर पर उनका एक संदेश प्रसारित हुआ जिसमें उन्होंने गतवर्ष स्पेन, अबीसीनिया, फिलिस्तीन और जर्मनी में होनेवाली घटनाओं पर दु:ख-दर्द की अभिव्यक्ति करते हुये वैश्विक भ्रातृभाव की आवश्यकता पर बल देते हुये कहा :

"केवल एक ही एकता भरोसे की है और वह है मनुष्य के भातृभाव की एकता जो नस्ल, राष्ट्रीयता, रंग और भाषा से परे है। जब तक यह तथाकथित प्रजातन्त्र, यह अभिशप्त राष्ट्रवाद और यह कलंकित साम्राज्यवाद चकनाचूर नहीं हो जाते, जब तक लोग अपने कर्मों से इस बात की पुष्टि नहीं करते कि वे विश्वास करते हैं कि सकल विश्व ईश्वर का परिवार है, जब तक नस्ल, रंग और भौगोलिक राष्ट्रीयताओं के भेदभाव पूर्णतया विलुप्त नहीं हो जाते वे एक सुखी और सन्तुष्ट जीवन का निर्वहण कभी नहीं कर पायेंगे तथा स्वतन्त्रता, समानता और बन्धुत्व के सुन्दर आदर्श कभी साकार नहीं होंगे। इसलिए हम नववर्ष इस प्रार्थना के साथ शुरू करें कि परमशक्तिमान् ईश्वर उन लोगों को मानवीयता प्रदान करे जो सत्ता और शासन में है और उन्हें मानव जाति का सम्मान करना सिखाये।"

मार्च, 1938 में तबीअत बहुत ख़राब होने के बावजूद उन्होंने एक लेख में मौलाना हुसैन अहमद मदनी की राज्यक्षेत्रीय राष्ट्रवाद (Territorial Nationalism) की

भावना का खण्डन किया। लाहौर में उनके अन्तिम मुलाकाती उनके जर्मन मित्र एच. एच. वॉन वेल्थाइम ओस्ट्रौ (H.H. Von Veltheim-Ostrau) थे जिनसे उन्होंने 20 अप्रैल, 1938 की रात को जर्मन साहित्य और दर्शन पर काफी देर तक विचार विनिमय किया। कुछ घण्टों बाद 21 अप्रैल, 1938 की भोर में उनकी मृत्यु हो गयी।

2

जिस प्रकार इक़बाल की शाइरी का सही मूल्यांकन उनकी फिलासफी के ज्ञान के बिना नहीं हो सकता, उसी प्रकार सियालकोट के दौरान सैयद मीर हसन के हाथों इक़बाल की तर्बियत तथा इक़बाल के जीवन में सैयद साहब की बहुमुखी प्रतिभा एवं व्यक्तित्व के दूरगामी प्रभाव को समझे बिना इक़बाल की प्रतिभा के उत्तरकालीन विकास एवं अभिव्यक्ति का सही आकलन नहीं किया जा सकता। मौलाना सैयद मीर हसन (1844-1929) अपनी जात से एक अन्जुमन थे। मुल्कराज आनन्द ने ठीक ही कहा है कि वह मुगलकालीन मुस्लिम शिष्टता एवं संस्कृति के आख़िरी चिराग़ थे। सियालकोट में इस्लामी ज्ञान-विज्ञान की परम्परा की शुरुआत 'अमीर' कबीर सैयद अली हमदानी से हुयी। मुगल सम्राट शाहजहाँ के काल से सियालकोट की गणना इस्लामी शिक्षा एवं संस्कृति के एक महान केन्द्र के रूप में होने लगी थी। सियालकोट इस्लामी धर्माचार्यों और सूफियों का भी केन्द्र रहा है। मुल्ला कमाल कश्मीरी सियालकोटके ही थे जिनसे प्रसिद्ध सन्त शैख़ अहमद सरहिन्दी मुजद्दिद अल्फ सानी (1564-1624 ई.) ने शिक्षा ली थी। मुल्ला अब्दुल हकीम जो अरब जगत् में 'यलकूती' के नाम से प्रसिद्ध हुये इन्हीं मुल्ला कमाल कश्मीरी के शिष्य थे। अठारहवीं शताब्दी के हिन्दुस्तान के सूफी सन्त एवं महान धर्माचार्य शाह वलीउल्लाह देहलवी (1703-1763 ई.) ने दिल्ली में मुल्ला अफ़ज़ल सियालकोटी से हदीस और तसव्वुफ की शिक्षा ली। सियालकोट में इस्लामी ज्ञान-विज्ञान, सभ्यता-संस्कृति की प्रगति के साथ-साथ फ़ारसी साहित्य की भी प्रगति हुयी। मुगल शासन के पतन के बाद सिखों के शासन में मुसलमानों की तबाही हुयी तो सियालकोट में मुसलमानों की सांस्कृतिक और साहित्यिक महफिलें सूनी पड़ गयीं। मुसलमानों की राजनीतिक सत्ता के ह्रास के बावजूद अभी मुसलमानों में इस्लामी जीवन-पद्धति और आचार-व्यवहार के मूल्य शेष थे। जैसा कि मुल्कराज आनन्द ने कहा है मौलाना मीर हसन इसी इस्लामी शिष्टता एवं संस्कृति के अन्तिम चिराग़ थे। अभी मुस्लिम समाज में ऐसे व्यक्तियों का अभाव नहीं था जिनकी सीधी-सादी ज़िन्दगी में जीवनयापन की

कठिनाइयों के बावजूद ईमान, यक़ीन, आत्म-सम्मान और आत्मसन्तुष्टि की कमी नहीं थी। मौलाना मीर हसन तथा इक़बाल के पिता शैख़ नूर मुहम्मद की गणना सियालकोट के ऐसे ही लोगों में होती थी जो इस्लामी मान्यताओं के प्रतीक थे। सियालकोट के इसी माहौल में इक़बाल ने आँखें खोली और होश संभाला। उनका संवेदनशील मन यह महसूस करके प्रभावित क्यों न होता कि उनके उस्ताद सैयद मीर हसन के शागिर्दों में हिन्दू, मुसलमान, सिख और ईसाई सभी शामिल थे। वह सबसे बराबर मुहब्बत का बर्ताव करते। उनके सिख और हिन्दू शिष्यों में कुँवर सेन, निहाल सिहं, जिद्दत सिंह, निरंजन दास, खड़ग सिंह, बेली राम ने बड़ा नाम कमाया। बेली राम सुबह शाम मीर साहब की ख़िदमत में हाज़िर रहते। कुँवर सेन लाहौर लॉ कालेज के प्रिंसिपल और बाद में रियासत जम्मू और कश्मीर के मुख्य न्यायाधीश बने तो निहाल सिंह रियासत पटियाला के मन्त्री। उनके मिलने वालों में न अमीर-गरीब का भेदभाव था न छोटे-बड़े का। यह वह ज़माना था कि सियालकोट में धार्मिक फ़िर्क़:बन्दियों का बोलबाला था। आर्यसमाज, सनातन धर्मसभा, सिंह सभा और ब्रह्मोसमाज जैसे संगठनों के साथ-साथ ईसाई मिशनरियों के अनेक संगठन अपने ढंग से माहौल पर असरन्दाज़ हो रहे थे। ये सब मुसलमानों के विरुद्ध एक तरह से लामबन्द हो गये थे। वैसे मुसलमान एक संकट के दौर से गुज़र रहे थे और 1857 की ग़दर का ख़ामियाज़ा भुगत रहे थे। उनकी आस्था, संस्कृति और अस्मिता पर खतरे के बादल मंडरा रहे थे। परस्पर धार्मिक शास्त्रार्थों या मुनाज़रों का बाज़ार सर्वत्र गर्म था। हर कोई अपने-अपने ढंग से अपने धर्म और समुदाय के जीर्णोद्धार और पुनरुज्जीवन का आकांक्षी। किन्तु सैयद मीर हसन हर प्रकार के मुनाज़रों, धार्मिक वाद-विवादों एवं शास्त्रार्थों से अलग रहते। वे जानते थे कि ये मुनाज़रे, धार्मिक वाद-विवाद धर्म की समझ कम और धार्मिक उन्माद अधिक पैदा करते हैं। उन्हें न फ़िर्क:बन्दियों से मतलब था न धार्मिक झगड़ों से। ऐसे राजनीतिक और धार्मिक मतभेदों के परिवेश के बावजूद हिन्दू, सिख, ईसाई सभी मीर हसन के यहाँ उपस्थित रहते। मीर हसन एक चलती फिरती अकादमी थे। वह अव्वल और आख़िर एक इन्सान थे। उनका दृष्टिकोण नितान्त मानवीय था। धार्मिक विवादों, राजनीतिक सामुदायिक कलहों का उनके पास एक ही हल था कि सबको इन्सानियत की उस सतह पर लाया जाये जहाँ धार्मिक और राजनीतिक मतभेदों के बावजूद सत्य की तलाश सबको एक कर देती है। यद्यपि मीर हसन एक स्थानीय स्कूल में मुदर्रिस थे, वह हर वक्त उस्ताद थे घर में उस्ताद, मदरसे में उस्ताद, कालेज में उस्ताद। घर से निकलते, किसी काम के लिए आते जाते तो उस्ताद। मस्जिद में उस्ताद यहाँ तक कि वुज़ू करते तो भी उस्ताद।[11]

---

11. सैयद नज़ीर नियाज़ी : 'दाना-ए-राज़' इक़बाल अकादमी, पाकिस्तान, लाहौर : 1988 पृष्ठ : 26

सियालकोट में मीर हसन से अधिक शायद ही किसी को इज़्जत की नज़र से देखा जाता। प्रकृति ने उन्हें एक शिक्षक पैदा किया था। उर्दू, फ़ारसी, अरबी, साहित्य, धर्म विज्ञान, फिक्ह, तफ्सीर जैसे इस्लामी विज्ञानों के साथ-साथ धर्मों के तुलनात्मक ज्ञ ान, गणित, तिब्ब या प्राचीन और अर्वाचीन के तक़ाज़ों से पूर्णतया अवगत। वास्तव में वह एक विद्या वारिधि थे। उनके व्यक्तित्व में एक ऐसा आकर्षण था कि हर कोई आप ही आप उनकी ओर ख़िचा चला आता। इक़बाल को इक़बाल बनाने में उनके आदि गुरु मौलाना मीर हसन का महान योगदान है। उन्होंने पूर्वाभास कर लिया था कि इक़बाल क्या बनने वाले हैं। बक़ौल सैयद नज़ीर नियाज़ी, 'वह (मौलाना सैयद मीर हसन) घर में भी उनके उस्ताद थे और मदरसे और कालेज में भी उस्ताद।' सैयद मीर हसन की दृष्टि प्राचीन और आधुनिक शिक्षा अर्थात् प्राच्य और पाश्चात्य शिक्षा दोनों पर थी और इक़बाल में दोनों की अभिव्यक्ति जिस प्रकार हुयी उसकी पृष्ठभूमि में मीर हसन की प्रतिभा प्रभावरत थी। दुनिया में मीर हसन जैसा गुरु और इक़बाल जैसा शिष्य मुश्किल से मिलेगा। सियालकोट में आरंभिक शिक्षा के दौरान में ही इक़बाल उर्दू में ग़ज़ल कहने लगे थे। चूँकि सैयद मीर हसन साहित्य के मर्मज्ञ थे उन्होंने हर प्रकार से इक़बाल का उत्साहवर्धन किया। सियालकोट के दौर में ही इक़बाल फ़ारसी में भी कवितायें लिखने लगे थे। इसी काल में उन्हें संगीत से भी लगाव पैदा हो गया था। 'उर्दू के साथ ही साथ फ़ारसी आप ही उनकी ज़बान बन रही थी।' अरबी में भी उन्हें दक्षता प्राप्त हो गयी थी। अरबी साहित्य में उनकी गहन अन्तर्दृष्टि का पता उनकी उर्दू और फ़ारसी कविताओं में अरबी तर्कीबों (वाक्य-योजनाओं), अरबी कहावतों, क़ुरआन की आयतों, अरबी शब्दों और अरबी तल्मीहात (शे'र में अतीत की किसी घटना या प्रकरण के प्रति संकेत) के प्रयोग से चलता है। इक़बाल को ज़िन्दगी भर अफ़सोस रहा कि अरबी उनकी वैसी ज़बान न बन सकी जैसी फ़ारसी और अंग्रेजी। वास्तव में फ़ारसी की तरह अरबी भी उनकी शाइरी में रच-बस गयी थी। स्पष्ट है कि इन स्रोतों के प्रति उनकी रहनुमाई उनके गुरु सैयद मीर हसन ने ही की। यह मीर हसन ही थे जिन्होंने उनको अरबी भाषा और साहित्य तथा इस्लाम के पुनरुद्धार में अरबी की उपादेयता का एहसास कराया था। मीर हसन की यही कोशिश रही कि उनके शिष्य के दिलोदिमाग़ की संरचना इस प्रकार हो कि जिसमें विस्तार, व्यापकता, विद्वता, सहिष्णुता, रवादारी हो। उसमें जीवन के प्रति एक यथार्थपरक दृष्टिकोण उत्पन्न हो, उसमें एक ऐसी समग्र चेतना पैदा हो जिसके बिना न तो व्यक्ति का ही भला हो सकता है और न समाज का। प्रतिभावान गुरु के सामाजिक संव्यवहार से प्रखर बुद्धि शिष्य को यह समझने में देर न हुयी कि सभ्यता और संस्कृति का मूलाधार वह सम्बन्ध है जो एक मनुष्य का दूसरे मनुष्यों से, अपने स्रष्टा और पालनहार तथा

उसकी पैदा की हुयी सृष्टि से है। आशय यह है कि सियालकोट की अवस्था में ही वह बीज बो दिया गया था जिसकी संभावनाओं की अन्तर्शक्तियाँ भविष्य में साकार रूप धारण करनेवाली थीं। सियालकोट की तर्बियत के दौरान ही तसव्वुफ के प्रति इक़बाल का रुझान हो गया था। इक़बाल के पिता स्पेन के प्रसिद्ध सूफी तथा इस्लाम में वह्दतुलवुजूदी अवधारणा के प्रवर्तक मुहीउद्दीन इब्न अल अरबी (1165-1240 ई.) के प्रशंसक एवं अनुयायी थे। इक़बाल शंकराचार्य की वेदान्ती सर्वेश्वरवादी (Pantheistic) अवधारणा की तरह इब्न अल अरबी की वह्दतुलवुजूदी अवधारणा को ग़ैर इस्लामी समझते थे। यह मौलाना मीर हसन का ही प्रभाव था कि इक़बाल के मन-मस्तिष्क पर अजमी (ईरानी) तसव्वुफ और चिन्तन का रंग न चढ़ सका। इक़बाल के घर में तसव्वुफ की चर्चा होती थी और 1895 में लाहौर आने से पहले वह अवान शरीफ में क़ाज़ी सुल्तान महमूद के हाथों पर क़ादरिया सिलसिले में बैअत कर चुके थे। उनका सम्बन्ध तसव्वुफ की उस परम्परा से था जो सैयद अहमद अली हमदानी के साथ कश्मीर आयी और जिसका इमाम ग़ज़ाली (1058-1111 ई.) से खास सम्बन्ध था।

3

उच्च शिक्षा के लिए इक़बाल की यूरोपीय यात्रा और प्रवास के सिलसिले में यह उल्लेखनीय तथ्य है कि उनकी यूरोपीय यात्रा और प्रवास एक आम विद्यार्थी की यात्रा और प्रवास न था। 1905 में यूरोप आने से पूर्व इक़बाल एक प्रतिभावान युवा लेखक और एक उदीयमान उर्दू कवि के रूप में हिन्दुस्तान में अपना हस्ताक्षर कर चुके थे। अत: यूरोपीय विद्वानों से उनका इन्काउन्टर (Encounter) गुरु और शिष्य का मात्र इन्काउन्टर न था। इसकी पुष्टि कैम्ब्रिज में अध्ययन के दौरान एक घटना से होती है जो उन्हीं के शब्दों में इस प्रकार है:

"कैम्ब्रिज के विद्यार्थी जीवन के काल में जब मैंने इस विषय अर्थात् समय की वास्तविकता पर एक लेख लिखा तो मेरे गुरु डॉ. मैक्टैगर्ट ने उसे देखा किन्तु इस क़दर नापसंद किया कि मैंने खिन्न होकर उसे नष्ट कर दिया। लेकिन थोड़े ही दिनों में जब बर्गसाँ (Bergson) ने इस विषय पर उसी प्रकार की विचाराभिव्यक्ति की और उसके दृष्टिकोण का प्रचार होने लगा तो मैक्टैगर्ट को बड़ा दु:ख हुआ, इसलिए कि बर्गसाँ ने कमोबेश वही नज़रीय: स्थापित किया जिसे पहले मैं अपने लेख में प्रस्तुत कर चुका था। मैक्टैगर्ट ने मुझसे कहा, 'अफ़सोस है मैंने अपने गुरु के दायित्व का निर्वहन नहीं

किया। मैंने तुमपर बड़ा जुल्म किया कि एक बहुत बड़ी उपलब्धि से तुम्हें वंचित कर दिया। 'मुझे भी दु:ख था कि मैंने अपना लेख क्यों नष्ट कर दिया।''[12]

इसमें कोई संदेह नहीं कि यूरोपीय प्रवास के फलस्वरूप इक़बाल का बौद्धिक और वैचारिक विकास हुआ और ज्ञान के नये संदर्शों (vistas) से उनका साक्षात्कार हुआ। अब वह तथ्यों एवं घटनाओं को एक वृहत्तर परिप्रेक्ष्य में देखने लगे। वास्तव में उनका तीन वर्षीय यूरोपीय प्रवास का काल उनके आगामी कार्यों की तैयारी का काल था। लण्डन, कैम्ब्रिज और बर्लिन के पुस्तकालय उनकी पहुँच में थे। उन्होंने अत्युत्सुकता से अध्ययन किया तथा यूरोपीय विद्वानों से विचार-विनिमय भी। यूरोप आने से पूर्व 'सारे जहाँ से अच्छा हिन्दोस्ताँ हमारा', 'हिमाला' जैसी नज़्मों में इक़बाल ने देशप्रेम की अभिव्यक्ति की थी। यह देशप्रेम की भावना और अपने हमवतनों से लगाव का भाव जिसे वह एक आध्यात्मिक भावना समझते थे उनमें सदैव विद्यमान रहा। किन्तु, यूरोपीय प्रवास के दौरान उन्होंने महसूस किया कि यूरोपीय देशों द्वारा विकसित संकुचित राष्ट्रवाद (Nationalism) की भावना वस्तुत: नस्लवाद पर आधारित है जो मानवीय एकता के मार्ग में सबसे बड़ी रुकावट है। यह बिन्दु समझने में इक़बाल के समालोचकों ने बहुत बड़ी ठोकर खाई है जो देशप्रेम (हुब्बुलवतनी) की आध्यात्मिक भावना तथा राष्ट्रवाद (Nationalism) की राजनीतिक अवधारणा में भेद करने में असमर्थ रहे। इसी दौर में इक़बाल ने 'सतत प्रयत्नशीलता' (सख़्तकोशी) का अपना विशिष्ट कर्मसिद्धान्त प्रतिपादित किया जो अन्तत: 'ख़ुदी' की अवधारणा के रूप में उनके विशिष्ट दर्शन का अंग बना। इक़बाल पश्चिमी जगत् के अनेक विद्वानों के सम्पर्क में आये जो धर्म के तुलनात्मक इतिहास की एक नयी विधा विकसित करने के दर पर थे और जो विश्व इतिहास के प्रति एक समग्र दृष्टि अपनाने लगे थे। इक़बाल का शोध प्रबंध 'ईरान में तत्वमीमांसा का विकास' धार्मिक विचारों के तुलनात्मक अध्ययन की दृष्टि से एक महत्वपूर्ण उपलब्धि है। धर्मों के तुलनात्मक अध्ययन के सिलसिले में इस कृति में इक़बाल का यूरोपीय धर्मविज्ञान का ज्ञान प्रसंशनीय है। इस शोध तथा प्रो. जेम्ज़ वार्ड (James Ward) के सम्पर्क के दौरान इक़बाल ने वैयक्तिक धार्मिक अनुभूति के मनोविज्ञान के ज्ञान तथा उसके महत्व को समझा। इस सब के बावजूद यह भी एक तथ्य है कि उनकी भावभूमि की आधारशिला पहले से ही सुदृढ़ थी। वास्तव में यूरोपीय सामाजिक और राजनीतिक फलक के पर्यावलोकन, वहाँ की सामाजिक और राजनीतिक सोचों के अनुशीलन तथा स्वयं इक़बाल के गहन अध्ययन ने उन्हें एक ऐसी तीक्ष्ण अन्तर्दृष्टि प्रदान की जिसके फलस्वरूप वह पाश्चात्य ज्ञान के

---

12. सैयद नज़ीर नियाज़ी : 'इक़बाल के हुज़ूर', इक़बाल अकादमी, पाकिस्तान, लाहौर : 1977, पृष्ठ : 66-67

मूलाधारों को चुनौती देने में सफल रहे। इसी असाधारण अन्तर्दृष्टि के कारण इक़बाल 1907 में ही जब कि वह यूरोप में थे, अपनी प्रसिद्ध नज़्म की प्रसिद्ध पंक्तियों-

"तुम्हारी तहज़ीब अपने खंजर से आप ही ख़ुदकुशी करेगी
जो शाखे नाज़ुक पे आशियाना बनेगा, नापाइदार होगा।"

में 1914 में प्रारंभ होने वाले प्रथम विश्वयुद्ध की भविष्यवाणी कर सके। इसी प्रकार उन्होंने 1939 में शुरू होने वाले द्वितीय विश्वयुद्ध की भी बहुत पहले हीं भविष्यवाणी कर दी थी।

4

जावेदनामा का आरंभ प्रार्थना से होता है जिसमें कवि ईश्वर से प्रार्थना ही नहीं करता बल्कि उससे प्रश्न भी करता है और उसकी आलोचना भी। यह पूछने के बाद कि

यह दुनिया क्या शिकार और हम शिकारी हैं?
भुला दिया है जिन्हें क्या हम ऐसे क़ैदी हैं?

वह ईश्वर से प्रार्थना करता है:

मैं हूँ क्षणिक और नश्वर कर अनश्वर मुझे
भू लोक का हूँ मैं आसमानी कर मुझे।

मंजिल प्रदान कर आवारा दिल को मेरे
फिर मिला दे चाँद से टुकड़े को चाँद के।

पाठकों को आगाह भी कर देता है कि

है जो कुछ कहा किसी और दुनिया की है यह बात
एक अन्य आसमान से उतरी है यह किताब।

प्रार्थना के पश्चात् आकाशीय प्रस्तावना है। इसमें सृष्टि के प्रथम दिन

नीले गगन ने धरती को दिया ताना
देखी नहीं मैंने किसी की ऐसी दुर्दशा।
तेरे जैसा अंधा मेरे विस्तार में है कहाँ?
मेरे दीप के सिवा रोशनी तेरे पास है कहाँ?
बन जाय अलवन्द पर्वत भी तो मिट्‌टी रहती है मिट्‌टी
आसमानों की तरह वह होती है न रोशन न चिरस्थायी।

आकाश का ताना सुनकर धरती ईश्वर के सम्मुख लज्जा और व्यथा से तड़प उठती है। आकाश के परे से एक आवाज़ उसे सान्त्वना देती है कि उसका भविष्य संभावनाओं से युक्त है और शीघ्र ही उसमें मनुष्य का निवास होगा जिसकी आत्मा के प्रकाश से वह ज्योतिर्मय होगी:

ऐ अमानतदार! बेख़बर अपनी अमानत से
ग़म न कर, अन्तःकरण में झाँक तू अपने

आश-चित्र मिटा दिया है क्या प्राण पटल से
आत्मा की ज्योति होगी प्रकट तेरी धूलि से।

और अपनी बौद्धिक शक्ति से वह जगत् को वशीभूत कर लेगा:

आदम की बुद्धि आक्रमण करेगी जगत् पर
इश्क़ उसका धावा बोलेगा ईश्वर पर।

यह मर्मस्पर्शी संदेश सुनकर फ़रिश्ते एक गीत गाते हैं। वास्तव में यह गीत मानवता का स्तोत्र है जो उसके गौरवशाली भविष्य का सूचक है:

मुट्ठी भर मिट्टी की चमक फ़रिश्तों से बढ़ जायेगी एक दिन
उसकी नियति के तारे से धरती आकाश बन जायेगी एक दिन।

फिर विचार कर अर्थ पर आदम के क्या पूछता है मुझसे
अभी खटके है दिल में जो विषय यह छन्दानुकूल हो जायेगा एक दिन।

'फ़रिश्तों के गीत' के पश्चात् भौमीय प्रस्तावना (Prologue on Earth) है। शाम का समय है। कवि रूमी के अशआर गुनगुना रहा है। सहसा पहाड़ी के पीछे से रूमी की आत्मा प्रकट होती है जो आकाशीय यात्रा में उसका मार्गदर्शन करती है। कवि ने इसमें 'ज़िन्दारूद' का नाम धारण किया है जिसका अर्थ है 'जीवन्त सरित्' या 'जीवन्त प्रवाह या धारा'। 'ज़िन्दारूद' अपने मार्गदर्शक सन्त रूमी से तरह-तरह के प्रश्न करता है जैसे मनुष्य के लिए दिक् और काल से बाहर निकलना कैसे सम्भव है? विद्यमान (मौजूद) और अविद्यमान (ना मौजूद) क्या है? प्रशंसित (महमूद) और अप्रशंसित (ना महमूद) का अभिप्राय क्या है? मे'राज का क्या आशय है? रूमी कहते हैं कि ख़ुद को अपनी नज़रों में सँवारना ही जीवन है। मे'राज चेतना में इन्क़िलाब अर्थात् आमूल परिवर्तन का नाम है तथा अपने अस्तित्व पर साक्ष्य तलब करना:

है मे'राज क्या? एक साक्षी की इच्छा
एक साक्षी के रूबरू करना अपनी परीक्षा।

रूमी की बातें सुनकर कवि की आत्मा अधीर हो जाती है। इसी बीच 'दिक्' और 'काल' की आत्मा 'ज़र्वान' प्रकट होती है जो उसे 'दिक्' और 'काल' से मुक्त होने की युक्ति बताती है तथा कवि को ऊर्ध्वलोक की ओर ले जाती है। कवि और रूमी अन्तरिक्ष में तैरते हुये चन्द्रलोग पहुँच जाते हैं। वहाँ उन्हें गीतों के स्वर सुनाई पड़ते हैं जो सितारों से आ रहे थे। कवि (ज़िन्दारूद) और रूमी चन्द्रमा की गुफाओं में प्रवेश करते हैं। वहाँ एक गुफा में तपस्या में लीन हिन्दू ऋषि विश्वामित्र से उनकी भेंट होती है जिसे इक़बाल ने 'जहानदोस्त' के नाम से अभिहित किया है। विश्वामित्र रूमी से पूछते हैं कि उनके साथ कौन है। रूमी विश्वामित्र को कवि का परिचय देते हैं। विश्वामित्र रूमी से पूछते हैं:

रंग से है जगत् और बेरंग है ईश्वर
क्या है जगत्? क्या है मनुष्य? क्या है ईश्वर?

रूमी उत्तर देते हैं:

मानव है असि और असिधर है ईश्वर
पत्थर की सान है असि के लिए जगत्।

कवि की आध्यात्मिक प्रगति का अंदाज़ा करने के लिए ऋषि उससे प्रश्न करता है जिसका वह उत्तर देता है:

हो गया चुप हिन्दी ऋषि कुछ देर के लिए
फिर देखा मेरी ओर और देखा विकलता से।

उसने पूछा, "बुद्धि की मृत्यु?", "चिन्तन का परित्याग", मैंने कहा
उसने पूछा, "हृदय की मृत्यु?", "ईश्वर स्मरण का परित्याग", मैंने कहा।
उसने पूछा, "तन?", "मार्ग-धूलि से उत्पन्न", मैंने कहा
उसने पूछा, "आत्मा?", "ला इलाह का है रहस्य", मैंने कहा।
उसने पूछा, "मनुष्य?", "ईश्वर के रहस्यों का एक रहस्य", मैंने कहा
उसने पूछा, "लोक धर्म?", "सुनी-सुनाई बात" मैंने कहा।
उसने पूछा, 'ब्रह्मज्ञानियों का धर्म?", "दर्शन" मैंने कहा

कवि के उत्तर से ऋषि अत्यन्त प्रसन्न होता है और उसे गुर की बातें बताता है:

ईश्वर-दर्शन के लिए यह जगत् पर्दा नहीं होता
प्रतिबिम्ब जल का डुबकी में बाधा नहीं होता।

यद्यपि हम पक्षी हैं बिन डैनों व पंख के
ईश्वर से हैं हम बढ़े हुये ज्ञान में मृत्यु के।
मूर्ति समक्ष बैठा हुआ जागृत-हृदय नास्तिक
का'बा के अन्दर सोये पड़े आस्तिक से है बेहतर।

अंधी है वह आँख जो भूल-ग़लती देखती
रात नहीं देखता किसी जगह भी सूरज।

ऋषि विश्वामित्र के साक्षात्कार के पश्चात् कवि और रूमी चन्द्रमा की यरग़मीद नामक घाटी में पदार्पण करते हैं। इस घाटी को फ़रिश्ते 'तवासीन की घाटी' कहते हैं। तवासीन 'तासीन' का बहुवचन है। तासीन का अर्थ है प्रस्तर-फलक पर उत्कीर्ण पैग़म्बर की मूल शिक्षा। कवि यरग़मीद की घाटी में श्वेत प्रस्तर की दीवार पर उत्कीर्ण चार पैग़म्बरों-गौतम बुद्ध, ज़रतुश्त, ईसा मसीह और मुहम्मद के तवासीन का अवलोकन करता है। कवि का इन पैग़म्बरों से व्यक्तिगत रूप से साक्षात्कार नहीं होता। बल्कि उसने इन पैग़म्बरों की शिक्षाओं को प्रत्येक के एक समकालीन या परवर्ती व्यक्तित्व के माध्यम से किया है। गौतम बुद्ध की शिक्षा एक नर्तकी के मुँह से, जो गौतम बुद्ध के हाथों प्रायश्चित करके बुद्ध धर्म स्वीकार करती है, ज़रतुश्त की शिक्षा अह्रिमन के माध्यम से, ईसामसीह की शिक्षा टॉल्स्टॉय के स्वप्न के माध्यम से तथा पैग़म्बर हज़रत मुहम्मद की शिक्षा इस्लाम के दुश्मन अबू जह्ल की इस्लाम की आलोचना के माध्यम से वर्णित की गयी है। अबू जह्ल की आलोचना की विशेषता यह है कि यह आलोचना वस्तुतः इस्लाम के मूलभूत सिद्धान्तों को उजाकर करती है:

छाती हमारी दाग़दार कारण मुहम्मद के
का'बा का दीप बुझ गया उनकी फूँक से।
सीज़र व ख़ुसरो के नाश का गीत गाया उन्होंने
उचक लिया है युवकों को हमारे हाथों से।

टेकना माथा अगोचर के समक्ष है अन्धापन
नया धर्म है अन्धापन और दूरी है अन्धापन।
दिक्काल से परे ख़ुदा के सामने झुकना
देती नहीं मनुष्य को आनन्द यह आराधना।

एक हैं सब उच्च व निम्न उनकी दृष्टि में
बैठते हैं एक दस्तरख़्वान पर दासों के संग में।

टॉल्स्टॉय के स्वप्न के माध्यम से इक़बाल ने वास्तव में तत्कालीन यूरोपीय सभ्यता, संस्कृति, उसकी आर्थिक, सामाजिक, राजनीतिक गतिविधियों और व्यवस्थाओं में निहित नैतिक पतन और ईसाई धार्मिक मूल्यों के अभाव का चित्रण किया है। अपने यूरोपीय प्रवास के दौरान उन्होंने महसूस किया कि यह संस्कृति भौतिकवाद, धन

लोलुपता और आर्थिक शोषण पर आधारित है जिसे मानवता के दु:ख-दर्द से कोई सरोकार नहीं। उन्हें डर था कि हिन्दुस्तान में विकसित होने वाले एक राज्यक्षेत्रीय, भौतिकवादी राष्ट्रवाद की परिणति कहीं उसी प्रकार की अनास्तिकता, अमानवीय एवं अनैतिक प्रवृत्तियों में न हो-

बोला वह, "ऐ! गेहूँनुमा जौ बेचने वाली
कारण तेरे शैख़ व ब्राह्मण विक्रेता कौम़ के अपनी।
हैं तिरस्कृत बुद्धि व धर्म नास्तिकता से तेरी
प्रेम है अपमानित वणिक्-वृत्ति से तेरी।

चन्द्रमा के नभ मण्डल के पश्चात् यात्री बुध ग्रह के नभमण्डल में पहुँचते हैं। यहाँ उन्हें 19 वीं शताब्दी के इस्लामी जगत् के दो महान् व्यक्तित्वों सैयद जमालुद्दीन अफ़गानी और तुर्क सुधारक सईद हलीम पाशा से भेंट होती है। यहाँ रूमी कवि का परिचय 'ज़िन्दारूद' के नाम से देते हैं जिसका अर्थ है 'जीवन्त सरित'। अफ़गानी द्वारा पूर्वी जगत् का हाल पूछने पर ज़िन्दारूद कहता है:

तुर्क, ईरान और अरब सब हैं मदमत्त फिरंग से
सबके गले में हैं पड़े फन्दे फिरंग के।
प्राची हुआ विध्वस्त पश्चिम के आधिपत्य से
अपहृत की धर्म व मिल्लत की प्रभा साम्यवाद ने।

सईद हलीम पाशा पूर्व और पश्चिम की जीवन पद्धतियों का अन्तर बताते हुये कहते हैं कि मानवता के कष्टों का निदान पूर्व और पश्चिम के समन्वय में है, अत:

उठ और चित्र अंकित कर एक अभिनव जगत् का
बुद्धि के साथ कर दे सम्मिश्रण प्रेम का।

सैयद जमालुद्दीन अफ़गानी 'धर्म और राष्ट्र' तथा 'साम्यवाद और साम्राज्यवाद' की व्याख्या करके उनकी असलीयत बताते हैं। वह कहते हैं कि राष्ट्रवाद वस्तुत: धरती मूलबद्धता है और धर्म भौगोलिक और राज्यक्षेत्रीय निष्ठाओं से ऊपर उठने का नाम। मानवीय समाज की उस संरचना को जिसका नाम क़ौम है उसे सूर्य की तरह होना चाहिये जो उद्गम के दृष्टि से तो पूर्वी होता है किन्तु उसका सम्बन्ध सारी दुनिया से होता है:

अच्छे बुरे का यदि तू कुछ विवेक है रखता
ढ़ेलों, पत्थरों और ईंटों से न दिल अपना लगा।
है धर्म क्या? ऊपर उठना धूलि से
ताकि पवित्र आत्मा आगाह हो स्वयं से।

यह मुट्ठीभर मिट्टी जिसका तूने नाम रखा है वतन
वह क्षेत्र जिसे तू कहता है मिश्र, ईरान और यमन।
होता है सम्बन्ध देश से देशवासियों का
मिट्टी से उसी की उदय होता है मिल्लत का।
इस सम्बन्ध पर यदि तू ध्यान से डाले नज़र
तू देख सकता है एक बिन्दु बाल से भी सूक्ष्मतर।
पूर्व से यद्यपि सूर्य होता है उदित
चंचल और अवगुंठन रहित ज्योतियों सहित।
ज्वाला व ज्योति आन्तरिक ऊष्मा से आती है तभी
आता है बाहर जब वह कारा से प्राची-प्रतीची की।
निकलता है पूर्व से वह आभा में अपनी मत्त
ताकि सभी क्षितिजों को वह कर ले हस्तगत।
पूर्व व पश्चिम से प्रकृति है मुक्त उसकी
सम्बन्ध के लिहाज से है यद्यपि वह पूर्वी।

अफ़गानी के माध्यम से इक़बाल ने साम्यवादी व्यवस्था की अत्यन्त न्यायोचित आलोचना की है। उनके विचार में यह व्यवस्था सरासर मिथ्या नहीं है जैसा कि अनेक धार्मिक विचारकों एवं पूँजीवादी व्यवस्था के समर्थक विचारकों की धारणा है। मज़दूर वर्ग के लिए सहानुभूति तथा उसके लिए न्याय की माँग तथा मनुष्य की समानता का सिद्धान्त सर्वथा न्यायोचित है। किन्तु इस व्यवस्था के सम्बन्ध में इक़बाल की मुख्य आपत्ति यह है कि इसने उदर की समानता को वर्ग संघर्ष और पूँजी और श्रम के मध्य कशमकश का निदान समझ रखा है। इस विचारधारा की सबसे बड़ी ख़राबी इसमें ईश्वर की सत्ता का इनकार है। इक़बाल के विचार में जबतक मानव एकता तथा भ्रातृभाव की भावना को आध्यात्मिकता का वैचारिक आधार नहीं प्रदान किया जायेगा तबतक मानवीय एकता एवं भ्रातृभाव की भावना सही अर्थों में चरितार्थ नहीं होगी। अफ़गानी के विचार में साम्यवाद और साम्राज्यवाद दोनों मानवता के लिए अभिशाप है। साम्यवाद उदरों की समानता की अवधारणा पर आधारित है तो साम्राज्यवाद कमज़ोर क़ौमों के शोषण पर, अतः दोनों में ईश्वर का कोई स्थान नहीं:

लेती नहीं है रंग व गंध तन से पवित्र आत्मा
उदर के सिवा कोई सरोकार नहीं साम्यवाद का।
सत्य से अनभिज्ञ उस पैग़म्बर के धर्म की
रखी है आधारशिला समानता पर उदर की।

स्थान भ्रातृभाव का चूँकि है दिल में
नीर-मिट्टी में नहीं उसका मूल है दिल में।

आतुर और अधीर दोनों में होती है आत्मा
दोनों ईश्वर से अपरिचित और मनुष्य के लिये प्रवंचना।
इसके लिए विद्रोह जीवन और उसके लिए लगान
काँच है मनुष्य इन दो पत्थरों के दरमियान।
ज्ञान, धर्म और शिल्प को करती है चूर-चूर यह
तन से प्राण और हाथ से लेती है रोटी छीन वह।

कवि अफ़ग़ानी से कहता है कि एक पुस्तक के रूप में तो क़ुरआन संसार में मौजूद है किन्तु वह 'आलमे-क़ुरआन' यानी वह क़ुरआनी जगत् या विश्व-व्यवस्था (World Order) या वह जीवन-पद्धति जिसे क़ुरआन संसार में लागू करना चाहता है कहाँ है? क़ुरआनी विश्व-व्यवस्था (Quranic World Order) की व्याख्या करते हुये अफ़ग़ानी कहते हैं कि वह क़ुरआनी जगत् अभी हमारे सीने में गुम है और जब अस्तित्व में आयेगा तो :

होगा वह जगत् रहित रक्त व वर्ण के भेदभाव से
धवलतर होगी संध्या उसकी फिरंग के प्रभात से।
सम्राटों व दासों से परिमार्जित होगा वह जगत्
साहिल होगा उसका अदृश्य आस्तिक-हृदय सदृश।

फिर अफ़ग़ानी बताते हैं कि क़ुरआनी जगत् या क़ुरआनी विश्व-व्यवस्था के चार मूलाधार हैं:

(i) आदम की ख़िलाफ़त अर्थात् मनुष्य पृथ्वी पर ईश्वर का ख़लीफ़ा या प्रतिनिधि (Vicegerent) है क्योंकि :

वह है एक तारा पूर्व, पश्चिम और अवसान से रहित
उसके परिक्रमा पथ में न उत्तर है न दक्षिण।
मृत्यु, क़ब्र, उत्थान व क़यामत हैं उसकी अवस्थायें
परलोक के प्रकाश व तिमिर परिणाम उसके कर्म के।

(ii) ईश्वरीय शासन (हुकूमते इलाही) की स्थापना। इस शासन में ईश्वर का दास एक स्वतन्त्र व्यक्ति होता है जिसकी दृष्टि में सदैव समष्टि का कल्याण होता है तथा उसके विधि-विधान ईश्वर-प्रदत्त होते हैं।

रुढ़ि व प्रथा, धर्म व विधान के प्रतिमान उसके ईश्वरीय
निकृष्ट व उत्कृष्ट, कटु व मिष्ट के प्रतिमान उसके ईश्वरीय।

(iii) भूमि ईश्वर की मिल्कीयत है अतः यह सबकी है और किसी मनुष्य को अधिकार नहीं कि वह इसे अपनी मिल्कीयत समझे।

यह सूक्ष्म बात मुझसे समझ ऐ ज़मीनदार
रोज़ी व क़ब्र कर उससे प्राप्त, उसपर न कर अधिकार।

(iv) हिक्मत यानी ज्ञान-विज्ञान और उसकी समस्त शाखायें ईश्वर का महा वरदान हैं:

ईश्वर ने महावरदान कहा है ज्ञान-विज्ञान को
कर लो हस्तगत जहाँ कहीं इस वरदान को देखो।

ज्ञान की कोई सीमा नहीं

आकाश के शिरोबिन्दु पर भी ज्ञान को है राह
लेता है जिससे नोच वह सूर्य की आँख से निगाह।

किन्तु प्रेम के बिना ज्ञान-विज्ञान विध्वंस का कारण होते हैं। ऐसी अवस्था में विज्ञान-

उलटी-गति राष्ट्रों को प्रदान करता है
राष्ट्रों से पूँजी उनकी छीन लेता है।

इब्लीस की सहायक हो जाती है उसकी शक्ति
इब्लीस के संसर्ग से हो जाता है प्रकाश अग्नि।

सागर, कानन, पर्वतमाला, उपवन और चरागाह
उसके विमानों के बमों से हो जाते हैं तबाह।
वक्ष में यूरोप के आग भड़की है उसी से
छापामारी और धावा क आनन्द है उसी से।

प्रेमविहीन विज्ञान का शैतानों से है सम्बन्ध
प्रेमयुक्त विज्ञान का फ़रिश्तों से है सम्बन्ध।

इसके पश्चात् अफ़ग़ानी कवि के माध्यम से रूसवासियों को क़ुरआन का संदेश देते हैं जो वैचारिक दृष्टि से जावेदनामा का सर्वाधिक महत्वपूर्ण अंश है। अफ़ग़ानी के अनुसार इस्लाम और साम्यवाद में अनेक समानतायें हैं। दोनों संसार से अभिजात तन्त्र और राजतन्त्र का उन्मूलन करना चाहते हैं, दोनों पूँजीवाद को हेय दृष्टि से देखते हैं तथा पुरोहितवाद को अस्वीकार करते हैं। किन्तु साम्यवाद की सबसे बड़ी बुराई यह है कि

यह भौतिकवाद और नास्तिकता पर आधारित है। इसी प्रकार सर्वहारा वर्ग का अधिनायकत्व वास्तव में एक मिथक है। रूसवासियों को अपनी नयी व्यवस्था को क़ायम करने के लिए एक सुदृढ़ आधार की जरूरत है और यह सुदृढ़ आधार धर्महीनता और नास्तिकता में नहीं, बल्कि क़ुरआनी शिक्षाओं के मूलाधार में ही प्राप्त हो सकता है क्योंकि :

क़ुरआन क्या है? मृत्यु का संदेश स्वामी के लिए
आश्रयदाता है वह निराश्रय, निर्धन दास के लिए।
धन-लोलुप तुच्छ व्यक्ति से भलाई की न कर उम्मीद तू
"जब तक नहीं करेगा ख़र्च, नेकी नहीं पा सकता तू"।

अन्त में अफ़ग़ानी रूसियों को बताना चाहते हैं कि प्रभुसत्ता (Sovereignty) ईश्वर में है राज्य (State) में नहीं लिहाज़ा धरती ईश्वर की मिल्कीयत है और हर व्यक्ति को इससे अपनी रोज़ी हासिल करने का हक़ है। सकल मानव-जाति एक परिवार है।

एक दस्तरख़्वान से है हमारा नीर और नान
आदम का परिवार है एक व्यक्ति के समान।

बुध ग्रह से कवि और रूमी शुक्रग्रह के नभ-मण्डल में पहुँचते हैं जहाँ प्राचीन राष्ट्रों के ख़ुदाओं की सभा चल रही है जिसमें बा'ल, मर्दूख़, यऊक, नस्र, फस्र, लात और मनात इत्यादि सम्मिलित हैं। कवि पाता है कि ये ख़ुदा इस बात पर खुशी मना रहे हैं कि मनुष्य चर्च और का'बा से फ़रियाद करता हुआ निकल आया है और वह ईश्वर से दूर होकर अतीत युग की ओर लौट रहा है तथा धर्म, राष्ट्रवाद और नस्लवाद से पराजित हो गया है। यह सुनकर बा'ल एक गीत गाता है और इन ख़ुदाओं पर अपने रहस्य खोलता है।

पड़ गया है आज़ाद पुरुष दिशाओं के बंधन में
जुड़ गया है राष्ट्र से हो गया है पृथक ईश्वर से।

ख़ुशियों के दिन फिर आ गये संसार में
धर्म हो गया है पराजित राष्ट्र व वंश से।

रूमी कवि को शुक्र ग्रह के सागर में ले जाते हैं जहाँ प्राचीन मिश्र के अत्याचारी शासक फ़िरऔन (Pharaoh) और ख़र्तूम के विजेता लार्ड किचनर की रूहें नज़र आती हैं। फ़िरऔन इस बात पर पश्चाताप व्यक्त करता है कि उसने पैग़म्बर मूसा को देखा तो था किन्तु उन्हें पहचान न सका जिसके कारण उसने धर्म और बुद्धि की पूँजी डूबो दी। वह कहता है:

मैं पुन: यदि ईश्वर से वार्ताकार को देखूँ
एक प्रबुद्ध हृदय की उससे मैं याचना करूँ।

रूमी कहते हैं कि आत्मा के प्रकाश के बिना बादशाहत हराम है, और फ़ौज, क़ैदख़ाना और बेड़ियाँ सब रहज़नी और लूटमार हैं। फ़िरऔन कहता है कि अंग्रेज़ क़ौम पर अफ़सोस है जो मिश्र के फ़िरऔनों की क़ब्रें खोदकर उनमें से बहुमूल्य हीरों-मोतियों को लूट ले जाती है। किचनर कहता है कि अंग्रेजों का उद्देश्य बहुत ऊँचा है वे प्राचीन मिश्र के फ़िरऔनों की क़ब्रें हीरा-मोती के लिए नहीं बल्कि फ़िरऔनों और पैग़म्बर मूसा का इतिहास जानने के लिए खोदते हैं। इस पर फ़िरऔन बोल उठता है कि यदि हमारी क़ब्रों को ज्ञान और विवेक के निमित्त खोदा तो आखिर मेहदी की क़ब्र में क्या था जो उसे खोद डाला? सहसा सूडान के स्वतन्त्रता सेनानी दरवेश मेहदी सूडानी की आत्मा प्रकट होती है और किचनर को सम्बोधित करते हुये कहती है कि, "दरवेश की धूलि का प्रतिशोध देख। तुझे आकाश तले क़ब्र भी न नसीब नहीं हुयी और तू समुद्र में डूब मरा", फिर इसके पश्चात् सूडानी दरवेश अरब शासकों को सम्बोधित करते हुये कहता है:

गति और कर्म के आनन्द के बिना बिताओगे ज़िन्दगी कब तक
नियति तेरी रहेगी दूसरों के हाथ में कब तक?

शुक्र ग्रह से ज़िन्दारूद और रूमी मंगल ग्रह के नभमण्डल में पहुँचते हैं। उन्हें देखकर एक खगोलवेत्ता मंगलग्रही मनीषी अपनी रसदगाह से बाहर निकलकर मिलता है। वह बताता है कि ईरान और यूरोप के अलावा वह नील और गंगा के देशों अर्थात् मिश्र और हिन्दुस्तान का भ्रमण कर चुका है तथा धातुओं के अनुसंधान के सिलसिले में चीन, जापान और अमरीका भी हो आया है। रूमी के अनुरोध पर मंगलग्रही मनीषी उनका हमराही बनकर थोड़ी देर के लिए उनके साथ हो लेता है और उन्हें मर्गदीन शहर की सैर और वहाँ के निवासियों की रीति-रिवाजों से परिचित कराता है। मर्गदीन शहर वास्तव में इक़बाल के आदर्श इस्लामी राज्य एवं इस्लामी समाज का प्रतीक है। दूसरे शब्दों में यह उनका आदर्श कल्पना लोक या यूटोपिया (Utopia) है। मंगल ग्रह के निवासी यूरोपवासियों के समान सभी कलाओं में दक्ष है और भौतिक और आत्मिक विद्याओं तथा पर्यावरण के विज्ञान में उनसे भी कुशलतर है। मंगलवासियों की सोच आत्माकेन्द्रिक है और वे शरीर की जगह आत्मा को अधिक महत्व देते हैं। मर्गदीन में विज्ञान व कला का उद्देश्य सेवा है।

किसान है मेहनती, दीपक उसका है प्रज्वलित
ज़मीनदारों की लूटमार से वह है सुरक्षित,
उसकी काश्तकारी में नहीं हैं झगड़े नहरों के
कोई और नहीं है साझीदार उसकी फसलों में।
न लश्कर न फ़ौज है उस जगत् में

कोई रोजी नहीं कमाता है रक्तपात से,
लेखनी नहीं पाती है ख़्याति मर्गदीन में
अपलेख एवं शिल्प से मिथ्या प्रचार के।
न बेरोज़गारों का शोर है बाज़ारों में वहाँ
न कानों को कष्ट देती हैं भिक्षुओं की चीखें वहाँ।

मंगलग्रही मनीषी के यह कहने पर कि :

न कोई याचक है इस जगह, न है कोई वंचित
न दास न मालिक है यहाँ, न शासक न शासित।

ज़िन्दारूद कहता है :

सृजक नहीं नियति का ईश्वर के सिवा कोई
उपचार नहीं है नियति का युक्ति से कोई।

इसपर मंगलग्रही मनीषी नियति का मर्म बताते हुये कहता है कि मनुष्य के लिए संभव है कि वह अपनी नियति बदल दे :

दिल तेरा यदि ख़ून हो जाय किसी एक नियति से
एक भिन्न नियति के आदेश की याचना कर ईश्वर से।
चाहे तू यदि अभिनव नियति यह है उचित
क्योंकि ईश्वर की नियतियाँ हैं असीमित।
धरतीवासियों ने हार दी पूँजी नियति की
समझी नहीं उन्होंने सूक्ष्मता नियति की।
रहस्य है उसका एक शब्द में प्रच्छन्न
भिन्न यदि हो जाय तू, नियति भी हो जायेगी भिन्न।

देख एक नये अन्दाज़ से भिन्न हो जायेगा यह जगत्
भिन्न हो जायेगी यह धरती, भिन्न हो जायेगा यह गगन।

मंगल ग्रह की यात्रा के अन्त में कवि और रूमी एक विस्तृत मैदान में नर-नारियों की भीड़ को सम्बोधित करती हुयी एक किशोरी को देखते हैं। मंगलग्रही मनीषी बताता है कि यह किशोरी मंगल ग्रह की नहीं है। उसे शैतान ने यूरोप से अपहरण करके तथा झूठी पैग़म्बरी के कार्य में परिपक्व करके यहाँ छोड़ दिया है। यह नारी वस्तुतः तत्कालीन यूरोप के नारी-आन्दोलन की प्रतीक है। वह भविष्यवाणी करती है कि :

आयेगा वह समय कि विज्ञान के चमत्कार से
भ्रूण को देखा जा सके अन्दर शरीर के।

जीवन के खेत से तुम फसल पा सकोगी
बेटों और बेटियों की तुम जो भी चाहोगी।
यदि भ्रूण न हो हमारी इच्छा के अनुकूल
उसको निःसंकोच मार डालना है धर्म के अनुकूल।
इस युग के बाद आयेंगे युग अन्य
जिनमें अनावृत होंगे नये-नये रहस्य।
पोषण करेगा प्राप्त भ्रूण भिन्न रीति से
वह पायेगा सबेरा बिना कोख की रात्रि के।

ध्यान रहे उक्त पंक्तियाँ 1930 और 1932 के दौरान लिखी गयी थीं। यह नबीय्या (Prophetess) नारियों के अद्वैतवाद का अन्तिम संदेश इस प्रकार देती है:

बैसाख की वर्षा से जो गिरती है बूँद ग्रहण न कर उसे
ऐ सीप! प्यासी मर जा तू तह में सागर के।
उठ और प्रकृति के विरुद्ध तू हो जा युद्धरत
ताकि संघर्ष से तेरे दासी हो जाये मुक्त।
दो शरीरों के सम्बन्ध से मुक्त होना अद्वैतवाद है नारी का
स्वयं बन अपनी सुरक्षिका, पुरुषों पर मत इठला।

बृहस्पति ग्रह में कवि की भेंट उर्दू फ़ारसी के महाकवि ग़ालिब (1797-1869), बहाई ईरानी कवयित्री क़ुर्रतुलऐन ताहिरा और प्रसिद्ध सूफी मंसूर हल्लाज की आत्माओं से होती है। हल्लाज को धर्मभ्रष्टता के आरोप में सूली पर चढ़ा दिया गया था। इन आत्माओं ने स्वर्ग में रहने की अपेक्षा सतत भ्रमण करना पसंद किया था। यह अंश भी जावेदनामा का अत्यन्त रोचक और विचारोत्तेजक अंश है। रूमी कवि को सुझाव देते हैं कि वह अपनी समस्याओं को इन महान् आत्माओं के सम्मुख प्रस्तुत करे। कवि के यह पूछने पर कि आपलोगों ने जन्नत से दूर रहना क्यों पसंद किया, हल्लाज कहता है कि स्वतन्त्र व्यक्ति यानी ईश्वरोन्मत्त व्यक्ति जन्नत की सीमाओं में क़ैद नहीं रह सकता। प्रेम और ज्ञान के बिन्दुओं को स्पष्ट करते हुये वह कहता है कि वास्तविक प्रेमी ईश्वर-दर्शन से कम से संतुष्ट नहीं हो सकता, अत: वह 'शाश्वत भ्रमण' अर्थात् 'उत्तरोत्तर आध्यात्मिक प्रगति' का आकांक्षी होता है।

मदिरा व हूर व ग़ुलाम जन्नत मुल्ला की
शाश्वत भ्रमण जन्नत स्वतन्त्र पुरुषों की।
भोजन, शयन और गमन है जन्नत मुल्ला की
अस्तित्व का दर्शन है जन्नत प्रेमी की।

प्रेम और ज्ञान का मूल अन्तर बताते हुये वह कहता है:

अतीत व वर्तमान पर दृष्टि होती है ज्ञान की
प्रेम कहता है कि देख जो है आगामी।

सच्चे प्रेमियों को संयोग की अपेक्षा विरह अधिक रास आता है:

वृद्धि करता है हमारी अग्नि में विरह
रास आता है हमारी रूह को विरह।
दर्द की टीस के बिना जीना नहीं जीना
पाँव नीचे आग रखकर चाहिये जीना।

फिर कवि के पूछने पर कि उसे सूली पर क्यों चढ़ाया गया था हल्लाज कहता है कि मैंने एक मृतप्राय क़ौम के सामने ख़ुदी के आध्यात्मिक और भौतिक दोनों पहलुओं का रहस्योद्घाटन किया। यह एक ऐसा गुनाह था जिसे तू (कवि ज़िन्दारूद) भी कर रहा है। फिर हल्लाज कहता है कि हिन्दुस्तान और ईरान के ज्ञानी लोग ख़ुदी की ज्योति के मूल स्रोत से तो परिचित हैं किन्तु वे उसकी क्षमता और सामर्थ्य का सही आकलन नहीं कर सके:

मैंने उसकी ज्योति व अग्नि दोनों की दी ख़बर
ऐ मेरे राज़दार तू मेरा गुनाह देख।
जो किया मैंने वही तूने किया, रहना सतर्क
मृत ख़ुदी को तूने पुनर्जीवित किया, रहना सतर्क।

कवि ग़ालिब से उसके एक शे'र का अर्थ पूछने के बाद कहता है कि इस नीले आकाश तले सैकड़ों जगत् आविर्भूत हैं तो क्या प्रत्येक के औलिया और अंबिया हैं। ग़ालिब इस प्रश्न का सीधा उत्तर नहीं देता तो हल्लाज बोल पड़ता है कि जहाँ कहीं तू रंग और गंध का जगत् देखता है उसकी गरिमा या तो पैग़म्बर हज़रत मुहम्मद की ज्योति से है या वह जगत् अभी उनकी तलाश में है। इसके पश्चात् हल्लाज कवि को 'अब्दुहू' का अर्थ स्पष्ट करता है। 'अब्दुहू' का अर्थ है उसका (ईश्वर का) बन्दा या दास (अब्द) या सेवक। क़ुरआन में पैग़म्बर हज़रत मुहम्मद को ईश्वर ने 'अब्दुहू' (ईश्वर का बन्दा या दास) कहा है, अत: यह शब्द ईश्वर से परम सामीप्य का द्योतक है। 'अब्दुहू' का मक़ाम (अवस्थान) मनुष्य की आध्यात्मिक प्रगति की पराकाष्ठा का मक़ाम है। 'अब्द' (दास या बन्दा) के अवस्थान पर बन्दा ईश्वर की कृपा का प्रतीक्षारत होता है किन्तु 'अब्दुहू' के अवस्थान पर बन्दे के पहुँचने पर ईश्वर यह देखता है कि आख़िर मेरा बन्दा क्या चाहता है। दूसरे शब्दों में यह अवस्थान आध्यात्मिक प्रगति का ऐसा अवस्थान होता है जहाँ ईश्वर स्वयं बन्दे से मिलने के लिए प्रतीक्षारत होता है।

'अब्द' और चीज़ है, और चीज़ है 'अब्दुहू'
हम पूर्णतः प्रतीक्षा हैं और प्रतीक्षित है 'अब्दुहू'।

अन्ततः कवि द्वारा इब्लीस (शैतान) के अवस्थान के बारे में पूछे जाने पर हल्लाज कहता है कि इब्लीस द्वारा ईश्वराज्ञापालन से इनकार के कारण ही मनुष्य पर यह भेद खुला कि :

पतन के कारण है आनन्द उत्थान का
ह्रास के दर्द में है आह्लाद वृद्धि का।

चूँकि ईरानी बहाई कवयित्री 'ताहिरा' दार्शनिक या सूफी न थी अतः कवि उससे कोई प्रश्न नहीं करता। हल्लाज इत्यादि से भेंट समाप्त होने पर इब्लीस प्रकट होता है और ईश्वर से फ़रियाद करता है कि मैं मनुष्य की संगत में ख़राब हो गया हूँ, अतः मुझे कोई बराबरी का विरोधी या प्रतिद्वन्द्वी प्रदान कर:

एक दृष्टिवान् व्यक्ति चाहिए मुझको
प्रतिद्वन्द्वी एक परिपक्वतर चाहिए मुझको।
आदम की औलाद है क्या फूस मुट्ठीभर
मेरी एक चिनगारी काफी है मुट्ठीभर फूस के लिए।

तंग आ गया हूँ इस क़दर मैं अपनी विजयों से
प्रत्यपकार के लिए मैं हाज़िर हूँ तेरे सामने।

मुझे ऐसा व्यक्ति चाहिए जो मरोड़ दे गर्दन मेरी
जिसकी निगाह तन में मेरे भर दे थरथरी।

ऐ ख़ुदा! एक जीवन्त ईश्वरनिष्ठ व्यक्ति दे मुझे
शायद कि हार में कोई लज़्ज़त मिले मुझे।

इक़बाल ने अपनी अन्य कविताओं में भी इब्लीस (Satan) का निरूपण किया है। यहाँ इब्लीस का चरित्र चित्रण पूर्णतया मौलिक है।

बृहस्पति ग्रह की सैर के पश्चात् कवि और रूमी का शनि ग्रह के नभ मण्डल में आगमन होता है जहाँ बंगाल के शासक सिराजुद्दौला से ग़द्दारी करनेवाले मीर जा'फर और मैसूर के सुल्तान टीपू से ग़द्दारी करनेवाले मीर सादिक की अधम आत्मायें दिखाई पड़ती हैं। ये दोनों एक रुधिर के सागर में एक नौका में बैठे हुये हैं जो कभी डूबती है तो कभी उतराती। इन दुष्ट आत्माओं को जहन्नम ने भी स्वीकार करने से इनकार कर दिया क्योंकि इन्होंने अपने मुल्क और क़ौम से ग़द्दारी की थी। फिर हिन्दुस्तान

की आत्मा प्रकट होती है और फ़रियाद करती है कि हिन्दुस्तानी अपनी मर्यादा से अनजान हैं और उन्होंने स्वयं को अपनी ख़ुदी से अजनबी कर लिया है जिनके कारण:

मेरे हाथ-पाँव हैं बंधे ऐसे ही लोगों के कारण
फरियादे हैं मेरी बेअसर ऐसे ही लोगों के कारण

जहाँ कहीं भी क़ौम कोई होती है ग़ारत
होता है उसके मूल में कोई सादिक़ कोई जा' फ़र।
जा' फर की आत्मा से ईश्वर करे रक्षा
वर्तमान युग के जा' फ़रों से ईश्वर करे रक्षा।

यद्यपि इक़बाल ने राज्य क्षेत्रीय राष्ट्रवाद (Territorial Nationalism) की सदैव कटु आलोचना की तथापि वह राष्ट्रप्रेम या देशप्रेम को एक आध्यात्मिक गुण समझते थे जो एक नैसर्गिक बात है। एक राजनीतिक संकल्पना के रूप में राष्ट्रवाद का विरोध करने के बावजूद इक़बाल के दिल में देश से प्रेम और लगाव हमेशा विद्यमान रहा। यहाँ उन्होंने रूहे-हिन्दुस्तान यानी हिन्दुस्तान की आत्मा को एक पवित्र अप्सरा से उपमा दी है जिसके माथे पर ईश्वरीय तेज की दिव्य ज्योति है तथा जिसकी आँखों की मस्ती में ईश्वरीय ज्ञान का सुरूर है। सच तो यह है कि "ज्यों-ज्यों राजनीतिक राष्ट्रीयता से इक़बाल का इनकार बढ़ता जाता था उसी मात्रा में अपने वतन हिन्दुस्तान की गैर इस्लामी संस्कृति की महानता के विभिन्न पहलुओं का प्रभाव भी इक़बाल पर बढ़ता जाता था। जावेदनामा के ये उदाहरण इसका प्रमाण हैं कि उनकी रचनाओं में नफरत तो एक तरफ़ कभी लेशमात्र मानसिक परायापन भी कहीं नज़र नहीं आता। इसके विपरीत इक़बाल को हिन्दू सभ्यता और संस्कृति, तत्वमीमांसा और धर्म में जगह-जगह ऐसे तत्व मिलते हैं जो उनके अपने चिन्तन के विकास में अत्यन्त सहायक सिद्ध होते हैं। जिस तरह हिन्दू संस्कृति और चिन्तन का असर बढ़ता जाता था उसी तरह सुन्दर क़िस्म का ग़ैर रियासी देशप्रेम भी उनके कलाम में अन्त तक बाक़ी रहा"।[13] कावेरी के प्रति टीपू सुल्तान का सम्बोधन वस्तुत: उसके उत्कट देशप्रेम का उद्‌गार है :

ऐ कावेरी सरित! तू ज़रा आहिस्ता चल
शायद कि तू है क्लान्त भ्रमण से सतत।
पर्वतमालाओं में उम्र भर तू करती रही है आर्तनाद
पलकों से तूने किया है प्रशस्त अपना मार्ग।
ऐ कि तू है मुझको उत्तमतर जैहून और फ़ुरात से

---

13. अज़ीज़ अहमद : 'इक़बाल-नयी तशकील' : एतिक़ाद पब्लिशिंग हाऊस, दिल्ली : 1980 पृष्ठ : 32

ऐ कि तेरा नीर है जीवनामृत दकन के लिए।
आह! वह एक शहर जो पहलू में था तेरे
प्रतिरूप था जिसका मधुर-सौंदर्य, सौंदर्य का तेरे।
यद्यपि तू हो गयी है बूढ़ी तेरा तारुण्य है वही
तेरा प्रवाह, तेरी छवि, तेरी कान्ति है वही।
सिवा मोती के एक दाना के तेरी लहर ने कुछ नहीं किया पैदा
ईश्वर करे अनन्तता तक साहिल उत्तेजित रहे तेरा।

वास्तव में इक़बाल ने वतन को एक राजनीतिक इकाई के रूप में इसलिए नहीं स्वीकार किया कि उनके विचार में एकता और समन्वय का आधार भौगोलिक या राज्यक्षेत्रीय नहीं है बल्कि इसका आधार विशुद्धतया मानवीय है। दूसरे शब्दों में मानवीय एकता का आधार मानव मात्र है न कि धरती का कोई टुकड़ा विशेष।

शनिग्रह के पश्चात् कवि और रूमी आकाशों से परे पहुँचते हैं जहाँ जर्मन दार्शनिक नीत्शे से भेंट होती है जिसके होठों पर यह शे'र होता है जिसे वह बार-बार पढ़ता है:

"न जिब्रील, न जन्नत, न हूर न ख़ुदा कोई
मुट्ठी भर धूलि ही जलती है उत्कण्ठा से प्राण की।"

इक़बाल के विचार में समकालीन यूरोपीय मनीषी नीत्शे की मनोस्थितियों एवं अनुभूतियों को समझ नहीं सके। वस्तुत: वह एक ईश्वरोन्मत्त व्यक्ति था किन्तु एक आध्यात्मिक मार्गदर्शक के अभाव में अपने अवस्थान का सही आकलन न कर सका जिसके कारण सैकड़ों विघ्न आ पड़े उसकी अनुभूतियों में। चूँकि उसने ईश्वर का इनकार किया, अत: वह अपनी वास्तविकता, अपनी ख़ुदी से भी अपरिचित रह गया :

उसकी उन्मत्तता ने हर शीशे को दिया तोड़
ईश्वर से कट गया और नाता स्वयं से लिया तोड़।

पार्श्व में थी उसके दिव्य-ज्योति पर वह अनजान था उससे
दूरतर होता है जैसे फल मूल से वृक्ष के।
सिवाय आदम के दीदार के उसकी आँखों ने न कुछ चाहा
निर्भयता से उसने नारा लगाया "आदम है कहाँ?"

नीत्शे से मिलने के बाद कवि ऊर्ध्वलोक की ओर प्रस्थान करता है जहाँ जन्नत में उसे पंजाब के राज्यपाल अब्दुल समद की पुत्री शरफुन्निसा का प्रासाद दिखाई पड़ता है। तदनन्तर उसकी भेंट सन्त सैयद अली हमदानी और कश्मीरी कवि मुल्ला ताहिर ग़नी कश्मीरी से होती है। कवि (ज़िन्दारूद) सन्त हमदानी से कहता है कि ईश्वर ने

ख़ुद ही शैतान को पैदा किया और हमसे आज्ञापालन भी चाहा। आख़िर इसका रहस्य क्या है? सन्त हमदानी बताते हैं कि शैतान मनुष्य की ख़ुदी को सुदृढ़तर और परिपक्वतर करने का साधन है। कश्मीरी कवि ताहिर ग़नी जिनेवा स्थित लीग ऑफ नेशन्ज़ (League of Nations-राष्ट्र संघ) को यह मार्मिक संदेश देता है जिसमें वह अंग्रेजों द्वारा कश्मीर की बिक्री के प्रति संकेत करता है :

"प्रात समीर! जिनेवा की तरफ़ यदि हो गुजर तेरा
पहुँचा देना राष्ट्रसंघ को संदेश यह मेरा।
किसान, खेत, नदी और बाग़ सब उन्होंने दिया बेच
एक क़ौम दिया बेच और कितना सस्ता दिया बेच।"

फिर कवि (ज़िन्दारूद) को कश्मीरी कवि ताहिर ग़नी कहता है कि कश्मीरियों की रूह मरी नहीं है और एक न एक दिन उनके सीनों में बुझी चिनगारी एक ज्वाला में प्रस्फुटित होगी। वह 'जीवन्त हृदय कश्मीरी ब्राह्मणों के वंशधरों-मोतीलाल और जवाहरलाल' के प्रति संकेत करते हुये कहता है:

आज़ादी की यह धुन किसने दी हिन्दोस्तान को
शिकारी का यह उन्माद किसने दिया शिकार को?
जीवन्त हृदय ब्राह्मणों के उन वंशधरों ने
लज्जित करती है लाला को लाली चेहरे की जिनके।
तीव्र-दृष्टि, कृतकार्य और अत्यन्त परिश्रमी हैं ये
हाहाकार है अंग्रेजों में जिनकी निगाह से।
उनका मूल स्थान है विरोध करनेवाली हमारी धरती में
उदय स्थल है इन सितारों का हमारे कश्मीर में।

ग़नी कवि (ज़िन्दारूद) को अपने इन्क़िलाबी गीत द्वारा जन्नत में एक हंगामा बरपा करने के लिए कहता है जिसके फलस्वरूप कवि अपनी एक ग़ज़ल सुनाता है। रुमी कवि को कहते हैं कि देखो तुम्हारी ग़ज़ल हिन्दुस्तान के सम्मोहक काव्यकार भर्तृहरि को हमारी ओर खींच लायी है। संस्कृत कवि भर्तृहरि की कला के सम्मान में कवि और रूमी दोनों खड़े हो जाते हैं। ज़िन्दारूद भर्तृहरि से पूछता है कि कविता में अग्नि कहाँ से आती है-ख़ुदा से या ख़ुदी से? संस्कृत कवि उत्तर देता है कि आत्मा का आह्लाद तलाश में है और कविता में अग्नि उत्कण्ठा के अवस्थान से आती है। फिर ज़िन्दारूद कहता है कि मैंने हिन्दुस्तानियों को व्याकुल देखा है अत: समय आ गया है कि तू ईश्वर के रहस्य अनावृत्त करे। भर्तृहरि कहता है कि संसार में मनुष्य की जो दशा है वह उसके कर्मों के कारण है क्योंकि जीवन कर्म है चाहे वह उत्कृष्ट हो या फिर निकृष्ट।

निरुपाय हैं ये देवगण, ईंट-पत्थर के बने
वह एक परम श्रेष्ठ है मन्दिर व गिरजा से परे।
कर्मोल्लास रहित आराधना है शुष्क व निष्फल
जीवन है सकल कर्म हो उत्कृष्ट या निकृष्ट।
यह जगत् जिसे तू है देखता, नहीं है ईश्वर की रचना
चर्खा है तेरा, तेरे तकले पर कर्तित धागा भी है तेरा।
टेक तू माथा समक्ष कर्मफल के विधान के
नरक, आ'राफ, स्वर्ग सब बनते हैं कर्म से।

भर्तृहरि से भेंट के उपरान्त कवि पूर्व के तीन सुल्तानों-नादिरशाह ईरानी, अहमदशाह अब्दाली अफ़ग़ानी और मैसूर के सुल्तान टीपू शहीद से मिलता है। नादिरशाह कवि से ईरान का हाल पूछता है। कवि बताता है कि ईरानी यूरोप के अनुकरण में अपने इतिहास की ग़लत व्याख्या कर रहे हैं और उनमें नस्लवाद के रूप में ईरानी राष्ट्रवाद की भावना का उदय हो रहा है जिसके अन्तर्गत वे इस्लाम और अरबों का उपकार भुलाकर स्वयं को यूरोप के अन्धानुकरण की आग में पिघला रहे हैं। अब्दाली द्वारा अफगानिस्तान की स्थिति के बारे में पूछे जाने पर कवि बताता है कि अफ़ग़ानियों में भाई भाई से युद्धरत है जब कि दुनिया के अन्य राष्ट्रों में भाईचारे की भावना पुष्पित और पल्लवित हो रही है। अब्दाली कवि से कहता है कि :

एशिया एक देह है नीर-मिट्टी की
अफ़ग़ान क़ौम दिल है उस देह में।
उसकी क्षति में है क्षति एशिया की
उसकी समृद्धि में है समृद्धि एशिया की।

सुल्तान शहीद टीपू जावेदनामा में हिन्दुस्तान का प्रतिनिधित्व करता है। वह जब ज़िन्दारूद से हिन्दुस्तान के हालात के बारे में पूछता है तो हिन्दुओं और मुसलमानों में कोई भेद नहीं करता। उसका प्रश्न वास्तव में उसके देशप्रेम का उद्गार है :

हिन्द और हिन्दुस्तानियों के बारे में कुछ और कह
कीमत नहीं उपवन की जिसके एक तिनके के बराबर।
वह कि जिसकी मस्जिदों का कोलाहल है मर चुका
वह कि जिसके मन्दिरों की बुझ गयी है आग।
वह कि जिसके वास्ते मैंने ख़ून किया था दिल अपना
वह कि जिसकी याद से मैंने पोषित किया था अपना प्राण।
अनुमान कर उसकी व्यथा का हमारी व्यथा से
अफ़सोस उस प्रेमपात्र पर जो अपना प्रेमी न पहचाने।

कवि सुल्तान टीपू शहीद को सूचित करता है कि हिन्दुस्तानियों में विदेशी शासन के प्रति घृणा पैदा हो गयी है और वे फिरंगियों के क़ानून की अवज्ञा कर रहे हैं। फिर सुल्तान पूछता है मेरे शहर, मेरे वतन दकन का क्या हाल है? क्या वहाँ जीवन के आसार हैं? कवि कहता है कि मैंने अपने आँसुओं के संदेशरूपी बीज दकन में बो दिये है जिनसे लाला उग रहे हैं। (अल्लामा इक़बाल ने 1928-29 में दकन की यात्रा की थी जिसके दौरान उन्होंने सुल्तान शहीद टीपू के मज़ार पर हाज़िरी दी थी।) अन्त में सुल्तान कावेरी के प्रति अपना संदेश देता है जो वस्तुत: जीवन, मृत्यु और शहादत की यथार्थता को व्यक्त करता है :

ऐ कि मैं और तू लहरें हैं जीवन-सरित की
हर क्षण हो जाती हैं यह सृष्टि दूसरी।
हर घड़ी एक आमूल परिवर्तन है ज़िन्दगी
खोज में रहती है वह एक अभिनव जगत् की।
ताना-बाना हर अस्तित्व का है फ़ना के कारण
यह सकल अभिव्यक्ति है फ़ना के कारण।

क़ाफ़िले हों, ऊँट हों, कानन हों या तरु खजूर के
जो कुछ तू देखे रोता है दर्द से कूच के।

क्या है वसंत ऋतु? मातम भी और उत्सव भी
उसकी गोद में कली ओर कंधे पर लाश फूल की।

खर पतवार से होती है रचना अस्तित्व की
क्या है सज़ा उत्कण्ठा के सिवा आत्माभिव्यक्ति की।

और अन्त में सुल्तान शहादत का मर्म समझाते हुये कहता है :

यदि रखता है तू आभा व ऊष्मा सूर्य की तरह
निवसित विस्तार में आकाश के रख तू क़दम।
पर्वत, पखेरु, उपवन और कानन को दे जला
सागर की तह में मछलियों को भी दे जला।
यदि तीर के लायक़ तू रखता है वक्षस्थल
संसार में जी बाज़ की तरह और बाज़ की तरह मर।

जीवन की गहनता में निहित है चूँकि अमरता
मांगी नहीं ईश्वर से मैंने जीवन की दीर्घता।

सिंह है ईश्वरभक्त और मृत्यु हिरन है
उसके सैकड़ों अवस्थानों में एक अवस्थान मरण है।
वह सिद्ध पुरुष झपटता है मृत्यु पर ऐसे
श्येन झपटता है एक कपोत पर जैसे।

सुल्तान शहीद टीपू की बातें सुनकर कवि बेचैन हो गया तो रूमी ने उसके कान में कहा, 'उठ'। जन्नत से विदा होते समय हूरों ने एक गीत सुनाने का आग्रह किया तो ज़िन्दारूद ने एक ग़ज़ल सुनाया। अन्त में ज़िन्दारूद अकेले ईश्वर के सम्मुख उपस्थित होता है। ईश्वर के समक्ष हाज़िरी से पहले रूमी कवि का साथ छोड़ देते हैं क्योंकि ईश्वर के समक्ष मनुष्य को अकेले ही जाना पड़ेगा। इसी प्रकार साधना के आरंभ में साधक को सहपंथी और मार्गदर्शक की आवश्यकता होती है किन्तु साधना की अन्तिम मंज़िल उसे अकेले तय करनी होती है :

आरंभ में उसका साथी और सहपंथी होता है अपना
आख़िर में वह चलता है राह साथी के बिना।

ज़िन्दारूद ईश्वर के समक्ष फ़रियाद करता है कि यह संसार ईश्वर की शान के अनुकूल नहीं है :

अनुकूल नहीं है यह स्वतन्त्र दास के लिए
सुंबुल से जिसके उगते हैं दंश शूल के।

राजशाही से तेरी दुनिया हुयी ख़राब
सूरज के आस्तीन में छुपी है काली रात।

चार मौतें हैं घात में इस सख़्त जान की
सूदख़ोर, और हाकिम, मुल्ला और पीर।

तेरी शान के अनुरूप है कहाँ ऐसा जगत्
एक दाग़ है दामन पर तेरे यह नीर-मिट्टी का जगत्।

कवि की फ़रियाद पर 'सौन्दर्यवाणी' (ईश्वरवाणी) होंती है कि :

जानता है ऐ उत्तम मनुष्य! क्या है आना अस्तित्व में
लेना है अपना अंश सौन्दर्य से ईश्वरास्तित्व के।

सृजन करना? तलाश है एक प्रेमपात्र की
प्रकट करना दूसरे पर ख़ुदी को अपनी।

क्या जू जीवित है उत्कण्ठावान बन, सृजनकर्त्ता बन
हमारी तरह सकल सृष्टि का वशीकर्त्ता बन।
तेरे उपयुक्त चित्र जो न हो उसको तोड़ दे
अन्तःकरण में एक अन्य जगत् सृजित कर अपने।

वह कि जिसमें है नहीं शक्ति सृजन की
हमारे समक्ष है वह मात्र काफ़िर और विधर्मी।

विचार और कर्म का एकत्व कर पैदा
ताकि तुझे संसार में प्राप्त हो जाय प्रभुसत्ता।

कवि बड़ी विनम्रता से अन्तिम प्रश्न यह करता है कि रूस और जर्मनी में इन्क़िलाब बरपा हो चुके हैं और मुसलमानों के अन्तःकरण में भी इन्क़िलाब का कोलाहल दिखाई पड़ रहा है। पश्चिम और पूर्व की युक्तियाँ तो दिखाई पड़ती हैं, किन्तु उनकी नियतियाँ ओझल हैं। वह पूर्व और पश्चिम की नियतियाँ उद्‌घाटित करने के लिए ईश्वर से याचना करता है :

इस अज्ञानी व्यक्ति की स्वीकार कर क्षमा याचना
पर्दे को दे हटा नियति के चेहरे से।
रूस और जर्मनी का इन्क़िलाब देखा है मैंने
अन्तःकरण में मुसलमान के कोलाहल देखा है मैंने।
देखी हैं मैंने युक्तियाँ प्रतीची और प्राची की
दिखा दे मुझे नियतियाँ प्रतीची और प्राची की।

वास्तव में कवि इस्लामी जगत् के इन्क़िलाब के बारे में जानने का आकांक्षी था। किन्तु परोक्ष (ग़ैब) की बातें तो ईश्वर ही जानता है और इसमें किसी का हस्तक्षेप संभव नहीं। अतः इस अन्तिम प्रश्न के परिणामस्वरूप ईश्वर के जमाल (सौन्दर्य) के पहलू (सौन्दर्यवाणी) के स्थान पर उसके जलाल (तेज या प्रताप) का पहलू (ईश्वरीय तेज) स्थान ले लेता है जो कवि को दिव्य-दर्शन मत्त और वाणी विहीन बना देता है और वह मूसा की तरह मूर्छित होकर गिर पड़ता है :

गुप्त रहस्यों को कर दिया प्रकट उसके प्रकाश ने
वाणी की शक्ति छीन ली मेरी जिह्वा से।

सृष्टि के अन्तःकरण से गीत के रूप में उसे एक मर्मस्पर्शी आवाज़ सुनाई पड़ती है जिसके माध्यम से वस्तुतः उसे अपने अन्तिम प्रश्न का उत्तर मिल जाता है। यहीं पर कवि की यात्रा समाप्त हो जाती है।

"त्याग प्राची को, सम्मोहित न हो प्रतीची से
यह सब प्राचीन और अभिनव योग्य नहीं एक जई के।
वह नगीना जो तू हार गया है अह्‌रिमनों को
कर सकते नहीं गिरवी उसे सत्यनिष्ठ जिब्रील को।
जीवन समुदाय का संस्थापक है और उसका संरक्षक भी
ऐ कि तू जो काफिले में है सबसे अलग रह और चल सबके साथ भी।
तू है अधिक ज्योतिर्मय, प्रकाशमान सूरज से भी
ऐसे व्यतीत कर जीवन कि हर कण तक पहुँचे छाया तेरी।
पड़े हुये तिनके की तरह राह में हवा के
सिकन्दर, दारा, कुबाद और ख़ुसरो चले गये।
ओछेपन से तेरे बदनाम हो गयी मधुशाला
प्याला उठा, होशियारी से पी और चला जा।"

अल्लामा इक़बाल की अंग्रेजी पुस्तक 'Reconstruction of Religious Thought in Islam' का मेरा हिन्दी अनुवाद 'इस्लाम में धार्मिक चिन्तन की पुनर्रचना' राधाकृष्ण प्रकाशन, नई दिल्ली ने 1996 ई. में प्रकाशित किया था। इसके पृष्टावरण पर 'जावेदनामा' के हिन्दी में अनूदित किये जाने की सूचना दी गयी थी। उस समय यह नहीं सोचा था कि यह अनुवाद 11 वर्षों के बाद पूरा हो सकेगा। वास्तव में इस अनुवाद की शुरुआत जुलाई 2005 में हुयी जो जनवरी 2007 में समाप्ति को पहुँचा। इससे पूर्व जावेदनामा का अनेक भाषाओं में अनुवाद हो चुका है। प्रो. अलेस्साण्द्रो बौसानी (Prof. Alessandro Bausani) द्वारा जावेदनामा का इटैलियन भाषा में अनुवाद 1952 में प्रकाशित हुआ था। प्रो. ऐनमेरी शिमेल का जर्मन पद्यानुवाद 1957 में छपा था। शिमेल ने तुर्की भाषा में भी 'जावेदनामा' का गद्यानुवाद किया था। तदनन्तर तुर्क तारिह कुरुमू बासीमेवी ने 1958 में इसका तुर्की में गद्यानुवाद किया। शैख़ महमूद अहमद द्वारा 'जावेदनामा' का सर्वप्रथम अंग्रेजी पद्यानुवाद 'The Pilgrimage of Eternity' के नाम से इन्स्टीट्यूट ऑफ इस्लामिक कल्चर, लाहौर ने 1961 में प्रकाशित किया था। यद्यपि सूफी ए. क्यू. नियाज़ ने 'जावेदनामा' का अपना अंग्रेजी अनुवाद 1960 के आख़िर में पूरा कर लिया था, किन्तु उनकी मृत्योपरान्त इक़बाल अकादमी, लाहौर ने इसे 1984 में प्रकाशित किया था। इ. मेयेरोविच (E. Meyerovitch) एवं मुहम्मद मोकरी द्वारा इसका फ्रांसीसी भाषा में अनुवाद 1962 में प्रकाशित हुआ। कैम्ब्रिज विश्वविद्यालय के प्रोफेसर आर्थर जे. आर्बरी का अंग्रेजी अनुवाद जॉर्ज ऐलन एण्ड अनविन लण्डन से 1966 में प्रकाशित हुआ। इन अनुवादों के माध्यम से जावेदनामा अन्तरराष्ट्रीय पाठकगण तक

पहुँच चुका है। लुत्फ़ुल्लाह बदवी का सिन्धी अनुवाद 1959 में और अमीर हम्ज़ा का पश्तो अनुवाद 1962 में प्रकाशित हुआ था। जावेदनामा का पंजाबी में भी अनुवाद हो चुका है। मुज़्तर मजाज़ द्वारा 'जावेदनामा' का सर्वप्रथम उर्दू पद्यानुवाद इक़बाल अकादमी हैदराबाद (भारत) द्वारा 1981 में प्रकाशित हुआ था। ज़हीर अहमद सिद्दीक़ी का जावेदनामा का उर्दू पद्यानुवाद बज़्मे-इक़बाल लाहौर द्वारा जनवरी 1993 में प्रकाशित हुआ। यह उर्दू भाषा में जावेदनामा का दूसरा पद्यानुवाद था। दक्षिण एशिया की प्रमुख भाषा हिन्दी में 'जावेदनामा' का यह सर्वप्रथम पद्यनुमा शाब्दिक गद्यानुवाद है। प्रोफेसर यूसुफ सलीम चिश्ती मरहूम की 'जावेदनामा' की उर्दू टीका इस अनुवाद में बहुत लाभदायक सिद्ध हुयी। प्रोफेसर चिश्ती ने इक़बाल की सभी रचनाओं की विद्वतापूर्ण टीका लिखी है और अल्लामा इक़बाल के काव्य और जीवन का कोई ऐसा पहलू नहीं जिसकी उन्होंने विवेचना नहीं की। इज़हार सन्ज़ लाहौर द्वारा 'फरहंगे इक़बाल' के नाम से 1989 में प्रकाशित हज़रत नसीम अमरोहवी की इन्साइक्लोपीडिया का भी मैंने भरपूर उपयोग किया है जिसके अधिकांश इन्दराज प्रोफेसर यूसुफ सलीम चिश्ती की टीका 'शर्ह जावेदनामा' एवं इक़बाल के काव्य की उनकी अन्य टीकाओं पर आधारित है। मैं अपने मित्र और इलाहाबाद विश्वविद्यालय के हिन्दी विभाग के भूतपूर्व प्रोफेसर डॉ. सत्यप्रकाश मिश्र के प्रति आभार व्यक्त किये बिना नहीं रह सकता, जिन्होंने इस अनुवाद की प्रक्रिया में आदि से अन्त तक मेरा मार्गदर्शन किया। बड़े दुःख के साथ लिखना पड़ रहा है कि आज वे हमारे बीच नहीं रहे। अपनी मृत्यु से एक दिन पहले तक 'जावेदनामा' के अनुवाद और इस अनुवाद की प्रस्तुति और जावेदनामा की भूमिका के बारे में डॉ. अशोक शुक्ल से चर्चा करते रहे तथा उनके माध्यम से महत्वपूर्ण सुझाव भी दिये। गुरुवर प्रो. ओमप्रकाश जी मालवीय एक ही साथ और एक ही समय में कालिदास, भर्तृहरि, ग़ालिब, निराला और इक़बाल प्रेमी हैं और उन्होंने अनुवाद कार्य में अनेक प्रकार से मार्गदर्शन किया। मेरे मित्र डॉ. दिनेश शुक्ल ने जो स्वयं हिन्दी के एक सशक्त एवं प्रमुख कवि हैं, इस अनुवाद में विशेष दिलचस्पी ली तथा अनेक मूल्यवान सुझाव दिये। मेरे सहयोगी श्री रवीन्द्रनाथ मिश्र ने अनूदित टेक्स्ट का कई बार पाठ किया तथा भूमिका और टिप्पणियों के सिलसिले में अनेक प्रकार की सहायता की। मेरे अन्य सहयोगी श्री नीरज कुमार ने भूमिका और टेक्स्ट की प्रस्तुति में महत्वपूर्ण सहायता दी। भाई रामजी राय तथा पंकज मालवीय ने हर प्रकार से उत्साहवर्द्धन किया। मेरे सहयोगी श्री शिवशंकर गिरि ने अनुवाद के एक-एक शब्द पर विचार किया तथा इसकी प्रस्तुति में विशेष अभिरुचि ली। मेरी पत्नी रुख़साना के सहयोग के बिना इस कार्य की कल्पना भी नहीं की जा सकती। यदि पुस्तक के रूप में यह अनुवाद आपके हाथों में है तो यह राधाकृष्ण प्रकाशन के

प्रोपराइटर श्री अशोक महेश्वरी जी की दिलचस्पियों एवं प्रयासों का परिणाम है। अशोक जी कृतसंकल्प हैं कि वे समूचे इक़बाल वाङ्मय को हिन्दी पाठकों के लिए उपलब्ध करायेंगे। इस दिशा में अल्लामा इक़बाल के 'जावेदनामा' का यह अनुवाद राधाकृष्ण प्रकाशन की दूसरी प्रस्तुति है जो इसके पूर्व अल्लामा इक़बाल के दार्शनिक टेक्स्ट 'Reconstruction of Religious Thought in Islam' की 'इस्लाम में धार्मिक चिन्तन की पुनर्रचना' के रूप में प्रस्तुति कर चुका है। इस अनुवाद की सम्पूर्ण प्रक्रिया मेरे लिए 'लेबर ऑफ लव' रही है। वस्तुतः यह 'जावेदनामा' के फ़ारसी टेक्स्ट का अनुवाद ही नहीं प्रत्युत उसका एक पुनर्पाठ भी है।

मुहम्मद शीस ख़ान

जावेदनामा के पात्र

रूमी	: मौलाना जलालुद्दीन रूमी (1207-1273 ई.) सूफी सन्त एवं फ़ारसी कवि, मसनवी के रचयिता
ज़िन्दारूद	: जावेदनामा के सन्त रूमी द्वारा कवि (इक़बाल) को प्रदत्त नाम
जहान दोस्त	: हिन्दू ऋषि विश्वामित्र
ज़र्वान	: काल की आत्मा (Spirit of Time)
सरोश	: मज्द्रिकी फ़रिश्ता (Mazdean Angel)
गौतम	: गौतम बुद्ध
नर्तकी	: गणिका
अह्रिमन	: ज़रतुश्त धर्म का बुराई का देवता
ज़रतुश्त	: पारसी-धर्म का पैग़म्बर
टॉल्सटॉय (1828-1910 ई.)	: रूसी साहित्यकार एवं दार्शनिक
इफरंगिन	: यूरोप का प्रतीक (An Embodiment of Europe)
अबू जहल	: इस्लाम के पैग़म्बर हज़रत मुहम्मद (स.अ. व स.) का शत्रु
जमालुद्दीन अफ़ग़ानी (1838-1897 ई.)	: उन्नीसवीं शताब्दी के प्रसिद्ध अफ़ग़ान धार्मिक सुधारक एवं विचारक
सईद हलीम पाशा (1863-1921 ई.)	: तुर्क राजनीतिज्ञ, विचारक एवं सुधारक
मर्दूख	: एक प्राचीन मूर्ति (An Ancient Idol)
बाल	: एक प्राचीन मूर्ति (An Ancient Idol)
फ़िरऔन	: प्राचीन मिश्र का एक अत्याचारी शासक (Pharaoh)
किचनर (मृत्यु 1916 ई.)	: ख़र्तूम का अंग्रेज शासक (Lord Kitchner of Khartoum)

सूडानी दरवेश	: सूडान के सूफ़ी संत मेहदी
मंगल ग्रह का खगोलविद्	
मंगल ग्रह की नबीय्या (Martian Prophetess)	
हल्लाज (857-922 ई.)	: मंसूर बिन हल्लाज, सूफ़ी एवं शहीद
ग़ालिब (1797-1869 ई.)	: उर्दू-फ़ारसी के हिन्दुस्तानी कवि
क़ुर्रतुलऐन ताहिरा	: बाबी सम्प्रदाय की ईरानी कवयित्री जो 1862 ई. में क़त्ल हुयी
इब्लीस	: शैतान
हिन्दुस्तान की आत्मा (Spirit of India)	
जा'फ़र (मृत्यु 1765 ई.)	: मीर जा'फ़र, हिन्दुस्तानी ग़द्दार
सादिक़	: मीर सादिक़ हिन्दुस्तानी ग़द्दार
नीत्शे (1844-1900 ई.)	: जर्मन दार्शनिक
सैयद अली हमदानी (1314-1385 ई.)	: शाहे-हमदान के नाम से प्रसिद्ध ईरान के सूफ़ी संत
ताहिर ग़नी (मृत्यु 1669 ई.)	: कश्मीर के कवि
भर्तृहरि	: प्राचीन हिन्दुस्तान के प्रसिद्ध संस्कृत कवि, संत एवं दार्शनिक
नादिर (मृत्यु 1747 ई.)	: अठारहवीं शताब्दी का ईरानी सम्राट नादिरशाह
अब्दाली (मृत्यु 1773 ई.)	: आधुनिक अफ़ग़ानिस्तान का संस्थापक अहमदशाह दुर्रानी
नासिरे ख़ुसरो	: एक प्राचीन फ़ारसी कवि (मृत्यु 1060-61 ई. के लगभग)
सुल्तान शहीद	: मैसूर के टीपू सुल्तान (मृत्यु 1799 ई.)
जन्नत की हूरें	: स्वर्ग की अप्सरायें (Maidens of Paradise)
सौन्दर्य की आवाज़	

प्राक्कथन

तमाशे गगन के देख चुकी है कल्पना मेरी
रही है चाँद के कंधे पर, गोद में आकाशगंगा की।
यह धरती ही हमारा नीड़ है न कर ऐसा गुमाँ कभी
हर तारा एक दुनिया है या दुनिया थी कभी।

प्रार्थना[1]

आदमी इस सतरंगी[2] दुनिया में हर पल
वीणा की तरह करता रहता है आर्तनाद[3]।
जलाती रहती है उसे सहचर[4] की कामना
सिखाती है ढ़ाढ़स के लिए उसे विलापगान।
लेकिन यह दुनिया कि है नीर-मिट्टी से
कैसे कहें कि रखती है यह भी एक दिल।
सागर, वन, पर्वत, तृण सब मूक और बधिर
नभ, चन्द्र और सूर्य सब मूक और बधिर।
है आसमान पर तारों का एक हुजूम
पर है एक से अधिक तनहा दूसरा तारा।
हर एक है हमारी तरह निरुपाय, बेचारा
और परिसर में है नीले नभ के आवारा।
कारवाँ ने सफ़र का कोई सामाँ किया नहीं
आसमान है असीम और रातें बहुत बड़ी।
यह दुनिया क्या शिकार और हम शिकारी हैं?[5]

---

1. मूल पाठ में 'मुनाजात' जिसका अर्थ है 'ईश्वर के समक्ष आत्मनिवेदन' या 'दुआ' या 'प्रार्थना'।
2. 'सतरंगी दुनिया', मूल पाठ में 'जहाने-हफ्त रंग' अर्थात् 'सात रंगों वाला संसार'। सात रंग हैं-हरा, लाल, पीला, सफेद, नीला, काला और बैंगनी। यह संसार सतरंगा इसलिए भी है कि इसमें सात पृथ्वी और सात आकाश हैं। अल्लामा इक़बाल ने 'जावेदनामा' में एक पृथ्वी और छह आकाश मिलाकर या छह आकाश (अफ्लाक) या ग्रह (Spheres) और एक 'आँसूये अफ्लाक' अर्थात् 'आकाशों या ग्रहों से परे' मिलाकर संसार को सतरंगा बना दिया है।
3. मूल पाठ में 'गर्मे फुगाँ' 'क्रन्दन में तप्त' अर्थात् 'आर्तनाद या विलाप करते रहना'। मनुष्य के आर्तनाद या उसकी विकलता का कारण यह है कि इस संसार में आने से पूर्व वह 'आलमे-अर्वाह' अर्थात् 'आत्माओं के लोक' में था जहाँ से वह शरीर के रूप में इस संसार में आ गया। यह वियोग उसे व्याकुल करता रहता है और अपने मूल से अलग होने के कारण फ़रियाद करता रहता है।
4. मूल पाठ में 'हम नफ़स' जिसका शाब्दिक अर्थ है 'एक साथ साँस लेनेवाला', जिसका तात्पर्य है साथी, हमदर्द, राज़दार।

भुला दिया है जिन्हें क्या हम ऐसे क़ैदी हैं?
रो-रोकर याचना की पर आया नहीं जवाब[6]
बेटे का आदम के है कहाँ हमराज़?[7]

देखा है चतुर्दिशिक दुनिया के उस दिन को
जिसका प्रकाश रोशन करे महल गली को।
अस्तित्व ग्रह की गति पर निर्भर है जिसका
कुछ नहीं सिवा कि कहे 'था' और 'चला गया'।
शुभ है वह दिन[8] जिसका दिनों से नाता[9] होता नहीं
होती नहीं दोपहर और शाम जिसकी सुबह की।
रोशन उस ज्योति से यदि रूह हो जाये
हम रंग की तरह आवाज़ देख लें।[10]
उसकी आभा से परोक्ष[11] हो जाता है प्रत्यक्ष[12]
काल है उसका शाश्वत और व्यतिक्रम-रहित[13]।

---

5. मूल पाठ में 'ईं जहाँ सैदअस्त व सैयादेम मा' जिसका अर्थ है 'क्या यह संसार शिकार और हम शिकारी हैं ?'। प्रश्न यह है कि क्या यह जगत् हमारा शिकार यानी हमारे वशीभूत है और क्या हम इसके शिकारी अर्थात् इसके वशीभूतकर्त्ता हैं? आशय यह है कि वास्तव में संसार में मनुष्य की हैसियत क्या है? क्या उसने दिक्काल पर विजय प्राप्त कर ली है या वह दिक्काल का दास है?
6. चूँकि सभी भौतिकता में संलिप्त हैं इसलिए ईश्वर, मनुष्य और जगत् के पारस्परिक संबंधों पर क्यों विचार करें और क्या यह दुनिया शिकार और हम शिकारी हैं प्रश्न का क्योंकर उत्तर दें?
7. इस भौतिकवाद के युग में मनुष्य का दु:ख-दर्द बाँटने वाला कोई नहीं।
8. मूल पाठ में 'रोज़े' अर्थात् 'ऐसा दिन'। यहाँ 'दिन' से आशय 'जीवन' है। यदि 'रोज़े' (ऐसा दिन) का अर्थ 'दिन' (Day) लिया जाय तो इसका आशय होगा 'ईश्वरीय दिन' जो आनुक्रमिक काल (Serial Time) से परे होता है।
9. जिसका हमारे दिनों से सम्बन्ध नहीं अर्थात् ईश्वरीय दिन (Divine Day)।
10. मूल पाठ में 'सौत रा चूँ रंग दीदन मी तवाँ' जिसका अर्थ है 'आवाज़ को रंग की तरह हम देख सकते हैं'। 'रंग की तरह देख लें आवाज़ को' का आशय है 'हम दिक्काल को वशीभूत कर लें'।
11. मूल पाठ में 'ग़ैब' अर्थात् 'अगोचर या परोक्ष' (Unseen)।
12. मूल पाठ में 'हुज़ूर' अर्थात् 'प्रत्यक्ष' (Visible)।
13. मूल पाठ में 'बेमुरुर' अर्थात् 'व्यतिक्रम-रहित' (Without Passage), 'जो गुज़रता या बीतता नहीं'। मानवीय दिन व्यतीत हो जाता है, एक दिन गुज़र जाता है तो दूसरा आता है, किन्तु ईश्वरीय दिन या काल (Divine Time) व्यतिक्रम-रहित होता है और वह सदैव वर्तमान (Now) होता है।

ऐसे दिन को ईश्वर! मेरी जीविका बना दे
जिसमें प्रेम की गर्मी न हो ऐसे दिन से मुक्ति दे[14]।

आयते-तस्ख़ीर[15] किस की शान में नाज़िल हुयी?
हैरान किस पर[16] है यह नीला गगन?
अल्लमल् अस्मा[17] का राज़दार कौन था?
उस साक़ी और शराब[18] का मस्त कौन था[19]?
तूने सकल सृष्टि से चयन किसका किया था?
किसको बनाया था राज़दार अन्दर के राज़ का?
ऐ कि भेद डाला है मेरा वक्ष तेरे तीर ने[20]
शब्द 'उद्ऊनी[21]' कहा किसने और किससे?
आपका चेहरा मेरा ईमान, मेरा क़ुरआन है

---

14. मूल पाठ में 'वारिहाँ ज़ीं रोज़े बेसोज़े मरा' जिसका अर्थ है 'मुक्ति दे ऐसे दिन से जो मेरे लिये परितापहीन है' (या जिसमें मेरे लिये गर्मी नहीं है)। 'बेसोज़े' का शाब्दिक अर्थ है 'गर्मीरहित' जिसका आशय है 'प्रेम की गर्मी से रहित'। यहाँ प्रेम का आशय है ईश्वर और उसके रसूल (पैग़म्बर हज़रत मुहम्मद) का प्रेम।
15. क़ुरआन शरीफ की वह आयतें जिसमें सृष्टि को मनुष्य के अधीन व वशीभूत करने की अभिव्यक्ति की गयी है। उनमें से एक आयत का एक अंश इस प्रकार है : 'व सख़्ख़र लकुम मा फिस्समावाति व माफिल् अर्द्दि जमीअम्मिन्हु' अर्थात् 'ईश्वर ने आसमानों और ज़मीनों की सारी चीज़ों को तुम्हारे लिए वशीभूत कर दिया है'।
17. संकेत क़ुरआन की उस आयत के प्रति है जो इस प्रकार है : 'व अल्लम आदमल् अस्माअ कुल्लहा' अर्थात् 'ईश्वर ने आदम को सृष्टि की सारी चीज़ों के नाम सिखा दिये'। आशय यह है कि मनुष्य में नामधारी के जानने और उनकी खोज लगाने की प्रवृत्ति उभरे और वह असलियत की तलाश के माध्यम से उनको वशीभूत करे और अपने काम में लाये।
18. 'उस साक़ी और शराब' में 'साक़ी' से आशय 'ईश्वर' और 'शराब' से आशय 'ईमान या ईश्वर प्रेम' की अमानत है।
19. यहाँ संकेत क़ुरआन (33:72) की इस आयत के प्रति है : 'इन्ना अरद्नल अमानत अलस्समावाति वल् अर्दि वल् जिबालि फअबैन अन्य्यहमिल्नहा व अश्फ़क़्न मिन्हा व हमलहल् इन्सानु' अर्थात् 'हमने (ईश्वर ने) अमानत (ईश्वर प्रेम, ईश्वरज्ञान) या बक़ौल इक़बाल वैयक्तिकता की अमानत (Trust of Individuality) आकाश, पृथ्वी और पहाड़ों को सौंपी थी, किन्तु भयवश उन्होंने उस अमानत की ज़िम्मेदारी से इनकार कर दिया तब मनुष्य ने उसको अपने जिम्मे ले लिया'।
20. मूल पाठ में 'ऐ तुरा तीरे कि मा रा सीना सुफ्त' जिसका अर्थ है 'ऐ वह अस्तित्व कि जिसके तीर ने मेरा सीना छेद डाला है' अर्थात् 'ऐ ईश्वर कि तू मेरे हृदय में निवास करता है'।
21. कुरआन (40:60) की आयत 'काल रब्बुकुम उद्ऊनी अस्तजिब लकुम' (अर्थात् 'तुम्हारे पालने वाले ने कहा कि तुम मुझे पुकारो मैं तुम्हें जवाब दूँगा') की ओर संकेत है।

दीदार देने में मेरे प्राण से क्यों संकोच है?
सैकड़ों सूर्य-किरणों के नुकसान से भी
कम नहीं होती है दौलत सूर्य की।

वर्तमान युग के पैर की ज़ंजीर बुद्धि है
मेरे सदृश व्याकुल प्राण और कहाँ है?
मुद्दतों अधीर स्वयं पर अस्तित्व रहता है[22]
एक व्याकुल प्राण तब कहीं आविर्भूत होता है।
न माने यदि बुरा तो कह दूँ कि यह बंजर ज़मीन
इच्छा के बीज के लिए उपयुक्त नहीं है।
इस व्यर्थ की धरती के अन्दर से अगर
एक भी दिल[23] उग आये तो समझो है ग़नीमत।
तू[24] चाँद है मेरे शयनागार से होता हुआ गुज़र
ज्योतिहीनता को देख मेरे प्राण की पल भर।
आग को खर-पतवार से परहेज़ किसलिए?
बिजली को है गिरने से डर किसलिए?

जीता रहा विरह में मैं जब तक रहा ज़िन्दा
मुझे दिखा इस नीली छतरी के परे है क्या?
मेरे सामने बन्द दरवाज़ों को खोल दे
इस मिट्‌टी को फ़रिश्तों का हमराज़ कर दे[25]।
मेरे सीने के अन्दर एक आग[26] लगा दे

---

22. मूल पाठ में 'उम्रहा बर ख़्वेश मी पेचद वुजूद' जिसका अर्थ है 'युगों व मुद्दतों जीवन स्वयं पीड़ा में तड़पता है'। आशय यह है कि जिंदगी सदियों या मुद्दतों तक अपनी अन्त:शक्तियों को अभिव्यक्त करने के लिये संघर्ष करती तथा विकास की अवस्थायें तय करती है तब कहीं जाकर किसी व्याकुल प्राण अर्थात् ईश्वरभक्त या ईश्वरानुरागी सेवक (God Intoxicated) का आविर्भाव होता है।
23. 'एक भी दिल' अर्थात् 'कोई सच्चा ईश्वरासक्त सेवक'।
24. ऐ ईश्वर तू।
25. मूल पाठ में 'ख़ाक रा बा क़ुद्सियाँ हमराज़ कुन' जिसका अर्थ है 'मिट्‌टी को अर्थात् मिट्‌टी के मनुष्य को फ़रिश्तों का राज़दार बना दे'। आशय यह है कि ऐ ईश्वर फ़रिश्तों के समान मुझे भी अपना सामीप्य प्रदान कर।
26. मूल पाठ में 'आतिशे' जिसका अर्थ है 'एक आग' अर्थात् 'अपने प्रेम की आग'।

छोड़ दे लोबान को, ईंधन को जला दे[27]।
फिर मेरी लोबान को आग पर रख दे
मेरे धुँए को दुनिया भर में छितरा दे[28]।
आग को मेरे प्याले की तेज़ कर
बेपरवाही के साथ मिला दे एक नज़र।
हैं हम तेरी तलाश में और है नज़र से दूर तू
नहीं, यह है ग़लत, हम नेत्रहीन हैं और सामने है तू[29]।
या तो रहस्यों के इस पर्दे को उठा दे
या दीदार से वंचित इस प्राण को वापस ले।
मेरा विचार-तरु है फूल-पत्तों से निराश
या तो कुठार भेज या प्रातः की समीर।
अक़्ल दी है तो दीवानगी[30] भी प्रदान कर
आन्तरिक आकर्षण के प्रति मेरा मार्गदर्शन कर[31]।
होता है विचार में निवास ज्ञान का
प्रेम का घर है वह हृदय जो नहीं सोता[32]।
ज्ञान[33] जब तक प्रेम से सम्पन्न नहीं होता
विचार कुछ नहीं तमाशाख़ाना के सिवा।

---

27. मूल पाठ में 'ऊदरा बगुज़ार व हैज़म रा बसोज़' अर्थात् 'लोबान को छोड़ दे और ईंधन को जला दे'। 'लोबान' का तात्पर्य 'प्रेम(इश्क़) या हृदय है' तथा 'ईंधन' का अभिप्राय 'बुद्धि' (Reason) है। कवि ऐसे हृदय (क़ल्ब) की कामना करता है जो प्रेम से परिपूर्ण व बुद्धि (अक़्ल) से दूर हो।
28. आशय यह है कि पहले मुझे अपना सच्चा प्रेम प्रदान कर उसके पश्चात् मेरे या मेरी कविता के माध्यम से उस प्रेम को संसार में आम कर दे।
29. कवि कहता है कि मैंने जो यह कहा कि 'हैं हम तेरी तलाश में और तू है नज़र से दूर' यह बिल्कुल ग़लत है क्योंकि ऐ ईश्वर तू सर्वत्र विद्यमान है, सारी ग़लती हमारी है कि हम हीं नेत्रहीन हैं जो तुझे देख नहीं पाते अन्यथा तेरा जल्वः तो हर चीज़ में देखा जा सकता है।
30. मूल पाठ में 'जुनून' अर्थात् 'इश्क़ या प्रेम'।
31. मूल पाठ में 'रह बजज़्बे अन्दरूने दिह् मरा' जिसका शाब्दिक अर्थ है 'अपने आन्तरिक आकर्षण या अपनी आन्तरिक तल्लीनता के प्रति मेरी रहनुमाई कर'। 'जज़्बे अन्दरूने' या 'जज़्बे-दुरुँ' (आन्तरिक आकर्षण या तल्लीनता) का आशय 'इश्क़ या प्रेम' है।
32. मूल पाठ में 'इश्क़ रा काशानः क़ल्बे ला यनाम' जिसका अर्थ है 'इश्क़ का घर वह हृदय होता है जो कभी न सोये'। 'कभी न सोनेवाला हृदय' (क़ल्बे ला यनाम) का आशय है 'सदैव जागृत रहने वाला हृदय'। ऐसा हृदय जो सदैव ईश्वर की याद में लगा रहता है। तसव्वुफ की शब्दावली में ऐसे हृदय को, जो ईश्वर-स्मरण में तल्लीन रहता है 'दिल का जारी होना' कहते हैं। इक़बाल ऐसे हृदय को 'ज़िन्दा दिल' या 'क़ल्बे ला यनाम' (सदैव जागृत हृदय) कहते हैं।
33. मूल पाठ में 'इल्म' जिसका अर्थ होता है 'ज्ञान'। यहाँ 'ज्ञान' से आशय 'बुद्धि' (Reason) है।

सामरी[34] का जादू यह तमाशाख़ाना[35] है
रूहुलक़ुदुस[36] के बिना ज्ञान एक माया है।
प्रकाश[37] के बिना बुद्धिमान राह न है पाता
अपने ही विचार की दुलत्तियों से है मर जाता।
जीवन है एक रोग प्रकाश[37] के बिना
बुद्धि दूरी[38] धर्म मजबूरी प्रकाश के बिना।
यह पर्वत, वन, जल और थल का जगत्
हम चाहते नज़र वह देता है ख़बर[39]।
मंज़िल प्रदान कर आवारा दिल को मेरे
फिर मिला दे चाँद से टुकड़े को चाँद के।
कुछ नहीं उठता सिवा शब्दों के ख़ाक से मेरी
फिर भी विरह की बात होती नहीं पूरी।
पाता हूँ स्वयं को अजनबी इस अंबर तले
'मैं क़रीब हूँ'[40] बोल परे से गगन के।
ताकि सूर्य और चन्द्र सदृश अस्त हो जायें

---

34. सामरी एक जादूगर जिसने पैग़म्बर हज़रत मूसा के काल में, जबकि वह शहर से बाहर गये हुए थे, धातु का एक बछड़ा बनाया और उसमें जादू से बोलने की शक्ति पैदा करके यहूदियों से उसकी पूजा करायी।
35. 'तमाशाख़ाना' अर्थात् 'विचार'।
36. 'रूहुल क़ुदुस' का शाब्दिक अर्थ है 'पवित्र आत्मा' अर्थात् 'जिब्रील फ़रिश्ता' जिससे आशय 'फैजाने-इलाही' अर्थात् 'ईश्वर-कृपा' है।
37. ईश्वरीय प्रेम का प्रकाश अथवा ईश्वरीय मार्गदर्शन का प्रकाश।
38. ईश्वर की दूरी।
39. मूल पाठ में 'मा नज़र ख़्वाहम व ऊ गोयद ख़बर' जिसका अर्थ है कि 'यह जगत् जिसमें पर्वत, वन, जल और थल पाये जाते हैं जिससे हमें ग़लती से 'दृष्टि' (नज़र) की आकांक्षा है, हमें केवल 'सूचना' (ख़बर) दे सकता है'। इसी तरह बुद्धि हमें केवल ख़बर दे सकती है क्योंकि वह 'दृष्टि' (नज़र) से वंचित होती है और नज़र (दृष्टि) की प्राप्ति बिना जज़्बे-अन्दरूँ या जज़्बे-दुरुँ (ईश्वर-प्रेम) के नहीं हो सकती।
40. क़ुरआन की आयत का अंश जो इस प्रकार है 'इज़ा सअलक इबादी अन्नी फइन्नी क़रीबुन उजीबु दअवतद्दायि इज़ा दआनि' अर्थात् 'जब मेरे बन्दे आपसे मेरे सम्बन्ध में पूछें तो आप उनसे कह दीजिए कि मैं तो उनसे बहुत क़रीब हूँ और जब कोई मुझे पुकारता है तो मैं उसे जवाब देता हूँ'। आशय यह है कि ईश्वर का सामीप्य बिना ईश्वर का 'अब्द' (दास) बने नहीं प्राप्त हो सकता। ईश्वर तो हमारे निकट है पर प्रश्न तो यह है कि क्या हम ईश्वर के समीप हैं?

यह उत्तर, यह दक्षिण-ये दिशायें[41]।
भूत-भावी के तिलिस्म से बाहर निकल जाऊँ [42]
चन्द्र-सूर्य और कृत्तिका से आगे निकल जाऊँ [43]।

तू है शाश्वत प्रकाश हम हैं जैसे चिंगारी
एक दो पल रखते हैं हम उधार के वह भी।
ऐ तू कि नहीं जानता जीवन-मरण की कशमकश
यह बन्दा है कौन, करता है जो ईश्वर पर रश्क[44]।
क्षितिजों का वशीकर वह फिर भी है अधीर[45]
न परोक्ष करता है उसे खुश और न प्रत्यक्ष[46]।
मैं हूँ क्षणिक और नश्वर अनश्वर[47] कर मुझे
भू लोक का हूँ मैं आसमानी कर मुझे।
वाणी और आचरण में निग्रह प्रदान कर
रास्ते हैं साफ चलने की रफ्तार दे उन पर।

---

41. मूल पाठ में 'ईं जिहातो ई शुमालो ईं जुनूब' जिसका अर्थ है ये 'दिशायें, यह उत्तर और यह दक्षिण'। आशय यह है कि मैं दिक् और काल के बंधन से मुक्त हो जाऊँ।

42,43. अर्थात् मैं दिक् और काल के बंधन से मुक्त हो जाऊँ।

44. मूल पाठ में 'रश्क बर य़जदाँ बरद ईं बन्दा कीस्त' जिसका अनुवाद है, 'रश्क जो करता है ईश्वर पर यह बन्दा कौन है?' कवि के कहने का आशय यह है कि 'मैं एक ऐसा मनुष्य हूँ कि ईश्वर के अनश्वर (जाविदानी) होने पर रश्क करता हूँ, काश! मेरा जीवन भी अनश्वर होता'। अभिप्रेत या बराबर होने की आकांक्षा को 'रश्क' कहते हैं। दूसरे शब्दों में, अपने प्रिय या अभिप्रेत व्यक्ति को हानि पहुँचाये बिना उस जैसा बनने की भावना 'रश्क' है। 'रश्क' में डाह, जलन और कुढ़न नहीं होती, जबकि 'हसद' (ईर्ष्या) में होती है। 'रश्क' और 'हसद' में यही मूलभूत अंतर है।

45. अर्थात् ईश्वर के ऐसे बन्दे जो उसके आशिक हैं।

46. आशय यह है कि ऐसे बन्दे को न ईश्वर की दूरी पसंद है और न उसकी हुज़ूरी (निकटता) प्रत्युत (जैसा कि अगली पंक्ति में स्पष्ट होगा) उसे जाविदानी अर्थात् शाश्वतता अभीष्ट है।

47. मूल पाठ में 'आनेम मन जाविदानी कुन मरा' जिसका अनुवाद है, 'मैं एक क्षण हूँ (अर्थात् मेरा जीवन एक पल का) मुझे जाविदानी कर दे अर्थात् मुझे अमरता या अनश्वरता प्रदान कर दे'। इस दुआ के पर्दे में अल्लामा इक़बाल ने 'जावेदनामा' का मूलभूत भाव प्रस्तुत कर दिया है। मनुष्य के जीवन का ध्येय अनश्वर या अमर होने का प्रयास होना चाहिए। इक़बालीय चिन्तन में अमरता या अनश्वरता (Immortality) मनुष्य का अधिकार नहीं है, बल्कि मनुष्य उसका मात्र उम्मीदवार है।

जो कुछ कहा है, एक अन्य दुनिया की है यह बात[48]
एक अन्य आसमान से उतरी है यह किताब।
मैं सागर हूँ, दोष है मुझमें हलचल न होना
गहराई में डूब जाय मेरी है वह आदमी कहाँ?
विश्राम कर रही है मेरे साहिल पर एक दुनिया
कुछ न देखा उसने लहरों के प्रवाह के सिवा[49]।
मैं कि जो निराश हूँ पुरानी पीढ़ी से
भविष्य के लिए एक बात चाहता हूँ कहना।
युवकों के लिए मेरा शब्द[50] आसान कर
उनके लिए मेरी गहराई[51] गाध कर।

---

48. मूल पाठ में 'आँ चे गुफ्तम अज़ जहाने दीगर अस्त'। इसका अनुवाद है, 'मैंने इस किताब में जो कुछ कहा है उसका सम्बन्ध दूसरे लोक से है'। आशय यह है कि इस पुस्तक के मूल विचारों का संबंध भौतिकता से परे है क्योंकि अनश्वरता या अमरता की भावना भौतिकता (Materialism) से परे है।
49. मूल पाठ में 'अज़ कराँ ग़ैर अज़ रमे मौजे नदीद' जिसका अर्थ है 'किनारों से लहरों के प्रवाह के अतिरिक्त कुछ नहीं देखा'। आशय यह है कि यह पुस्तक एक अथाह समुद्र है और बहुत कम लोग हैं जो इसकी तह तक पहुँच कर इसकी विचार-मणि को प्राप्त कर सकें। दूसरे शब्दों में, मेरे कलाम को लोग मात्र कवि की कविता समझकर पढ़ते हैं इसीलिए वे उसकी आत्मा से अपरिचित रहते हैं जिसके कारण उसकी अर्थवत्ता को नहीं समझ पाते क्योंकि इसके लिए कठिन अध्यवसाय, चिन्तन और मनन अपेक्षित है।
50. मूल पाठ में 'हर्फ़े मरा' जिसका अर्थ है 'मेरा शब्द' अर्थात् 'मेरा कलाम या मेरी कविता'।
51. मेरे कलाम या मेरी कविता की गहराई को।

आकाशीय प्रस्तावना

सृष्टि की उत्पत्ति के प्रथम दिन आकाश पृथ्वी की भर्त्सना करता है

जीवन[1] ने परोक्ष[1क] और प्रत्यक्ष[1ख] के निमित्त
नज़दीकी व दूरी के इस जगत्[2] का चित्र किया अंकित।[3]
काल[4] के तार को इस तरह किया पृथक्
कि दिवसों के अचरज घर की पड़ गयी बुनियाद।
वैयक्तिकता के प्रदर्शन की इच्छा से सर्वत्र
"मैं और हूँ ' "तू और है ' का नारा उठा गूँज।
चाँद-सितारों को गति करना सिखा दिया
सैकड़ों दीप जला दिये आकाश मण्डल में।
नीले नभ पर सूर्य ने कर दिया खड़ा
चाँदी की रस्सियों से तंबू ज़रबफ़्त[5] का।
सिर निकाला क्षितिज से पहली सुबह ने
नवजात जगत् को ले लिया अंक में अपने।

---

1. जीवन से अभिप्राय यहाँ परम जीवन (Absolute Existence) या ईश्वरीय जीवन (Divine life) है।

1(क). मूल पाठ में 'ग़ैब' जिसका अर्थ है परोक्ष, या अदृश्य (unseen)

1(ख). मूल पाठ में 'हुज़ूर' जिसका अर्थ है प्रत्यक्ष, या दृश्य (seen) प्रत्यक्ष, या ज्ञान विषय

2. मूल पाठ में 'ईं जहाने नज़्दो दूर' जिसका अर्थ है 'समीपता एवं दूरी के इस जगत् का अर्थात् दिक् एवं काल के इस जगत् का'।

3. इस शे'र में इक़बाल ने 'वह्दतुलवुजूद' के दर्शन (Philosophy of Existential Unity) के आलोक में सृष्टि के सृजन के रहस्य को उद्घाटित किया है। इस अवधारणा के अनुसार सृष्टि के सृजन का कारण ईश्वर की अपनी तजल्ली या अपनी जल्व:गरी की इच्छा है क्योंकि ईश्वर के अस्तित्व (ज़ात) का तक़ाज़ा अमल (कर्म) है जिसे तसव्वुफ की शब्दावली में 'तजल्ली' (आभा या द्युति का पड़ना) या जल्व:गरी (प्रदर्शन) है।

4. वास्तविक काल।

5. सोने-चाँदी के तारों से बुना कपड़ा।

मानव का देश धूल-मिट्टी का मात्र अंबार था
उसका मरुस्थल बिना किसी कारवाँ के था।
संघर्षरत किसी पर्वत में न थी कोई नदी
न थी किसी वन में रिमझिम ही बादल की।
न था चिड़ियों का गान डालों पर तरुओं की
न चरागाहों में हिरनें भरती थीं चौकड़ी।
जीवन-ज्योति-रहित थे उसके वारिधि और धरा
धरती के बदन की चादर बलखाता धुँआ था।
अभी देखी न थी हरी घास ने हवा वसंत की
धरती की गहराइयों में वह अभी सोयी हुयी थी।
नीले गगन ने पृथ्वी को दिया ताना
"मैंने देखी नहीं किसी की ऐसी दुर्दशा
तेरे जैसा अंधा है मेरे विस्तार में कहाँ?
मेरे दीप के सिवा तेरे पास रोशनी है कहाँ?
बन जाय अलवन्द[6] पर्वत भी तो मिट्टी रहती है मिट्टी
आसमानों की तरह वह होती है न रोशन न चिरस्थायी।
प्रेमपात्रता[6क] के साज़ोसामाँ के साथ या तो रह ज़िन्दा
तुच्छता की लाज-लज्जा से या तो तू मर जा।"
आकाश के व्यंग से पृथ्वी लज्जित हुयी
निराश, खिन्न-चित्त और क्लान्त वह हुयी।
ज्योतिहीनता के दर्द से तड़प उठी वह सामने ईश्वर के
फिर आयी एक आवाज़ आकाश के परे से।

"ऐ अमानतदार! बेख़बर अपनी अमानत से
ग़म न कर अन्तःकरण में झाँक तू अपने।
दिन तेरे हैं रोशन कोलाहल से जीवन के
नहीं उस ज्योति से जो तू देखती है दिशाओं में।
आता है दाग़दार सूर्य से प्रकाश प्रातःकाल का
पाक है काल-धूलि से प्रकाश आत्मा का।

---

6. ईरान में हमदान के पास एक ऊँचा पर्वत।

6(क). मूल पाठ में 'दिलबरी' जिसका अर्थ है प्रेयसीत्व या प्रेयसीयता, मा'शूकी।

प्रकाश है आत्मा का निर्मार्ग सफ़र में।
गति है उसकी तीव्रतर किरणों से सूर्य-चन्द्र के।
आश-चित्र मिटा दिया है क्या प्राण-पटल से?
आत्मा की ज्योति[7] होगी प्रकट तेरी धूलि से।
आदम की बुद्धि आक्रमण करेगी जगत् पर
इश्क़ उसका आक्रमण करेगा ईश्वर पर।
बिन रहनुमा मालूम कर लेगा राह को उसका विचार
जिब्रील से भी सजगतर होगी उसकी आँख।
यद्यपि है धूलि, फ़रिश्ता समान वह होगा उड़ान में
एक प्राचीन सराय आकाश होगा उसकी राह में।
खटकेगा वह अस्तित्व में अंबर के
जैसे सूई की नोक अन्दर रेशम के।
धो देगा वह धब्बों को दामनों से अस्तित्व के
जग होगा नेत्रहीन बिना उसकी दृष्टि के।
तस्बीह कम करेगा और होगा ख़ूँरेज़[8]
किन्तु दिक्काल के लिए वह होगा जैसे एड़।
सृष्टि से ज्योतिर्मय होगी उसकी आँख
जिससे कि वह सिफ़ात[9] में देख लेगा ज़ात[10]।"
"सौन्दर्य के अस्तित्व[11] का है जो कोई प्रेमी
सकल सृष्टि का होगा वही स्वामी[12]।"

---

7. 'आत्मा की ज्योति होगी प्रकट' का आशय है कि 'आदम की सृष्टि होगी'।
8. 'तस्बीह करना' अर्थात् 'सुब्हान अल्लाह (ईश्वर अत्यन्त पवित्र है) का जाप करना'। मूल पाठ में 'गर चे कम तस्बीह व ख़ूँरेज़ अस्त ऊ' जिसका शाब्दिक अर्थ है, 'यद्यपि वह बहुत कम तस्बीह करेगा और रक्त-स्रावक होगा'। 'ख़ूँरेज़ अस्त ऊ' (वह ख़ून बहानेवाला होगा) में क़ुरआन (2:30) की इस आयत के प्रति संकेत है, 'अतज्अलु फीहा मन् युफ्सिदु फीहा व युफ्सिकु द्दिमाअ' जिसका अर्थ है फ़रिश्तों ने ईश्वर से कहा, 'क्या तू धरती पर अपना ख़लीफ़ा बनायेगा जो उसमें फसाद करेगा और रक्तपात करेगा?'।
9. ईश्वर के गुण (Attributes of God)।
10. अस्तित्व (Essence)।
11. मूल पाठ में 'जमाले-ज़ात' जिसका अर्थ है 'अस्तित्व (ईश्वरी अस्तित्व) का सौन्दर्य'।
12. यह शे'र रूमी की मसनवी का है जिसका आशय यह है कि जो व्यक्ति वास्तविक रूप से ईश्वर-प्रेम अंगीकार करता है वही वास्तव में समस्त सृष्टि पर शासन करता है।

फ़रिश्तों का गीत

मुट्ठी भर मिट्टी की चमक फ़रिश्तों से बढ़ जायेगी एक दिन
उसकी नियति के तारे से धरती आकाश बन जायेगी एक दिन।
कल्पना उसकी जो घटनाओं[13] के सैलाब से होती है पोषित
भँवर[14] से नील नभ के बाहर निकल जायेगी एक दिन।
फिर विचार कर आदम के अर्थ पर क्या पूछता है मुझसे?
दिल में जो खटके है अभी वह विषय[15] छंद के अनुकूल हो जायेगा एक दिन।
स्वर-छन्द के अनुरूप होगा वह सुविदित सामान्य प्रकरण[16] इस तरह
उसके प्रभाव से ईश्वर का हृदय रक्त रंजित हो जायेगा एक दिन।

---

13. तात्पर्य दिक्काल में होनेवाली घटनाओं से है।
14. भौतिकता के भँवर से।
15. इस मिसरे में आदम की उपमा शे'र से दी गयी है। जिस प्रकार किसी शे'र का मज़्मून (विषय) पहले कवि के मस्तिष्क में आता है, फिर वह उस पर चिन्तन करता है तो शे'र छन्द के अनुरूप (मौज़ूँ) होकर उसके दिमाग़ से बाहर आता है।
16. मनुष्य के ईश्वर का प्रतिनिधि बनने का प्रकरण।

भौमिक प्रस्तावना

रूमी की आत्मा प्रकट होती है और मे'राज[17] के रहस्य की व्याख्या करती है।

उन्मादवर्धक प्रेम नि:स्पृह होता है नगर से
बुझ जाती है उसकी आग कोलाहल से नगर के।
ढूँढ़ता है एकान्त वह जंगल व पर्वत में
या जिसका न छोर मिल सके ऐसे सागर-तट में।
मैंने देखा नहीं जब दोस्तों में कोई राज़दार
पल भर के लिए दम लिया सागर के तट पर।
सागर और सूर्य के अवसान का समय
सांध्य लालिमा से नील जल जैसे पिघला हुआ माणिक्य।
आनन्द दृष्टि का देता है नेत्रहीन को सूर्यास्त
रंग सुबह का प्रदान करता है शाम को सूर्यास्त।
कर रहा था मैं अपने हृदय से बातें
मचल रही थीं अंदर मेरे इच्छायें और उमंगें।
क्षणिक हूँ और अमरता में मेरा नहीं हिस्सा[18]
जीवित हूँ किन्तु जीवन में मेरा नहीं हिस्सा[19]।
प्यासा हूँ किन्तु दूर हूँ साहिल से चश्मों के
सहसा मैं यह ग़ज़ल[20] लगा गाने।

---

17. पैग़म्बर हज़रत मुहम्मद ('सल्लल्लाहु अलैहि व सल्लम' या संक्षेप में 'स.अ. व स.' जिसका अर्थ है 'उनपर और उनके परिवार पर ईश्वर की सलामती (शान्ति) हो') का आकाश पर आरोहण (Ascension) और उसके फलस्वरूप ईश्वर से साक्षात्कार की घटना को मे'राज कहते हैं।
18. मूल पाठ में 'आनी व अज़ जाविदानी बेनसीब' जिसका अर्थ है 'मैं क्षणिक हूँ (मैं क्षणभर का हूँ) और अमरता में मेरा हिस्सा नहीं' अर्थात् 'मैं अमरत्व से वंचित हूँ'। तात्पर्य यह है कि मन ही मन मैं यह कह रहा था कि 'तू दिक् और काल की क़ैद में है और अमरता (जाविदानी) से वंचित है'।
19. मूल पाठ में 'ज़िन्दगानी' जिसका अर्थ 'जीवन' है किन्तु यहाँ इसका आशय 'अमर जीवन' या 'अमरता' है।
20. रूमी की ग़ज़ल।

ग़ज़ल

“होंठ खोल कि मिसरी की बहुत है मुझे इच्छा
चेहरा दिखा कि उद्यान व उपवन की है मुझे इच्छा।
एक हाथ में मधु का प्याला एक हाथ में प्रिया की वेणी
सरे-मैदान नृत्य करने की है मुझे इच्छा।
मान से तूने कहा, मुझे और तंग न कर
और तंग न कर सुनने की है मुझे इच्छा।
ऐ बुद्धि! प्यार से तू बन बहकी बातें करनेवाली
ऐ इश्क़! विभ्रान्तकारी बातें सुनने की है मुझे इच्छा।
है सैलाब की तरह बेवफ़ा आकाश का दिया नान व नीर
मछली हूँ मैं घड़ियाल और सागर की है मुझे इच्छा।
फ़िरऔन[15] और उसके ज़ुल्म से मन है मेरा उदास
इमरान पुत्र मूसा की उस गिरेबान-ज्योति[16] की है मुझे इच्छा।
कल रात दिया लिए घूमते शहर के गिर्द एक बुज़ुर्ग था कह रहा
हैवानों व दरिंदों से हूँ दुखी इंसानों की है मुझे इच्छा।
इन कमज़ोर और काहिल साथियों से तंग आ गया है दिल मेरा
ख़ुदा के शेर[17] और दस्तान पुत्र रुस्तम[18] की है मुझे इच्छा।

---

15. फ़िरऔन या Pharaoh पैग़म्बर हज़रत मूसा (Moses) के ज़माने का मिश्र का एक अत्याचारी बादशाह जो ख़ुदा होने का दावा करता था।
16. मूल पाठ में 'नूरे-ज़ैब' अर्थात् 'गिरेबान-ज्योति' अथवा 'यदे-बैज़ा' यानी 'प्रकाशमान हाथ' या 'चमकदार हाथ' जो हज़रत मूसा का चमत्कार था। जब वह अपनी हथेली अपने बग़ल में रख कर बाहर निकालते थे तो चिराग़ की तरह रोशनी देती थी।
17. मूल पाठ में 'शेरे ख़ुदा' जिसका अर्थ है 'ईश्वर के शेर'। इस्लाम के चौथे ख़लीफ़ा हज़रत अली की उपाधि।
18. प्राचीन ईरान का एक प्रसिद्ध योद्धा और पहलवान जिसका उल्लेख फ़िरदौसी ने अपने शाहनामा में किया है। उसके पिता का नाम दस्तान था।

‘वह नहीं मिला ढूँढ़ लिया है बहुत’ मैंने कहा,
कहने लगा, “जो नहीं मिलता मुझे उसी की है इच्छा।”

सो गयी जल की सतह पर व्याकुल लहर
सूर्यास्त से क्षितिज हो गया तिमिरमय।
पूँजी से उसकी शाम ने एक टुकड़ा लिया चुरा
अटारी पर माशूक़ की तरह एक तारा।
रूमी की आत्मा पर्दे विदीर्ण कर
पहाड़ी के पीछे से हुई दृष्टिगोचर।
उनका चेहरा था देदीप्यमान सूर्य के समान
शुभान्वित था बुढ़ापा उनका यौवनकाल के समान।
देह थी उनकी प्रकाशमान नित्यता के प्रकाश से
आपादमस्तक वह नित्यता के आह्लाद थे।
अस्तित्व का गुप्त रहस्य था अधरों पर उनके
शब्द और ध्वनि के बंधनों को स्वयं खोला उन्होंने।[19]
यूँ थे उनके शब्द जैसे दर्पण लटका दिया हो सामने[20]

---

19. मूल पाठ में ‘बर लबे ऊ सिर्रे पिनहाने वुजूद’ जिसका अर्थ है ‘उनके होठों पर अस्तित्व का गुप्त रहस्य था’। आशय यह है कि रूमी अस्तित्व के रहस्य को उद्घाटित कर रहे थे। यहाँ ‘अस्तित्व के गुप्त रहस्य’ से इक़बाल का आशय यह है कि अस्तित्व (वुजूद) ईश्वर पर निर्भर है जो परम अस्तित्व या निरपेक्ष अस्तित्व (Absolute Existence) है और सकल सृष्टि के अस्तित्ववानों (Existents) का अस्तित्व उसी पर निर्भर है और सृजित वस्तुओं का अपने में स्वभावत: (Perse) अस्तित्व नहीं। किन्तु वास्तविक अस्तित्व यानी ईश्वर आँखों से दृष्टिगत नहीं होता और जो दृष्टिगत होता है वह वास्तविक अस्तित्व (वुजूदे हक़ीक़ी) नहीं है बल्कि वह वास्तविक अस्तित्व की प्रतिच्छाया मात्र है। दूसरे शब्दों में, वह वास्तविक अस्तित्व का तअय्युन या निर्धारण (Determination) है। अत: अस्तित्व आम लोगों के लिए एक ‘गुप्त रहस्य’ (सिर्रे पिनहा) है। वास्तव में ‘वुजूद की सिर्रीयत’ (अस्तित्व की गुप्तता) उसी समय सिद्ध हो सकती है जब यह माना जाये कि ईश्वर के सिवा कोई मौजूद नहीं (ला मौजूद इल्लल्लाह) अर्थात् ईश्वर के सिवा किसी चीज़ का अस्तित्व नहीं है। कोई मौजूद यानी अस्तित्ववान् (Existent) ज़ात (ईश्वरीय अस्तित्व) की दृष्टि से न ईश्वर का शरीक (Associate) है और न सिफ़ात यानी गुणों (Attributes) की दृष्टि से ईश्वर का शरीक या भागीदार है।

आन्तरिक परिताप का सम्मिश्रण था उनके ज्ञान में।[21]
मैंने पूछा उनसे, "मौजूद[22] और नामौजूद[23] है क्या?
प्रशंसित और अप्रशंसित का अर्थ है क्या?"[24]
कहा उन्होंने, "मौजूद है वह जो चाहे प्रकटन[25]
अस्तित्व की आवश्यकता है प्रकटन[26]।
ज़िन्दगी[27] है स्वयं को सँवारना स्वयं पर
माँगना है साक्ष्य अपने अस्तित्व पर।
ईश्वर ने भी सजाई थी महफ़िल दिन अलस्त[28] के

---

20. मूल पाठ में 'हर्फे ऊ आईनए-आवेख़्त:' जिसका अर्थ है 'उनका शब्द अर्थात् उनका कलाम (उनकी महान् कृति 'मसनवी') सामने लटका हुआ दर्पण है'। इसका यह भी अर्थ हो सकता है 'उनका शब्द सामने लटके दर्पण के समान था'। आशय यह है कि उनकी मसनवी एक ऐसा दर्पण है जिसमें हर व्यक्ति अपना चेहरा देख सकता है। दूसरे शब्दों में, रूमी की 'मसनवी' के अध्ययन से मनुष्य यथार्थता से आगाह हो सकता है।
21. मूल पाठ में 'इल्म बा सोज़े दुरुँ आमेख़्त:' जिसका अर्थ है 'उसमें (यानी रूमी के शब्द में या रूमी के कथन में) ज्ञान के साथ आन्तरिक परिताप का सम्मिश्रण था' अर्थात् 'रूमी के कलाम में ज्ञान (बुद्धि) और इश्क़ दोनों की चाश्नी पायी जाती है'।
22. मूल पाठ में 'मौजूद' जिसका अर्थ है 'अस्तित्ववान्' या 'वह जो अस्तित्व रखता है'।
23. मूल पाठ में 'ना मौजूद' जिसका अर्थ है 'अनस्तित्ववान्' या 'वह जों अस्तित्व नहीं रखता'।
24. मूल पाठ में 'मा'नी ए मह्मूदो ना महमूद चीस्त' जिसका अर्थ है 'प्रशंसित (मह्मूद) और अप्रशंसित (ना महमूद) का अर्थ क्या है?' दूसरे शब्दों में, किस 'अस्तित्ववान्' (मौजूद) और अनस्तित्ववान् (ना मौजूद) पर शब्द 'प्रशंसित' (मह्मूद) और 'अप्रशंसित' (ना मह्मूद) चरितार्थ होता है। वह 'अस्तित्ववान्' (मौजूद) या 'अस्तित्व' (वुजूद) 'प्रशंसित' (मह्मूद) है जो 'सौन्दर्य' (हुस्न या जमाल) और 'शुभ या कल्याण' या 'मंगल' (ख़ैर) का स्रोत है तथा 'अनस्तित्ववान्' (ना मह्मूद) या 'अनस्तित्व' (अदम) 'अप्रशंसित' (ना मह्मूद) अर्थात् 'अशुभ या अमंगल' (शर-Evil) है।
25. मूल पाठ में 'नुमूद' जिसका अर्थ है 'अपनी शान दिखाने की कैफियत, इज़हार या प्रकटन या अभिव्यक्ति'।
26. मूल पाठ में 'आश्काराई' जिसका अर्थ है 'प्रकटन अभिव्यक्ति, इज़हार या प्रकटीकरण'।
27. मूल पाठ में 'ज़िन्दगी ख़ुद रा ब ख़ेश आरास्तन' जिसका अर्थ है 'ज़िन्दगी स्वयं को स्वयं पर सँवारना है'। 'स्वयं को स्वयं पर सँवारने' का अर्थ है 'वैयक्तिकता (Individuality) उत्पन्न करना'। 'स्वयं को स्वयं पर सँवारना' इक़बालीय शब्दावली (Coinage) है। इसका आशय जीवन को अपनी व्याख्या करना भी हो सकता है।
28. अलस्त का अर्थ है 'क्या मैं नहीं हूँ?' यह क़ुरआन (7:171) की आयत 'अलस्तु बिरब्बिकुम क़ालू बला' ('क्या मैं नहीं हूँ पालनेवाला तुम्हारा?' उन्होंने कहा, 'हाँ, तू हमारा पालनेवाला है') की ओर संकेत है। जब ईश्वर ने आत्मा-लोक में आत्माओं से पूछा था कि 'क्या मैं तुम्हारा पालनेवाला नहीं हूँ ?' इसके उत्तर में आत्माओं ने कहा था 'बेशक तू हमारा पालनेवाला है'।

और माँगा था साक्ष्य अस्तित्व पर अपने।
तू जीवित है या मृत है या मृतप्राय
तीन साक्षियों से तू तलब कर साक्ष्य।
प्रथम साक्षी है अपनी चेतना
स्वयं के प्रकाश[29] से स्वयं को देखना।
दूसरा साक्षी है अन्यों की चेतना
प्रकाश से अन्यों के स्वयं को देखना।
तीसरा साक्षी है ईश्वरास्तित्व[30] की चेतना
प्रकाश से ईश्वर के अस्तित्व[31] के स्वयं को देखना।
अडिग तू यदि रह सके इस प्रकाश के समक्ष
स्वयं को ईश्वर सदृश जीवित और शाश्वत समझ।
अपने मक़ाम[32] पर पहुँचना है ज़िन्दगी
ज़ात[33] को बेपर्दा देखना है ज़िन्दगी।
होती नहीं संतुष्टि मर्दे-मोमिन[34] की सिफ़ात[35] से
संतुष्ट न हुए मुस्तफ़ा[36] बिना ज़ात[37] के दीदार के।
है मे'राज क्या? एक साक्षी की इच्छा
एक साक्षी के रूबरु करना अपनी परीक्षा।
एक ऐसा न्यायी साक्षी कि बिना पुष्टि के उसकी

---

29. मूल पाठ में 'नूर' जिसका अर्थ है 'प्रकाश', किन्तु यहाँ 'प्रकाश' का अभिप्राय 'चेतना' (Consciousness) है।
30. मूल पाठ में 'ज़ात' अर्थात् 'हस्ती या अस्तित्व'।
31. मूल पाठ में 'ज़ात' अर्थात् 'अस्तित्व'।
32. तसव्वुफ़ में सालिक (साधक) के ईश्वर-साक्षात्कार या ईश्वर-प्राप्ति के मार्ग में आने वाली अवस्था पड़ाव, स्थान, स्टेशन को मक़ाम कहते हैं। अत: 'मक़ाम' का अर्थ 'अवस्थान' (Station) है।
33. 'ज़ात' अर्थात् ईश्वर की हस्ती या ईश्वर का अस्तित्व ।
34. 'मर्दे-मोमिन' का शब्द अर्थ है 'मुसलमान पुरुष'। किन्तु इक़बालीय परिभाषा में इसका अर्थ है 'ईश्वरासक्त' (God Infoxicated) पुनीतात्मा।
35. 'सिफ़ात' अर्थात् 'ईश्वर की विशेषतायें या गुण' (Attributes of God) ।
36. पैग़म्बर हज़रत मुहम्मद (स.अ.व.स.) का एक नाम। इसका अर्थ होता है 'चुना हुआ' या 'चयनित' (The Chosen One)।
37. 'ज़ात' अर्थात् 'ईश्वर की हस्ती या ईश्वर का अस्तित्व'।

रंग-गंध-पुष्प सदृश स्थायी नहीं ज़िन्दगी।
ईश्वर के समक्ष कोई नहीं रहा अडिग
वही निकष पर खरा[38] जो रह सका अडिग।
कण है तू न दे अपनी चमक को हाथ से
बाँध रख मज़बूती से उसे अपनी गिरह में।
वृद्धि करना अपनी चमक में है उत्तमतर
उसे आज़माना सूर्य के सम्मुख है उत्तमतर।
अपने जीर्ण ढाँचे को कर पुनर्निर्मित[39]
कर अपनी परीक्षा और हो जा अस्तित्वयुक्त[40]।
ऐसा मौजूद[41] ही है महमूद[42] बस
अन्यथा एक धुँआ भर है जीवन की आग बस।

पूछा पुनः मैंने, "समक्ष ईश्वर के जाना है किस तरह?
गिरि का मिट्टी और नीर के चीरना है किस तरह?
समादेशक व सृजक है समादेश व सृजन से परे
है कंठ हमारा विक्षत दिक्काल के शूल से[43]"।
कहा रूमी ने, "यदि सुल्तान[44] हो जाये तुझे हस्तगत
आसमानों को हम कर सकते हैं ध्वस्त।
ठहर ताकि यह सृष्टि बेपर्दा हो जाये

---

38. मूल पाठ में 'कामिल अयार' अर्थात् 'निकष पर खरा'। इससे आशय 'मर्दे-कामिल' अर्थात् 'पूर्ण व्यक्ति' (Perfect Man) है।
39. अपनी ख़ुदी को अधिक मजबूत कर।
40. मूल पाठ में 'इम्तिहाने ख़ेश कुन मौजूद बास' जिसका अर्थ है 'अपनी परीक्षा कर और मौजूद (अस्तित्ववान् या अस्तित्वयुक्त) हो जा'।
41. अस्तित्ववान् या अस्तित्वयुक्त (Existent)।
42. प्रशंसित (Praiseworthy)।
43. आशय यह है कि हमारे गले में दिक्काल का फंदा पड़ा है।
44. शक्ति या आधिपत्य (Authority, Power) का आशय सृष्टि को वशीभूत करने की शक्ति से है। यहाँ संकेत कुरआन की इस आयत (55 : 33) से है 'या मा'शरल् जिन्नि वल् इन्सि इनिस्तता तुम अन् तन्फुज़ू मिन् अक़्तारिस्समावाति वल् अर्दि फन्फुज़ू; ला तन्फुज़ून इल्ला बिसुल्तानि' (ऐ जिन्नों और इंसानों के गिरोह यदि तुमसे हो सके कि आसमान और ज़मीन की हदों से कहीं बाहर निकल जाओ तो निकलो, किन्तु बिना शक्ति(सुल्तान) के नहीं निकल सकते)।

दिशाओं की धूलि अपने दामन से धो डाले।
अल्पता देखे न वृद्धि तू अस्तित्व में उसके
स्वयं को तू उससे देख और उसको स्वयं से।
याद कर नुक्ते को 'इल्ला बि सुल्तान'[45] के
अन्यथा चींटी व टिड्डी की तरह मर जा मिट्टी में।
ऐ नेक व्यक्ति! जन्म लेने के तरीक़े से
तू आया चार दिशाओं के इस संसार में।
आगे इससे निकल सकते हैं माध्यम से एक नव-जन्म के
खोल सकते हैं स्वयं से सब बंधनों को अपने।
किन्तु नीर-मिट्टी से नहीं संबंध इस नवजन्म का[46]
केवल ज़िन्दा-दिल आशिक़ इसको है जानता।
मजबूरी से पहला जन्म होता है स्वेच्छा से दूसरा
होता है पर्दों में छुपा पहला खुलेआम होता है दूसरा।
रोते हुए होता है पहला और हँसते हुए दूसरा
पहला होता है तलाश, और उद्देश्य-प्राप्ति दूसरा।
पहला है ठहराव व विचरण अन्दर सृष्टि के
पूर्णतया विचरण[47] है दूसरा दिशाओं के परे।
पहला ज़रूरतमंद है दिन-रात का
दिन-रात हो जाता है वाहन दूसरे का।
होता है जन्म शिशु का उदर-भंग से
होता है जन्म मर्द[48] का सृष्टि-भंग से।
दोनों जन्मों का सूचक अज़ान[49] है

45. 'इल्ला बिसुल्तानिन' जिसका अर्थ है 'बिना शक्ति या आधिपत्य के'। यह क़ुरआन (33:55) की आयत का अंश है।
46. 'किन्तु नीर-मिट्टी से नहीं संबंध इस नवजन्म का' का तात्पर्य यह है कि 'इस दूसरी पैदाइश का सम्बन्ध माँ के उदर से नहीं '।
47. फ़ारसी शब्द 'सैर' है जिसका अर्थ 'विचरण, गति या यात्रा' है। तसव्वुफ की भाषा में 'सैर' (विचरण) का अर्थ है 'आध्यात्मिक उत्कर्ष' (रूहानी उरुज) ।
48. शिशु वयस्क होकर जब ईश्वर प्रेम अंगीकार करता है तो वह तसव्वुफ की शब्दावली में मर्द बन जाता है।
49. नमाज़ के बुलावा या आह्वान के शब्दों को 'बाँग' या 'अज़ान' कहते हैं।

अधरों से कहते एक को और दूसरे को प्राण से।
होता है सजग प्राण का जब जन्म देह में
आ जाती है थरथरी इस पुरानी सराय[50] में।"

"नहीं समझा मैं यह पैदा होना है क्या?", मैंने कहा
"वैभवों में जीवन के है यह एक वैभव", रूमी ने कहा।
परोक्ष और प्रत्यक्ष हैं तर्ज़ जीवन[51] के
स्थायित्व है एक में और गुज़रना[52] दूसरे में।
प्रव्यंजना में प्रकट करता है वह स्वयं को कभी[53]
स्वयं का ज्ञान करता है वह एकान्त में कभी[54]।
ज़ल्वत[55] उसका सिफ़ात[56] के प्रकाश से ज्योतित
ख़ल्वत[57] उसका ज़ात[58] के प्रकाश से ज्योतित।
प्रव्यंजना[58(क)] की ओर बुद्धि ले जाती है उसे[59]

50. फ़ारसी में 'दैरे-कुहन' जिसका अर्थ है 'प्राचीन सराय' अर्थात् 'जगत्'।
51. मूल पाठ में 'ज़िन्दगी' जिसका अर्थ है 'परम जीवन' (Absolute Existence) या 'ईश्वरीय ज़िन्दगी या ईश्वरीय जीवन' (Divine Life)।
52. मूल पाठ में 'मुरूर' जिसका अर्थ है 'व्यतीत, होना, गुज़रना' (Passage)।
53. मूल पाठ में 'गह बजल्वत मीगुदाज़द खेश रा' अर्थात् 'परम जीवन कभी ससीमताओं में प्रकटीकरण करता है'। तसव्वुफ की शब्दावली में परम यथार्थ का प्रदर्शन (जहूर) तअय्युनात अर्थात् ससीमताओं (Finitudes) में होता है। आशय यह है कि परम यथार्थ के एकत्व (Unity) का प्रदर्शन अनेकत्व (तअय्युनात-Diversity) में होता है। यद्यपि इस मिसरे (गह बजल्वत मी गुदाज़द ख़ेश) का शाब्दिक अर्थ है 'पिघलाता है कभी स्वयं को वह प्रव्यंजना (Manifestation) में'। किन्तु यहाँ 'पिघलाना' (गुंदाजद) का अर्थ 'ससीमताओं में व्यक्त करना या प्रकट करना' है। अत: इसका अनुवाद होगा 'प्रकट करता है कभी स्वयं को वह प्रव्यंजना में'।
54. मूल पाठ में 'गह बख़लवत जम्असाज़द ख़ेश रा' जिसका अर्थ है 'कभी वह (परम अस्तित्व यानी ईश्वर) स्वयं का (स्वयं के अस्तित्व यानी ज़ात का) एकान्त (ख़ल्वत) में संचय करता है'। आशय यह है कि कभी परम जीवन (Absolute Existence) अपने अस्तित्व (अपनी ज़ात) का बोध या ज्ञान एकान्त (Solitude) में करता है।
55. मूल पाठ में 'ज़ल्वत' जिसका अर्थ है 'प्रव्यंजना' (Manifestation) जो 'एकान्त' (ख़ल्वत) का विपरीत है।
56. विशेषतायें (Attributes)।
57. यहाँ 'ख़ल्वत' (एकान्त) का तात्पर्य 'एकत्व की श्रेणी या कोटि' (मर्तबए अहदीयत) है।
58. 'ज़ात' अर्थात् 'अस्तित्व' (Existence)।
58(क). मूल पाठ में 'जल्वत' जिसका अर्थ है 'प्रव्यक्ति, प्रकटता, प्रकाशन'।
59. मनुष्य को।

एकान्त की ओर प्रेम खींचता है उसे।
इस तरह जगत् पर प्रहार करती है[60] बुद्धि भी
भग्न कर दे ताकि माया नीर-मिट्टी की।
हर राह का पत्थर उसके लिए बन जाता है शिक्षक
तड़ित और मेघ बन जाते हैं उसके उपदेशक।
नज़र के स्वाद से अपरिचित आँख उसकी नहीं
मतवालों जैसा साहस लेकिन उसमें नहीं।
भय से मार्ग के वह चलती है अंधे की तरह
धीरे-धीरे चलती है वह चींटी की तरह।
जब तक रंग और गंध में बुद्धि होती है उलझी हुयी
चलती है मंद गति से वह राह में दोस्त[61] की।
है कार्य उसका उत्तरोतर करना प्रणाली की प्राप्ति
मैं जानता नहीं होगी कब उसके कार्य की निष्पत्ति।
न तो जानता है इश्क़ वर्ष व माह को
न राह के विलम्ब, अविलम्ब, दूर पास को।
कर देती है दरार बुद्धि पर्वत में
या करती है चारों ओर प्रदक्षिणा उसके।
तृण सदृश है गिरि इश्क़[62] के समक्ष
चन्द्रमा समान तीव्र गति हो जाता है हृदय।
अदिक्[63] पर आक्रमण करना है इश्क़
अनदेखे क़ब्र दुनिया से जाना है इश्क़।
वायु, धूलि और नीर से शक्ति आती नहीं इश्क़ की
तन्त्रिकाओं की कठोरता उसकी शक्ति का उद्गम नहीं।
ख़ैबर उखाड़ा इश्क़ ने जौ के नान से[64]

60. आशय यह है कि बुद्धि सृष्टि का अध्ययन करती है ताकि उसको समझ सके।
61. ईश्वर।
62. ईश्वर ।
63. मूल पाठ में 'लामकान' (Space less) अर्थात् 'ईश्वर'।
64. चौथे ख़लीफ़ा हज़रत अली के प्रति संकेत है जो जौ की रोटी खाते थे और जिन्होंने यहूदियों के ख़ैबर के क़िले के फाटक को अकेले उखाड़ दिया था। यह फाटक लोहे का था और इतना भारी था कि बारह जवान मिलकर भी उसे हिला नहीं सकते थे।

दो टुकड़े कर दिये चाँद की[65] काया के इश्क़ ने।
नमरूद[66] का कपाल बिन प्रहार किया भग्न
परास्त किया फ़िरऔन की सेना को बिना युद्ध[67]।
इश्क़ है प्राण में जैसे नज़र आँख में
है घर के अन्दर भी और बाहर भी घर के।
राख भी है इश्क़ और चिनगारी भी है
धर्म और बुद्धि से श्रेष्ठतर उसका कार्य है।
इश्क़ शक्ति है और स्पष्ट प्रमाण भी
हैं दोनों लोक उसके शासन के अधीन भी।
इश्क़ है अकाल किन्तु भूत-भावी हैं उसी से
इश्क़ है अदिक् किन्तु निम्न, ऊर्ध्व हैं उसी से।
ख़ुदा से ख़ुदी[68] का होता है इश्क़ जब याचक
बन जाता है सकल जगत् वाहन और वह वाहक।
स्पष्टतर अवस्थान हृदय का है उसी से[69]
इस प्राचीन मूर्तिगृह[70] का आकर्षण प्रभावहीन उसी से।
ईश्वर को समर्पित करते हैं आशिक़ स्वयं को
भेंट चढ़ाते हैं वे वितण्डावादी बुद्धि को।
क्या आशिक़ है तू? चल दिक् से अदिक् को
अपने ऊपर हराम तू समझ मृत्यु को।

---

65. पैग़म्बर हज़रत मुहम्मद (स.अ. व स.) के चमत्कार के प्रति संकेत जो 'शक़्क-अल्-क़मर' (चाँद को विभाजित करना) के नाम से ज्ञात है। उन्होंने अपनी अँगुली के इशारे से चाँद के दो टुकड़े कर दिये थे।
66. पैग़म्बर हज़रत इब्राहीम (Abraham) के ज़माने में नमरूद एक अत्याचारी बादशाह था जो ख़ुदा होने का दावा करता था। यहाँ नमरूद पर हज़रत इब्राहीम की आध्यात्मिक विजय की ओर संकेत है।
67. पैग़म्बर मूसा (Moses) का पीछा करते हुए फ़िरऔन (Pharaoh) और उसकी सेना नील नदी में डूब गये थे, किन्तु हज़रत मूसा और उनके अनुयायी ईश्वर की अनुकम्पा से नील नदी पार कर गये थे। इसी घटना की ओर संकेत है।
68. 'ख़ुदी' का अर्थ 'अहं या आत्मन्' (Self or Ego) है। इक़बालीय दर्शन में ख़ुदी (Ego) की अवधारणा का मूलभूत स्थान है।
69. इश्क़ से।
70. मूल पाठ में 'दैरे-कुहन' जिसका अर्थ है 'प्राचीन बुतख़ाना या मूर्तिगृह' जिससे आशय 'संसार' है।

ऐ वह कि जो है मृतक समान क़ब्र की संदूक़ में
संभव है मृतोत्थान बिना तुरही नाद के।
उत्तम और अद्‌भुत स्वर तू रखता है कंठ में
मण्डूक सदृश चीखता रहेगा कब तक तू पंक में।
हो जा तू सवार दिक् और काल पर
जनेऊ की लपेट से स्वयं को आज़ाद कर।
इन दो आँखों और दो कानों को तू और तेज़ कर
जो कुछ कि तू देखे उसे विवेक के साथ ग्रहण कर।
'चींटियों की आवाज़' सुन लेता है जो आदमी[71]
ज़माने से उसके राज़ को भी सुन लेता है वह आदमी"।
पर्दे को जला देने वाली निगाह मुझसे ले
रहती नहीं है क़ैद जो अन्दर आँख के।
"आदमी है निगाह निरी त्वचा है सब ब़ाकी
निगाह तो वही है जो हो निगाह दोस्त की[72]।
सारे बदन को अपने निगाह में दे पिघला
निगाह पैदा कर, निगाह पैदा कर, कर निगाह पैदा"। (रूमी)

क्या डरता है इन नौ आसमानों से? न डर
क्या डरता है जग के विस्तार से? न डर।
खोल आँख अपनी ओर दिक्काल की
हैं दोनों एक अवस्था अवस्थाओं की आत्मा की।
प्रव्यंजना के कारण चूँकि निरुपाय है निगाह[73]

---

71. क़ुरआन में पैग़म्बर हज़रत सुलेमान के चींटियों की आवाज़ सुनने का उल्लेख है। यहाँ उसी के प्रति संकेत है।
72. मूल पाठ में 'दीद आँ बाशद कि दीदे दोस्त अस्त' जिसका अनुवाद है 'निगाह (नेत्रज्योति) तो वही होती है जो दोस्त (प्रियतम, ईश्वर) की निगाह है'। आशय यह है कि दोस्त (ईश्वर) की अवलोकन शक्ति मनुष्य की अवलोकन शक्ति हो जाये अर्थात् उसमें ईश्वर का रंग पैदा हो जाये। इसी को तसव्वुफ में 'मक़ामे फ़ना' यानी 'फ़ना का अवस्थान' कहते हैं क्योंकि साधक अपनी इच्छाओं को ईश्वर की इच्छा में फ़ना (विनष्ट) कर देता है।
73. फ़ारसी शे'र का अंश 'ता निग: अज़ जल्व: पेश उफ्ताद: अस्त' जिसका शाब्दिक अर्थ है, 'चूँकि निगाह ईश्वर के जल्वा यानी प्रव्यंजना (Manifestation) के समक्ष गिर पड़ी अर्थात् अडिग न रह सकी अर्थात् चूँकि आभा का सामना करने में विवश है'।

पैदा किया है उसने भूत-भावी का विवाद।
अंधकार घर में मिट्टी के दाना
आकाश के माहौल से जो होता है अनजाना।
और जानता नहीं कि एक विस्तृत जगह में
सक्षम है वह शाख़ दर शाख़ अपने प्रदर्शन में।
सत्त्व है उसका क्या? एक उत्कण्ठा प्रकटन की
उसका अवस्थान है यही वह स्वयं सत्त्व ही।

ऐ! कि तू कहता है आत्मा की डोली[74] है तन
मर्म को आत्मा के समझ तन का कर शृंगार मत।
यह डोली नहीं, उसकी अवस्थाओं की है एक अवस्था
कहना डोली उसको है छलावा बात का।
है आत्मा क्या? तन्मयता, आह्लाद, परिताप और वेदना
परिक्रामी आकाश को रुझान अधीन करने का।
तन है क्या? रंग व गंध के साथ डालना आदत
चतुर्दिशिक जगत् के साथ डालना आदत।
प्रस्फुटित वह चेतना से तू पास-दूर कहता जिसे
मे'राज है क्या? आमूल परिवर्तन चेतना में।[75]
चेतना में आमूल परिवर्तन तन्मयता और उत्कण्ठा से
तन्मयता और उत्कण्ठा करते हैं मुक्त ऊर्ध्व, निम्न से।[76]
भागीदार नहीं है यह शरीर आत्मा का हमारी
बाधा नहीं उड़ान में यह मुट्ठीभर मिट्टी।[76(क)]

---

74. मूल पाठ में 'महमिल' जिसका अर्थ है 'कजावा या डोली' जो ऊँट पर बाँधते हैं।
75. मूल पाठ में 'चीस्त मे'राज? इन्क़िलाब अन्दर शुऊर' जिसका अर्थ है 'मे'राज (हज़रत पैग़म्बर मुहम्मद स.अ. व स. का आकाश पर आरोहण और ईश्वर का साक्षात्कार) क्या है? चेतना के अन्दर आमूल परिवर्तन। यह इन्क़िलाब चेतना में आमूल परिवर्तन तल्लीनता एवं अतिशय प्रेम की बदौलत आविर्भूत होता है।
76. मूल पाठ में 'वारहा ज़ज्बोशौक़ अज़ तहतोफौक़' जिसका अर्थ है 'तन्मयता (जज़्ब) और उत्कण्ठा (शौक़) ऊपर (Above) और नीचे (Below) अर्थात् दिक् (मकान) से मुक्त करते हैं'। तात्पर्य यह है कि ईश्वर-प्रेम की बदौलत मनुष्य में वह शक्ति पैदा हो जाती है जिसके फलस्वरूप वह दिक् और काल (Time and Space) को वह वशीभूत कर सकता है।
76(क). मूल पाठ में 'मुश्ते ख़ाक' जिसका अर्थ है 'मुट्ठीभर मिट्टी' अर्थात् 'शरीर'।

ज़र्वान[77] जो दिक्काल की आत्मा है यात्री को ऊर्ध्वलोक की यात्रा के लिए ले जाता है

रूमी की गुफ्तगू से हुयी अधीर मेरी आत्मा
तन का मेरे हर कण हो गया पारा।
सहसा मैंने देखा पूर्व और पश्चिम के मध्य
आकाश को बादल की एक ज्योति में निमग्न।
उतरा एक फ़रिश्ता उस बादल से नीचे
थे दो मुख उसके एक अग्नि सदृश दूसरा धुँआ जैसे ।
एक रात्रि सदृश अंधकारमय दूसरा तारा सदृश रोशन
जागृत थी आँख एक की दूसरे की थी सुषुप्त।
पंख के उसके रंग थे पीत, लोहित
हरित, श्वेत, नभोनील और लाजावर्त[78]।
विचार की सी तेज़ी थी उसके स्वभाव में
धरती से आकाशगंगा तक वह पहुँचे पल भर में।
हर क्षण लेती है जन्म उसके अन्दर एक नयी इच्छा
एक नवीन अन्तरिक्ष में वह उड़ान है भरता।

---

77. 'ज़र्वान' का अर्थ 'काल' (Time) है। अवेस्ता में ज़र्वान का अभिप्राय 'काल का फ़रिश्ता' है। अवेस्ता में अनेक बार अन्य फ़रिश्तों के साथ ज़र्वान का उल्लेख मिलता है। प्राचीन ईरान में अहुरमज्दा को ज़र्वान का स्रष्टा समझा जाता था, किन्तु सासानी दौर में ज़र्वान को स्रष्टा यानी ख़ुदा का स्थान दे दिया गया जिसके फलस्वरूप ज़र्वानपरस्ती (Worship of Zarvan) की परम्परा का आरंभ हुआ। ज़र्वानी विश्वास के अनुसार ज़र्वान ख़ुदा है तथा अहुरमज़्दा और अह्‌रिमन का स्रष्टा है। शहरिस्तानी (मृत्यु 548 हिजरी) ने अपनी पुस्तक 'मलल व नहल' में ज़र्वानिय: पंथ के विषय में अनेक परम्पराओं का उल्लेख किया है। ज़र्वान वास्तव में असीम काल (Infinite Time) का एक प्रतिरूप है। ज़र्वान को 'ज़र्वान अकनार्ग' भी कहते हैं जिसका अभिप्राय 'असीम काल' (Infinite Time) है।
78. लाजावर्त या लाज्वर्द (Lapis Lazuli)।

कहने लगा, "संसार पर है मेरा प्रभुत्व मैं ज़र्वान हूँ
आँख से हूँ मैं प्रच्छन्न और प्रकट भी हूँ।
हर युक्ति है बँधी हुयी मेरी नियति के साथ
वाचाल और मूक सब हैं मेरे शिकार।
कली डाल पर होती है विकसित मेरे ही कारण
पक्षी नीड़ में करता है क्रन्दन मेरे ही कारण।
बीज बन जाता है पौधा गुज़रने से मेरे ही
हर वियोग हो जाता है संयोग वदान्यता से मेरी।
मैं ही लाता हूँ प्रकोप और उपाधि भी
मैं ही कर देता हूँ प्यासा ताकि लाऊँ मदिरा भी।
मैं ही जीवन, मैं ही मृत्यु और मैं ही मृतोत्थान[79] हूँ
मैं ही हिसाब, नरक-स्वर्ग और मैं हीं हूर[80] हूँ।
मनुष्य और फ़रिश्ता हैं दोनों क़ैद में मेरी ही
छह दिन[81] का यह संसार है औलाद मेरी ही।
शाख़ से जो तू तोड़ता है मैं ही वह फूल हूँ
तू देखता है जो भी कुछ मैं ही उसका मूल हूँ।
क़ैदी है यह संसार तिलिस्म में मेरे ही
हर पल यह वृद्ध होता है दम[82] से मेरे ही।
'ली म'अल्लाहि'[83] बैठ गया हृदय में जिसके भी
तोड़ सकता है मेरा तिलिस्म वह शूर ही।

79. मूल पाठ में 'नुशूर' जिसका अर्थ है 'मृत व्यक्तियों का क़यामत के दिन फिर से उठना'। नुशूर शब्द नश्र से बना है जिसका अर्थ है 'घास का फिर से हरा होना, मृतक का फिर से जीवित होना'।
80. स्वर्ग की अप्सरा।
81. क़ुरआन की उस आयत की ओर संकेत है जिसमें कहा गया है कि यह संसार छह दिन में बनाया गया (फी सित्तति अय्यामिन)।
82. 'दम' अर्थात् 'साँस'।
83. 'ली म'अल्लाहि' का अर्थ है 'मुझे अल्लाह के साथ'। पैग़म्बर हज़रत मुहम्मद (स.अ. व स.) की हदीस (उनके कथन) की ओर संकेत है जिसके शब्द हैं, 'ली म'अल्लहि वक़्तुन ला यस्आ फीहि नबीयुन मुर्सलुन अव मलकुन मुक़र्रबुन' अर्थात् 'मुझे अल्लाह के साथ एक ऐसा वक्त (अर्थात् ईश्वर का सामीप्य) प्राप्त होता है कि उसमें उस समय न किसी पैग़म्बर की पहुँच हो सकती है और न किसी फ़रिश्ते की'। आशय यह है कि एक ऐसा भी समय आता है जब काल का एहसास ही समाप्त हो जाता है।

मैं न रहूँ बीच में यदि चाहता है तू
मन और प्राण से पढ़ 'ली म'अल्लाहि' तू।"

मैं जानता नहीं कि उसकी निगाह में था क्या
मेरी निगाह से उसने यह प्राचीन जगत् उचक लिया।
या तो खुल गयी मेरी आँख जगत् पर किसी अन्य
या कि जो था वही जगत् हो गया कुछ अन्य।
मर गया मैं जगत् में रंग व गंध के
पैदा हुआ उस जगत् में कोलाहल न था जिसमें।
संबंध मेरा टूट गया प्राचीन जगत् से
हो गया एक अभिनव जगत् हस्तगत मुझे।
क्षति से उस जगत् के तड़पती रही आत्मा मेरी
जबतक कि न पैदा हुआ एक नव जगत् मिट्टी से मेरी।
हो गया तन अधिक हल्का और हुयी तीव्रतर गति प्राण की
दृष्टिवान और जागृततर हो गयी आँख हृदय की।
पर्दों में छुपी चीज़ें सब हो गयीं प्रत्यक्ष
यह गीत तारों का पहुँचा मेरे कानों तक।

तारों का गीत

उपलब्धि जीवन की तेरी बुद्धि, तेरा प्रेम सृष्टि का रहस्य
ऐ मिट्टी के पुतले! दिशिक जगत् में शुभ हो तेरा आगमन।
तेरे कारण शुक्र, चन्द्र और वृहस्पति प्रतिद्वन्द्वी हैं परस्पर
तेरी एक नज़र के लिए दिव्य-ज्योतियों[84] में कशमकश है परस्पर।
प्रव्यंजनायें[85] हैं दोस्त[86] की राह में ताज़ी-ताज़ी, नयी-नयी
प्रेमी व उत्कण्ठावान्[87] संक्षिप्तिताओं[88] को दिल देता नहीं।
सत्यतता और शुचिता है ज़िन्दगी, वृद्धि एवं विकास है ज़िन्दगी
दौड़ अनादि से अनन्त तक प्रभु का राज्य है ज़िन्दगी।
ग़जल कहने के शौक़ को उन्माद व आह्लाद की दे आज्ञा
मद्यप[89] और निग्रहकर्त्ता[90] को भर-भर के फिर मदिरा पिला।
मिठास के आदी हो चुके हैं सीरिया, इराक़, हिन्द और फ़ारस
मिठास के इन व्यसनिओं को उत्कण्ठा की कटुता प्रदान कर।
ताकि उच्च लहरों के सागर से संघर्ष की करे शुरुआत
दे सरित के हृदय को, तीव्र-गति सैलाब का आह्लाद।
अग्नि है दरवेश पुरुष, सरदारी और बादशाही तिनका

84. मूल पाठ में 'तजल्लियात' जिसका अर्थ है 'दिव्य ज्योतियाँ' (Epiphanies)।
85. मूल पाठ में 'जल्वःहा' ('जल्वः' का बहुवचन) जिसका अर्थ है 'प्रव्यंजनायें' (Manifestations)।
86. ईश्वर।
87. मूल पाठ में 'साहिबे शौक़ो आरज़ू' (प्रेमी व उत्कण्ठावान्)।
88. मूल पाठ में 'कुल्लियात' अर्थात् 'संक्षिप्तितायें'। यहाँ 'कुल्लियात' को 'मुज्मलात' (संक्षिप्तताओं) के अर्थ में प्रयुक्त किया गया है। इज्माल एवं तफ्सील (संक्षिप्ति एवं विस्तार) तसव्वुफ की परिभाषायें हैं। परम यथार्थ (ज़ाते-हक़ अर्थात् ईश्वर) की आन्तरिक श्रेणियों या मर्तबों में प्रथम मर्तबा (श्रेणी) इज्माल (संक्षेप) का है और दूसरा तफ्सील (विस्तार) का। आशिक़ या साधक अपने महबूब (ईश्वर) का विस्तार (तफ्सील) से दर्शन करना चाहता है, सरसरी झलक या इज्माली दीदार से उसकी संतुष्टि नहीं होती। वह प्रत्येक तजल्ली (आभा) को एक-एक के तौर पर देखना चाहता है।
89. मूल पाठ में 'रिन्द' जिसका अर्थ है 'पियक्कड़ या मद्यप'।
90. मूल पाठ में 'मुहतसिब' जिसका अर्थ है 'वह शासनाधिकारी जो लोगों को मदिरापान से रोकता है और मदिरालयों की निगरानी करता है अर्थात् निग्रहकर्त्ता'।

राजसी वैभव-विभव निमित्त पर्याप्त है एक स्पष्ट बात।[91]
कलंदरी[92] का प्रताप और बादशाही की दुंदुभी
एक मूसा की मनोवृत्ति[93] दूसरी सामरी की जादूगरी।
निगाह से मारता कलंदर और सिकन्दर सिपाह से
एक सुलह और मैत्री से, दूसरा युद्ध और बल प्रयोग से।
दोनों [94] चाहते हैं विश्व-विजय, दोनों हैं अमरता के आकांक्षी
प्रकोप[95] है युक्ति एक की और प्रेमपात्रता[96] दूसरे की।
ले आ कलंदरी-प्रहार, कर सिकन्दरी-प्राचीर भग्न
कर कलीम[97] की प्रथा ताज़ा, कर सामरी[98] तिलिस्म भग्न।

---

91. मूल पाठ में 'फालो फ़रे मलूक रा हर्फे बरह्न: बस अस्त' जिसका अर्थ है 'राजाओं के वैभव-विभव (को मिटाने के) निमित्त एक स्पष्ट बात (कि प्रभुसत्ता एवं हुकूमत ईश्वर के लिये है न कि मनुष्य के लिए) पर्याप्त है'।
92. कलंदर, मर्दे-मोमिन, मर्दे-फ़क़ीर से तात्पर्य ऐसे सिद्ध पुरूष से है जिसकी ख़ुदी (Ego, Self) इस प्रकार विकसित और उच्च है कि वह अपने अस्तित्व और सांसारिक संबंधों से पूर्णतया निस्पृह हो जाता है और वह ब्रह्मलीन या ईश्वर-मत्त (God Intoxicated) होता है।
93. मूल पाठ में 'जज्ब़:ए कलीम' जिसका अर्थ है 'पैगमबर मूसा की भावना या मनोवृत्ति'। आशय यह है कि कलंदरी वास्तव में पैग़म्बरी मनोवृत्ति होती है।
94. कलंदरी (दरवेशी) और सिकन्दरी (बादशाहत)।
95. मूल पाठ में 'क़ाहिरी' जिसका अर्थ है 'प्रकोपवशता' (Violence)।
96. मूल पाठ में 'दिलबरी' जिसका अर्थ है 'प्रेमपात्रता'।
97. पैग़म्बर मूसा की उपाधि। कलीम अर्थात् कलाम या बात करनेवाला, चूँकि उन्होंने तूर पर्वत (Mount Sinai) पर ईश्वर से बात की थी; अत: उन्हें कलीम कहा जाता है।
98. पैग़म्बर मूसा के ज़माने का एक जादूगर।

चन्द्रमा का आकाश

चन्द्रमा का आकाश [99]

यह धरती और आकाश हैं ईश्वर की सल्तनत
हैं चन्द्रमा और कृत्तिका हमारी विरासत।
राह में इसकी तुझे जो भी नज़र आये
देख तू उसको[100] मर्मज्ञ की दृष्टि से।
अजनबियों की तरह मत अपने शहर में फिर
ऐ अपने से गुम व्यक्ति! ज़रा हो जा तू निडर।
'यह' और 'वह'[101] मानते हैं तेरे हुक्म को दिलोजान से
तू यदि कहे 'यह कर, न कर वह' तो आज्ञा पालन हैं करते।
मात्र आँख व कान के बुतों के कुछ नहीं है यह जगत्
हर आगामी कल हो जाता है मृत जैसे व्यतीत कल।
अभिलाषा के कानन में तू हो जा दीवाना[102]
यानी इस बुतख़ाने[103] का इब्राहीम तू हो जा।[104]
तू कर ले जब दूरी तय इस ज़मीन और आसमान की
जब तू कर ले दूरी तय इस जहान और उस जहान की।
सात आकाश और ईश्वर से कर तलब[105]
सौ दिक् और सौ काल अन्य कर तलब।

---

99. मूल पाठ में 'फलके क़मर' जिसका अर्थ है 'चन्द्रमा का नभोमण्डल' (Sphere of Moon)।
100. सृष्टि या कायनात को।
101. यह और वह (ईं व आँ) अर्थात् सृष्टि की सारी चीज़ें।
102. प्रेमपंथ का अनुसरण कर।
103. संसार।
104. आशय यह है कि जिस प्रकार पैग़म्बर हज़रत इब्राहीम (Abraham) ने बुतों को तोड़ा था उसी प्रकार तू भी इस संसार में प्रचलित मिथ्या परम्पराओं, मिथ्या आस्थाओं को मिटा दे।
105. आशय यह है कि जब तू साधना के आरंभिक अवस्थान (इस ज़मीन और आसमान) को तय कर ले तो संतुष्ट होकर बैठा न रह, बल्कि उत्तरोत्तर आध्यात्मिक प्रगति हेतु प्रयासरत रह।

निश्चेष्ट पड़े रहना किनारे जन्नत की नहर के
रहना विरक्त नेकी व बदी के संघर्ष व समर से।
यदि अर्थ है नजात[106] का छुटकारा तलाश से
तो क़ब्र है बेहतर इस रंग व गंध के स्वर्ग से ।
ऐ मुसाफ़िर! रूह मर जाती है पड़ाव से
जीवन्ततर हो जाती है वह सतत उड़ान से।

सितारों का हमसफ़र होना है शुभ
यात्रा में एक पल भी न विश्राम करना है शुभ।
अंतरिक्ष में यात्रा में जब व्यस्त मैं हुआ
जो कुछ था ऊपर वह मुझे नीचे नज़र आया।
मलिन धरती रात्रि के दीपक से भी बेहतर
आश्चर्य! मेरी छाया थी मेरे सिर पर।
हर क्षण निकट से निकटतर हो गये हम
आखिर को दिखाई पड़ने लगा चाँद का पर्वत।
कहा रूमी ने, "भ्रम-भ्रान्ति से हो जा पवित्र
अंबरों की रीतियों से स्वयं को कर अभ्यस्त।
चाँद हमसे दूर है फिर भी है हमारा परिचित
वह हमारी राह की है प्रथम मंज़िल।
हैं विलंब व शीघ्र उसके दिक्काल के दर्शनीय
हैं गुफायें पर्वतों की उसके दर्शनीय।"

वह नीरवता वह भयानक पर्वतों का सिलसिला
भीतर से तो अग्निमय, बाहर से विदीर्ण था।
ख़ाफ्तीन[107] और यल्दरम[108] सदृश सैकड़ों पर्वत वहाँ थे
मुहानों में उनके धुआँ और अग्नि उदरों में।
निकली नहीं थी घास हरी उसके[109] अन्दर से

---

106. मुक्ति (Salvation)।
107-8. चन्द्रमा के दो काल्पनिक पर्वतों के नाम।
109. चन्द्रमा की धरती के अन्दर से।

उड़ता न था कोई पक्षी उसके अन्तरिक्ष में।
नमी रहित बादल, तीव्र और प्रचण्ड हवायें
थीं संघर्षरत वहाँ की मुर्दा धरती से।
वह एक जीर्ण-शीर्ण जगत् रंग-ध्वनि से विहीन था
न था ज़िन्दगी का निशान और न वहाँ मौत का।
न तन्तु जीवन-तरु की उसकी नाभि में
न घटनायें मेरुदण्ड में उसके काल के।
यद्यपि है वह सूर्य के परिवार से
होते नहीं इन्क़िलाब पैदा उसकी सुबह-शाम में।

रूमी ने कहा, "उठ! और बढ़ा क़दम आगे
सजग भाग्य-धन को हाथ से न जाने दे।
सुन्दरतर है अभ्यंतर उसका बहिर्स्वरूप से
और ही दुनिया है एक उसकी गुफाओं में।
ऐ अक़्लमंद! जो कुछ तेरे सामने आये
घेरों में आँख-कान के उसे समेट ले।
आँख है दृष्टिवान् तो सब कुछ है दर्शनीय
नयन-तुला में सब कुछ है तुलनीय।
चल वहाँ जहाँ कहीं रूमी ले जाये तुझे
उसके सिवा सबसे पराया हो जा एक दो पल के लिए।"
धीरे से अपनी ओर खींचा[110] हाथ को मेरे
तेजी से चल कर मुहाने पर पहुँचा एक गुफा के।

110. रूमी ने खींचा।

चन्द्रमा की एक गुफा में एकान्तवासी हिन्दुस्तानी ऋषि है जिसे लोग 'जहान दोस्त' (विश्वामित्र) कहते हैं

अंधों की तरह साथी के कंधे पर हाथ धरे
पैर रखा मैंने उस गहरी गुफा में।
उसके तिमिर से चाँद का दिल दाग़-दाग़ था
भीतर उसके सूर्य मोहताज था चिराग़ का।
शक-संदेह ने मुझ पर धावा किया
मेरे अक़्ल व होश को सूली पर लटका दिया।
चलता गया राह पर बटमार लगे रहे मेरी घात में
हर्ष से ख़ाली रहा हृदय निश्छलता व विश्वास के।
यहाँ तक कि प्रव्यंजनायें हुयीं समक्ष नेत्र के
जगमगा उठी सुबह सूर्योदय बिना हुये।
एक घाटी थी वहाँ जिसका हर पत्थर[111] था जनेऊबद्ध
दैत्यों सदृश लगते थे जिसके उत्तुँग वृक्ष।
रखती है यह जगह प्रकृति नीर-मिट्टी सी
या स्वप्न-चित्र बना रही है कल्पना मेरी[112]।
मदिरा का स्वाद व नशा था हवाओं में उसकी
चुंबन से उसकी मिट्टी के छाया साक्षात्-ज्योति थी।
न नीला आसमान था ऊपर उसकी धरती के

111. मूल पाठ में 'वादी-ए-हर संगे ऊ ज़ुन्नार बंद' जिसका अर्थ है 'एक ऐसी वादी या घाटी जिसका हर पत्थर जनेऊ धारण किए था'। तात्पर्य यह है कि पत्थरों पर धारियाँ पड़ी हुयी थीं और दूर से घाटी ऐसी दिखाई पड़ रही थी मानो उसे किसी ने जनेऊ पहना दिया हो।

112. मूल पाठ में 'या ख़यालम नक़्श बंदद दर मनाम' जिसका शाब्दिक अर्थ है 'या मेरी कल्पना स्वप्न में चित्र बना रही है?'

न ऊषा से अरुण पीत उपान्त उसके थे।
न था प्रकाश तिमिर की क़ैद में वहाँ
न गिर्द सुबह-शाम के था धुँआ वहाँ।
हिन्दू कुल का एक ऋषि बैठा था तरु-तले
आँखें थी ज्योतिमान् काजल से उसके।
जूड़ा बँधा सिर पर और शरीर नग्न था
कुण्डली मारे उसके गिर्द एक श्वेत सर्प था।
नीर-मिट्टी[112] से बहुत ऊँचा वह मनुष्य था
कल्पना-मन्दिर का उसकी चित्र जगत् था।
थी न दिवसों की परिक्रमा काल में उसके
न उसका कोई सरोकार था नीले गगन से।
तेरे साथ है यह कौन? पूछा रूमी से उसने
उत्कण्ठा है जीवन की निगाहों में उसके।

रूमी

यह है एक ऐसा व्यक्ति जो है यायावर तलाश में
स्थिरता में तारा सदृश, एक गतिमान ग्रह स्वभाव में।[113]
अपूर्णताओं के एहसास से कार्य उसके निष्पन्नतर
उसकी अपूर्णताओं पर मेरे प्राण निछावर।[114]

---

112. मूल पाठ में 'आबोगिल' अर्थात् 'जल और मिट्टी'। आबोगिल (नीर-मिट्टी) भौतिकता का प्रतीक है। आशय यह है कि विश्वामित्र ऋषि भौतिकता से बहुत परे थे।

113. मूल पाठ में 'साबिते बा फितरते आवारए' जिसका शाब्दिक अर्थ है, 'वह एक स्थिर तारा है जो प्रकृति से गतिमान ग्रह है'। यद्यपि स्थिर और गतिमान में विरोधाभास है किन्तु ये दो शब्द ज़िन्दारूद (इक़बाल) के व्यक्तित्व की अभिव्यक्ति करते हैं। आशय यह है कि वह (ज़िन्दारूद) सत्याभिलाषा या सत्यान्वेषण में तारे की तरह स्थिर हैं, किन्तु अपने उद्देश्य या गंतव्य की तलाश में वह एक ग्रह की तरह सतत गतिमान भी हैं।

114. आशय यह है कि मनुष्य की आध्यात्मिक प्रगति उसके इस एहसास पर आधारित है कि वह सदैव स्वयं को अपूर्ण (ख़ाम) समझे।

बनाया है आसमान पर ताक़ अपनी सुराही के लिए
मुँह दिखाई माँगता है उसका विचार जिब्रील से।
शिकार पर चन्द्र-सूर्य के झपटता है गरुण सदृश
परिक्रमा में नौ नभों की रहता है सदैव व्यस्त।
रिंदों[115] सी बात की है उसने धरती के वासियों से
बुत[116] और बुतख़ाना[117] कहा है हूर व जन्नत[118] को।
देखी हैं ज्वालायें उसके धुँये की लहर में
उत्तुंगता देखी है मैंने उसके सिज्दों[119] में।
हर पल करता है आर्त्तनाद उत्कण्ठा से जैसे बाँसुरी
मार डाले है उसे वियोग और संयोग भी।
मैं जानता नहीं कि उसकी नीर-मिट्टी में है क्या
न उसके मक़ाम व मंज़िल का ही है मुझे पता।

विश्वामित्र

रंग[120] से है जगत् और बेरंग[121] है ईश्वर
क्या है जगत्? क्या है मनुष्य? क्या है ईश्वर?

---

115. रिंद का शाब्दिक अर्थ है मद्यप, शराबी, मस्त। आशय यहाँ धार्मिक बंधनों से मुक्त व्यक्ति से है। हूर और जन्नत के संदर्भ में इसका अर्थ ब्रह्मज्ञानी है।
116. मूर्ति (Idol)।
117. मन्दिर या मूर्ति गृह।
118. अर्थात् वह जन्नत और हूर की परिकल्पना से संतुष्ट नहीं है, बल्कि इन्हें वह ईश्वर के साक्षात्कार के मार्ग में बाधा समझता है इसीलिए उन्हें बुत और बुतख़ाना कहा है।
119. नमाज़ में जमीन पर सिर रखने, माथा टेकने को सिज्द: कहते हैं।
120. रंग का अर्थ है शक्ल या सूरत, आकार-प्रकार। अर्थात् जगत् शक्लों, सूरतों, ससीमताओं का समूह है।
121. 'ईश्वर बेरंगी का नाम है' अर्थात् 'ईश्वर समस्त ससीमताओं, शक्लों, सूरतों से परे है'।

रूमी

मानव है असि और असिधर है ईश्वर
पत्थर की सान है असि के लिए जगत्।
ईश्वर को देखा पूर्व ने जगत् को नहीं देखा
रहा रेंगता जग में पश्चिम, फ़रार ईश्वर से हुआ।
केन्द्रित रखना आँख ईश्वर पर है सेवकत्व
ज़िन्दगी है स्वयं को बेपर्दा देखना।
लेता है जब चुकौती[122] जीवन से सेवक
भेजता है सलाम ऐसे सेवक पर ख़ुदा।
आगाह नहीं है जो भी नियति से अपनी
सहपंथी नहीं धूलि उसकी प्राण-पावक की।

विश्वामित्र

अस्तित्व और अनस्तित्व में उलझा रहा प्राची
पा न सका वह इनके रहस्यों को तनिक भी।
सिवा देखने के हम नभवासियों का काम कुछ नहीं
कल से प्राची के निराश मेरी आत्मा नहीं
शिखर पर कश्मरूद[123] के देखा कल मैंने
उतरा एक फ़रिश्ता आकाश से नीचे।
देखने का हर्ष आँख से टपकता था उसकी
देखता ही न था किसी ओर सिवा धरती के हमारी[124]।

---

122. चुकौती लेना अथवा अपना हिस्सा लेना। आशय यह है कि जब अपनी वास्तविकता का एहसास हो जाता है।
123. चन्द्रमा की पर्वतमालाओं का एक काल्पनिक पर्वत।
124. हमारी धरती अर्थात् हिन्दुस्तान।

मैंने कहा, "राज़दारों से अपने राज़ मत छुपा
इस ख़ामोश धरती में तू देखता है क्या?
क्या तू है द्रवीभूत ज़ोहरा[125] के सौन्दर्य से
क्या डाल दिया है दिल अपना बाबिल[126] के कूप में?"
"घड़ी है यह प्राची के उदय की", कहा उसने[127]
एक अभिनव सूर्य है पहलू में उसके।
निकलेंगे माणिक उसके मार्ग-प्रस्तर से
आयेंगे यूसुफ[128] बाहर उसके कूप से।
देखा है एक हलचल पहलू में उसके
देखा है एक कम्पन पर्वतों में उसके।
आज़री[129] पड़ाव से गठरी बाँध ली है कूच की
ताकि मूर्ति-पूजा-त्याग का हो जाय वह आदी।
धन्य है वह क़ौम जिसके प्राण में तड़प हो जाये पैदा
करे जो स्वयं को अपनी मिट्टी से पुनः पैदा।
होता है उत्सव-प्रभात फ़रिश्तों का वह मुहूर्त
होती है किसी क़ौम की जब आँख जागरित"।

हो गया चुप हिन्दी ऋषि कुछ देर के लिए
फिर देखा मेरी ओर और देखा विकलता से।

---

125. ज़ोहरा या ज़ुहरा (Venus) शुक्र ग्रह जो सौन्दर्य का प्रतीक है। यहाँ इराक़ के प्राचीन शहर बाबिल या बाबुल की एक सुन्दर औरत की ओर संकेत है जिस पर हारूत और मारूत नामक दो फ़रिश्ते आशिक हो गये थे।

126. बाबिल या बाबुल का कूप - बाबुल या बाबिल शहर का वह कुँआ जिसमें कहते हैं कि हारूत और मारूत नामक दो फ़रिश्ते क़ैद हैं।

127. विश्वामित्र।

128. यूसूफ अर्थात् Joseph एक पैग़म्बर और पैग़म्बर याक़ूब के पुत्र थे। उनके सौतेले भाइयों ने ईर्ष्यावश उन्हें एक कुँए में डाल दिया था। (1) यहाँ आशय यह है कि पूर्व की क़ौम के प्रिय यूसुफ जो अंग्रेजों की जेल में है वह रिहा होने वाले हैं। (2) दूसरा अर्थ यह भी हो सकता है कि इस क़ौम को अपने प्रिय उद्देश्यों की पूर्त्ति होनेवाली है और शीघ्र ही यह आज़ादी प्राप्त कर लेगी।

129. पैग़म्बर इब्राहीम के पिता का नाम आज़र था जो मूर्ति पूजक थे। आज़री पड़ाव का आशय है मूर्ति पूजा की परम्परा।

उसने पूछा, "बुद्धि की मृत्यु?", "चिंतन का परित्याग", मैंने कहा।
उसने पूछा, "हृदय की मृत्यु?" "ईश्वर-स्मरण का परित्याग", मैंने कहा।
उसने पूछा, "तन?" "है मार्ग-धूलि से उत्पन्न", मैंने कहा।
उसने पूछा, "आत्मा?" "ला इलाह का है रहस्य", मैंने कहा।
उसने पूछा, "मनुष्य?" "ईश्वर के रहस्यों का एक रहस्य", मैंने कहा।
उसने पूछा, "जगत?" "वह स्वयं है सम्मुख", मैंने कहा।
उसने पूछा, "यह विज्ञान व कला?" "मात्र है छिलका", मैंने कहा।
उसने पूछा, "निश्चायक प्रमाण?" "दोस्तउ[130] का मुख", मैंने कहा।
उसने पूछा, "लोक-धर्म?" "सुनी-सुनाई बात", मैंने कहा।
उसने पूछा, "ब्रह्मज्ञानियों का धर्म?" "दर्शन", मैंने कहा।
बढ़ गया उसकी आत्मा का हर्ष शब्दों से मेरे
बतलायी मुझको उसने गुर की कुछ बातें।

हिन्दू ऋषि की गुर की नौ बातें

(1)

ईश्वर-दर्शन के लिए यह जगत् पर्दा नहीं होता
प्रतिबिम्ब जल का डुबकी में बाधा नहीं होता।

(2)

जन्म लेना इतर जगत्[131] में है शुभ
एक अन्य यौवन ताकि हो जाये हस्तगत।

130. ईश्वर।
131. इतर जगत् (आलमे दीगर) में पैदा होने का आशय है दिक्काल को वशीभूत करना।

(3)

ईश्वर है मृत्यु से परे, परम जीवन है वह
मरता है क्यों बंदा[132]? क्योंकि जानता नहीं क्या है वह[133]?
यद्यपि हम पक्षी हैं बिन डैनों व पंख के
ईश्वर से हैं हम बढ़े हुये ज्ञान में मृत्यु के।[134]

(4)

काल? एक मिष्ट है हलाहल से मिश्रित
करुणा है सर्वव्यापी किन्तु प्रकोप से सम्पृक्त।
ख़ाली प्रकोप से उसके तू है नगर व वन को देखता
करुणा उसी की है यह जो तू कहता 'गुज़र गया'।[135]

(5)

नास्तिकता मृत्यु है, ऐ प्रबुद्ध निसर्गयुक्त!
कब है उचित धर्मयोद्धा को मुर्दा से धर्मयुद्ध?

---

132. मनुष्य (बंदा) क्यों मरता है? इसलिए कि वह इस वास्तविकता से अज्ञान होता है कि ईश्वर साक्षात् जीवन है। यदि उसे यह बोध हो जाये कि ईश्वर साक्षात् जीवन है तो वह अपने अन्दर ईश्वरीय गुण उत्पन्न करने की कोशिश करेगा और ईश्वर की तरह अनश्वर होने का प्रयास करेगा। जो व्यक्ति दिक्काल की क़ैद में होगा वह निश्चयत: मृत्यु को प्राप्त होगा।

133. ईश्वर।

134. मूल पाठ में 'अज़ ख़ुदा दर इल्मे मर्ग अफ्ज़ूँतरेम' जिसका अर्थ है 'मृत्यु के ज्ञान में हम ईश्वर से अत्यधिक है'।

135. तसव्वुफ की शब्दावली में ईश्वरीय गुणों या सिफ़ात (Attributes of God) की प्रव्यंजनाओं (Manifestations) की बारम्बारता को काल या ज़माना (Time) कहते हैं। यदि ईश्वर की सिफ़ात (Attributes) की प्रव्यंजनायें रुक जायें तो न दिक् रहेगा और न काल। यहाँ काल के दो पहलू बताये गये हैं करुणा (Mercy) और प्रकोप (क़हर-Vengeance)। तसव्वुफ की शब्दावली में इन्हें जमाल (सौन्दर्य-Beauty) और जलाल (प्रताप-Majesty) कहते हैं। अत: काल अपने आप में कुछ नहीं है वह ईश्वर के शुऊन ('शान' का बहुवचन जिसका अर्थ है 'पहलुओं'-Aspects) के प्रकटीकरण की निरन्तरता का मात्र दूसरा नाम है। मिष्ट (मूल पाठ में 'शीरीनी') वास्तव में 'जमाल' (सौन्दर्य) का द्योतक है और हलाहल मिश्रित मिष्ट 'जलाल' (प्रताप) का। उत्पन्न करना, पोषण करना, आबाद करना 'जमाल' के और मारना, बर्बाद करना और उजाड़ना 'जलाल' के अन्तर्गत आते हैं।

जीवन्त है आस्तिक पुरुष और स्वयं से युद्धरत्
झपटता है स्वयं पर वह जैसे चीता हिरन पर।

(6)

मूर्ति-समक्ष बैठा हुआ जाग्रत-हृदय नास्तिक
का'बा के अन्दर सोये पड़े आस्तिक से है बेहतर।

(7)

अंधी है वह आँख जो भूल-ग़लती देखती
रात नहीं देखता किसी जगह भी सूरज।

(8)

मिट्टी की संगत बीज को बना देती है दरख़्त
मिट्टी की संगत से आदमी हो जाता है बदबख़्त[136]।
करता है ग्रहण ऊर्जा व बल बीज मिट्टी से
सूर्य-किरणों का ताकि वह शिकार कर सके।

(9)

मैंने पूछा फूल से, "बोल ऐ विदीर्ण वक्ष![137]
लेता है रंग, गंध कैसे वात, धूल से?"
बोला फूल, "ऐ बुद्धि-वंचित बुद्धिमान!
तू संदेश कैसे पाता है ख़ामोश बिजली से?
विभिन्न तत्वों के आकर्षण[138] से है तन में हमारे आत्मा
प्रकट है आकर्षण तेरा और मेरा आकर्षण छिपा"।

136. मूल पाठ में 'तीर:बख़्त' जिसका अर्थ है 'हतभाग्य, बदबख़्त या बदक़िस्मत' अर्थात् 'वह जिसके भाग्य में अँधेरा ही अँधेरा हो'।
137. मूल पाठ में 'सीन:चाक' जिसका अर्थ है 'जिसका वक्ष फट गया हो यानी विदीर्ण वक्ष यानी पुष्प'।
138. मूल पाठ में 'जज़्ब' जिसका अर्थ है 'कशिश, आकर्षण, ग्रहण और आत्मसात्करण या प्रेम'।

सरोश[139] का प्रकटन

कर दिया ज्ञानी पुरुष ने संवाद का पट बंद
हो गया अपने में मस्त, जग से कर लिया विच्छेद।
लिया आह्लाद, उत्कण्ठा ने उचक उसके हाथ से उसे
हुआ अस्तित्व[140] में निमग्न, निकल प्रत्यक्ष के तिलिस्म से।[141]
तूर[142] हो जाते हैं कण भी सामने उसके[143]
प्रकाश[144] न प्रकटन[145] बिन उसकी उपस्थिति[146] के।
एक कोमलांगी सुंदरी तिलिस्म में उस रात के
तारा-सदृश थी दीप्तिमय तारा रहित उस रात में।
लटक रहे थे कमर तक सुंबुल[147] उसकी दो ज़ुल्फों के
थे पाते प्रकाश गिरि और घाटी मुखमंडल से उसके।
निमज्जित थी वह मतवाली आभा में
गाया मधुर गीत बिन मदिरा पान मस्त ने।

---

139. 'सरोश' प्राचीन पहलवी भाषा का शब्द है। ज़रतुश्ती धर्म की शब्दावली में 'सरोश' उस उच्च कोटि के फ़रिश्ते को कहते हैं जो यज़दान (ईश्वर) के पास से मनुष्यों के लिए संदेश लाता है। कालान्तर में यह शब्द 'प्रथम बुद्धि' (First Intelligence) के अर्थ में प्रयुक्त होने लगा जिसका आशय वह चीज़ है जो सबसे पहले ईश्वर ने प्रादुर्भूत किया। यूनानी भाषा में इसे Logos (लॉगॉस) कहते हैं। मुसलमानों ने इसके लिए प्रथम बुद्धि (First Intelligence) शब्द प्रयुक्त किया।
140. परम अस्तित्व (Absolute Existence)।
141. मूल पाठ में 'नैरंगे शुहूद' जिसका अर्थ है 'प्रत्यक्ष का तिलिस्म'।
142. सीरिया का एक पर्वत जिस पर हज़रत मूसा ने ईश्वर का जल्वा देखा था । इसे तूरे-सीना (Mount Sinai) कहते हैं।
143. ईश्वर के अस्तित्व (ज़ाते हक़) के समक्ष ।
144. मूल पाठ में 'नूर' जिसका अर्थ है 'प्रकाश या ज्योति'।
145. मूल पाठ में 'ज़ुहूर' जिसका अर्थ है 'प्रकटन, ज़ाहिर'।
146. मूल पाठ में 'हुज़ूर' जिसका अर्थ है 'विद्यमानता या उपस्थिति' (Presence)।
147. 'सुंबुल' एक सुगंधित घास, जो फ़ारसी-उर्दू कविता में सुंदर घुंघराले बालों का उपमान मानी गयी है। इसे बालछड़ या जटामांसी भी कहते हैं।

ख़याल का फ़ानूस[148] घूमता था उसके सामने
बूढ़े आकाश सदृश थीं जिसमें अनेक कलायें।
रंग-रंग के चित्र थे उस फानूस के अन्दर
था बाज़ पक्षी पर झपटता चीता हिरन पर।
कहा रूमी से मैंने, "ऐ रहस्य ज्ञाता!
अपने अल्प-दृष्टि साथी पर खोल रहस्य इसका"।
बोले रूमी, "चाँदी की तरह जगमगाता आकार यह
हुआ पैदा विचार में पवित्र ईश्वर के।
होकर व्याकुल आत्म-प्रदर्शन की इच्छा से
आया उतर अस्तित्व के शयनागार में।
यायावर हमारी तरह भाग्य में उसके सफ़र
तू भी मुसाफ़िर, मैं भी मुसाफ़िर वह भी मुसाफ़िर।
जिब्रील जैसा तेज में, नाम उसका सरोश है
छीन लेता है होश और लाता है होश में।[149]
खिलती है हमारी कली ओस से उसकी
भड़क जाती है बुझी आग गर्मी से साँस की उसकी।
शारिका[150] कवि की वाद्य के दिल पर उसी से
पर्दा महमिल[151] का विदीर्ण कारण उसी के।
मैंने संसार एक देखा है नया उसके गीत में
पल भर तू भी कर ऊष्मा प्राप्त उसके गीत से।"

---

148. मूल पाठ में 'फ़ानूसे-ख़याल' जिसे 'फ़ानूस-ख़याली' भी कहते हैं। एक प्रकार का काग़ज का बना हुआ कंडील (क़ंदील) जिसमें लगे क़ाग़ज के हाथी-घोड़े हवा से घूमते और उनकी छाया कंदील के काग़ज पर पड़ती है। वास्तव में यह 'फ़ानूसे-ख़याल' एक किनाय: अर्थात् लाक्षणिक शब्द है जिसका आशय यह है कि वह कोमलांगी सुन्दरी जगत् की घटनाओं को इस तरह देख रही थी जिस तरह लोग फ़ानूसे-ख़याल में भाँति-भाँति के चित्र देखते हैं।

149. मनुष्य को मार भी देता है और जीवित भी कर देता है।

150. मूल पाठ में 'ज़ख्म' अर्थात् 'मिज़राब, वाद्य-यष्टि'। तार का बना छल्ला जिसकी नोक से आघात कर सितार आदि बजाते हैं। अंग्रेजी में इसे Plectrum कहते हैं।

151. एक प्रकार की पर्दे पड़ी हुई डोली या हौदा, कजावा जो ऊँट की पीठ पर रखते हैं।

सरोश का गीत

डरता हूँ कि मरीचिका में तू खेता रहेगा नौका
तू पर्दे में हुआ पैदा, पर्दे ही में मर जायेगा।
मैंने धो दिया जब आँख से राज़ी[152] का अंजन
देखी क़ौमों की गुप्त नियति किताब[153] के अन्दर।
कौंध खेत व बाग़ पर, पर्वत व वन पर कौंध
कौंधे जो बिजली स्वयं पर मर जाये वह मेघ में।
रहा प्रतीचियों[154] में, खोजा बहुत पाया नहीं मैंने
पुरुष वह मक़ामात[155] जिसके आते नहीं हिसाब में।
बिन कष्ट जग्-प्रभुत्व[156] के वह मिलता नहीं सामीप्य[157]
ले खींच दामन में बाग़ को 'ऐ! बू गुलाब अन्दर'[158]।
ऐ तपस्वी प्रत्यक्षदर्शी! माना नश्वर है ख़ुदी
उस तूफान को जो बुलबुले में है तू देखता नहीं।
नहीं आ रही यह मधुर ध्वनि गायक की मिज़राब[159] से
जन्नत से बिछुड़ी एक हूर फ़रियाद कर रही है सितार में।

---

152. इमाम फ़ख़्रुद्दीन अल-राज़ी (मृत्यु 1210 ई.) प्रसिद्ध धर्मशास्त्री और दार्शनिक। क़ुरआन की तफ्सीर (भाष्य) के लिए प्रसिद्ध । इक़बाल की कविता में राज़ी अक़्ल (बुद्धि) तथा रूमी इश्क़ के प्रतीक हैं।
153. क़ुरआन।
154. मूल पाठ में 'बा मंग़रबियाँ' जिसका अर्थ है 'प्रतीचियों या पश्चिम वालों के साथ या पश्चिम वालों में'।
155. सुलूक (साधना) की मंज़िलें या अवस्थायें (Stations)।
156. मूल पाठ में 'जहाँगीरी' जिसका अर्थ है 'जग-प्रभुत्व' अर्थात् 'कायनात या संसार को वशीभूत करने का कष्ट झेले बिना ईश्वर का सामीप्य नहीं प्राप्त हो सकता'। जगत् को ईश्वर-प्रेम द्वारा ही वशीभूत किया जा सकता है।
157. सामीप्य से आशय ईश्वरीय सामीप्य है ।
158. 'ऐ बू गुलाब अन्दर' प्रसिद्ध सूफी संत हज़रत निज़ामुद्दीन औलिया के शिष्य ख़्वाजा नसीरुद्दीन चिराग़-देहली की प्रसिद्ध ग़ज़ल के एक शे'र का अंश है । इसका आशय यह है कि मनुष्य जगत् में उसी तरह है जैसे गुलाब में सुगंध होती है।
159. वाद्य-यष्टि, शारिका (Plectrum) तार का छल्ला जिसकी नोक से आघात कर सितार बजाते हैं।

घाटी यरग़मीद, जिसे फ़रिश्ते तवासीन की घाटी कहते हैं, के प्रति प्रस्थान

रूमी ने, जो है इश्क़ व मुहब्बत का रहनुमा
प्यासों के लिए सल्सबील[160] है कलाम जिसका,
कहा, "वह शेर जिसके कि अन्दर आग है
मूल उसका 'अल्लाह हू'[161] का परिताप है।
उपवन बना देती है खर-पतवार को ऐसी शाइरी[162]
अस्त-व्यस्त आकाश को कर देती है ऐसी शाइरी।
सच्चाई पर गवाही देती है ऐसी शाइरी
प्रदान करती है बादशाहत फ़क़ीरों को ऐसी शाइरी।
शरीर में गति रक्त की इससे है तीव्रतर
उससे हृदय हो जाता है जिब्रील से भी सजगतर।
आह! बहुत से कवि कि सम्मोहन से शिल्प के
बन जाते हैं दिल के रहज़न[163] व इब्लीस[164] नज़र के।
हिन्द का कवि! ईश्वर सहायता करे उसकी
वाणी के आनन्द से विहीन आत्मा हो उसकी[165]।
है सिखा दी चारणवृत्ति इश्क़ को उसने
है सिखा दी आज़री[166] ख़लीलों[167] को उसने।

---

160. जन्नत में एक नहर का नाम।

161. 'वह ईश्वर है'।

162. शाइरी का अर्थ कविता या काव्य (Poetry) है । आमतौर पर हिन्दी में इसे शायरी लिखते हैं किन्तु शुद्ध शब्द शाइरी है ।

163. लुटेरा ।

164. शैतान का नाम ।

165. आशय यह है कि हिन्दुस्तान के कवि के लिए ईश्वरीय सहायता या ईश्वरीय मार्गदर्शन यही है कि वह कविता करना छोड़ दे।

शब्द उसके खग-कूजन सदृश परिताप-वेदना-रहित
मर्द नहीं मृत कहते हैं उसे आशिक[168]।
जो स्थान न पहचाने अपना ऐसे मधुर काव्य से
बेहतर हैं वह शब्द जो तू बड़बड़ाये नींद में।
कवि की प्रकृति होती है आपादमस्तक गवेषणा
सृजक और पोषक होता है वह अभिलाषा का।
सीने में क़ौम के कवि होता है हृदय की तरह
कवि के बिना क़ौम होती है मिट्टी के ढेर की तरह।
दुनिया एक नयी करे परिताप व उन्माद[169] सृजित
मृत्यु-शोक[170] है शाइरी जो है परिताप व उन्माद से रहित।
यदि शाइरी का लक्ष्य है आदमगरी[171]
उत्तराधिकारी होती है पैग़म्बरी की शाइरी।"

मैंने कहा, "पैग़म्बरी के बारे में कुछ बोलिये
अपने राज़दार से उसके रहस्य खोलिये"।
रूमी ने कहा, "क़ौमें और मिल्लतें[172] उसके[173] चिह्न हैं
युग हमारे सब उसी का सृजन हैं।
बोलने लगते हैं ईंट-पत्थर फूँक से उसकी[174]
वह है खेत की तरह हम हैं जैसे फसल उसकी।

166. आज़र पैग़म्बर इब्राहीम के पिता का नाम था। वह मूर्ति पूजक था। अत: आज़री का आशय मूर्ति पूजा है।
167. 'ख़लील' का अर्थ है 'मित्र'। पैग़म्बर हज़रत इब्राहीम को ख़लीलुल्लाह (ईश्वर का मित्र) कहते हैं। ख़लीलों से आशय एकेश्वरवादियों से है।
168. मूल पाठ में 'अहले-दर्द' जिसका तात्पर्य 'आशिक़' है। इससे आशय ईश्वरानुरागी (God Intoxicated) है।
169. मूल पाठ में 'सोज़ो मस्ती' जिसका अर्थ है 'परिताप और मतवालापन'। 'सोज़ो मस्ती' इक़बाल की शब्दावली में एक निर्दिष्ट भाव या उद्देश्य का द्योतक है। यहाँ 'सोज़ो मस्ती' का अर्थ 'ईश्वर का प्रेमाधिक्य (ईश्वरोन्मत्तता-God Intoxication) तथा उद्देश्य के प्रति मतवालापन' है।
170. मूल पाठ में 'मातम'।
171. मनुष्य की रचना अर्थात् मनुष्य के व्यक्तित्व की रचना।
172. 'क़ौम' का अर्थ 'राष्ट्र' (Nation) तथा 'मिल्लत' का अर्थ 'धार्मिक समुदाय' (Religious Community) है।
173. पैग़म्बरी के।
174. पैग़म्बरी की।

कर देती है पुनीत वह अस्थियों और रेशों को
जिब्रील का पंख प्रदान कर देती है विचार को।
शिक्षा से उसकी इन्क़िलाब संसार में बरपा
अधरों से उसके प्रस्फुटन 'नज्म', 'नूर' व 'नाज़ि'आत' का[175]।
होता नहीं है सूर्य उसका अस्त कभी भी
अस्वीकारकर्त्ता उसका पहुँचे न पूर्णता को कभी भी।
उसके आज़ाद सेवकों का संसर्ग है अनुकम्पा ईश्वरीय
है प्रहार उसके कर्रार[176] का प्रकोप ईश्वरीय।
यदि तू हो प्रथम बुद्धि[177] तो भी उससे पलायन न कर
शरीर और आत्मा को वह देखता है एक साथ परस्पर।
रख और तेज़ कदम रास्ते में यरग़मीद[178] के
ताकि जो दर्शनीय है तू देख ले उसे।
श्वेत पत्थर की एक दीवार पर उत्कीर्ण
देख पैग़म्बरी के तू चार तवासीन[179]"।

लेता है अपनी राह देख बिन रहनुमा इश्क़
पंख से जिब्रील के उड़ने का नाम है इश्क़।
मात्र दो क़दम है दीर्घ मार्ग इश्क़ के लिए
ऐसा मुसाफ़िर हो जाता है क्लान्त मक़ाम[180] से।

---

175. 'नज्म', 'नूर' व 'नाज़ि'आत' क़ुरआन की सूरतों (Chapters) के नाम हैं।

176. संकेत चौथे ख़लीफ़ा हज़रत अली के प्रति है जिनकी उपाधि 'कर्रार' थी। 'कर्रार' का अर्थ होता है 'शत्रु की सेना पर बराबर आक्रमण करनेवाला'।

177. मूल पाठ में 'अक़्ले कुल' जिसका अर्थ है 'प्रथम बुद्धि' (First Intelligence)। कुल बुद्धियाँ (Total Intelligences) 10 हैं जिन्हें 'उक़ूले अश्र:' (दस बुद्धियाँ) कहते हैं 'अक़्ले कुल' उसमें से 'प्रथम बुद्धि' (अक़्ले अव्वल-First Intelligence) है।

178. यरग़मीद चन्द्रमा पर एक काल्पनिक स्थान का नाम है।

179. तासीन का बहुवचन। क़ुरआन शरीफ की सूरा 'नमल' के आरंभिक दो शब्दों ता सीन का उच्चारण। ता से 'तूर' (पर्वत) और सीन से 'सीना' अर्थ ले सकते हैं। तासीन से आशय शिक्षाओं के बुनियादी सिद्धान्त है। 'अनल हक़' (मैं सत्य हूँ-I am the truth) का दावा करनेवाले प्रसिद्ध सूफी मंसूर हल्लाज, जिन्हें 922 ई. में सूली पर फाँसी दी गयी थी, की एक प्रसिद्ध कृति का भी नाम 'किताब अल् तवासीन' है।

मतवालों सा रहा बढ़ाता क़दम तरफ़ यरग़मीद की
यहाँ तक कि लगीं पड़ने दिखाई ऊँचाइयाँ उसकी।
मैं वर्णन करूँ क्या भव्यता का उस स्थान की
करते हैं सात तारे सतत् परिक्रमा जिसकी।
ज्योति से उसकी धरतीवासियों का अन्त:करण प्रकाशमान्
धूलि के सुरमा से उसकी अर्शवासी[181] दृष्टिवान्।
ईश्वर ने मुझको चक्षु, हृदय और वाणी प्रदान की
सृष्टि के रहस्यों के ज्ञान की लालसा प्रदान की।
जगत् के सकल रहस्यों से मैं पर्दा उठाता हूँ
पैग़म्बरों के तवासीन[182] की तुझे बात बताता हूँ।

---

180. 'मक़ाम' जिसका शाब्दिक अर्थ है 'पड़ाव या ठहराव'। आशय यह है कि ऐसा साधक (मुसाफ़िर) सदैव गतिशील होता है और साधना की मंज़िलों को एक के बाद दूसरी को उत्तरोत्तर एवं सतत पार करता रहता है । जहाँ उसकी प्रगति रुक जाती है वह क्लांत और खिन्न हो जाता है।

181. मूल पाठ में 'अर्शियाँ'। 'अर्श' यानी 'सब आसमानों के ऊपर का स्थान'। यहाँ 'अर्शियाँ' से अभिप्राय है 'अर्श पर रहने वाले' अर्थात् 'फ़रिश्ते'।

182. 'तवासीन'- 'तासीन का बहुवचन'। 'तासीन' का अर्थ है 'पैग़म्बरों की शिक्षाओं के बुनियादी सिद्धान्त'।

गौतम बुद्ध का तासीन एक नर्तकी का प्रायश्चित्त करना

गौतम

पुरानी मदिरा और युवा प्रियतम कोई चीज़ नहीं
ज्ञानियों के समक्ष स्वर्ग की अप्सरा कोई चीज़ नहीं।
समझता है जिसे दृढ़ व चिरस्थायी चीज़ सब जाती है गुज़र
पर्वत, वन, धरती, सागर और तट कोई चीज़ नहीं।
प्रतीचियों का विज्ञान और दर्शन प्राचियों का
सब हैं मूर्ति-गृह और मूर्तियों की परिक्रमा कोई चीज़ नहीं[183]।
कर विचार स्वयं पर न गुज़र इस कानन[184] से डरता हुआ
तू है विद्यमान दोनों लोकों का अस्तित्त्व कोई चीज नहीं।
तराशा है जिसे नोक से पलकों की उस राह में मैंनें
मंज़िल, काफ़िला और उड़ती हुई रेत कोई चीज़ नहीं[185]।
बढ़ जा परोक्ष से परे यह शक-संदेह कोई चीज़ नहीं
होना जगत् में और जगत् से मुक्ति पाना अवश्य चीज़ है कोई।

183. आशय यह है कि केवल अष्टांग मार्ग पर चलने से ही यथार्थ का बोध तथा निर्वाण की प्राप्ति हो सकती है।

184. मूल पाठ में 'बादिय:' जिसका अर्थ होता है 'जंगल, कानन'। यहाँ 'बादिय:' (कानन) का आशय 'भौतिक जगत्' है।

185. आशय यह है कि आत्म-निग्रह का जो मार्ग मैंने दिखाया है वह बहुत ऊँचा है उसमें मंजिल, काफिला, उड़ती हुई रेत का कोई महत्व नहीं। अर्थात् साधक को गंतव्य का विचार मन से निकाल देना चाहिए क्योंकि आध्यात्मिक प्रगति की कोई सीमा नहीं होती।

बख़्शे जिसे ख़ुदा तुझे स्वर्ग है वह सरासर व्यर्थ
फल है यदि तेरे कर्म का तो वह स्वर्ग अवश्य चीज़ है कोई ।
तू इच्छुक है आत्मा के चैन का? आत्मा का चैन कोई चीज़ नहीं
बहता आँसू दुःख में अपने साथियों के अवश्य चीज़ है कोई ।
नशे से बन्द आँख, मोहनी भ्रामक दृष्टि और गीत
हैं मनोहर सब किन्तु उनसे भी मनोहरतर अवश्य चीज़ है कोई ।
कपोल की सुन्दरता एक पल है, नहीं है दूसरे पल
चरित्र की सुन्दरता और विचारों की उदात्तता अवश्य चीज़ है कोई[186] ।

नर्तकी[187]

इस व्याकुल हृदय को कशमकश का कोई अवसर न दे
घुँघराले कुंतल में अपने एक दो बल[188] अधिक दे।
तेरे कारण मेरे सीने में है वह छटा बिजली की
मैंने चाँद, सूरज को दे दी है जिससे कटुता प्रतीक्षा की।
दर्शन की लालसा ने डाली जग में मूर्तिपूजा की प्रथा
आशान्वित हृदय को प्रेम ऐसे देता है प्रवंचना।

186. इस पंक्ति में इक़बाल ने गौतम बुद्ध की नैतिक शिक्षाओं 'अष्टांग मार्ग' का निचोड़ 'चरित्र की सुन्दरता एवं विचारों की उदात्तता' शब्दों में प्रस्तुत कर दिया है।

187. नर्तकी वास्तव में मनुष्य के भौतिक जीवन का प्रतीक है। गौतम बुद्ध का उपदेश सुनने के उपरान्त नर्तकी ने प्रायश्चित कर लिया। इस गजल मे नर्तकी अपनी भावनाओं को व्यक्त करती है।

188. शिकन (Curl)

निश्चिन्त भाव से ताकि मैं छेड़ूँ कोई गीत नव
तृण-वन के पंछी को पुनः प्रदान कर तृण वन।[189]
उच्च प्रकृति[190] दी है मुझे खोल बंधन मेरे पाँव के[191]
ताकि निछावर करूँ राजसी पोशाक बदले तेरे टाट के।[192]
किया कुठार[193] ने आघात पत्थर पर तो इसमें क्या विषय संवाद का
प्रेम तो अपने कंधों पर उठा ले जाता है सकल पर्वतशृंखला।

---

189. 'तृण-वन के पंछी को पुनः प्रदान कर तृणवन'। मूल पाठ में 'बाज़ बि मर्ग़ज़ार दिह ताइरे मर्ग़ज़ार रा'। 'मर्ग़ज़ार' का शाब्दिक अर्थ होता है दूब घास का मैदान या दूब घास स्थली जिसे 'तृण-वन' के तौर पर अनूदित किया गया है। भावार्थ यह है कि मैं जिस आलमे-अर्वाह (आत्माओं के लोक) अर्थात् परलोक से आयी हूँ, मुझे वहाँ पुनः भेज दे ताकि मैं फिर से ईश्वर का सानिध्य प्राप्त कर सकूँ।
190. 'उच्च प्रकृति' से आशय 'आध्यात्मिक प्रगति की आकांक्षा' है ।
191. 'पाँव के बंधन खोलने' का आशय 'भौतिक या सांसारिक सरोकारों से मुक्ति प्रदान करना' है।
192. आशय यह है कि जो लोग ईश्वर के दास (ईश्वरोन्मत्त-God Intoxicated) बन जाते हैं वह टाट के वस्त्र को बादशाहों द्वारा प्रदत्त राजसी पोशाक से बेहतर समझते हैं। इस शे'र में नर्तकी ने ब्रह्मज्ञान के साधकों की अभिलाषा की अभिव्यक्ति की है। साधक अपने आध्यात्मिक गुरु के माध्यम से ईश्वर से याचना करता है कि ऐ ईश्वर! चूँकि तूने मुझे आध्यात्मिक प्रगति (उच्च प्रकृति) की आकांक्षा प्रदान की है, अतः मुझे सांसारिक सरोकारों से मुक्त कर ताकि मैं तेरी ख़ुशी को बादशाहों को प्रसन्न करने से श्रेयस्कर समझूँ।
193. कुठार से फर्हाद के प्रति संकेत है जिसने अपनी प्रेमिका शीरीन के प्रेम में पहाड़ काट कर रास्ता बना दिया।

ज़रतुश्त[194] का तासीन

अहरिमन का ज़रतुश्त की परीक्षा लेना

अहरिमन

तेरे कारण[195] हैं विलापी मेरे सृष्ट अनुयायी[195(क)] मुरली की तरह
तेरे कारण वसंत हमारा हो गया है पतझड़ की तरह।
मुझे अपमानित और दुर्दशाग्रस्त कर दिया है संसार में तूने
तस्वीर अपनी रंगीन की है मेरे लहू से तूने।
जीवित है सत्य सिनाई के तेरे प्रभु-प्रकाश[196] से
मेरी मृत्यु है अन्दर तेरे उज्ज्वल हाथ[197] के।
लेकिन पैग़म्बरी को त्याग देना चाहिये
ऐसी मुल्लागिरी को त्याग देना चाहिये।

---

194. ज़रतुश्त (Zoraster) ईसा से लगभग 900 वर्ष पूर्व ईरान में मनूचहर वंश में जन्म। पाइथागोरस का शिष्य। सासानी सम्राट गुश्तास्प के काल में पैग़म्बरी का दावा किया। मजूसी (Mazdakites) इसे पैग़म्बर मानते हैं और उसका नाम इब्राहीम बताते हैं तथा उसकी किताब जंद (Zend) को आसमानी किताब बताते हैं। इसके धर्म का आधार दो ख़ुदाओं पर है एक नेकी (Good) का ख़ुदा जिसे अहुरमज़्दा कहते हैं और दूसरी बदी (Evil) अर्थात् बुराई का ख़ुदा जिसे अहरिमन कहते हैं। स्पष्ट है इस धर्म में द्वैतवाद (Dualism) की शिक्षा है। इस धर्म के अनुयायी अग्नि पूजा करते हैं तथा अग्नि को चारों तत्त्वों में सर्वाधिक पवित्र एवं महत्वपूर्ण मानते हैं। इक़बाल ने ज़रतुश्त को मूसा और हारून की नस्ल का बताया है।

195. तेरी शिक्षाओं के कारण अर्थात् पैग़म्बरी शिक्षाओं के कारण।

195(क). मूल पाठ में 'मख़्लूकातेमन' जिसका अर्थ है 'मेरे पैदा किये हुये, मेरे जनित यानी मेरे सृष्ट अनुयायी'।

196. मूल पाठ में 'अज़ जल्वः ए सीना-ए-तुस्त' जिसका अर्थ है 'तेरे तूर पर्वत (Mount Sinai) के प्रभु-प्रकाश (Epiphany) के कारण'। यहाँ संकेत पैग़म्बर हज़रत मूसा (Prophet Moses) के सीरिया में स्थित तूर पर्वत (Mount Sinai) पर प्रभु-प्रकाश (Epiphany) की अनुभूति के प्रति है।

197. पैग़म्बर हज़रत मूसा की हथेली में यह चमत्कार था कि जब वह उसे अपनी बग़ल में रख कर बाहर निकालते थे तो वह चिराग़ की तरह रोशनी देती थी। 'उज्ज्वल हाथ' (यदे बैज़ा) का यहाँ आशय 'पैग़म्बरी की शक्ति' है।

करना भरोसा वादे पर य़जदाँ[198] के है मूर्खता
उसकी इच्छानुसार राह चलना है मार्गभ्रष्टता।
गुलाबी शराब में उसकी ज़हर हैं मिले
आरा, कीड़ा और सलीब[199] इनाम हैं उसके।
दुआओं के सिवा नूह[200] के पास न था कोई उपाय
शब्दों में उस बेचारे के न था कोई प्रभाव।
छोड़ दे शहर को किसी गुफा में जा के बैठ
फ़रिश्तों के दल की संगत में जा के बैठ।
मिट्टी को पारस कर अपनी एक निगाह से
आसमानों को जला दे एक स्तुति गान से।
मूसा की तरह पर्वतों में तू हो जा आवारा
दर्शन की आग में तू हो जा अधजला।
अधमों के बीच व्यक्ति हो जाता है अधम
ज्वाला भी हो तो प्रकृति उसकी हो जाती है ख़स।
चूँकि सन्तत्व[201] से न्यूनतर है पैग़म्बरी
इश्क़ के लिए सिर दर्द है पैग़म्बरी।
उठ और एकत्व[202] के घर का हो जा आवासी[203]
छोड़ दे संसार[204] और हो जा एकान्तवासी।

---

198. ईश्वर, ख़ुदा।

199. आरा, कीड़ा और सलीब से पैग़म्बरों के जीवन के प्रति संकेत है। यह क्रमशः पैग़म्बर ज़करिया (Zackariah), पैग़म्बर अय्यूब (Job) और पैग़म्बर ईसा मसीह (Jesus Christ) के प्रतीक हैं जिनसे इन पैग़म्बरों की आज़माइश हुई थी।

200. पैग़म्बर नूह (Noah)।

201. मूल पाठ में 'विलायत' जिसका अर्थ है 'वली अर्थात् सन्त या ऋषि होने का भाव' अथवा 'उसका पद यानी सन्तत्व या ऋषित्व'। ईश्वरीय प्रेम की मंज़िलों में अन्तिम मंज़िल या अवस्थान (Stations), दूसरे शब्दों में ईश्वरीय सामीप्य की अवस्था। अह्‌रिमन मात्र ज़रतुश्त (Zoraster) को बहकाने के लिए यह मिथ्या प्रचार कर रहा है कि विलायत या वली या सन्त (Saint) का स्थान पैग़म्बर से श्रेष्ठतर होता है।

202. एकत्व (वह्‌दत) आत्मा और परमात्मा के एकत्व (Unity) का सिद्धान्त है जो इस्लामी सिद्धान्त तौहीद से भिन्न है। तौहीद (Oneness) का अर्थ है कि ईश्वर एक है तथा आत्मा और परमात्मा, ईश्वर, मनुष्य और जगत् में एकत्व (Unity) का संबंध नहीं बल्कि स्रष्टा (Creator) और सृजित (Created) का संबंध है।

203. मूल पाठ में 'काशान-ए-वहदत नशीं' जिसका अर्थ है 'एकत्व के घर का निवासी' जिससे आशय 'संन्यासी का जीवन' है।

204. मूल पाठ में 'जल्वत' जिसका अर्थ है 'सूफी को दूसरों को अपनी संगति में स्थान देना, समाज के लोगों से मिलना-जुलना या सामाजिक संव्यवहार या लोक संव्यवहार' जो एकान्तवास का विपरीत है।

ज़रतुश्त

प्रकाश[205] सागर है और अंधकार[206] साहिल है उसका
मुझ सा कोई सैलाब[207] उसके[208] दिल में नहीं हुआ पैदा।
उमड़ रही हैं व्याकुल लहरें अन्दर मेरे
काम क्या है सैलाब का सिवा साहिल के विनाश के।
वह रंगहीन तस्वीर जो किसी ने नहीं देखी
सिवाय अह्रिमन के लहू से नहीं जा सकती थी खींची।
अपनी ख़ुदी[209] को प्रकट करना है ज़िन्दगी
अपनी प्रहार-शक्ति का आज़माना है ज़िन्दगी।

विपत्तियों से परिपक्वतर हो जाती है ख़ुदी[210]
जिससे कि ख़ुदा से पर्दे उठा देती है ख़ुदी।
ईश्वर के सिवाय स्वयं को ईश्वरभक्त[211] ने न देखा[212]
था वह कहता ला इलाह और लहू में तड़पा।[213]

---

205. मूल पाठ में 'नूर' जिसका अर्थ है 'प्रकाश या ज्योति' जिसका आशय 'यज़दाँ' (ईश्वर) है।
206. मूल पाठ में 'ज़ुल्मत' जिसका अर्थ है 'तिमिर या अंधकार' जिसका आशय 'अह्रिमन' है।
207. यहाँ 'सैलाब' का आशय 'पैग़म्बर' है।
208. सागर के ।
209. ख़ुदी-आत्मन् (Self) इक़बाल की परिभाषा में ख़ुदी का अर्थ Ego अर्थात् अहं या आत्मन् (Self) का समरूप है। ख़ुदी की अवधारणा (Concept of Ego) इक़बाल के दर्शन की आधारशिला है।
210. ख़ुदी अर्थात् अहं (Ego) या आत्मन् (Self)।
211. मूल पाठ में मर्दे हक़ बी जिसका अर्थ है ईश्वर से आगाह या परिचित व्यक्ति अर्थात् ईश्वरनिष्ठ या ईश्वरभक्त।
212. इस मिसरे का आशय यह है कि ईश्वर भक्त या ईश्वर का सेवक हर स्थिति में ईश्वरेच्छा या ईश्वर की मर्ज़ी को ध्यान में रखता है।
213. आशय यह है कि यदि ईश्वर के सेवक को ईश्वरेच्छा की पूर्त्ति के लिए अपना प्राण भी देना पड़े तो भी वह उससे विचलित नहीं होगा।

है प्रेम की प्रतिष्ठा तड़पने से रुधिर में
आरा, सूली व फाँसी सब उत्सव हैं उसके।
ईश्वर की राह में सामने जो भी आये शुभ है
ऐ दोस्त की निष्ठुरताओं! शुभागमन!

नहीं चाहती मेरी आँख अकेले दीदार ईश्वर का[214]
महफ़िल के बिना[215] देखना सौन्दर्य है ख़ता[216]।
एकान्त है क्या? वेदना, परिताप और उत्कण्ठा
समुदाय[217] है ईश्वर दर्शन और एकान्त है गवेषणा।
एकान्त में प्रेम है ईश्वर से वार्तालाप[218]
जब वह आता है समुदाय में वह होता है सम्राट[219]।

---

214. मूल पाठ में 'जल्व : ए-हक चश्मे मन तनहा न ख़्वास्त' जिसका अर्थ है 'मेरी आँख ने अकेले ईश्वर का दीदार या प्रभु दर्शन नहीं चाहा'। आशय यह है कि पैग़म्बर यह नहीं चाहता कि वह अकेले ही ईश्वरानुभूति का रसास्वादन करे। वह चाहता है कि सारी दुनिया इस अनुभूति में भागीदार हो। वास्तव में पैग़म्बर और वली (सन्त, सूफी) में यही मूल अन्तर है। सूफी इस अनुभूति की विश्रान्ति (Repose) से वापस आना नहीं चाहता। पैग़म्बर इस अनुभूति द्वारा इतिहास की शक्तियों को नियन्त्रित करने तथा उसके द्वारा आदर्शों का एक नया संसार सृजित करने की दृष्टि से वह स्वयं को काल-प्रवाह में सन्निविष्ट कर देता है क्योंकि पैग़म्बर अपनी अनुभूति को एक जीवन्त विश्व-शक्ति में रुपान्तरित देखना चाहता है। (देखिये: इस्लाम में धार्मिक चिन्तन की पुनर्रचना : डॉ. मुहम्मद इक़बाल, पृष्ठ : 156, राधाकृष्ण प्रकाशन, नई दिल्ली, 1996)

215. मूल पाठ में 'बे अंजुमन' जिसका अर्थ है 'बिना महफिल या सभा के'। यहाँ 'महफिल(अंजुमन) के बिना' का आशय है 'बिना पूरी क़ौम या सकल समाज के साथ के बिना' अर्थात् 'साहचर्य के बिना'।

216. पैग़म्बर ईश्वर-दर्शन या ईश्वरानुभूति का अकेले आनन्द प्राप्त करना नहीं चाहता, वास्तव में वह इस अनुभूति को सार्वजनिक करना चाहता है ताकि सारी दुनिया पैग़म्बरी चेतना की अनुभूति से लाभान्वित हो ।

217. मूल पाठ में 'जल्वत' जिसका अर्थ है 'समुदाय या समाज'।

218. मूल पाठ में 'इश्क़ दर ख़ल्वत कलीमुल्लाहीस्त' जिसका अर्थ है 'इश्क़ (प्रेमी) जब एकान्त (ख़ल्वत) में रहता है तो वह ईश्वर से वार्तालाप करता है।

219. मूल पाठ में 'चूँ बख़ल्वत मी ख़रामद शाहीस्त' जिसका अर्थ है 'जब वह (प्रेम) जनसमूह या समुदाय (जल्वत) में आता है तो वह बादशाही होता है'। तात्पर्य यह है कि प्रेम की अभिव्यक्ति होती है तो वह बादशाहत होती है क्योंकि अपनी अभिव्यक्ति के कारण प्रेम संसार को वशीभूत करता है।

एकान्त और समुदाय हैं परिताप व उत्कण्ठा पूर्णत्व के[220]
अवस्थायें और अवस्थान हैं दोनों प्रेमभाव[221] के।
है एकान्त क्या? परित्याग मूर्तिगृह व गिरजा का[222]
समुदाय है क्या? स्वर्ग में अकेले न जाना[223]।
यद्यपि एकान्त और समुदाय दोनों में ईश्वर है[224]
एकान्त आदि है पराकाष्ठा समुदाय है।
तूने कहा है कि सिर-दर्द है पैग़म्बरी
जब इश्क़ हो जाता है पूर्ण, करता है आदमगरी[225]।
कारवाँ के साथ चलना राह है श्रेयस्कर
आत्मा की तरह संसार में चलना है श्रेयस्कर।

---

220. मूल पाठ में 'ख़ल्वतो जल्वत कमाले सोज़ोसाज़' जिसका अर्थ है 'एकान्तता एवं समुदाय प्रेम के परिताप एवं उत्कण्ठा की पराकाष्ठा हैं '। वास्तव में एकान्त (ख़ल्वत) और समुदाय (जल्वत) ईश्वरानुराग की पराकाष्ठा का नाम है। पैग़म्बर कभी ख़ल्वत (एकान्त) में ईश्वर से प्रेम की भेदभरी बातों में व्यस्त होता है और कभी जल्वत (समुदाय या समाज) में उसके बन्दों की रहनुमाई करता है। अत: ख़ल्वत और जल्वत प्रेम की विभिन्न अवस्थायें हैं, किन्तु पैग़म्बर मात्र अपनी ईश्वरानुभूति से संतुष्ट नहीं हो जाता। वह अपनी व्यक्तिगत ईश्वरानुभूति को समष्टिगत या सार्वजनिक करना चाहता है। ईश्वरानुभूति को आम या सार्वजनिक करने का आशय यह है कि अपनी विशिष्ट ईश्वरानुभूति के आधार पर पैग़म्बर एक क़ौम की संरचना करता है।
221. मूल पाठ में 'नियाज़' जिसका अर्थ है 'विनम्रता या विनीतता'। यहाँ 'विनम्रता या विनीतता (नियाज़)' का आशय 'प्रेम या प्रेमभाव' है।
222. मूल पाठ में 'चीस्त आँ? बगुज़श्तन अज़ दैरोकनिश्त' जिसका अर्थ है 'वह (एकान्त) क्या है? मूर्तिगृह व गिरजा का परित्याग' अर्थात् 'बाह्य रस्म-रिवाजों से ऊपर उठकर अपना ध्यान मात्र ईश्वर पर केन्द्रित करना'।
223. मूल पाठ में 'चीस्त ईं? तनहा न रफ्तन दर बहिश्त' जिसका अर्थ है 'यह (समुदाय) यानी जल्वत क्या है? स्वर्ग में अकेले न जाना' अर्थात् 'जल्वत (समुदाय) ईश्वर के दासों का मार्गदर्शन है जिससे ईश्वरानुभूति आम अर्थात् सार्वजनिक हो जाये'।
224. मूल पाठ में 'गर चे अन्दर ख़ल्वतोजल्वत ख़ुदास्त' जिसका अर्थ है 'यद्यपि एकान्त और समुदाय दोनों में ईश्वर हैं'। आशय यह है कि एकान्त एवं समुदाय का उद्देश्य ईश्वर ही है।
225. मूल पाठ में 'इश्क़ यूँ कामिल शवद आदमगरीस्त' अर्थात् 'इश्क़ जब पूर्ण होता है तो आदमगर (मनुष्य बनाने वाला) हो जाता है'। आदमगरी इक़बाल की एक विशिष्ट शब्दावली है जिसका अभिप्राय मनुष्य को मनुष्य बनाना है यानी पूर्ण मनुष्य का अन्य मनुष्यों को मनुष्यता की पराकाष्ठा तक पहुँचाना है। दूसरे शब्दों में, आदमगरी का प्रयोजन मनुष्य को उसके दायित्व एवं उसके स्थान से अवगत कराना है।

ईसा मसीह का तासीन

टॉल्सटॉय[226] का स्वप्न

सप्त-मृत्यु[227] नामक पर्वतमाला[228] के मध्य में
घाटी है एक कोई पक्षी, न डाली, न पात है जिसमें।
तारकोल सदृश थी चाँद की चमक धुँयें से गिर्द उसके
सूर्य भी मरे रोशनी का प्यासा माहौल में उसके।
है घाटी में उसकी प्रवाहित पारे[229] की सरिता
बल खाती हुयी जैसे आकाश गंगा की नदिका ।
ऊँचा-नीचा राह का उसके सम्मुख कुछ भी नहीं
द्रुत-प्रवाहित, लहर पर लहर, बल पर बल खाती।

---

226. मूल पाठ में 'हफ़्त मर्ग' जिसका अर्थ है 'सात मौतें' (Seven Deaths)।

227. 'सप्त मृत्यु पर्वतमाला' एक काल्पनिक नाम है।

228. टॉल्सटॉय (Tolstoy)-असली नाम लेव टॉल्सटॉय (1828-1910), प्रसिद्ध रूसी दार्शनिक, धार्मिक चिन्तक और साहित्यकार तथा सामाजिक सुधारक। शिक्षोपरान्त 1851 में फौज में नौकरी। 1855 में क्रीमिया के युद्ध के अनुभव को अपने प्रसिद्ध उपन्यास 'युद्ध और शान्ति' में चित्रित किया। अन्ना कारेनीना सर्वाधिक महत्वपूर्ण उपन्यास। प्राचीन यूनानी पाठों (Texts) के आधार पर उसने रूसी भाषा में बाइबिल का अनुवाद किया जो प्रचलित पाठों से भिन्न था। 1903 में इसका अंग्रेजी अनुवाद अमेरिका से प्रकाशित हुआ था। उसने 1890 में 'स्वीकारोक्ति' (Confessions) के नाम से अपनी आत्म-कथा लिखी। 1894 में 'खुदा की बादशाहत तुम्हारे अन्दर?' नामक पुस्तक लिखी। 1902 में 'धर्म क्या है?' पुस्तक में अपनी धार्मिक अनुभूतियों एवं अन्तर्दृष्टियों को लेखनीबद्ध किया। 8 नवम्बर, 1910 में मृत्यु के दो हफ्ते पहले उसने अपना घर छोड़ दिया। मृत्यु के समय शरीर पर कपड़ों के सिवाय उसके पास कुछ न था। त्याग, आत्म-पवित्रता एवं दरवेशी की दृष्टि से वह हज़रत ईसा मसीह का सच्चा अनुयायी था। उसमें और अन्य ईसाइयों में यही अन्तर था कि हज़रत ईसा मसीह की सलीब को अपने गले में लटकाने के स्थान पर वह उसे अपने कंधों पर उठाये फिरता था।

229. पारा या पारद चाँदी के प्रति संकेत है और चाँदी प्रतीक है धन-दौलत का जिसका प्रेम यहूदियों की विशेषता है।

कटि तक निमज्जित एक व्यक्ति[230] पारे की सरिता में
अकारथ कर रहा था हज़ारों फ़रियादें।
भाग्य में उसकी मेघ, वायु और जल न था
प्यासा था वह, पारे के सिवा कोई जल न था।
मैंने किनारे पर देखी एक तन्वंगी नारी
आँख जिसकी सौ क़ाफ़िलों को लूटनेवाली।
वह चर्च-धर्मगुरुओं को सिखाती थी काफ़िरी
था अशुभ शुभ, और शुभ अशुभ दृष्टि में उसकी।
मैंने पूछा, "कौन है तू?", "क्या नाम तेरा है?"
"यह आपादमस्तक क्रन्दन और फ़रियाद कौन है?"
बोली, "सामिरी का जादू आँखों में मेरी
नाम इफ्रंगीन,[231] है काम मेरा जादूगरी"।
अचानक बर्फ सी जम गयी वह रूपहली नदी
शरीर में उसके टूट गयी अस्थियाँ उस युवक[232] की।
चिल्लाया वह, "अफ़सोस है तक़दीर पर मेरी
अफ़सोस है अकारथ फ़रियाद पर मेरी"।
बोली इफ्रंगीन, "रखता है यदि आँख तू
अपने कर्मों पर भी ज़रा डाल नज़र तू।
मरियम का बेटा,[233] वह दीपक सकल सृष्टि का
दिशाओं में और दिशाओं से परे प्रकाश था जिसका।
वह अफ्लातूस,[234] वह सलीब, वह चेहरा पीला
अंबर तले तूने किया क्या और उसने क्या किया?
ऐ वह! ईमान का आनन्द हराम आत्मा पर जिसकी
ऐ पुजारी ! मूर्तियों की कच्ची चाँदी की।

---

230. एक व्यक्ति प्रतीक है यहूदी क़ौम का।
231. इफ्रंगीन यूरोपीय राष्ट्रों की प्रतीक है ।
232. यहूदी युवक जो यहूदी क़ौम का प्रतीक है ।
233. हज़रत ईसा मसीह (Jesus Christ) मरियम (Mary) के पुत्र थे ।
234. अफ्लातूस (Pilate) रोमन अधिकारी जिसकी आज्ञा और यहूदियों के आग्रह पर ईसा मसीह को सूली दी गयी थी ।

रूहूलक़ुदुस[235] की क़ीमत तूने न पहचानी
लिया बदन ख़रीद, पूँजी रूह की हारी।"

उपालंभ उस सुन्दरी का जो मस्त थी अपने प्रदर्शन में
नश्तर की तरह गया टूट उस युवक के हृदय में।
बोला वह, "ऐ! गेहूँनुमा जौ बेचने वाली
कारण तेरे शैख़ व ब्रह्मण विक्रेता क़ौम के अपनी।
हैं तिरस्कृत बुद्धि और धर्म नास्तिकता से तेरी
प्रेम है अपमानित वणिक्वृत्ति से तेरी।
प्रेम तेरा रोग है और प्रच्छन्न रोग
बैर तेरा मौत है और अचानक मौत।
संगत नीर मिट्टी की स्वीकार की तूने
चुरा लिया बन्दे को ईश्वर से तूने।
वह विज्ञान कि जिसने खोली चीज़ों की गिरहें
तुझको दिया न कुछ सिवाय चंगेज़ी सोच के।[236]
जानता है वह पुरुष जो कि होशियार है
जुर्म तेरा मेरे जुर्म से अधिक गंभीर है।
उसकी फूँक से शरीर से निकला प्राण वापस आ जाता था
तेरे कारण हो जाती है शरीर मक़बरा आत्मा का।
हमने किया जो कुछ भी उसके बदन के साथ
वही किया उसके अनुयायियों ने उसकी आत्मा के साथ।
मौत तेरी ज़िन्दगी है दुनिया वालों के लिए
अभी ठहर! ताकि अपना अंजाम देख ले।"

235. रूहूलक़ुदुस (पवित्रात्मा-Holy Spirit) अर्थात् ईसा मसीह।

236. मूल पाठ में 'फ़िक्रे चंगेज़ी' जिसका अर्थ है 'चंगेज़ की सोच या चंगेज़ी सोच' जो यहाँ अत्याचार एवं विनाश का प्रतीक है। चंगेज़ मुग़ल राजवंश का संस्थापक था। वह पूर्वी साइबेरिया के देवन बुल्दाक़ प्रदेश में पैदा हुआ था। अपने व्यक्तिगत शौर्य से अपने आस-पास के मुग़ल क़बीलों का सरदार बन गया जिन्होंने उसे चंगेज़ ख़ान की उपाधि प्रदान की। इतिहास में चंगेज़ ख़ान बर्बरता, तबाही और ख़ून ख़राबे के एक प्रतीक के रूप में जाना जाता है।

मुहम्मद का तासीन

का'बा के पुण्य-स्थल में अबू जह्ल[237] की आत्मा का विलाप

"छाती हमारी दाग़दार कारण मुहम्मद के
का'बा का दीप बुझ गया उनकी फूँक से।
सीज़र व ख़ुसरो[238] के नाश का गीत गाया उन्होंने
उचक लिया है युवकों को हमारे हाथों से।
वह हैं जादूगर, सम्मोहन है वाणी में उनकी
'ला इलाह'[239] ये दो शब्द स्वयं हैं काफ़िरी[240]।
बिसात उलट दी उन्होंने धर्म की पुरखों के
कैसा किया सुलूक उन्होंने हमारे ख़ुदाओं से।

237. अबू जहल पैग़म्बर हज़रत मुहम्मद और इस्लाम का सबसे बडा दुश्मन था। इसका वास्तविक नाम उमरू बिन हिशाम बिन मुग़ीरा था और अबुल हिकम उसकी उपाधि थी। इस उपाधि का अर्थ 'ज्ञान का पिता' अथवा 'हिक्मतों का पिता' है। यह उपाधि उसे इसलिए प्रदान की गयी थी क्योंकि वह अपने क़बीले का सबसे बुद्धिमान व्यक्ति समझा जाता था। पैग़म्बर हज़रत मुहम्मद ने जब पैग़म्बरी का दावा किया तो क़ुरैश क़बीले के जिन प्रमुख सरदारों ने उनका विरोध किया यह सबसे आगे था। यह इसी का परामर्श था कि समस्त क़बीलो से एक-एक व्यक्ति चुन लिया जाय और इस प्रकार चुने लोग हज़रत मुहम्मद को क़त्ल कर दें ताकि पैग़म्बर के क़बीला बनू हाशिम के लोग बदला न ले सकें। बद्र की जंग में दो अन्सारी नवयुवकों ने इसका क़त्ल किया था। चूँकि अबू जहल को इस्लाम की शिक्षाओं पर सबसे बड़ी आपत्ति यह थी कि इस्लाम ने ग़ुलाम और मालिक के अन्तर को समाप्त कर दिया। इसीलिए इक़बाल ने इस्लाम के इस सबसे बड़े दुश्मन की ज़बान से इस्लामी शिक्षाओं की आत्मा अर्थात् आज़ादी (हुर्रियत), भाईचारा (उख़ूव्वत) तथा समानता (मुसावात) की बुराई वर्णित करके प्रकारान्तर से उसकी श्रेष्ठता को स्पष्ट किया है।

238. सीज़र रोमन और ख़ुसरो ईरानी बादशाहों के नाम। यहाँ आशय बादशाहत के उन्मूलन से है।

239. 'नहीं ईश्वर अल्लाह के सिवाय' अर्थात् 'ईश्वर एक है'।

240. अनास्था या ईश्वर का इनकार।

हुये चूर-चूर लात और मनात[241] उनके प्रहार से[242]
प्रतिशोध हमारा उनसे तू ऐ जगत् ले।
परोक्ष से[243] दिल लगाया तोड़कर प्रत्यक्ष से[244]
वर्तमान की प्रतिमा भंग की जादू ने उनके[245]।
भूल है निर्निमेष दृष्टि परोक्ष पर रखना
आँख से दिखाई न पड़े वह चीज़ है कहाँ?
टेकना माथा अगोचर के समक्ष है अन्धापन
नया धर्म है अन्धापन, और दूरी[246] है अन्धापन।
दिक्काल से परे ख़ुदा के सामने झुकना
देती नहीं मनुष्य को आनन्द यह आराधना।

है धर्म उनका मूल कर्तक वंश व देश का
हैं क़ुरैश[247] से, अस्वीकार करते हैं अरब की श्रेष्ठता।
एक हैं, सब उच्च व निम्न उनकी दृष्टि में
बैठते हैं एक दस्तरख़्वान पर साथ दास के।
न पहचानी उन्होंने क़ीमत अभिजात अरब की
निबाह करते हैं वह इथोपिया के भद्दे कालों से।[248]
मिला दिया है कालों को गोरों के साथ
मिट्टी में मिला दी है क़बीले की इज़्ज़त।
यह समानता और यह भाईचारा है चीज़ अ'जम की[249]

---

241. इस्लाम से पूर्व का'बा में स्थापित (बुतों) मूर्तियों के नाम जिनकी अरब पूजा करते थे।
242. उनकी शिक्षा के प्रहार से।
243. मूल पाठ में 'बग़ाइब' जिसका अर्थ है 'परोक्ष से अर्थात् वह ईश्वर जो अदृश्य है'। परोक्ष (ग़ैब) का आशय ईश्वराधना (ख़ुदापरस्ती) है।
244. मूल पाठ में 'अज़ हाज़िर गुसस्त' जिसका अर्थ है 'वर्तमान से टूट गया या वर्तमान से तोड़ दिया' अर्थात् 'प्रत्यक्ष से तोड़कर'।
245. मूल पाठ में 'नक्शे हाज़िर रा फुसुने ऊ शिकस्त' जिसका अर्थ है 'वर्तमान की प्रतिमा (मूर्तिपूजा) के जादू को उन्होंने तोड़ दिया'।
246. यथार्थ से दूरी।
247. पैग़म्बर हज़रत मुहम्मद के क़बीले का नाम कुरैश था।
248. हज़रत बिलाल की ओर संकेत है जो हब्शी थे।
249. मूल पाठ में 'आ'जमी' (अ'जम से) जिसका अर्थ है 'ग़ैर अरब' यानी 'जिसका संबंध अरब से न हो'।

ख़ूब जानता हूँ कि सलमान[250] है मज़्दकी[251]।
अब्दुल्लाह[252] के पुत्र धोखा खा गये हैं उससे
अरबों में बरपा कर दी है एक क़यामत उन्होंने।
सन्तान हाशिम[253] की दूर हो गयी है स्वयं से
उनकी आँखें हुयीं ज्योतिहीन दो रक्अत[254] नमाज़ से।
ईरानी का मूल अद्नानी[255] है कहाँ
मूक मे सहबान[256] की वाक्पटुता है कहाँ?
अभिजात अरबों की आँखें हो गयी हैं अंधी
ऐ जुहैर![257] क्यों नहीं निकल आता तू क़ब्र से मिट्टी की?
तू ही हमारा रहनुमा इस मरुस्थल में
जिब्रील की आवाज़[258] का जादू तू तोड़ दे।

फिर बता ऐ काला पत्थर![259] फिर बता
मुहम्मद के हाथों हमने जो देखा फिर बता।
भक्तों की याचना स्वीकार करनेवाली ऐ हुबल![260]
विधर्मियों से अपना घर ले ले तू वापस।
डाल दे उनके रेवड़ भेड़ियों की राह में
तरुओं पर उनकी खजूरों को कड़ुवा बना दे।

---

250. सलमान फ़ारसी पैग़म्बर हज़रत मुहम्मद के विश्वासपात्र साथी।
251. 'मज़्दकी' अर्थात् 'मज़्दक का अनुयायी'। मज़्दक एक ईरानी विचारक जिसने एक प्रकार की समानता का सिद्धान्त प्रतिपादित किया जिसके अनुसार सभी मनुष्यों में नारी, धन और ज़मीन का समान विवरण होना चाहिए।
252. हज़रत मुहम्मद के पिता का नाम।
253. पैग़म्बर हज़रत मुहम्मद के पूर्वज।
254. नमाज़ का एक हिस्सा।
255. अद्नान अरबों के पूर्वज।
256. प्रसिद्ध अरब सुवक्ता।
257. प्रसिद्ध अरब कवि।
258. जिब्रील फ़रिश्ता की आवाज़ अर्थात् क़ुरआन।
259. का'बा की दीवार में लगा पत्थर जिसे हज्र-अस्वद कहते हैं।
260. एक देवी की मूर्ति का नाम।

मरुभूमि की हवा के साथ एक प्रचण्ड झक्कड़ भेज दे
ताकि वे गिर जायें जैसे खजूर के खोखले तने[261]।
ऐ लात![262] ऐ मनात![263] इस घर से[264] मत जाओ
इस घर से अगर जाओ तो दिल से तो न जाओ।
ऐ तुम जो हमारी दो आँखों में बसती हो
हमसे अलग होना ही है तो थोड़ी-सी मोहलत दो।[265]

---

261. मूल पाठ में 'अन्नहुम आ'जाज़ु नख़्लिन हाविय:' यह क़ुरआन (7:69) की आयत का अंश है जो इस प्रकार है 'कअन्नहुम आ'जाज़ु नख़्लिन हाविय:' जिसका अर्थ है 'जैसे वे लोग (आद क़बीले के लोग जो ईश्वर के आदेशों की अवज्ञा करते थे) खजूरों के वृक्षों के खोखले तने हों जो गिर पड़े हैं'।

262-63. मूर्तियों के नाम। ये मूर्तियाँ का'बा में स्थापित थीं और अरब इनकी पूजा करते थे।

264. का'बा से।

265. मूल पाठ में 'मोहलते इन् कुन्तु अज्म'अतुल् फिराक़' जिसका अर्थ है 'यदि जुदा होने (अलग होने) का इरादा कर लिया है तो थोड़ी-सी मोहलत दे'। यह मिसरा प्रसिद्ध अरबी कवि उम्राउल क़ैस के कसीद: (ऐसी कविता जिसमें किसी महान व्यक्ति, या प्रेमी या प्रमिका की प्रशंसा हो) का अंश है।

बुद्ध ग्रह का आकाश

बुद्ध ग्रह का आकाश

जमालुद्दीन अफ़ग़ानी[266] और सईद हलीम पाशा[267] की आत्माओं से भेंट

होगी कामयाब एक मुट्ठी भर मिट्टी[268]
दीदार जब करेगी आभा का अपनी[269]।
पड़ जाऊँगा मैं या तो अस्तित्व के जाल में[270]
या हो जायेगा बन्दी अस्तित्व मेरे जाल में।
नीले-पर्दे[271] में दरार क्या किया है मैंने?
क्या मैं आसमानों[272] से हूँ आसमान[273] है मुझसे?
या मेरे हृदय को लिया है आकाश ने अपने अंक में
या आकाश हुआ है गिरफ्तार मेरे हृदय में।
भीतर है कि बाहर है और यह जगत् क्या है?[274]
जो कुछ भी देखती है आँख क्या है? कैसे है?
एक अन्य आकाश[275] की ओर पर मार रहा हूँ मैं

---

266. सैयद जमालुद्दीन अफ़ग़ानी (1838-1897) असदाबाद (अफ़गानिस्तान) में पैदा हुये। महान सुधारक, धार्मिक चिन्तक एवं इस्लामी जगत् की एकता के समर्थक। 18 वर्ष की आयु में परम्परागत शिक्षा समाप्त कर ली। 1856 में हज करने के लिए निकले तो हिन्दुस्तान आये और लगभग एक साल तक रहे। 1857 में हज किया और अफ़गानिस्तान वापस चले गये। शीघ्र ही इनकी विद्वता तथा प्रतिभाशाली व्यक्तित्व की धूम मच गयी। अफ़गानिस्तान के शासक दोस्त मुहम्मद ने इन्हें अपने परामर्शदाताओं एवं प्रशासनिक अधिकारियों में सम्मिलित किया। किन्तु शीघ्र उसे पता चल गया कि यह राजशाही (Monarchy) के घोर विरोधी हैं, अत: इन्हें देश से निर्वासित कर दिया। यह काबुल से हिन्दुस्तान आ गये किन्तु अंग्रेजो की सरकार इन्हें बरदाश्त न कर सकी और मिश्र पहुंचा दिया। मिश्र में अल अज़हर विश्वविद्यालय के शिक्षक और विद्यार्थी आपकी प्रतिभा एवं विद्वता से बहुत प्रभावित हुये। इन्हीं में मुफ्ती मुहम्मद अब्दहू भी थे जो आगे चलकर आपके शिष्य और सहयोगी बने। फिर सैयद साहब मिश्र से कुस्तुनतुनिया

चले गये, किन्तु अल अज़हर के शिक्षकों और विद्यार्थियों के आग्रह पर पुन: काहिरा आ गये। किन्तु इनकी लोकप्रियता से भयभीत होकर मिश्र के शासक इस्माईल पाशा ने इन्हें मिश्र से निर्वासित कर दिया तो यह 1879 में हिन्दुस्तान वापस आ गये। अंग्रेजी हुकूमत ने इन्हें हैदराबाद में नज़रबन्द कर दिया। हैदराबाद में नज़रबन्दी के ज़माने में सैयद जमालुद्दीन अफ़गानी ने भौतिकवाद के खण्डन में एक उच्च कोटि का विद्वत्तापूर्ण लेख लिखा जिसका अनुवाद उर्दू में प्रकाशित हुआ। इसका अंग्रेजी अनुवाद 'On the Refutation of Materialism' शीर्षक से प्रकाशित हुआ। अन्तत: अंग्रेज इस शर्त पर इन्हें नज़रबन्दी से रिहाई देने पर तैयार हो गये कि यह यूरोप में कहीं चले जायें। अत: यह फ्राँस चले गये और वहाँ पर फ्राँसीसी भाषा सीख ली तथा व्याख्यानों का सिलसिला शुरु किया। प्रसिद्ध फ्रेंच इतिहासकार रेनाँ (Renan) से भी इनका वाद-विवाद चलता रहा। जब अल अज़हर से इनके मिश्री शिष्य मुफ्ती मुहम्मद अब्दहू भी इनके पास आ गये तो अपने विचारों की अभिव्यक्ति के लिये इन्होंने एक मासिक पत्रिका 'उर्वतुल उस्का' जारी किया जिसका एक भाग अरबी होता था तथा दूसरा फ्रेंच। इस पत्रिका की लोकप्रियता फ्राँसीसी सरकार को पसंद न आयी, फलत: कुछ ही अंक निकले थे कि सरकार ने इस पत्रिका के प्रकाशन पर रोक लगा दी। इसी काल में ईरान के राजा नासिरुद्दीन क़ाचारशाह पेरिस आये हुए थे। इनकी प्रतिभा और इनके व्यक्तित्व से प्रभावित होकर काचारशाह आग्रह करके इन्हें ईरान लाये और इन्हें अपना विशेष सलाहकार नियुक्त किया। किन्तु स्पष्टवादिता के कारण काचारशाह इन्हें अधिक दिनों तक बरदाश्त न कर सका और अन्तत: इन्हें ईरान छोड़ना पड़ा। ईरान छोड़कर सैयद जमालुद्दीन लंदन चले गये और वहाँ से रूस के ज़ार के निमंत्रण पर रूस चले गये। तत्पश्चात् तुर्की सुल्तान अब्दुल हमीद के निमन्त्रण पर यह तुर्की आ गये। 1897 में इनकी गर्दन में एक फोड़ा निकल आया। कहा जाता है कि सुल्तान के इशारे पर जर्राह ने ज़हर मिले नश्तर से जर्राही (शल्य क्रिया) सम्पादित की जिसके कारण अन्तत: इनकी मृत्यु हो गयी।

बक़ौल अल्लामा इक़बाल, सैयद जमालुद्दीन की व्याकुल आत्मा जहाँ भी जाती वहाँ छोटे-मोटे जमालुद्दीन पैदा कर देती थी जो अपने-अपने दायरों में यूरोपीय साम्राज्यवाद के विरुद्ध कार्यरत हो जाते। सैयद जमालुद्दीन अफ़गानी उन्नीसवीं शताब्दी के एक ऐसे प्रतिभाशाली तथा चुम्बकीय व्यक्तित्व के पुरुष थे जिसने दुनिया भर के मुसलमानों में जागृति की आत्मा फूँक दी और इससे भी बढ़कर यह कि इन्होंने मुसलमानों और ग़ैर मुसलमानों दोनों को इस सच्चाई से अवगत कराया कि क़ुरआन के अलावा कोई क़ानून मनुष्य का भौतिक और आध्यात्मिक सुधार नहीं कर सकता है।

267. सईद हलीम पाशा (1865-1921): इनका कुस्तुनतुनिया (तुर्की) में जन्म हुआ था। इनके पिता इब्राहीम हलीम पाशा मिश्र के ख़िदयू (शासक) मुहम्मद अली पाशा के दूसरे पुत्र थे। मिश्र के लोग तौफ़ीक पाशा ख़िदयू से तंग आकर सईद हलीम पाशा को मिश्र की गद्दी पर बिठाना चाहते थे, किन्तु अंग्रेजों ने ऐसा नहीं करने दिया। सईद हलीम पाशा मिश्र छोड़कर 1889 में कुस्तुनतुनिया (Constantinople) चले आये और तुर्की के सुल्तान अब्दुल हमीद ने इन्हें अपना मन्त्री बनाया। 1905 में यह तुर्की की एक राजनीतिक जमाअत 'अन्जुमन इत्तिहाद तुर्की' के अध्यक्ष चुने गये तो सुल्तान ने इन्हें अपदस्थ कर दिया। यह मिश्र वापस आ गये। किन्तु जब 1908 में 'अन्जुमन इत्तिहाद तुर्की' ने अपने प्रस्तावित सुधारों को कार्यान्वित करने के लिए सुल्तान को बाध्य किया तो उसे सईद हलीम पाशा को बुलाना पड़ा। यह कौंसिल ऑफ स्टेट (Council of State) के अध्यक्ष नियुक्त हुये। 1912 में पुन: 'अन्जुमन इत्तिहाद तुर्की' के अध्यक्ष निर्वाचित हुये तथा इसी के साथ विदेश मन्त्री का उत्तरदायित्व ग्रहण किया। 1913 में यह तुर्की के प्रधानमन्त्री बनाये गये।

1914 में प्रथम विश्व युद्ध में इन्होंने तटस्थ रहने का निर्णय लिया। किन्तु जब इन्हें यह ज्ञात हुआ कि रुस ने अंग्रेजों से मिलकर यह गुप्त निर्णय लिया है कि तुर्की युद्ध में सम्मिलित हो या न हो, युद्धोपरान्त उसके टुकड़े-टुकड़े करके मित्र राष्ट्रों (Allied Powers) में विभाजित कर दिया जायेगा तो ब्रिटेन के विरुद्ध इन्होंने युद्ध का ऐलान कर दिया। 1919 में अंग्रेजों ने कुस्तुनतुनिया पर क़ब्ज़ा कर लिया। अंग्रेजों ने सईद हलीम पाशा और उनके साथियों पर मुकद्दमा चलाया और इन्हें माल्टा में नज़रबन्द कर दिया। एक साल की नज़रबन्दी के बाद जब इन्हे रिहाई मिली तो इन्होंने रोम में निवास ग्रहण किया। 6 दिसम्बर, 1921 को शाम को एक इटैलियन नवयुवक ने इनकी हत्या कर दी। समझा यही जाता है कि उनकी हत्या अंग्रेजों की साज़िश का नतीज़ा थी। अपनी मृत्यु से कुछ हफ्ते पहले सईद हलीम पाशा ने एक फ्रेंच पत्रिका में अपना एक अत्यन्त महत्वपूर्ण लेख लिखा था जिसमें यह स्पष्ट किया था कि, 'इस्लामी जगत् के वर्तमान पतन का कारण यह है कि इस्लाम के सिद्धान्तों की व्यावहारिक व्याख्या ग़लत ढ़ंग से की गयी है। अत: इस पतन के निवारण का वास्तविक तरीक़ा यह है कि हम इस्लामी सिद्धान्तों की व्याख्या ठीक ढ़ंग से करें । यूरोप का अन्धानुकरण हमारे रोग के निदान के स्थान पर उसमें और वृद्धि कर देगा'। इस लेख का मिस्टर मुहम्मद पिक्थाल द्वारा अंग्रेजी अनुवाद 1927 में हैदराबाद की 'इस्लामिक कल्चर' पत्रिका में छपा था । इस लेख के अतिरिक्त सईद हलीम पाशा के अन्य लेख तथा कृति उनकी विद्वत्ता, प्रतिभा और व्यक्तित्व का परिचय देते हैं। एक लेख का शीर्षक था, 'हमारा वैचारिक संकट', 1917 में उनकी तुर्की में लिखित एक पुस्तक 'इस्लाम अलशमक' प्रकाशित हुयी थी जिसमें उन्होंने यह सिद्ध किया था कि इस्लाम बेहतरीन जीवन-पद्धति है । यह पुस्तक इतनी लोकप्रिय हुयी कि अरबी, फ़ारसी के अतिरिक्त यूरोप की अनेक भाषाओं में इसके अनुवाद प्रकाशित हुये थे। सईद हलीम पाशा तुर्की, अरबी, फ्रेंच और अंग्रेजी चारों भाषाओं पर समान रूप से अधिकार रखते थे।

268. मूल पाठ में 'मुश्ते ख़ाके कारे ख़ुद रा बुर्द: पेश' जिसका अर्थ है 'मुट्ठी भर मिट्टी (अर्थात् मनुष्य) अपने काम को आगे बढ़ाया'। किन्तु यहाँ संदर्भ के अनुसार अतीत काल ('काम को आगे बढ़ाया') को भविष्य काल के अर्थ में लेना होगा। अत: अर्थ होगा 'काम को आगे बढ़ायेगा'। 'काम को आगे बढ़ाना' यानी 'कारे पेशबुर्दन' मुहावरा है जिसका अर्थ है 'कामयाब होगा'।

269. मूल पाठ में 'दर तमाशा-ए-तजल्लीहा-ए-ख़्वेश' अर्थात् 'अपनी ख़ुदी की द्युति के तमाशों में'। तात्पर्य यह है कि अपनी निहित क्षमताओं की परख और अपनी सामर्थ्य, शक्ति एवं सफलता की अभिव्यक्ति में। कहना यह चाहते हैं कि मनुष्य की सफलता उसकी ख़ुदी की अभिव्यक्ति में है।

270. मूल पाठ में 'या मन उफ्तादम बदामे हस्तोबूद' जिसका अर्थ है 'मैं है और था के जाल में पड़ जाऊँगा'। 'हस्तोबूद' यानी 'है और था' का अर्थ 'अस्तित्व' है।

271. नीला पर्दा अर्थात् नीला आकाश।

272. आसमानों से तात्पर्य सृष्टि है। आशय यह है कि सृष्टि मनुष्य के लिए है न कि मनुष्य सृष्टि के लिए।

273. यहाँ आसमान से आशय सृष्टि या जगत् है।

274. आशय यह है कि यह जगत् कोई स्थायी अस्तित्व नहीं रखता। यह हमारे ही आन्तरिक संवेदन हैं जो बाह्य में किन्हीं आकार में परिवर्तित हो गये हैं। चूँकि हम विद्यमान हैं इसलिए ये भी महसूस होते हैं। दूसरे शब्दों में सृष्टि का अस्तित्व हमारे कारण है।

275. बुध ग्रह (फलक उतारिद) का आकाश।

एक अन्य जगत् देखता हूँ सामने अपने।
एक ऐसा जगत् पर्वत और वन, थल और जल हैं जिसमें
एक ऐसा जगत् जो प्राचीनतर है हमारी धरा से।
एक मेघ से विकसित हुआ है यह जगत्
देखा नहीं है इसने अभी मानव का आधिपत्य।
अभी अस्तित्व-पटल पर इसके न कोई चित्र अंकित था
छिन्द्रानवेषी न था कोई अभी वहाँ प्रकृति का।

"यह रम्य है मरुभूमि", मैं रूमी से बोला
"पर्वत में मनोहारी है कोलाहल नदी का।
पाता नहीं निशान यहाँ ज़िन्दगी का मैं
आती है यह आवाज़ अजाँ की फिर कहाँ से?"
"यह औलिया[276] का स्थान है", कहा रूमी ने
धरती यहाँ की परिचित है हमारी धरती से।
मानव जाति के पिता[277] ने जब किया था प्रस्थान स्वर्ग से
ठहरे थे एक-दो दिन वह अन्दर इस जगत् के।
यहाँ के माहौल ने देखी है उनकी आहों की जलन
उसने सुना भी है उनके भोर का क्रन्दन।
तीर्थयात्री इस गरिमामय स्थान के
पुनीत व्यक्ति हैं उच्च अवस्थान के[278]।
ऐसे पवित्र व्यक्ति जैसे फ़ुज़ैल[279] और बूसईद[280]

---

276. 'औलिया' शब्द 'वली' का बहुवचन है। 'वली' का अर्थ है 'वह सन्त या ऋषि अथवा सूफी जो ईश्वर से सामीप्य रखता है'।

277. आदम (Adam)।

278. मूल पाठ में 'पाक मर्दां अज़ मक़ामाते बलंद' जिसका अर्थ है 'पवित्र व्यक्ति उच्च अवस्थानों के' अर्थात् 'ऐसे व्यक्ति जो साधना में उच्च कोटि का अवस्थान (मक़ाम) रखते हैं'।

279. प्रसिद्ध सूफी सन्त जिनका पूरा नाम फुज़ैल बिन अयाज़ था। यह समरक़न्द में पैदा हुये थे। इनके पूर्वज खुरासान के रहने वाले थे। बड़ी निर्भीकता से ख़लीफ़ाओं और उनके उच्चाधिकारियों को उनकी ग़लतियों पर टोकते थे। सन् 1871 हिजरी में मक्का में इनकी मृत्यु हुयी।

280. बू सईद ईरान के प्रसिद्ध सूफी थे। इनका पूरा नाम अबू सईद फज़्लुल्लाह बिन अबुल ख़ैर था। यह ख़ुरासान में पैदा हुये थे। इनकी मृत्यु सन् 387 हिजरी में हुयी।

और ऐसे ब्रह्मज्ञानी जैसे जुनैद[281] और बायज़ीद[282]।
चल उठ जल्दी ताकि हमें नमाज़ हो जाये हस्तगत
एक-दो पल परिताप और उत्कण्ठा हो जाये हस्तगत[283]।

आगे बढ़ा दो पुरुषों को व्यस्त नमाज़ में देखा
था तातार[284] अनुयायी और अफ़ग़ानी[286] इमाम[287] था।
सन्त रूमी जिनका कि हृदय है सदैव प्रभु के सानिध्य में
मुखमण्डल था जिनका देदीप्यमान उत्कण्ठा और आनन्दातिरेक से।
बोले, "प्राची ने नहीं पैदा किया बेहतर इन दोनों से
ग्रंथियाँ खोली हमारी उनके नाख़ूनों ने।
सैयदों के सैयद मौलाना जमालुद्दीन अफ़ग़ानी
हुये पत्थर और ठीकरे जीवित वाग्मिता से जिनकी।
तुर्क सेनापति वह हलीम करुणावान्
ऊँची थी सोच जिसकी उसके अवस्थान के समान।
उपासना है पढ़ना दो रक्अत नमाज़ ऐसों के संग
अन्यथा यह है वह कार्य मज़दूरी है जिसकी स्वर्ग।"

---

281. प्रसिद्ध सूफी हज़रत जुनैद बग़दादी का पूरा नाम अबुल क़ासिम मुहम्मद बिन जुनैद था। इनकी मृत्यु सन् 298 हिजरी में हुयी।

282. हज़रत बायज़ीद, बायज़ीद बिस्तामी के नाम से प्रसिद्ध हैं। यह दूसरी और तीसरी सदी हिजरी के प्रसिद्ध सूफी थे। इनका वतन बिस्ताम था। इनके दादा ने मजूसी धर्म (Magi Religion) त्यागकर इस्लाम धर्म अपनाया था। बायज़ीद सन् 138 हिजरी में पैदा हुये थे। इनकी मृत्यु सन् 261 हिजरी में हुयी थी।

283. मूल पाठ में 'यक दो दम सोज़ो गुदाज़ आयद बदस्त' जिसका अर्थ है 'एक दो पल जलना (सोज़) और पिघलना (गुदाज़) अर्थात् प्रेम की उत्तप्तता एवं उत्कण्ठता प्राप्त हो जाय'।

284. सईद हलीम पाशा।

285. मूल पाठ में 'मुक़्तदी' जिसका अर्थ है 'अनुयायी या अनुकर्त्ता'। आशय है 'नमाज़ पढ़ाने वाले इमाम का अनुकरण करनेवाला'।

286. सैयद जमालुद्दीन अफ़ग़ानी।

287. नमाज़ पढ़ाने वाला (Leader of the Prayer)।

उस संघर्षरत वयोवृद्ध द्वारा सस्वर पाठ[288]
उस नीरव अरण्य में सूरा 'वन्नज्म'[289] का।
ऐसा क़ुरआन-पाठ कि इब्राहीम लगे झूमने आनन्दातिरेक से
हो जाय उन्मत्त पवित्र आत्मा जिब्रील की उसके आह्लाद से।
और सीने में दिल अधीर हो जाये उससे
शोर इल्लल्लाह[290] का क़ब्रों से उठे।
और धुँये को करे प्रदान अग्निज्वाला की व्यग्रता
करे दाऊद को प्रदान प्रेम का परिताप और उन्मत्तता।
हो गया प्रकटित प्रत्येक रहस्य उनके सस्वर पाठ से[291]
खुले क़ुरआन की शिक्षा के रहस्य उनके सस्वर पाठ से।

नमाज़ के पश्चात् मैं उठा अपनी जगह से
विनम्रतावश हाथ का चुंबन किया उनके।
"यह व्योमचारी एक कण है", रूमी ने कहा
उसके हृदय में है एक जगत् व्यथा और परिताप का।
अपने सिवाय किसी पर उसने डाली नहीं नज़र
किसी को नहीं दिया हृदय और दुनिया से है स्वतन्त्र।
चलता है बहुत तेज़ अस्तित्व के विस्तार में
कहता हूँ ज़िन्दारूद[293] मैं इसको परिहास से।"

---

288. मूल पाठ में 'किर्अत' जिसका अर्थ है 'क़ुरआन का सुस्वर पाठ'।
289. क़ुरआन का 53 वाँ अध्याय जिसका नाम 'वन्नज्म' है तथा जिसमें पैग़म्बर हज़रत मुहम्मद (स.अ. व स.) की मे'राज (स्वर्गारोहण) के प्रति संकेत है। जावेदनामा की मूलभूत स्थापना यही है कि मनुष्य ईश्वर प्रेम एवं पैग़म्बर हज़रत मुहम्मद (स.अ. व स.) के प्रेम एवं उनकी सुन्नत के अनुकरण के बदौलत दिक्काल को वशीभूत करे ताकि उसे भी मे'राज की अनुभूति अर्थात् ईश्वर के साक्षात्कार की अनुभूति हो।
290. ईश्वर के अतिरिक्त कोई उपासना के योग्य नहीं का संक्षेप।
291. रूमी द्वारा क़ुरआन के सस्वर पाठ से।
292. मूल पाठ में 'क़िर्अत' जिसका अर्थ है 'क़ुरआन का सस्वर पाठ'।
293. इक़बाल को।

अफ़ग़ानी

ऐ ज़िन्दारूद! हमारी दुनिया के बारे में कुछ बता
उसकी ज़मीन और आसमान के बारे में कुछ बता।
यद्यपि है मिट्टी का तू पर फ़रिश्तों सदृश रखता है रोशन नज़र
मुसलमानों के बारे में तू कुछ हमको दे ख़बर।

ज़िन्दारूद

अन्तःकरण में दुनिया की वशीभूतकर्त्ता क़ौम के[294]
देखा है मैंने एक द्वन्द्व मध्य धर्म और राष्ट्र के!
विश्वास की निर्बलता से उसकी आत्मा है मृत शरीर में
निराश हो गया है वह प्रांजल धर्म की शक्ति से
तुर्क, ईरान व अरब सब हैं मद-मत्त फिरंग[295] से
सब के गले में है पड़े फंदे फिरंग के।
प्राची हुआ विध्वस्त पश्चिम के आधिपत्य से
अपहृत की धर्म व मिल्लत[296] की प्रभा साम्यवाद ने।

294. मूल पाठ में 'दर ज़मीरे मिल्लते गेती शिकन' जिसका अर्थ है 'दुनिया को परास्त करनेवाली क़ौम के अन्तःकरण में'। 'ऐसी क़ौम के अन्तःकरण में जो कभी विश्वविजयिता की भावना रखती थी' अर्थात् 'इस्लामी मिल्लत या मुस्लिम समुदाय'।

295. फिरंग - यूरोप।

296. मिल्लत - समुदाय।

अफ़ग़ानी

धर्म और राष्ट्र

पश्चिमी शासक जो है सरासर प्रवंचना
धर्मावलम्बियों को दी है उसने राष्ट्र की दीक्षा।
वह है केन्द्र की तलाश में और तू पड़ा है फूट में
तू सीरिया, फ़िलस्तीन और इराक़ की बात छोड़ दे।
अच्छे-बुरे का यदि तू कुछ विवेक है रखता
ढेलों, पत्थरों और ईंटों से न दिल लगा अपना।[297]
है धर्म क्या? उठना ऊपर धूलि से[298]
ताकि पवित्र आत्मा आगाह हो स्वयं से।
जिसने कहा 'अल्लाह हू'[299] समाता वह नहीं
सीमाओं के अन्दर इस चतुर्दिशिक पद्धति[300] की।
तृण है धूलि से पर वह ऊपर उठता है धूलि से
अफ़सोस यदि पवित्र प्राण मर जाये धूलि में।
यद्यपि हुआ है आविर्भूत मानव नीर-मिट्टी से
फूल की तरह पायी रंग व नमी उसने नीर-मिट्टी से।
अफ़सोस यदि वह लोटे सदा नीर-मिट्टी में
अफ़सोस यदि वह न ऊपर उठे इस मक़ाम[301] से।

---

297. आशय यह है कि तू वतनपरस्ती यानी राष्ट्रवाद (Nationalism) की बेड़ी में स्वयं को न जकड़।
298. मूल पाठ में 'बरख़ास्तन अज़ रु ए ख़ाक' जिसका अर्थ है 'धूलि से ऊपर उठना'। धूलि से ऊपर उठने का आशय है 'भौतिकता से ऊपर उठना अर्थात भौगोलिक अन्तर को विचार न लाना'।
299. 'अल्लाह हू' का अर्थ है 'वही ईश्वर है', 'वही अल्लाह है' अथवा 'अल्लाह वही एक है'। इससे आशय ईश्वर को एक मानने का विश्वास है।
300. मूल पाठ में 'निज़ामे चार सू' चार दिशाओं पर आधारित पद्धति जिसका आशय भौगोलिक सीमाबन्दी पर आधारित राष्ट्रीयता है।
301. अवस्थान (Station)।

कहता है तन, "तू मिल जा रास्ते की धूल में"
कहता है प्राण, "देख तू विस्तार को सृष्टि के"।
ऐ अक़्लमन्द! समाती नहीं है आत्मा दिशाओं में
अनभिज्ञ है आज़ाद व्यक्ति कारा व बंधन से।[302]
आता है रोष आज़ाद को अंधेरी धरती से
क्योंकि बाज़ों को नहीं आते काम चूहों के।

यह मुट्ठी भर मिट्टी जिसका तूने नाम रखा है वतन
वह क्षेत्र जिसे कहता है तू मिश्र, ईरान और यमन।
होता है सम्बन्ध देश से देशवासियों का
मिट्टी से उसी की उदय होता है मिल्लत[303] का।
इस सम्बन्ध पर यदि तू ध्यान से डाले नज़र
तू देख सकता है एक बिन्दु बाल से भी सूक्ष्मतर।
पूर्व से यद्यपि सूर्य होता है उदित
चंचल और अवगुंठन-रहित ज्योतियों सहित।
ज्वाला व ज्योति आन्तरिक ऊष्मा से आती है तभी
आता है बाहर जब वह कारा से प्राची-प्रतीची की।
निकलता है पूर्व से वह आभा में अपनी मत्त
ताकि सभी क्षितिजों[304] को वह कर ले हस्तगत।
पूर्व व पश्चिम से प्रकृति है मुक्त उसकी
सम्बन्ध के लिहाज़ से है यद्यपि वह पूर्वी।

---

302. मूल पाठ में 'मर्दे हुर बेगान: अज़ हर क़ैदोबन्द' जिसका अर्थ है 'आज़ाद पुरुष (मर्दे हुर) या आज़ाद व्यक्ति कारा और बंधन से अनभिज्ञ होता है'। आशय यह है कि स्वतन्त्र पुरुष दिक्काल में सीमित रहना नहीं चाहता, बल्कि वह दिक्काल को वशीभूत करना चाहता है।

303. मिल्लत अर्थात् धार्मिक सम्प्रदाय अथवा समुदाय (Religious Community)।

304. मूल पाठ में 'आफ़ाक़' जो 'उफुक़' (क्षितिज) का बहुवचन है। 'आफ़ाक़' अर्थात् 'क्षितिजों' जिसका तात्पर्य 'समस्त सृष्टि' है।

साम्यवाद और साम्राज्यवाद

कुल से इब्राहीम[305] के था लेखक[306] पूँजी[307] का
यानी वह पैग़म्बर था बिन जिब्रील[308] का।
सत्य और असत्य क्योंकि उसमें हैं मिश्रित
दिल था उसका आस्तिक और मस्तिष्क था नास्तिक[309]।
खो दी है आध्यात्मिकता[310] पश्चिमी क़ौमों ने
ढूँढ़ते हैं पवित्र आत्मा वे उदरों में।
लेती नहीं है रंग व गंध तन से पवित्र आत्मा
उदर के सिवा कोई सरोकार नहीं साम्यवाद का।
सत्य से अनभिज्ञ उस पैग़म्बर के धर्म की
रखी है आधारशिला समानता पर उदर की।

---

305. पैग़म्बर इब्राहीम (Prophet Abraham)।
306. कार्ल मार्क्स (Karl Marx)-(1818-1883): कार्ल मार्क्स जर्मनी में पैदा हुआ था। उसका बाप यहूदी मूल का ईसाई था। मूलत: अर्थशास्त्री था और उसकी पुस्तक 'पूँजी' साम्यवादियों का बाइबिल समझी जाती है। 1835 में उसने बॉन विश्वविद्यालय में कानून की शिक्षा आरंभ की। एक साल बाद बर्लिन विश्वविद्यालय चला गया और वहाँ हेगेल (Hegal) के दर्शन का अध्ययन किया। वह हेगेल से बहुत प्रभावित था। 1842 में भौतिकवाद के दर्शन पर एक शोधपत्र लिखा और डाक्टरेट की डिग्री प्राप्त की। 1843 में उसने शादी की और राजनीतिक कारणों से जर्मनी छोड़कर पेरिस में रहने लगा। यहाँ उसकी मित्रता फ्रेडरिक एंगिल्ज से हुयी। 1849 में वह लंदन आ गया और 1883 में वहीं उसकी मृत्यु हुयी।
307. Das Capital अर्थात् पूँजी (The Capital)।
308. इक़बाल ने मार्क्स को बिना जिब्रील का पैग़म्बर कहा है क्योंकि मार्क्स ने भी एक जीवन-पद्धति की शिक्षा दी है और यह जीवन-पद्धति उसी के दिमाग़ की उपज थी। दूसरा अर्थ यह है कि मार्क्स एक पैग़म्बर है और उसके पैग़ाम पर आधारित एक पुस्तक (Das Capital) भी है किन्तु यह पुस्तक ईश्वर द्वारा भेजे गये संदेश (पैग़ाम) पर आधारित नहीं क्योंकि इस संदेश का लाने वाला कोई जिब्रील फ़रिश्ता नहीं।
309. मूल पाठ में 'क़ल्बे ऊ मोमिन दिमाग़श काफ़िरस्त' अर्थात् 'हृदय (क़ल्ब) उसका मोमिन (आस्थावान) और दिमाग़ (मस्तिष्क) उसका काफ़िर (नास्तिक)'। दिल को मोमिन (आस्तिक) इसलिए कहा क्योंकि उसके दिल में मानवता के प्रति सहानुभूति की भावना थी और वह समानता का पक्षधर तथा सरमायादारी, राजतन्त्रवाद, पुरोहितवाद, मठवाद, इजारादारी मुनाफ़ाखोरी, जमाखोरी का विरोधी था। मार्क्स के मस्तिष्क (दिमाग़) को काफ़िर (नास्तिक) इसलिए कहा गया है क्योंकि मार्क्स ईश्वर की सत्ता को नहीं मानता था।
310. मूल पाठ में 'अफ्लाक रा' जिसका अर्थ है 'आकाश समूह'। 'आकाश समूह' का अभिप्राय 'आध्यात्मिकता' है।

स्थान भ्रातृभाव का चूँकि है दिल में [311]
नीर-मिट्टी में नहीं, उसका मूल है दिल में।

साम्राज्यवाद है मोटापन शरीर का
ज्योतिहीन वक्ष हृदय से ख़ाली है उसका।

---

311. इक़बाल ने अफ़ग़ानी के माध्यम से मार्क्सवादी (साम्यवादी) व्यवस्था की अत्यन्त न्यायोचित आलोचना की है। उनके विचार में मार्क्सवादी व्यवस्था सरासर मिथ्या नहीं है जैसा कि अनेक धार्मिक विचारकों एवं पूँजीवादी व्यवस्था के समर्थकों की धारणा है। उसमें एक हद तक सच्चाई का समावेश है। मजदूर वर्ग के लिए सहानुभूति तथा उसके लिये न्याय की माँग तथा मानव की समानता का सिद्धान्त सर्वथा न्यायोचित है इससे किसी को इनकार नहीं हो सकता। किन्तु मार्क्सवादी (साम्यवादी) विचारधारा के सम्बन्ध में इक़बाल की मुख्य आपत्ति यह है कि इसने उदर की समानता को वर्ग संघर्ष और पूँजी एवं श्रम के मध्य कशमकश का निदान समझ रखा है। इक़बाल के विचार में जब तक मनुष्य की एकता तथा भ्रातृभाव की धारणा को आध्यात्मिकता का वैचारिक आधार नहीं प्रदान किया जायेगा तब तक यह भावना एवं धारणा सही अर्थों में चरितार्थ नहीं होगी। इक़बाल के विचार में मार्क्सवादी चिन्तन की दूसरी महान् भूल यह है कि इसने ईश्वर की सत्ता का इनकार कर दिया है। यद्यपि ईश्वर के इनकार से जीवन की सन्तुष्टि नहीं हो सकती। इन्क़िलाब का अर्थ यह नहीं कि मज़दूरों के दिलों में सरमायादारों के प्रति घृणा की भावना उत्पन्न की जाय। घृणा (Hatred) विध्वंसात्मक होती है और कोई भी सृजनात्मक कार्य प्रेम के बिना संभव नहीं। सही अर्थों में इन्क़िलाब उसी समय संभव होगा जब सरमायादारों, मुनाफाखोरों और जमाखोरों के दिल से दौलत का प्रेम निकाल दिया जाना संभव होगा। यह तरीका पैग़म्बराना चेतना (Prophetic Consciousness) का परिणाम तथा सभी पैग़म्बरों का तरीका होता है क्योंकि मनुष्य जबतक अन्दर से स्वयं को नहीं बदलेगा वह संसार को नहीं बदल सकेगा। इसके अतिरिक्त मार्क्सवाद के अनुसार समानता पैदावार के सही विभाजन से पैदा हो सकती है। इक़बाल का कहना है कि समानता केवल मुहब्बत से और इस धारणा से पैदा हो सकती है कि सकल मानवता की उत्पत्ति आध्यात्मिक है और मनुष्यों से मुहब्बत वही कर सकता है जो मनुष्यों के स्रष्टा से मुहब्बत करे। मार्क्सवादी योजना (Planning) और व्यवस्था का सर्वहारा वर्ग (Proletariate) का अधिनायकत्व (Dictatorship) एक मिथक है जो राजतन्त्रवाद (Monarchism) से किसी अर्थ में कम नहीं। अधिनायक के समक्ष मजदूर की हैसियत एक दास से अधिक नहीं। मार्क्सवाद (साम्यवाद) की आर्थिक व्यवस्था मनुष्य को स्वतन्त्रता से वंचित कर देती है। चूँकि पैदावार में हर मनुष्य का हिस्सा श्रम के अनुसार होगा। इसके अतिरिक्त योजना की सफलता के लिए श्रम का एक समान प्रतिमान स्थापित करना आवश्यक है यानी प्रत्येक मज़दूर के काम को एक ही पैमाने से नापेंगे। मार्क्सवाद में मनुष्य के चरित्र के विकास या इक़बाल की शब्दावली में ख़ुदी की संभावनाओं की चरितार्थता की कोई व्यवस्था नहीं। पैदावार के समान विभाजन से संसार की सारी बुराइयाँ दूर हो जायेंगी, ऐसी धारणा निराधार है। जब तक मनुष्य की सोच और उसकी मानसिकता में कायाकल्प न होगा; शोषण, अत्याचार और अन्याय का उन्मूलन न होगा। स्वतन्त्रता, भ्रातृभाव और समानता की चरितार्थता आध्यात्मिक मूल्यों-ईश्वर के एकत्व में आस्था यानी तौहीद में आस्था के बिना संभव नहीं।

फूल पर मधु-मक्खी की तरह जो कि फिरती है
पत्ते को छोड़ देती है, शहद उसका चूस लेती है।
डण्ठल, पत्ता, रंग और फूल की ख़ुशबू वही[312]
सुन्दरता पर उसकी बुलबुल का आर्तनाद भी वही।
जादू से जा निकल उसके रंग व गंध के
विधा छोड़, दृष्टिपात कर अर्थ पर उसके।
मुश्किल है यद्यपि देखना मृत्यु अभ्यंतर की
उसको फूल मत कह, वह वास्तव में है मिट्टी।[313]

आतुर और अधीर दोनों[314] में होती है आत्मा
दोनों ईश्वर से अपरिचित और मनुष्य के लिए प्रवंचना।
इसके[315] लिए विद्रोह जीवन, और उसके[316] लिए लगान
काँच है मनुष्य इन दो पत्थरों के दरमियान।
ज्ञान, धर्म और शिल्प को करती हैं चूर-चूर यह[317]
तन से प्राण और हाथ से लेती है रोटी छीन वह[318]।
नीर-मिट्टी[319] में दोनों को देखा है निमग्न
दोनों से उज्ज्वल तन, पर मलिन होता है मन।
जीवन है निर्माण की ललक और प्रेमाग्नि में जलना[320]
मिट्टी के अन्दर दिल का एक बीज डालना।

---

312. आशय यह है कि रस चूस लेने के बाद डण्ठल, पत्ता, रंग और सुगंध तथा फूलों पर बुलबुल का चहकना सब पूर्ववत् समान होते हैं किन्तु फूल का रस अर्थात् उसका तत्त्व निकल चुका होता है।
313. शहद से ख़ाली फूल को फूल कहना उचित नहीं। इसी प्रकार राजशाही (बादशाहत) अर्थात् ग़ुलामी में मनुष्य मनुष्य नहीं रह जाता है उसकी आत्मा मर जाती है।
314. दोनों अर्थात् साम्यवाद (Communism) और साम्राज्यवाद (Imperialism)।
315. साम्यवाद के लिए क्योंकि वह मजदूरों को सरमायादारों के विरुद्ध विद्रोह के लिए प्रेरित करती है।
316. राजशाही या बादशाहत के लिए।
317. साम्यवाद के लिये क्योंकि मज़दूरों को सरमायादारों के विरुद्ध विद्रोह के लिए प्रोत्साहित करता है।
318. राजशाही अथवा बादशाहत।
319. नीर-मिट्टी से आशय भौतिकवाद है।
320. मूल पाठ में 'जिन्दगानी सोख़्तन बा साख़्तन' जिसका शाब्दिक अर्थ है 'जिन्दगी जलना और बनाना या निर्माण करना'। तसव्वुफ की शब्दावली में 'सोख़्तन' का अभिप्राय है 'ईश्वर की प्रेमाग्नि में जलते रहना तथा स्वयं को ईश्वर की मर्ज़ी के अनुकूल बनाते रहना'।

सईद हलीम पाशा

पूर्व और पश्चिम

पश्चिमी क़ौमों के लिए बुद्धि है उपादान जीवन का
पूर्वी क़ौमों के लिए प्रेम है रहस्य जगत् का।
ईश्वर से परिचित बुद्धि होती है प्रेम से
आधार प्रेम-कर्म का दृढ़ होता है बुद्धि से।
प्रेम जब होता है सहचर बुद्धि का
हो जाता है अभिकल्पक वह एक अन्य जगत् का।

उठ और चित्र अंकित कर एक अभिनव जगत् का
बुद्धि के साथ कर दे सम्मिश्रण प्रेम का।
अग्नि फिरंगियों की हो गयी है प्रभावहीन[321]
आँख है उनकी दृष्टिवान् पर हृदय है जीवनहीन।[322]
अपनी ही तलवार से वे ज़ख़्म खाये हैं
अपने ही शिकार की तरह वे घायल पड़े हैं।
परिताप व उन्माद ढूँढ़ मत द्राक्षा लता[323] से उनकी
उनके आसमानों में [324] कोई अन्य समय[325] नहीं।
तेरी आग से जीवन में है परिताप और उत्कण्ठा
तेरा कार्य है करना सृजन एक अभिनव जगत् का।

---

321. मूल पाठ में 'नमख़ुर्द:' जिसका अर्थ है 'सीलन युक्त हो गयी है या आर्द्र हो गयी है'। आशय यह है कि वह बेअसर हो गयी है।
322. मूल पाठ में 'चश्मे शाँ साहिब नज़र दिल मुर्द: अस्त' जिसका अर्थ है 'उनकी आँख दृष्टियुक्त है किन्तु उनके हृदय मृत हैं'।
323. द्राक्षा-लता (अंगूर की बेल) से आशय पाश्चात्य सभ्यता से है।
324. उनके आसमानों का अभिप्राय पाश्चात्य जीवन-पद्धति है।
325. कोई अन्य समय (अस्रे-दीगर) से आशय एक ऐसे इन्क़िलाब से है जो विश्व-शान्ति का आश्वासन प्रदान कर सके।

मुस्तफ़ा कमाल[326] जिसने कि अलापा नवीकरण का राग
कहा कि करना चाहिये पुरानी प्रतिमा को पाक-साफ़।
जीवन-वसन का'बा का होता नया नहीं
आ जायें यदि यूरोप से उसमें लात और मनात[327] भी।
तुर्क के चंग[328] में कोई नवीन सुर नहीं
फिरंग[329] के प्राचीन के सिवा उसका नवीन कुछ नहीं।[330]
कोई अन्य श्वास न था वक्ष में उसके
कोई अन्य जगत् न था अन्तःकरण में उसके।
उसने निःसंदेह कर ली अनुकूलता[331] वर्तमान जगत् से

---

326. मुस्तफ़ा कमाल पाशा-(1880-1938) : तुर्की का प्रसिद्ध नेता और सेनापति। यूरोपीय तुर्की के प्रसिद्ध शहर सालोनीका में पैदा हुआ। बचपन में अनाथ हो गया था। 1904 में मिलिटरी ट्रेनिंग समाप्त करने के बाद सेना में कैप्टन नियुक्त हुआ। 1911 में तुर्की के सुप्रसिद्ध एवं लोकप्रिय सेनापति अनवर पाशा के नेतृत्व में तराबुलुस के युद्ध में भाग लिया। 1916-17 में उसने कोहे-क़ाफ़, इराक और हल्ब के मोर्चों पर अपनी सामरिक प्रवीणता का परिचय दिया। जब ब्रिटेन और फ्राँस के इशारे पर यूनानियों ने एशिया-कोचक पर आक्रमण करके समरना पर आधिपत्य जमा लिया तो मुस्तफ़ा कमाल ने सिर पर कफ़न बाँधकर हर प्रकार के अभावों और कठिनाइयों के बावजूद शत्रुओं का सामना किया और सक़्क़ारिया के ऐतिहासिक युद्ध में अद्भुत बहादुरी और मर्दानगी का प्रदर्शन किया। यहाँ तक कि पसलियों में सख़्त दर्द के बावजूद सत्तरह दिन और सत्तरह रात घोड़े की पीठ पर बैठा हुआ सैन्य संचालन करता रहा। 1922 में समरना की विजय कमाल पाशा के कुशल नेतृत्व और पराक्रम का परिणाम थी। 1924 में मुस्तफ़ा कमाल ने तुर्की सल्तनत को प्रजातन्त्र में बदल दिया और प्रजातान्त्रिक तुर्की का प्रथम राष्ट्रपति नियुक्त हुआ और राष्ट्र ने उसे अतातुर्क (तुर्की का पिता) की उपाधि दी। राष्ट्रपति बनते ही उसने सबसे पहले अपने साथियों और तुर्की के उन नेताओं का सफाया किया जो उससे भिन्न विचार रखते थे। 1925 में उसने घोषणा की कि जम्हूरियः तुर्कीयः (तुर्की गणतन्त्र) का कोई धर्म (State Religion) नहीं है और वह एक धर्मनिरपेक्ष (Secular) राज्य है। अरबी के स्थान पर लैटिन (Latin) को तुर्की भाषा की लिपि के रूप में जारी किया। प्रत्यक्षतः वह एक प्रजातान्त्रिक ढंग से निर्वाचित राष्ट्रपति था, किन्तु वास्तव में वह एक निरंकुश व स्वेच्छाचारी क्रूर शासक था जिसकी आँखें पश्चिमी सभ्यता की चमक-दमक से चकाचौंध हो गयी थीं। 1938 में उसकी मृत्यु हुयी।

327. लात और मनात इस्लाम से पूर्व अरबों के प्रसिद्ध बुतों (मूर्तियों) के नाम। ये बुत का'बा में स्थापित थे और अरब इनकी पूजा करते थे। यहाँ लात और मनात से आशय ग़लत विचारधाराओं से है।

328. चंग सितार की क़िस्म का एक बाजा होता है।

329. यूरोपवासी (Frank)।

330. आशय यह है कि पश्चिम के अन्धानुकरण में तुर्क जिसे नवीन यानी आधुनिक समझ रहे हैं वह वास्तव में पश्चिम वालों का प्राचीन है।

331. चूँकि मुस्तफ़ा कमाल पाशा में यह क्षमता ही नहीं थी कि वह एक नये जगत् की सृष्टि करता इसीलिए उसने उसी पुरानी दुनिया अर्थात् यूरोपीय संस्कृति से अनुकूलता पैदा कर ली। दुनिया को अपने साँचे में ढ़ालने के स्थान पर उसने अपनी क़ौम को यूरोपीय संस्कृति के साँचे में ढालने का प्रयास किया।

मोम सदृश गया पिघल परिताप से इस जगत् के।
है अनोखापन प्रकृति में जगत् के
स्थायित्व नहीं जीवन में अन्धानुकरण से।
जीवन्त हृदय होता है युगों व कालों का[332] स्रष्टा
अन्धानुकरण से शिथिल हो जाती है आत्मा।
मुसलमानों का सा तू यदि रखता है जिगर
अपनी अन्तरात्मा और क़ुरआन पर ग़ौर कर।
सैकड़ों अभिनव जगत्[333] हैं उसकी आयतों में
शताब्दियाँ हैं सन्निहित उसके लमहों में[334]।
पर्याप्त है उसका एक जगत्[335] वर्तमान युग के लिए
ले ले तू उसे,[336] यदि अर्थग्राही हृदय है वक्ष में।
आस्थावान दास[337] है ईश्वर का एक चिह्न
परिधान सदृश है हर जगत् उसके शरीर पर[338]।
जब एक जगत् होता है पुरातन शरीर पर उसके
एक अभिनव जगत् प्रदान करता है क़ुरआन उसे।

---

332. आशय यह है कि जब कोई क़ौम (राष्ट्र) जीवन्त हृदय (ज़िन्दा दिल) बन जाती है अर्थात् जब क़ौम जीवन्त हो जाती है तो वह नये युगों व कालों अर्थात् क्रान्तियों की सृजक हो जाती है।

333. मूल पाठ में 'सद जहाने ताज: दर आनाते ऊस्त' जिसका अर्थ है 'उसकी (क़ुरआन की) आयतों (Verses) में सैकड़ों अभिनव जगत् हैं'। 'अभिनव जगत्' (जहाने ताज:) से आशय 'इन्क़िलाबों' (क्रान्तियों) से है।

334. मूल पाठ में 'अस्रहा पेचीद: दर आनाते ऊस्त' जिसका अर्थ है 'उसके (क़ुरआन के) क्षणों या लमहों (Moments) में शताब्दियाँ सन्निहित हैं'। आशय यह है कि यदि मुसलमान क़ुरआन की शिक्षाओं पर अमल करें तो वे पायेंगे कि हर दिन उनके जीवन में इन्क़िलाब पैदा हो सकता है।

335. आशय यह है कि वर्तमान युग के सुधार के लिए क़ुरआन की शिक्षाओं का एक बिन्दु पर्याप्त है। 'उसका एक जगत' का 'अभिप्राय क़ुरआन की शिक्षाओं का एक बिन्दु' है।

336. 'ले ले तू उसे' का शाब्दिक अर्थ है 'क़ुरआन के जगत् को हस्तगत कर ले'। आशय यह है कि क़ुरआन की शिक्षा से मार्गदर्शन प्राप्त कर। यह उसी समय संभव होगा जब सीने में अर्थग्राही हृदय होगा।

337. मूल पाठ में 'बन्द : ए-मोमिन' जिसका अर्थ है 'आस्थावान दास' -मोमिन का अर्थ है 'ईमान रखने वाला'। ईमान का अर्थ है ईश्वर की सत्ता में विश्वास, रसूल अर्थात् पैग़म्बर (Messenger) की नुबूव्वत (पैग़म्बरी) में विश्वास और क़यामत की निश्चयता में विश्वास तथा हृदय से इन बातों पर विश्वास रखना मोमिन होने के लिए अनिवार्य है।

338. आशय यह है कि जिस प्रकार मनुष्य का परिधान या लिबास उसके शरीर के अनुसार उस पर पूरा उतरता है उसी प्रकार हर जगत् आस्तिक सेवक के लिए उपयुक्त होता है क्योंकि आस्तिक सेवक की तरह जगत् भी ईश्वर के चिह्नों में एक चिह्न होता है।

ज़िन्दारूद

माझी बिना नौका है हम धरतीवासियों की
कहाँ है जगत् क़ुरआन का कोई जानता नहीं।[339]

अफ़ग़ानी

वह जगत् हमारे सीने में गुथ्म है अभी
'कुम़',[340] की प्रतीक्षा में है वह जगत् अभी।
होगा वह जगत् रहित रक्त व वर्ण के भेदभाव से
धवलतर होगी संध्या उसकी फ़िरंग[341] के प्रभात से।
सम्राटों व दासों से परिमार्जित होगा वह जगत्
साहिल होगा उसका अदृश्य आस्तिक[342]-हृदय सदृश।
ऐसा सुन्दर जगत् कि एक दृष्टि ने उसकी कृपा की[343]
डाल दिया था उसका एक बीज आत्मा में उमर[344] की।
होगा अनश्वर वह जगत् उसके हालात होंगे नये-नये
पुष्प-पल्लव उसके मूलाधार के[345] होंगे नये-नये।

---

339. आशय यह है कि क़ुरआन तो एक पुस्तक के रूप में संसार में विद्यमान है, किन्तु वह व्यवस्था जगत् या वह जीवन-पद्धति (सामाजिक, राजनीतिक, धार्मिक और सांस्कृतिक व्यवस्था) जिसे क़ुरआन संसार में लागू करना चाहता है, कहाँ है?
340. 'क़ुम' का अर्थ है 'उठ खड़ा हो' इस बात की ओर संकेत है कि हज़रत ईसा मसीह 'क़ुम बि इज़्निललाह' (उठ जाओ ईश्वर के आदेश से) कहकर मुर्दे को जिन्दा कर देते थे।
341. यूरोप के निवासी (Frank)।
342. मूल पाठ में 'मोमिन' जिसके लिये देखिये 249 ।
343. 'कृपा की एक दृष्टि ने' से पैग़म्बर हज़रत मुहम्मद के आदर्श व्यक्तित्व एवं उनकी शिक्षाओं के प्रति संकेत है जिसका उमर जीता-जागता नमूना थे।
344. उमर पैग़म्बर हज़रत मुहम्मद के साथी (सहाबी) और इस्लाम के दूसरे ख़लीफ़ा थे। संसार के इतिहास में उनका शासन एक ऐसा आदर्श शासन था जिसकी मिसाल विश्व इतिहास में नहीं मिलती। यही कारण है कि जब 1937 में हिन्दुस्तान में स्वायत्त शासन (Self- Government) की घोषणा हुयी तो महात्मा गाँधी ने काँग्रेसी नेताओं को परामर्श दिया कि वे अबू बक्र (इस्लाम के प्रथम ख़लीफ़ा) और उमर की कार्यप्रणाली को अपना आदर्श रहनुमा बनायें।
345. 'पुष्प-पल्लव उसके मूलाधार' मूल पाठ में 'बर्गो-बारे मुह्कमातश'-मुह्कमात से आशय क़ुरआन की उन आयतों (Verses) से है जिनके अह्काम (आदेश) सुस्पष्ट एवं अपरिवर्त्तनीय हैं। यहाँ 'मुह्कमात' (मूलाधार) से तात्पर्य 'क़ुरआन की बुनियादी शिक्षा' है।

निश्चिन्त है अभ्यंतर[346] उसका परिवर्तन से
होते हैं हर क्षण इन्क़िलाब बाह्य में[347] उसके।
तेरे अन्दर है वह जगत्, डाल तू उस पर नज़र
देता हूँ उन मूलाधारों[348] की तुझको मैं ख़बर।

क़ुरआनी जगत् के मूलाधार

(1)

आदम की ख़िलाफ़त[349]

दोनों जगत् में सर्वत्र हैं अनुचिह्न[350] प्रेम के
आदम का पुत्र है एक रहस्य रहस्यों में से प्रेम के।[351]

---

346. मूल पाठ में 'बातिने ऊ अज़ तग़य्युर बे ग़मे' जिसका अर्थ है 'उसका अन्दर (Inward) या अभ्यंतर या अन्तर परिवर्तन से निश्चिन्त है'। अभ्यंतर (बातिन) से आशय क़ुरआन की शिक्षाओं का बुनियादी सिद्धान्त है जो अटल और अपरिवर्त्तनीय है।
347. मूल पाठ में 'ज़ाहिरे ऊ इन्क़िलाबे हर दमे' जिसका अर्थ है 'उसके बाह्य (Outward) में (ज़ाहिर में) हर क्षण इन्क़िलाब या परिवर्तन है'। आशय यह है कि क़ुरआन की शिक्षाओं का बाह्य स्वरूप मूलाधारात्मक (Foundational) वृक्ष से निकली शाख़ाओं सदृश है अर्थात् नह उपान्तीय या परिधीय या उपसिद्धान्तीय (Peripheral) है, अत: दिक्काल के अनुसार बदली हुयी परिस्थितियों के अनुसार उसमें परिवर्तन (इन्क़िलाब) हो सकते हैं।
348. 'मुह्कमात' जिसका अर्थ है 'मूलाधार सिद्धान्त' अर्थात् 'क़ुरआन की शिक्षाओं के मूलाधारात्मक सिद्धान्त'।
349. 'आदम की ख़िलाफ़त' का अभिप्राय यह है कि मनुष्य धरती पर ईश्वर का प्रतिनिधि या नायब या सहायक है। ख़िलाफ़त (Vicegerency) का तात्पर्य प्रतिनिधित्व, सहायकत्व या नायबगिरी है।
350. मूल पाठ में 'दर दो आलम हर कुजा आसारे इश्क़' जिसका अर्थ है 'दोनों जगत् में सर्वत्र प्रेम के अनुचिह्न हैं'। यहाँ 'प्रेम' (इश्क़) का आशय 'ईश्वरीय अस्तित्व' है।
351. 'प्रेम' यानी 'ईश्वरीय सत्ता के रहस्यों में से एक रहस्य है' अर्थात् 'उसका सम्बन्ध ईश्वरीय अस्तित्व से है'।

नाता नहीं है कोख-जगत् से प्रेम के रहस्य का[352]
इससे[353] नहीं सम्बन्ध साम, हाम[354] और रूम, शाम[355] का।

वह[356] है एक तारा पूर्व, पश्चिम और अवसान से रहित
उसके परिक्रमा-पथ में न उत्तर है न दक्षिण[357]।
शब्द 'इन्नी जाइलुन'[358] तक़्दीर[359] है उसकी
धरती से आसमान तक तफ़्सीर[360] है उसकी[361]।
मृत्यु, क़ब्र, उत्थान[362] व क़यामत हैं उसकी अवस्थायें[363]

---

352. मूल पाठ में 'सिर्रे इश्क़' जिसका अर्थ है 'प्रेम का रहस्य'। आशय यह है कि आदम का सम्बन्ध माँ की कोख से नहीं है। यहाँ 'आदम' (प्रेम के रहस्य) से अभिप्राय कोई व्यक्ति (Individual) नहीं बल्कि इन्साने-कामिल अर्थात् पूर्ण मनुष्य (Perfect Man) है जो ईश्वर की तजल्ली (ज्योति) है जो किसी माँ की कोख से पैदा नहीं हुआ।
353. 'इससे' से आशय है 'प्रेम के रहस्य' अर्थात् 'आदम' यानी 'इन्साने-कामिल या पूर्ण पुरुष' (Perfect Man)।
354. 'साम' व 'हाम' व्यक्तियों के नाम हैं जिनसे दो भिन्न नस्लें उत्पन्न हुयीं। 'इन्साने-कामिल' (पूर्ण-पुरुष) का सम्बन्ध न तो 'साम' की नस्ल से है न 'हाम' की।
355. रूम व शाम देशों के नाम हैं। रूम का अर्थ रोम (Rome) और शाम का अर्थ सीरिया (Syria) है। आशय यह है कि पूर्ण-पुरुष (Perfect Man) का सम्बन्ध न किसी नस्ल से है और न किसी देश से। दूसरे शब्दों में, इश्क़ (प्रेम) का सम्बन्ध न विरासत से है न नस्ल से और न राष्ट्र से।
356. 'प्रेम का रहस्य' अर्थात् पूर्ण मनुष्य (Perfect Man)।
357. आशय यह है कि पूर्ण मनुष्य अपनी वास्तविकता की दृष्टि से दिक्काल से परे है और इसका कारण यह है कि वह ईश्वरत्व का प्रतीक है।
358. 'इन्नी जाइलुन' जिसका अर्थ है 'मैं स्थापित करनेवाला हूँ या स्थापित करना चाहता हूँ या बनाना चाहता हूँ'। यह क़ुरआन (2:30) की इस आयत का अंश है 'व इज़ क़ाल रब्बुक लिल्मलाइकति इन्नी जाइलुन फ़िल् अर्दि ख़लीफ़:' जिसका अर्थ है 'और जिस समय कहा तेरे पालनहार ने फ़रिश्तों से कि मैं धरती पर अवश्य अपना ख़लीफ़ा (नायब, प्रतिनिधि-Vicegerent) बनाना चाहता हूं या बनाने वाला हूँ'। यहाँ उस प्रकरण के प्रति संकेत है जिसके अन्तर्गत जब ईश्वर ने आदम का पुतला बनाया और उसमें रूह (आत्मा) फूँकने का इरादा किया तो फ़रिश्तों को इकट्ठा करके कहा, 'मैं निश्चय ही धरती पर अपना ख़लीफ़ा (प्रतिनिधि-Vicegerent) बनाने वाला हूँ'।
359. नियति।
360. अर्थ निरूपण या भाष्य अथवा व्याख्या।
361. शे'र के इस अंश का अर्थ है कि ईश्वर ने मनुष्य को अपना ख़लीफ़ा या नायब (Vicegerent) इसलिये बनाया कि वह सकल सृष्टि को वशीभूत करे अर्थात् उसने इस सृष्टि को मनुष्य के लिये बनाया है।
362. 'मृतोत्थान' अर्थात् 'क़यामत के दिन मुर्दों का जीवित होकर उठना' (Resurrection)।
363. आशय यह है कि मृत्यु मनुष्य के जीवन का अन्त नहीं है बल्कि मृत्यु और मृत्योपरान्त जो भी होगा वह मनुष्य के जीवन की विभिन्न अवस्थायें हैं।

परलोक के प्रकाश[364] व तिमिर[365] परिणाम उसके कर्म के।
वह है इमाम,[366] वही नमाज़ और है वही हरम[367]
वह है स्याही, वही किताब[368] और है वही क़लम।[369]
हो जाता है परोक्ष धीरे-धीरे उसके लिए प्रत्यक्ष[370]
न उसकी सीमा है न कोई उसके अधिराज्य की सरहद[371]।
अस्तित्त्व से उसके साख[372] है संभाव्य[373] का
उसकी संयतता[374] है निकष[375] संभाव्य का।
क्या करूँ मैं बात बेछोर सागर[376] की उसके

---

364. स्वर्ग।
365. नरक।
366. नमाज़ पढ़ाने वाला।
367. मक्का में स्थित का'बा।
368. क़ुरआन।
369. आशय यह है कि मनुष्य इस सृष्टि का इमाम (सरदार) है और नमाज़, हरम, किताब और क़लम इन सबका प्रकटन उसी(मनुष्य) के कारण संभव हुआ। यदि वह सृष्टि की उत्पत्ति का उद्देश्य न होता तो इसमें(नमाज़, हरम, किताब, क़लम) से किसी का अस्तित्व नहीं होता।
370. आशय यह है कि आदम (मनुष्य) में यह क्षमता अन्तर्निहित है कि वह धीरे-धीरे उन यथार्थों का परिबोध कर सकता है जो अभी उसके लिए परोक्ष की हैसियत रखते हैं। ईश्वरीय समादेशों (Commands) के अनुपालन से ही वह यह क्षमता प्राप्त कर सकता है और अपने अन्दर ईश्वरीय गुणों को उत्पन्न करके हीं वह दिक्काल को वशीभूत कर सकता है।
371. न तो आदम (मनुष्य) की आध्यात्मिकता की प्रगति की कोई सीमा है और न उसके आध्यात्मिक अधिराज्य की कोई सरहद है।
372. मूल पाठ में 'एतबार' जिसका अर्थ है 'विश्वास, आदर, प्रतिष्ठा या सम्मान'।
373. मूल पाठ में 'मुमकिनात' जो 'मुममिन' (संभाव्य) का बहुवचन है। 'मुमकिनात' (Contingents) का तात्पर्य है 'संसार की समस्त वस्तुयें जिनका होना संभव है'।
374. मूल पाठ में 'ए'तिदाल' जिसका शाब्दिक अर्थ है 'संतुलन या संयतता'। संयतता(ए'तिदाल) का आशय है मनुष्य की संरचना या गढ़न्त (बनावट) का संतुलन।
375. आशय यह है कि मनुष्य की साख़्त (गढ़न्त, संरचना) की ख़ूबी संसार की समस्त वस्तुओं की सुन्दरता या उपादेयता की कसौटी (निकष) है। इसी भाव को 'Man is the measure of all things' के शब्दों में व्यक्त करते हैं क्योंकि 'न हि मानुषात् श्रेष्ठतरं हि किंचित' (संसार में मनुष्य से कोई चीज़ श्रेष्ठतर नहीं है)। क़ुरआन के अनुसार मनुष्य की सृष्टि सर्वोत्तम ढ़ंग से हुयी है जिसके लिये क़ुरआन ने 'अह्सनि तक़्वीम' के शब्द प्रयुक्त किये हैं।
376. मूल पाठ में 'यमे बेसाहिलश' जिसका अर्थ है 'बेछोर सागर या कूलहीन या तटहीन सागर'। यहाँ 'बेछोर सागर' का आशय 'ख़ुदी या अहं (Ego) या आत्मन् (Self)' है।

हैं निमज्जित युग व काल हृदय[377] में जिसके।
समा जाता है जो आदम[378] में जगत् है वह
समाता नहीं जो जगत् में आदम है वह ।
हुये हैं आविर्भूत सूर्य, चन्द्र उसकी प्रव्यंजना से[379]
नहीं है पहुँच जिब्रील की उसकी एकान्तता में [380]।
आकाश से भी उच्चतर है स्थान मनुष्य का
आधार सभ्यता का है सम्मान मनुष्य का।[381]

जीवन्त हृदय! क्या जानता है जीवन है क्या?
एक ईश्वर का द्रष्टा प्रेम,[382] देख रहा है तमाशा द्वैत का[383]।
सम्बद्ध हैं एक दूसरे से नारी व नर
प्रेम की सृष्टि के हैं वे चित्रकार[384]।
नारी है संरक्षिका जीवन की अग्नि की
फलक है उसकी प्रकृति जीवन-रहस्य की।

---

377. इस शे'र में इक़बाल ने ख़ुदी (Self, Ego) अहं (आत्मन्) को हृदय के अर्थ में प्रयुक्त किया है और यहाँ ख़ुदी (Self, Ego) और हृदय (क़ल्ब) पर्यायवाची हैं।
378. मनुष्य।
379. मूल पाठ में 'आश्कारा मिह्रोमह अज़ जल्वतश' जिसका अर्थ है 'सूर्य और चन्द्रमा का आविर्भाव उसी की प्रव्यंजना (Manifestation) या प्रकटन के कारण है'। आदम (मनुष्य) के आविर्भाव के कारण सृष्टि की चीज़ों (रवि, शशि) का प्रकटीकरण संभव हुआ। यदि वह न होता तो चाँद, सूरज के गुण और विशेषतायें कौन दरयाफ्त करता। वास्तव में चाँद, सूरज के अस्तित्व और अनस्तित्व में कोई अन्तर न होता यदि आदम का आविर्भाव न हुआ होता।
380. इस शे'र में पैग़म्बर हज़रत मुहम्मद की मे'राज अर्थात् आसमान पर अवरोहण के फलस्वरूप ईश्वर से साक्षात्कार की घटना के प्रति संकेत है। तात्पर्य यह है कि मनुष्य की ईश्वर के साथ एकान्तता (Privacy) की यह विशेषता है कि उसे ईश्वर का इस प्रकार सामीप्य प्राप्त हो सकता है जहाँ जिब्रील जैसे फ़रिश्ते की भी पहुँच संभव नहीं।
381. मूल पाठ में 'अस्ले तहज़ीब एहतिरामे आदम अस्त' जिसका अर्थ है 'सभ्यता का मूल मनुष्य का सम्मान है'।
382. मूल पाठ में 'इश्क़े यक बीं' जिसका अर्थ है 'ऐसा प्रेम जो केवल एक ईश्वर को देखता है' अर्थात् 'एक ईश्वर का द्रष्टा प्रेम'।
383. मूल पाठ में 'दर तमाशा-ए-दुईस्त' जिसका अर्थ है 'द्वैत का तमाशा देख रहा है'। आशय है कि प्रेम आदम (मनुष्य) के अस्तित्व आदम यानी आदि पुरुष (Adam) की सन्तान में अनेक का तमाशा देख रहा है अर्थात् उनकी नस्ल जो क़यामत तक रहेगी, दिखाई पड़ रही है।
384. मूल पाठ में 'काइनाते शौक़ रा सूरतगर अन्द' जिसका शाब्दिक अर्थ है 'प्रेम की सृष्टि के हैं वे चित्रकार'। इसका आशय यह है कि नर-नारी मानवता की संतान-वृद्धि करते हैं।

अपने प्राण में समा लेती है हमारी अग्नि को
सत्त्व उसका आदम कर देता है धूलि को।

अन्त:करण में उसके हैं संभावनायें जीवन की
स्थायित्व है जीवन का परिताप व आभा से उसकी[385]।
लौ है वह, अनेक चिनगारियाँ निकलती है जिससे[386]
तन, मन नहीं धरते हैं रूप बिना उसकी अग्नि[387] के।
गरिमा है, हमारी गरिमामयता से उसकी
परिणाम हैं हम सब चित्रकारियों की उसकी[388]।
ईश्वर ने यदि दी है तुझे देखने की शक्ति
हो जा पवित्र, फिर डाल उसपर पवित्रता की दृष्टि[389]।

ऐ कि वर्तमान युग ने छीन ली है आभा धर्म की तेरे
परदे का रहस्य मैं उद्घाटित करता हूँ तुझे।
उत्कण्ठा सृजन की एक आग है शरीर में
संसार[390] आलोकित[391] है आलोक से उसके।
इस अग्नि से जो भी अपना लेता है हिस्सा
परिताप और उत्कण्ठा का अपनी वह करता है रक्षा[392]।
हर क्षण टिकाये रखता है अपनी दृष्टि प्रतिमा पर

---

385. आशय यह है कि यदि नारी भौतिक मनोविकारों (Physical Emotions) की अभिव्यक्ति न करे तो आदम (मानव) की नस्ल विलुप्त हो जायेगी।
386. संतानोत्पत्ति के प्रति संकेत है।
387. प्रेमाग्नि के।
388. मूल पाठ में 'मा हमा अज़ नक़्शबन्दीहा-ए-ऊ' जिसका शाब्दिक अनुवाद है 'हम सब उसी की चित्रकारियों के कारण हैं'। जिसका आशय यह है कि हम सब माँ (के रूप में नारी) के माध्यम से हीं अस्तित्व जगत् में आये हैं, अत: उसकी (माँ/नारी की) प्रतिष्ठा में ही हमारी प्रतिष्ठा या महत्ता निहित है।
389. आशय यह है कि यदि तू माँ के स्थान को समझने की योग्यता रखता है तो पहले स्वयं को पवित्र बना उसके पश्चात् ही माँ की पवित्रता का अनुमान कर।
390. मूल पाठ में 'अंजुमन' जिसका शाब्दिक अर्थ है 'सभा', किन्तु यहाँ इसका तात्पर्य 'समाज' है। यहाँ 'अंजुमन' का अभिप्राय 'संसार' है।
391. आशय यह है कि यदि नारी 'सृजन की उत्कण्ठा' (सन्तानोत्पत्ति की इच्छा) त्याग दे तो समाज समाप्त हो जायेगा।
392. मूल पाठ में 'सोज़ो साज़े ख़ेश रा गरदद रक़ीब' जिसका अर्थ है 'अपने परिताप और उत्कण्ठा का रक्षक हो जाता है'।

ताकि कोई अन्य प्रतिमा ले न ले उसका फ़लक।
किया मुस्तफ़ा ने वरण हिरा[393] में एकान्त का
किसी को न देखा एक मुद्दत तक स्वयं के सिवा।
दिया उड़ेल चिह्न हमारा हृदय में उनके[394]
आविर्भूत एक मिल्लत हुयी एकान्त से उनके।
कर सकता है ईश्वर के अस्तित्व का इनकार तू
कर सकता नहीं पैग़म्बर के प्रताप का इनकार तू।
यद्यपि मूसा सदृश तू रखता है एक ज्योतिर्मय आत्मा
रहेगा अनुर्वर है तेरा विचार एकान्त के बिना।
एकान्तता[395] से होती है कल्पना जीवन्ततर
जीवन्ततर, जिज्ञासुतर और अधिगततर[396]।

ज्ञान और प्रेम हैं अवस्थान जीवन के
दोनों पाते हैं अपना भाग ईश्वरीय प्रेरणा[397] से।
पाता है ज्ञान आनन्द अनुसन्धान[398] से

393. मक्का में स्थित एक पहाड़ी की गुफा का नाम जहाँ पैग़म्बर हज़रत मुहम्मद (स.अ. व स.) पैग़म्बरी प्राप्त करने से पहले इबादत करते थे और इसी गुफा में सबसे पहले उनपर वह्इ (Revelation) नाज़िल (अवतरित) हुयी थी।

394. आशय यह है कि जब पैग़म्बर हज़रत मुहम्मद स.अ. व स. के पवित्र हृदय में एक मिल्लत (धार्मिक समुदाय) सृजित करने की भावना उत्पन्न हुयी तो उन्होंने एकान्त (ख़ल्वत) अंगीकार किया। वह तीन साल से अधिक अवधि तक मक्का के निकट हिरा पहाड़ी की गुफा में एकान्तवासी रहे। इस दौरान में उन्होंने अपने सिवा किसी को नहीं देखा।

395. मूल पाठ में 'कम आमेज़ी' जिसका अर्थ है 'मेलजोल से कतराने वाला या मेलजोल न पसंद करनेवाला'। यहाँ 'कम आमेज़ी' का आशय 'एकान्तता' (Solitude) है।

396. मूल पाठ में 'ज़िन्द:तर, जोइन्द:तर, याबिन्द:तर' जिसका अर्थ है 'जीवन्ततर, जिज्ञासुतर और अधिक प्राप्त करनेवाली' अर्थात् 'अधिगततर'। 'अधिगत' का अर्थ है 'प्राप्त किया हुआ'; अत: 'अधिगततर' का अर्थ हुआ 'अधिक प्राप्त की हुयी या अधिक प्राप्त करनेवाली'।

397. मूल पाठ में 'हर दो मी गीरद नसीब अज़ वारिदात' जिसका शाब्दिक अनुवाद है 'दोनों वारिदात (वारिद का ब.व., वारिद का अर्थ है 'आगामी या घटित होनेवाला'; अत: वारिदात का अर्थ है 'घटनायें') से अपना नसीब (भाग, अंश) लेते हैं'। किन्तु यहाँ वारिदात का आशय ईश्वरीय प्रेरणा (इल्हामे रब्बानी अर्थात् Divine inspiration) है।

398. मूल पाठ में 'इल्म अज़ तहक़ीक़ लज़्ज़त मी बरद' (ज्ञान तहक़ीक अर्थात् गवेषणा या अनुसंधान (Discovery or Research) से आनन्द ग्रहण करता है)। स्पष्ट है कि अनुसंधान या गवेषणा के लिए समाज, अनुसंधान केन्द्र और वांछित व्यक्तियों के सहयोग की अपेक्षा होती है। अत: तहक़ीक़ या अनुसंधान जल्वत (प्रकटन अर्थात् समाज, समूह या समष्टि) से सम्बद्ध है।

पाता है प्रेम आह्लाद आविष्कार[399] से।
प्रकटन होता है प्रिय अनुसंधानकर्त्ता को
एकान्त होता है प्रिय आविष्कारकर्त्ता को।
मूसा की चक्षु ने, चाहा दर्शन अस्तित्व[400] का
परिणाम था यह सब, अनुसंधान के आनन्द का ।
निहित हैं अति सूक्ष्म बिन्दु 'लन तरानी'[401] में
थोड़ी देर हो जा लुप्त इस अगाध सागर में।

हैं अनावृत हर जगह चिह्न जीवन के[402]
सृष्टि के अन्त:करण में स्रोत हैं इसके।[403]
अत: तू ब्रह्माण्ड की हलचल को देख
सृष्टिकर्त्ता को न दे प्रकटन का क्लेश।
हर सृजनकर्त्ता का संरक्षण एकान्तता से है
उसकी मुद्रिका का नगीना एकान्तता से है[404] ।

---

399. मूल पाठ में 'इश्क़ अज़ तख्लीक़ लज़्ज़त मी बरद' (प्रेम तख़्लीक़ से आह्लाद या आनन्द ग्रहण करता है)। तख़्लीक़ का आशय आविष्कार या ईजाद (Invention) है। वैसे तख़्लीक़ का शाब्दिक अर्थ है सृजन जो कि एकान्त में ध्यान, मनन और चिन्तन का परिणाम होता है। अत: तख़्लीक़ अर्थात् सृजन का आविष्कार ख़ल्वत (एकान्त) से सम्बद्ध है।

400. परम अस्तित्व (Absolute Existence)।

401. 'लन तरानी' का अर्थ है 'तु मुझे कदापि नहीं देख सकता'। तूर पर्वत (Mount Simai) पर पैग़म्बर मूसा ने ईश्वर को साक्षात् देखने की इच्छा व्यक्त की थी। उसी का उत्तर मिला था कि, 'लन तरानी' (तू मुझे कदापि नहीं देख सकता)। आशय यह है कि पैग़म्बर मूसा की ईश्वर-दर्शन की यह इच्छा तहक़ीक (अनुसंधान, तलाश) का परिणाम थी।

402. मूल पाठ में 'आसारे हयात' जिसका अर्थ है 'जीवन के अवशेष या चिह्न'। यहाँ जीवन (हयात) का आशय परम जीवन (Absolute Existence) है।

403. आशय यह है कि सृष्टि की संरचना पर विचार करके हम सृष्टि के रचयिता अर्थात् ईश्वर के अस्तित्व का अपने अन्दर बोध कर सकते हैं क्योंकि स्रष्टा के बिना सृजन संभव नहीं।

404. अन्तिम शे'र का आशय यह है कि किसी भी सृजक की सृजनात्मक शक्ति की प्रभावकारिता का संरक्षण उसके एकान्तता के पर्दे में रहने के कारण है तथा एकान्तता ही उसकी अंगूठी का नगीना है। अत: ईश्वर को 'प्रकटन का क्लेश न देना' ही उचित है तथा उसका परोक्षता (ग़ैब) के परदे में रहना ही बेहतर है।

(2)

ईश्वरीय शासन[405]

हर अवस्थान[406] से निःस्पृह होता है दास ईश्वर का
कोई नहीं उसका दास, न वह दास किसी का[407]।
ईश्वर का दास होता है स्वतन्त्र पुरुष बस
होता है उसका राज्य व विधान ईश्वर-प्रदत्त बस।
रुढ़ि व प्रथा, धर्म व विधान के प्रतिमान उसके ईश्वरीय
निकृष्ट व उत्कृष्ट, कटु व मिष्ट के प्रतिमान उसके ईश्वरीय।
अन्य के कल्याण से है अहंकारी[408] बुद्धि बेपर्वा
देखती है लाभ अपना, देखती नहीं लाभ अन्य का।
देखता है ईश्वरीय संदेश[409] लाभ समष्टि का
दृष्टि में उसकी[410] होता है लाभ व कल्याण समष्टि का।
होता है वह[411] न्यायी सन्धि और समर में
रिआयत न भय किसी से उसे मिलन व विरह में[412]

---

405. मूल पाठ में 'हुकूमते इलाही' जिसका अर्थ है 'ईश्वरीय शासन' (Divine Government)।

406. मूल पाठ में 'मक़ाम'। सुलूक (साधना) की मंज़िल को मक़ाम या अवस्थान भूमि या पड़ाव (Station) कहते हैं।

407. इस पंक्ति में क़ुरआन के तौहीद (ईश्वर को एक मानना) के सिद्धान्त के प्रति संकेत है। तौहीद का तार्किक परिणाम यह है कि मुवह्हिद (एकेश्वरवादी) न किसी का ग़ुलाम होता है और न किसी मनुष्य को ग़ुलाम (दास) बनाता है।

408. मूल पाठ में 'अक़्ले ख़ुदबीं' जिसका अर्थ है 'आत्मदर्शी बुद्धि'।

409. मूल पाठ में 'वह्इ हक़' अर्थात् 'ईश्वरीय संदेश या आदेश या इल्हाम' (Divine Revelation)।

410. ईश्वरीय संदेश की।

411. ईश्वरीय संदेश या इल्हाम।

412. आशय यह है कि ईश्वरीय विधान यदि दो व्यक्तियों का आपस में मिलाप (वस्ल) करता है या उन्हें पृथक (फस्ल) करता है तो इस मामले में न तो किसी के साथ रिआयत (पक्षपात) करता है और न किसी से डरता है।

ईश्वर से इतर होता है, जब निषेधक व शासक
बलवान हो जाता है निर्बल का उत्पीड़क।
आधिपत्य से स्थिर है अंबर तले शासन
ईश्वर का इनकार है ईश्वर से इतर शासन।

नृशंस शासक जो कि होता है काम में पक्का
कानूनों से अपने गिर्द एक दुर्ग लेता है बना।
तीक्ष्ण चंगुल, शीघ्रग्राही नर शिकारी बाज़
ममोलों[413] को बनाता है अपने कामों में सलाहकार।
देता है नृशंसता को रूप विधान व विधि का
मानो नेत्रहीन देता है नेत्रहीन को सुरमा।
राजाओं के संविधान व नियम का यह परिणाम होता है
जागीरदार सम्पन्न, तकला सदृश दुर्बल काश्तकार होता है।

अफ़सोस है यूरोप के लोकतन्त्र के संविधान पर
उसके तुरही नाद से, मृत हो जाता है मृततर।
परिक्रामी ग्रहों सदृश उन धूर्त मदारियों ने
अपनी बिसात पर चुने हैं राष्ट्रों के मोहरे।
ये धूर्त, यह ख़ज़ानेदार,[414] वह व्यथित प्रतिद्वन्द्वी[415]
रहते हैं हर समय घात में एक दूसरे की।
अब कर देना चाहिए इन दिलबरों[416] के राज़ उजागर
हम माल हैं और ये सब हैं उसके सौदागर।

---

413. ममोला एक छोटा पक्षी होता है।

414. मूल पाठ में 'गंजवर' जिसका अर्थ है 'ख़ज़ाने का मालिक' अर्थात् 'निर्बल राष्ट्र को ग़ुलाम बनाकर उसकी दौलत पर कब्ज़ा करनेवाला'।

415. मूल पाठ में 'रंजबर' जिसका अर्थ है 'रक़ीब या प्रतिद्वन्द्वी'। आशय यह है कि यूरोप के राजनीतिज्ञ शातिरों में से एक किसी राष्ट्र को ग़ुलाम बनाता है तो दूसरे शातिर को व्यथा होती है जिससे वह उसका प्रतिद्वन्द्वी बन जाता है।

416. मूल पाठ में 'दिलबराँ ' जो दिलबर का बहुवचन है जिसका अर्थ है 'दिल उचक लेने वाला, प्रेमपात्र या नायिका'। 'दिलबरों' से आशय 'यूरोप के साम्राज्यवादी राष्ट्रों' से है।

नमी नहीं उनकी आँखों में[417] सोने-चाँदी के प्रेम से
माताओं के लिए हैं भार, उनकी पीठ पर बेटे।
अफ़सोस है उस राष्ट्र पर जो फल की भय से
नमी निकाल लेता है, तरु के तन से।[418]
ताकि उसके तारों से पैदा न करे मिज़राब[419] सुर
अनजन्मे शिशु को मार देता है कोख के अन्दर।
भिन्न-भिन्न अंदाज़[420] यद्यपि वह है रखता
सिवाय चेतावनी, मैं यूरोप से कुछ नहीं लेता।
ऐ उसके अनुकरण का बन्दी, हो जा तू स्वतन्त्र
क़ुरआन का दामन पकड़, हो जा तू स्वतन्त्र।

---

417. मूल पाठ में 'दीद:हा बेनम' जिसका अर्थ है 'उनकी आँखें नमी विहीन हैं' अर्थात् 'उनकी आँखों में सहानुभूति नहीं रहती' सोने-चाँदी के अतिशय प्रेम के कारण।

418. मूल पाठ में :
'वाये बर क़ौमे कि अज़ बीमे समर
मी बरद नमरा ज़ अन्दामे शजर'

इस शे'र का अर्थ है :
'अफ़सोस है उस राष्ट्र पर जो फल के डर से
नमी निकाल लेता है वृक्ष के तन से।'

इस शे'र में साम्यवादी रूस के उस कानून के प्रति संकेत है जिसके अन्तर्गत 1928 में औरतों को गर्भपात का अधिकार दिया गया था क्योंकि सरकार ने पुरुषों एवं स्त्रियों को बिना विवाह के शारीरिक संबंध स्थापित करने की आज्ञा दे दी थी। जब यह प्रयोग असफल हुआ तो इस कानून में 1936 में संशोधन किया गया।

419. मूल पाठ में ज़ख़्म: जिसका अर्थ है मिज़राब या वाद्ययष्टि।

420. मूल पाठ में 'शेव:हा-ए-रंग रंग' जिसका शाब्दिक अर्थ है 'भिन्न-भिन्न प्रकार की परिपाटियाँ, शैलियाँ या पद्धतियाँ '। आशय यह है कि यद्यपि ज्ञान, विज्ञान, सभ्यता और संस्कृति में यूरोप की अनेक महान् उपलब्धियाँ हैं तथापि मैं यूरोप से सिवाय चेतावनी (मूल पाठ में 'इबरत') कुछ नहीं लेता या ग्रहण करता हूँ। कहना चाहते हैं कि यूरोपीय साम्राज्यवादी राष्ट्रों की सारी प्रगति मानवता की विपत्ति का कारण बनी है।

(3)

भूमि ईश्वर की मिल्कीयत है

पूर्व और पश्चिम में सकल वृत्तान्त मानव का
कहानी है ज़मीन के लिए फसाद व रक्तपात का।
वह है एक दुल्हन और हम सब पति हैं उसके
वह मायाविनी, किसी की नहीं और साथ भी सबके।
उसके सकल हाव-भाव हैं छल-कपट
न तेरी मिल्कीयत है वह न मेरी मिल्कीयत।
ये कंकड़ पत्थर मेल खाते नहीं तुझसे[421]
ये असबाब हैं पड़ाव के, और तू है सफ़र में।[422]
सुप्त और जागृत का मेल-जोल कैसा?
स्थिर[423] का गतिमान[424] से काम क्या[425]?
ईश्वर ने धरती को मात्र हमारी पूँजी कहा है
मुफ्त है यह बहुमूल्य पूँजी, मुफ़्त है।
यह सूक्ष्म बात मुझसे समझ ऐ जमीनदार!
रोज़ी व क़ब्र कर उससे प्राप्त, उस पर न कर अधिकार।
उसकी संगत कब तलक? तू है और वह है नहीं

---

421. मूल पाठ में 'दर नसाज़द बा तू ईं संगो हजर' जिसका अर्थ है 'ये कंकड़-पत्थर तेरे उपयुक्त या अनुकूल नहीं'। 'कंकड़-पत्थर' से आशय 'संसार' है। तात्पर्य यह है कि संसार और मनुष्य के मध्य अनुकूलन नहीं हो सकता क्योंकि जैसा कि आगामी मिसरे में स्पष्ट कर दिया गया है, यह धरती तो यहीं रहती है किन्तु मनुष्य यहाँ से चला जाता है।

422. मूल पाठ में 'ईं ज़ असबाबे हज़र तू दर सफर' जिसका अर्थ है 'ये असबाब (कंकड़-पत्थर अर्थात् संसार) तो पड़ाव के हैं और तू सफर (यात्रा) में है'। तात्पर्य यह है कि ठहरी रहने वाली दुनिया और चले जाने वाले या यात्रा करनेवाले मनुष्य में क्या मेल हो सकता है?

423. मूल पाठ में 'साबिते' जिसका अर्थ 'एक स्थिर' अथवा 'एक स्थिर तारा' (A Fixed Star)। दूसरा अर्थ 'पड़ाव करनेवाला' है।

424. मूल पाठ में 'सय्यार' जिसका अर्थ है 'गतिमान ग्रह'। दूसरा अर्थ 'यात्री या मुसाफ़िर' है।

425. इस शे'र का आशय यह है कि ऐ मनुष्य! जब तू एक दिन इस दुनिया से सदैव के लिए चला जायेगा तो फिर इस धरती से इतना लगाव क्यों?

तू है अस्तित्व और वह है नुमाइश जिसका अस्तित्व है नहीं[426]।
तू है गरुड़,[427] परिक्रमाकर्त्ता हो जा तू आसमानों का
पंख व पर खोल अपने, मिट्‌टी से तू पवित्र हो जा।
'अल अर्दु लिल्लाहि'[428] का आन्तरिक अर्थ है स्पष्ट
काफ़िर[429] है वह जो देखता नहीं अर्थ, यह स्पष्ट।

छोड़ दे तू महल और गली मैं नहीं कहता
साम्राज्य है तेरा यह जगत् रंग व गंध का।
दाना दाना मोती इसकी मिट्‌टी से चुन ले
बाज़ की तरह झपट ले शिकार आसमानों से इसके[430]।
अपनी कुठार का प्रहार कर पर्वतमालाओं पर इसकी,
स्वयं से प्राप्त कर एक ज्योति और कर अग्नि पर प्रहार उसकी।
आज़री[431] प्रथा से तू हो जा अपरिचित

---

426. मूल पाठ में 'नुमूदे बेवुजूद', 'नुमूद' का शाब्दिक अर्थ है 'नुमाइश, दिखावा, प्रकट, हस्ती' इत्यादि। अत: 'नुमूदे बेवुजूद' का अर्थ है 'अस्तित्वहीन दिखावट'। आशय यह है कि अपनी वास्तविकता की दृष्टि से मनुष्य एक हक़ीक़त (Reality) रखता है और मरने के बाद भी उसका अस्तित्व रहेगा किन्तु मनुष्य की तुलना में धरती की कोई वास्तविकता या हक़ीक़त नहीं है। दूसरे शब्दों में, मनुष्य एक स्थायी अस्तित्व रखता है और मृत्यु उसके अस्तित्व का अन्त नहीं है। किन्तु धरती एक आविर्भाव (ज़ुहूर) या प्रदर्शन (Show) है जिसका अस्तित्व नहीं । यद्यपि यह दिखाई तो पड़ती है किन्तु वास्तव में मौजूद नहीं है। धरती की वास्तविकता मात्र इतनी है कि देखो तो है, ग़ौर करो तो कुछ भी नहीं है। वर्तमान नज़रिये के अनुसार पदार्थ मात्र ऊर्जा है और उसका अपना अस्तित्व नहीं।

427. मूल पाठ में 'तू उक़ाबी' जिसका अर्थ है 'तू एक गरुड़ है' अर्थात् 'तू गरुड़ सदृश प्रवृत्ति रखता है'। आशय यह है कि तू धरतीमूलबद्ध (Earth Rooted) नहीं बल्कि इससे यानी भौतिकता से उच्चतर है।

428. भूमि ईश्वर की मिल्कीयत है।

429. ईश्वर का इनकार करनेवाला।

430. आशय यह है कि धरती पर स्थित पहाड़ों से लाभ प्राप्त कर और अपनी बुद्धि (ज्योति से) सृष्टि के गुप्त ख़ज़ानों (अग्नि) का पता लगा यानी ख़ानों से खनिज एवं बहुमूल्य पदार्थ (हीरे इत्यादि) निकाल। तात्पर्य यह है कि संसार की सारी वस्तुयें मनुष्य के लिये बनायी गयी हैं।

431. आज़र पैग़म्बर इब्राहीम (Prophet Abraham) के ज़माने में एक प्रसिद्ध मूर्तिकार था और मूर्तिपूजा की शिक्षा देता था। परम्परा के अनुसर यह इब्राहीम का पिता या चचा था। हज़रत इब्राहीम आज़र की बनायी मूर्तियाँ तोड़ दिया करते थे। 'आज़री प्रथा (मूल पाठ में 'तरीक़े-आज़री')' से आशय ऐसी ईजाद या ऐसा चलन या प्रथा का आविष्कार करना जिसके फलस्वरूप मनुष्य ईश्वर से दूर चला जाये।

इच्छानुरूप अपनी एक नया संसार कर सृजित।
इस रंग व गंध और महल व गली को अपना हृदय न दे
ईश्वर का घर है हृदय उसे किसी और को न दे।
अकिंचन की दशा में और बेकफ़न-दफन मरना
है स्वर्ण-रजत, और पुत्र व पत्नी में लुप्त होना।
जिसने भी 'ला इलाह'[432] शब्द कर लिया हृदयंगम
जगत् को कर लेता है गुम वह स्वयं के अंदर।
बुभुक्षा व नृत्य व नग्नता यह फ़क़ीरी[433] है कहाँ
फ़क़ीरी है बादशाही यह वैराग्य है कहाँ।

(4)

ज्ञान-विज्ञान[434] महा वरदान है

ईश्वर ने महा वरदान[435] कहा है ज्ञान-विज्ञान को
कर लो हस्तगत जहाँ कहीं इस वरदान को देखो।

---

432. 'ला इलाह' कलिम: (इस्लामी धर्ममन्त्र) का अर्ध भाग है। पूरा कलिम: इस प्रकार है, 'ला इलाह इल्लल्लाह' जिसका अर्थ है, 'अल्लाह के अतिरिक्त कोई ईश्वर नहीं है'।
433. मूल पाठ में 'फ़क्र' जिसका शाब्दिक अर्थ है 'साधुता, दरवेशी, अकिंचनता, नि:स्पृहता'। वास्तव में ईश्वर प्रेम में लोक व परलोक की प्रत्येक इच्छा से ऊपर हो जाने की अवस्था को तसव्वुफ में 'फ़क्र' या 'फ़कीरी' या 'दरवेशी' कहते हैं। अल्लामा इक़बाल ने 1930 में जावेदनामा की रचना के समय 'फ़क्रे-क़ुरआनी' की शब्दावली ईजाद की। इससे पूर्व यह शब्दावली (फ़क्रे-क़ुरआनी) किसी अन्य रचना में प्रयुक्त नहीं की। 'फ़क्रे क़ुरआना' अर्थात् क़ुरआनी शिक्षा के अनुसार फ़क्र या फ़कीरी यह है कि मनुष्य संसार से नि:स्पृह हो जाय तथा ईश्वर की याद में तल्लीन हो तथा हर क़दम पर स्वयं को ईश्वर का मोहताज समझे।
434. मूल पाठ में 'हिक्मत', अल्लामा इक़बाल ने यह शब्द ज्ञान के अर्थ में प्रयुक्त किया है। इससे उनका तात्पर्य ज्ञान-विज्ञान और उसकी समस्त शाखायें हैं जिसके अन्तर्गत विज्ञान (Science), दर्शन (Philosophy), मनोविज्ञान (Psychology), अर्थशास्त्र (Economics), तर्कशास्त्र (Logic), धर्मशास्त्र (Theology), गणितशास्त्र (Mathematics), दस्तकारी (Crafts) आदि सम्मिलित हैं। इसीलिए इस विस्तृत अर्थ वाले 'हिक्मत' शब्द का अनुवाद 'ज्ञान-विज्ञान' किया गया है ताकि इसमें ज्ञान की उपरोक्त समस्त शाखाओं का समावेश हो।
435. मूल पाठ में 'ख़ैर' जिसका शाब्दिक अर्थ है 'कल्याण, हित, लाभ, उत्तम, सर्वश्रेष्ठ, मंगल और वरदान'।

शब्द व ध्वनि को विज्ञान करता है शहपर[436] प्रदान
मोती की आभा करता है अमोती को प्रदान।[437]
आकाश के शिरोबिन्दु पर भी ज्ञान को है राह
लेता है जिससे नोच वह सूर्य की आँख से निगाह।
नुस्ख़ा उसका[438] है नुस्ख़ा व्याख्या का सृष्टि[439] की
आबद्ध है उसकी युक्ति से नियति सृष्टि की।
जंगल को कहे दे बुलबुला, देता है वह
सागर को कहे दे मरीचिका, देता है वह।
होती है उसकी दृष्टि घटनाओं पर सृष्टि की
ताकि देख ले वह[440] आधारशिला सृष्टि की।
ईश्वर से दिल लगाये तो वह[441] है पैग़म्बरी
ईश्वर से बेख़बर है तो वह है काफ़िरी[442]।
हृदयाग्नि[443] के बिना ज्ञानार्जन है अनिष्ट ही
ज्योति उसकी है तिमिर सकल सृष्टि[444] की।
संसार उसकी गैस से अंधा व अंधकारमय
वसंत उसका बन जाता है जीवन का पतझड़।
सागर, कानन, पर्वतमाला, उपवन और चरागाह
उसके विमानों के बमों से हो जाते हैं तबाह।
वक्ष में यूरोप के आग भड़की है उसी से[445]
छापामारी और धावा का उल्लास है उसी से।
उलटी गति[446] दिवसों को प्रदान करता है

436. पक्षी के डैने का सबसे बड़ा पर।
437. मूल पाठ में 'पाकी ए गौहर बिह ना गौहर दहद' जिसका अर्थ है 'ज्ञान अमोती (ना गौहर) अर्थात् मिट्टी जैसी तुच्छ चीज़ को मोती की आभा प्रदान करता है'।
438. ज्ञान-विज्ञान।
439. मूल पाठ में 'कुल' जिसका आशय है 'सृष्टि या ब्रह्माण्ड'।
440. ज्ञान-विज्ञान।
441. ज्ञान-विज्ञान।
442. नास्तिकता, अविश्वास (Unbelief)।
443. मूल पाठ में 'सोज़े-दिल' जिसका आशय 'ईश्वर प्रेम' है।
444. मूल पाठ में 'बह्रोबर' जिसका अर्थ है 'तरी ख़ुश्की' (जल-थल) जिसका आशय 'सम्पूर्ण संसार' है।
445. ज्ञान-विज्ञान से।
446. मूल पाठ में 'सैरे वाज़ूने' (उलटी गति) या 'ज़माने को पीछे ले जाता है'।

राष्ट्रों से पूँजी उनकी[447] छीन लेता है।
इब्लीस की सहायक हो जाती है उसकी शक्ति
इब्लीस के संसर्ग से[448] हो जाता है प्रकाश[449] अग्नि।
बहुत कठिन कार्य है हत्या इब्लीस[450] की
क्योंकि है वह लुप्त गहराई में हृदय की।
बेहतर यही है कि मुसलमान[451] कर ले तू उसे
क़त्ल कर दे तू उसे क़ुरआन की तलवार से।
सौन्दर्यविहीन[452] तेजस्विता[453] से ईश्वर करे रक्षा
संयोगविहीन वियोग से ईश्वर करे रक्षा।
प्रेमविहीन विज्ञान का शैतानों से है सम्बन्ध
प्रेमयुक्त विज्ञान का फ़रिश्तों से है सम्बन्ध।
एक मृतक है ज्ञान-विज्ञान ईश्वर प्रेम के बिना
बुद्धि है एक तीर जिसने लक्ष्य को नहीं भेदा।
नेत्रहीन को दीदार से नेत्रवान बना दे
अबूलहब[454] को हैदरे-कर्रार[455] बना दे[456]।

---

447. यूरोप के ज्ञान-विज्ञान की बदौलत मनुष्य उलटी प्रगति कर रहा है। आशय यह है कि जो ज्ञान बिना ईश्वर प्रेम के होता है वह मनुष्य को उसके अतीत की पाशविकता की ओर ले जाता है और राष्ट्रों की वह पूँजी जो प्रगति के कामों में लगनी चाहिए उसे विध्वंस के कामों पर लगाता है।

448. मूल पाठ में 'नूर नार अज़ सोहबत नारे शवद' जिसका अर्थ है 'प्रकाश (ज्ञान का प्रकाश) अग्नि (शैतान) की संगत से अग्नि (शैतान) बन जाता है'। आशय यह है कि मनुष्य शैतान की संगत में रहकर शैतान बन जाता है।

449. ज्ञान-विज्ञान का प्रकाश।

450. शैतान (Satan)।

451. इस शे'र में पैग़म्बर हज़रत मुहम्मद की उस हदीस की ओर संकेत है कि एक बार उन्होंने अपने साथियों से कहा कि शैतान हर इन्सान के ख़ून के साथ शरीर में गर्दिश करता है। साथियों ने निवेदन किया क्या आप उसके अपवाद नहीं हैं। उन्होंने कहा, 'नहीं, किन्तु मैंने उस शैतान को मुसलमान कर लिया है'।

452. मूल पाठ में 'बे जमाले' जिसका अर्थ है 'बिना सौन्दर्य के' (Without Beauty)।

453. मूल पाठ में 'जलाल' जिसका अर्थ 'प्रताप, तेजस्विता' (Majesty) है।

454. अबू लहब पैग़म्बर हज़रत मुहम्मद (स.अ.व.स.) के एक चचा का नाम जो आपका और इस्लाम का बहुत बड़ा शत्रु था।

455. 'हैदरे-कर्रार' इस्लाम के चौथे ख़लीफ़ा हज़रत अली की उपाधि थी। हैदर का शाब्दिक अर्थ है 'शेर या सिंह'। 'कर्रार' का अर्थ है 'शत्रु पर बढ़-चढ़ कर धावा बोलने वाला'।

456. इस शे'र का आशय यह है कि मात्र ज्ञान-विज्ञान (मूल पाठ में 'हिक्मत') अंधा है यह हमारा सम्यक मार्गदर्शन तब तक नहीं कर सकता जब तक इसे ईश्वर प्रेम की ज्योति न प्राप्त हो। अत: इसे मुसलमान बनाने (ईश्वर प्रेम से ज्योतिर्मय करने) की आवश्यकता है। तदन्तर ही यह मानवता के लिये वरदान सिद्ध होगा।

ज़िन्दारूद

कुरआन के मूलाधारों[457] को तूने कर दिया है प्रकट
किन्तु पर्दे में[458] ही अभी तक है वह जगत्।
उठाता क्यों नहीं है वह[459] अपने चेहरे से पर्दा
बाहर हमारे अन्त:करण से वह क्यों नहीं आता?
है हमारे सामने क्षत-विक्षत एक जगत्
विश्राम कर रही है उसकी धूलि में मिल्लत[460]।
तातार[461] व कुर्द[462] के वक्ष की बुझ गयी है आग
मर गया है या तो मुसलमान, या तो मृत है क़ुरआन[463]।

सईद हलीम पाशा

नास्तिकता[464] से भी हो गया है ईश्वर का धर्म अधिक गर्हित
क्योंकि मुल्ला,[465] है ऐसा आस्तिक[466] जो बनाता है नास्तिक[467]।

---

457. मूल पाठ में 'मुह्कमातश अज़ किताब'। 'मुह्कमात' से आशय क़ुरआन की उन आयतों (Verses) से हैं जिनके आदेश बिल्कुल स्पष्ट हैं। 'मुह्कमात' से अल्लामा इक़बाल का आशय है 'किताब (क़ुरआन) के मूलाधार सिद्धान्त'। इसका आशय क़ुरआन की उन अवधारणाओं (Concepts) और सिद्धान्तों (Principles) से है जिनके द्वारा क़ुरआन संसार में एक सामाजिक, आर्थिक और राजनीतिक व्यवस्था की स्थापना करना चाहता है।
458. 'पर्दे में' इसलिये कहा क्योंकि वह सामाजिक संरचना जो क़ुरआन का मन्तव्य है अभी तक किसी देश में दिखाई नहीं पड़ती।
459. 'वह' अर्थात् 'क़ुरआनी जगत्', वह सामाजिक, आर्थिक और राजनीतिक व्यवस्था जिसकी स्थापना क़ुरआन का उद्देश्य है।
460. राष्ट्र, क़ौम, धार्मिक समुदाय।
461. तुर्किस्तान का निवासी।
462. कुर्द जाति (पश्चिमी ईरान, इराक, सीरिया, तुर्की तथा अर्मिनस्तान के मूल निवासी)।
463. "क़ुरआन मृत" (मूल पाठ में 'क़ुरआँ बिमुर्द') का आशय यह है कि "क़ुरआन का प्रभाव समाप्त हो गया है"।
464. मूल पाठ में 'काफ़िरी' जिसका अर्थ है 'ईश्वर का इनकार' अर्थात् 'नास्तिकता'।
465. मूलत: उद्भट विद्वान को 'मुल्ला' कहा जाता था और उस समय यह शब्द अत्यन्त सम्मानजनक था। किन्तु अठारहवीं शताब्दी के मध्य से यह शब्द संकीर्ण-दृष्टि और प्रतिक्रियावादी धार्मिक विद्वानों के लिये प्रयुक्त होने लगा। धीरे-धीरे मदरसों के शिक्षक, जो साधारण योग्यता रखते थे, मुल्ला जी कहलाने लगे। अल्लामा इक़बाल ने 'मुल्ला' शब्द आलिमों (धर्मज्ञाताओं, धार्मिक विद्वानों) के आत्म-विक्रेताओं तथा अवसरवादी और प्रतिक्रियावादी वर्ग के लिये प्रयुक्त किया है।
466. मूल पाठ में 'मोमिन' जिसका अर्थ है 'आस्थावान' (Believer)।
467. मूल पाठ में 'काफ़िर गर' जिसका अर्थ है 'काफ़िर बनाने वाला'। आशय यह है कि आज के मुल्ला धर्म की आत्मा (Spirit of the Religion) से अनभिज्ञ होने के कारण अवसरवादी हो गये हैं तथा उदरपूजा में व्यस्त हैं।

हमारी ओस[468] है सागर[469] हमारी दृष्टि में
सागर हमारा ओस है, उसकी दृष्टि में[470]।
उस क़ुरआन विक्रेता की अनोखी करतूत से
जिब्रील[471] को देखा है विलाप करते हुए मैंने।
अनजान है उसका हृदय आकाश के परे से[472]
उम्मुल किताब[473] है एक कहानी उसकी दृष्टि में।
पैग़म्बर[474] के धर्म की वास्तविकता से है वह वंचित
आकाश[475] है उसका तिमिरमय तारों से रहित[476]।
दृष्टिहीन व अंधरुचि और है वह आवारागर्द
उसके तर्क-वितर्क से खण्डित है मिल्लत।
क़ुरआन का रहस्य मदरसा व मुल्ला के समक्ष
जैसे सूर्य का प्रकाश जन्मजात नेत्रहीन के समक्ष।
चिन्ता व युक्ति जिहाद[477] की, काफ़िर का धर्म है
ईश्वर की राह में फ़साद, मुल्ला का धर्म है।

ईश्वरनिष्ठ[478] पुरुष है इस चतुर्दिशिक जगत् की आत्मा
उस एकान्तवासधारी[479] को मेरी ओर से कहना।

---

468. मूल पाठ में 'शबनम' जिसका अर्थ है 'ओस' (Dew) जो धार्मिक रीति-रिवाज और प्रचलन का प्रतीक है जिसका स्वरूप या बाह्य या परिरेखीय (Peripheral) अथवा उपशाखीय होता है तथा मूलाधारों (Basic Principles or Tenets) की तुलना में जिसकी कोटि गौड़ होती है।
469. मूल पाठ में 'यम' जिसका अर्थ है 'सागर' जो यहाँ धर्म के मूलाधारों (Foundational Principles या Tenets) का प्रतीक है।
470. इस शे'र का आशय यह है कि हमारी दृष्टि में इस्लाम के उपशाखीय सिद्धान्त उतने ही महत्वपूर्ण हैं जितने कि उसके मूलाधारात्मक सिद्धान्त, किन्तु उसकी अज्ञानता के कारण मुल्ला की दृष्टि में धर्म के मूलाधारात्मक सिद्धान्त भी कोई महत्व नहीं रखते।
471. मूल पाठ में 'रुहुल अमीन' अर्थात् जिब्रील फ़रिश्ता (Arch Angel)।
472. ईश्वर प्रेम से।
473. 'किताबों की माँ ' अर्थात् क़ुरआन।
474. पैग़म्बर (Messenger of God) हज़रत मुहम्मद (स.अ.व स.)।
475. 'आकाश' से अभिप्राय 'दिमाग़ या मस्तिष्क' है।
476. मूल पाठ में 'आसमानश तीर: अज़ बेकौकबी' जिसका अर्थ है 'तारों के न होने के कारण उसका आकाश अन्धकारमय है'।
477. धर्मयुद्ध (Holy War)।
478. मूल पाठ में 'मर्दे हक' जिसका शाब्दिक अर्थ है 'ईश्वर भक्त' या 'ईश्वरानुरक्त'। इससे आशय 'सूफ़ी' है।
479. मूल पाठ में 'खल्वत रफ्त:' जिसका अर्थ है 'एकान्तवास धारण करनेवाला सूफ़ी'।

"ऐ कि तेरे विचारों से है जीवन आस्थावान[480] का
है तेरी साँसों से ही चिरस्थायित्व मिल्लत का[481]।
महान् क़ुरआन की रक्षा दस्तूर है तेरा
ईश्वर के शब्द को स्पष्ट कहना धर्म है तेरा।
उत्तराधिकारी मूसा[482] का है तू कब तक रहेगा सिर झुकाये
बाहर निकाल आस्तीन से हाथ को अपने[483]।
प्रकाशमान समुदाय[484] का सुना दे तू वृत्तान्त
कानन के विस्तार से हिरनों को कर आगाह।
आलोक से मुस्तफ़ा[485] के आलोकित तेरी प्रकृति है
फिर बता आखिर हमारा स्थान कहाँ है?"

ईश्वरनिष्ठ पुरुष[486] किसी से नहीं लेता है रंग व गंध[487]
ईश्वरनिष्ठ पुरुष ईश्वर से स्वीकार करता है रंग व गंध।
हर क्षण उसकी तड़प में होती है एक आत्मा नयी
ईश्वर सदृश होती है हर क्षण उसकी एक आभा नयी।
आगाह कर दो आस्तिक पुरुष[488] को उसके रहस्य से

480. मूल पाठ में 'मोमिन' जिसका शाब्दिक अर्थ है 'ईमान रखने वाला'। ईश्वर के ईश्वरत्व, ईश्वर के रसूल (पैग़म्बर) हज़रत मुहम्मद (स.अ. व स.) की नुबुव्वत ('नबी' अर्थात् 'पैग़म्बर होना') और क़यामत के आने की निश्चयता में य़कीन करना तथा हृदय से इन बातों पर विश्वास करना और अपने कर्मों से इन बातों की पुष्टि करना मोमिन होने के लिये आवश्यक है। इसके अतिरिक्त 'मोमिन' होने के लिए यह भी आवश्यक है कि वह अपने हृदय में ईश्वर और उसके रसूल अर्थात् हज़रत मुहम्मद (स.अ. व स.) का सच्चा प्रेम रखता हो।

481. आशय यह है कि सूफियों (ईश्वरनिष्ठ पुरुषों) के संसर्ग में ईमान (आस्था) में स्थायित्व पैदा होता है क्योंकि उनकी कथनी और करनी में क़ुरआन की शिक्षाओं की आत्मा निहित होती है।

482. मूल पाठ में 'कलीमी' अर्थात् हज़रत मूसा से सम्बन्ध रखने वाला।

483. इस शे'र में पैग़म्बर हज़रत मूसा के चमत्कार के प्रति संकेत है। हज़रत मूसा अपनी आस्तीन से जब अपना हाथ बाहर करते थे तो वह चमकने लगता था।

484. मूल पाठ में 'मिल्लते-बैज़ा' जिसका शाब्दिक अर्थ है 'चमकदार मिल्लत या राष्ट्र या धार्मिक समुदाय'। 'मिल्लते-बैज़ा' या 'प्रकाशमान समुदाय' का तात्पर्य 'मुस्लिम समुदाय या मुस्लिम राष्ट्र' है।

485. पैग़म्बर हज़रत मुहम्मद का नाम जिसका शाब्दिक अर्थ है 'चयनित' (Chosen One)।

486. मूल पाठ में 'मर्दे हक़' अर्थात् 'ईश्वरानुरक्त' या 'ईश्वरनिष्ठ पुरुष' (Man of God)।

487. आशय यह है कि ईश्वरनिष्ठ पुरुष ईश्वरीय गुण अपने अंदर पैदा करता है।

488. मूल पाठ में 'मर्दे मोमिन' जिसका शाब्दिक अर्थ है 'मुसलमान पुरुष'।

कर दो व्याख्या रहस्य की 'कुल्ल यौमिन'[489] के ।
का'बा के सिवा कोई मंजिल नहीं रखता है कारवाँ[490]
ईश्वर के सिवा किसी को नहीं रखता हृदय में कारवाँ।
मैं नहीं कहता कि उसकी राह है कोई और[491]
कारवाँ है और यह, उसकी दृष्टि है कोई और[492]।

अफ़ग़ानी

क्या तुझे मुस्तफ़ा[493] की यह हदीस[494] है पहुँची
"ईश्वर का धर्म[495] संसार में आया था अजनबी[496]"।
तुझको बताता हूँ मैं अर्थ इस अछूते शब्द का
धर्म का अजनबीपन नहीं सुमिरनकर्त्ता[497] की अकिंचनता।
उस व्यक्ति के लिए जो कि होता है गवेषणाकर्त्ता[498]

---

489. 'कुल्ल यौमिन' क़ुरआन की आयत 'कुल्ल यौमिन हुवा की शानिन' (55:29) जिसका अर्थ है 'वह हर क्षण अपनी किसी न किसी आभा का प्रकटन करता रहता है'।
490. 'कारवाँ' प्रतीक है 'मिल्लते इस्लामिया' अर्थात् 'इस्लाम की मिल्लत' यानी 'मुसलमान समुदाय' (Muslim Community)।
491. आशय यह है कि मुसलमानों के कारवाँ की मंज़िल सदैव एक ही रही है अर्थात् आज़ादी (हुर्रियत), समानता (मुसावात) और भातृभाव (उख़ुव्वत-Brotherhood)।
492. अभिप्राय यह है कि वर्तमान में मुसलमानों की मानसिकता बदल गयी है और वह ग़ैर इस्लामी हो गयी है।
493. पैग़म्बर हज़रत मुहम्मद का नाम जिसका शाब्दिक अर्थ है 'चयनित' (Chosen one)।
494. बात, कथन।
495. मूल पाठ में 'दीने-हक़' अर्थात् 'ईश्वर का धर्म' यानी 'इस्लाम'।
496. मूल पाठ में 'गरीब'। पैग़म्बर हज़रत मुहम्मद के इन शब्दों के प्रति संकेत है: 'अल् इस्लामु जाअ ग़रीबुन अर्थात् इस्लाम अजनबी के रूप में आया था'।
497. मूल पाठ में 'अहले-ज़िक्र' जिसका अर्थ है 'ईश्वर का स्मरण या सुमिरन करनेवाले' या 'ईश्वर के नाम का जाप करनेवाले'।
498. मूल पाठ में 'साहिबे जुस्तजू' जिसका अर्थ है 'तलाश करनेवाला'।

धर्म का अजनबीपन[499] है अनोखापन[500] उसके[501] चिह्नों का।
धर्म के अजनबीपन का हर समय अंदाज़ भिन्न[502] होता है
ले समझ इस बिन्दु को, यदि दृष्टि[503] तू रखता है।
क़ुरआन की सुस्पष्ट आयतों से फिर बाँध हृदय को
ताकि फंदे[504] में तू ले फँसा[505] अभिनव युग को।
किताब[506] के रहस्यों को जानता नहीं
पूर्वी[507] हों या पश्चिमी[508] उलझन में हैं सभी।
रूसियों ने उकेरी है तस्वीर एक नयी[509]
पा गये वे नीर व नान और हार गये धर्म[510] ही।
देख सत्य, बोल सत्य, न तलाश असत्य को
एक-दो शब्द कह दो मेरी ओर से उस राष्ट्र को[511]।

---

499. मूल पाठ में 'ग़ुर्बते-दीन' अर्थात् 'धर्म का अजनबीपन'।
500. मूल पाठ में 'नुद्रत' जिसका अर्थ है 'अनोखापन' या 'अजूबापन'। अल्लामा इक़बाल ने यहाँ 'अजनबी' (ग़रीब) को 'अजीब' या 'अनोखापन' के अर्थ में प्रयुक्त किया है।
501. मूल पाठ में 'आयाते ऊ' जिसका अर्थ है 'उसके धर्म के चिह्न या उसकी (धर्म की) निशानियाँ'।
502. मूल पाठ में 'नौअ-दिगर' अर्थात् 'भिन्न पद्धति' या 'भिन्न क़िस्म'।
503. आशय यह है कि हर काल में इस्लाम धर्म के नये-नये गुण प्रकट होते हैं जिसके कारण हर काल में उसकी अर्थवत्ता एक अभिनवता लिए होती है वह प्रत्येक परिस्थिति का उत्तर प्रस्तुत करती है।
504. मूल पाठ में 'कमंद' जिसका अर्थ 'फंदा' या 'फाँसा' है।
505. मूल पाठ में 'ता बिगीरी अस्रे नव दर कमंद' जिसका शाब्दिक अर्थ है 'ताकि तू नये युग को कमंद या फंदे में जकड़ ले'। तात्पर्य यह है 'ताकि तू संसार में इन्क़िलाब (क्रान्ति) बरपा कर दे'।
506. क़ुरआन।
507. मूल पाठ में 'शर्क़ियाँ' जिसका अर्थ है 'पूर्व के निवासी'।
508. मूल पाठ में 'गर्बियाँ' अर्थात् 'पश्चिम के निवासी'।
509. मूल पाठ में 'नक़्शे नवी अन्दाख़्तन' जिसका शाब्दिक अर्थ है 'नयी छाप डाली है' या 'एक नया चित्र उकेरा या अंकित किया है'। आशय यह है कि रूसियों ने एक नयी व्यवस्था (New order) की अर्थात् साम्यवादी व्यवस्था की आधारशिला रखी है।
510. आशय यह है कि रुसियों की इस नयी व्यवस्था में रोटी की समस्या तो हल हो गयी है किन्तु इस व्यवस्था में धर्म को निष्कासित कर दिया गया है।
511. रूसियों को।

रूसियों के प्रति अफ़ग़ानी का संदेश

गंतव्य और उद्देश्य क़ुरआन का और है
रिवाज और विधान मुसलमानों का और है[512]।
है नहीं दाहक अग्नि हृदय में उसके
जीवित नहीं हैं मुस्तफ़ा[513] वक्ष में उसके[514]।
मुसलमान ने क़ुरआन का खाया नहीं है फल[515]
प्याले में[516] उसके देखी मैंने मदिरा न तलछट[517]।
क़ैसर[518] व किस्रा[519] का तिलिस्म तोड़ा था उसने स्वयं
सिंहासन पर बादशाहत के हो भी गया आरूढ़ स्वयं[520]।
शक्ति ज्यों ही ली पकड़ सल्तनत के वृक्ष ने
रूप धारण कर लिया बादशाहत का उसके धर्म ने।
बादशाहत से निगाह हो जाती है कुछ और
बुद्धि व चेतना, रस्मोराह हो जाती है कुछ और।

---

512. आशय यह है कि क़ुरआन के लक्ष्य और उद्देश्य से आजकल के मुसलमानों के आचरण और उनके रीति-रिवाजों का कोई सरोकार नहीं है।

513. 'मुस्तफ़ा' का शाब्दिक अर्थ है 'चुना हुआ या चयनित' (Chosen one)। यह पैग़म्बर हज़रत मुहम्मद (स.अ. व स.) का नाम है।

514. आशय यह है कि मुसलमानों के दिलों में पैग़म्बर हज़रत मुहम्मद (स.अ. व स.) की मुहब्बत जीवित नहीं है। चूँकि मुसलमानों के दिल पैग़म्बर की मुहब्बत से खाली हैं इसीलिए उनके दिलों में असत्य और मिथ्या को भस्म कर देने वाली अग्नि भी नहीं है।

515. मूल पाठ में 'ज़ क़ुरआँ बर नख़ुर्द ' अर्थात् 'क़ुरआन से फल नहीं खाया'। आशय यह है कि मुसलमानों ने क़ुरआन की शिक्षाओं से कोई लाभ नहीं उठाया।

516. जीवन के प्याले में।

517. तात्पर्य यह है कि मुसलमानों का जीवन क़ुरआन की शिक्षाओं से अनभिज्ञ हैं।

518. क़ैसर या सीज़र (Caesar) रोमन शासकों की उपाधि।

519. किस्रा ईरान के शासक नौशेरवाँ की उपाधि।

520. मुसलमानों ने राजतन्त्र व बादशाहत का उन्मूलन करके जो राजनीतिक व्यवस्था स्थापित की थी वह ख़िलाफत थी जिसमें न किसी राजा का कोई स्थान था न पुरोहित का। किन्तु पैग़म्बर हज़रत मुहम्मद की मृत्यु के 30 वर्ष बाद स्वयं मुसलमान बादशाहत के तिलिस्म में गिरफ्तार हो गये।

तूने[521] कि एक भिन्न पद्धति[522] की नींव है डाली
प्राचीन व्यवस्था[523] से हृदय को कर लिया है ख़ाली।
हम मुसलमानों की तरह इस संसार के अंदर
अस्थियाँ राजशाही की तूने भी कर दी चूर-चूर।
ताकि जला सके एक दीप अन्तःकरण में अपने
प्राप्त कर चेतावनी हमारे वृत्तान्त से।
दृढ़ता से अपने पाँव तू इस संग्राम में[524] जमा
इस लात[525] और हुबल[526] की न कर पुनः प्रदक्षिणा[527]।
क़ौम एक चाहता है यह पुरातन जगत् ऐसी
जोकि हो शुभसंदेशवाहक[528] और भयदायक[529] भी।
आ जा फिर वापस तरफ़ प्राची की क़ौमों[530] की
नियति[531] तेरी है जुड़ी नियति से प्राची की।
की है तू ने प्रज्वलित नयी अग्नि प्राण में
नयी रात, नया दिन है तेरे अन्तःकरण में।
विधान व धर्म फिरंग[532] का हो चुका पुरातन
इस प्राचीन मूर्ति गृह[533] की ओर दोबारा न कर अवलोकन।

---

521. रूस ने।
522. साम्यवादी व्यवस्था।
523. राजशाही, ज़ारशाही।
524. इस सैद्धान्तिक युद्ध (Ideaological War) में जो रूस ने शुरु किया है।
525. इस्लाम से पूर्व अरबों की एक मूर्ति का नाम जिसकी वे पूजा करते थे।
526. इस्लाम से पूर्व मक्का में अरबों की एक मूर्ति जिसकी वे पूजा करते थे।
527. आशय यह है कि दोबारा राजशाही (Monarchy) को मत अपना लेना।
528. मूल पाठ में 'बशीर' जिसका अर्थ है 'शुभ सूचना सुनानेवाला' अर्थात् 'ईमानवालों को लोक और परलोक की सफलता की शुभ सूचना सुनाने वाला'।
529. मूल पाठ में 'नज़ीर' जिसका शाब्दिक अर्थ है 'डराने वाला' अर्थात् 'ईश्वर के न मानने वालों को परलोक में असफलता (नरक की यातना) से डराने वाला'।
530. मूल पाठ में 'अक़्वामे शर्क' अर्थात् 'पूर्व के राष्ट्रों' (Peoples of East)।
531. मूल पाठ में 'अय्याम' जो 'यौम' (दिवस) का बहुवचन है। यहाँ 'दिनों या दिवसों' (अय्याम) का आशय 'नियति' (Destiny) है।
532. यूरोप (Frank)।
533. मूल पाठ में 'दैरे क़ुहन' शाब्दिक अर्थ है 'प्राचीन मूर्तिगृह' (बुतख़ाना) जिसका आशय 'पाश्चात्य प्रजातन्त्र' है जो देखने में अवामी है किन्तु उसके पर्दे में राजतन्त्रवाद या कतिपय निहित स्वार्थों का अधिनायकवाद छुपा है।

पुराने आकाओं का काम कर दिया है तू ने तमाम[534]
'ला' से गुज़र कर अब 'इल्ला' की तरफ़ चल[535]।
तू है यदि जिज्ञासु तो 'ला'[536] से आगे बढ़
जीवन्त राह 'स्वीकरण'[537] की ताकि तू ले पकड़।
ऐ कि तू[538] चाहता है एक नवीन[539] व्यवस्था संसार में
क्या ढूँढ़ा है कोई सुदृढ़ आधार उसके लिए तूने?

मिटा दी है अध्याय दर अध्याय प्राचीन कथा[540] तूने
आलोकित कर विचार अपने उम्मुल किताब[541] से।
कृष्णवर्णों[542] को चमकता हाथ[543] था किसने दिया

---

534. आशय यह है कि रूस के ज़ार और उसके जागीरदारों का उन्मूलन कर दिया है।

535. मूल पाठ में 'बगुज़र अज़ ला जानिबे इल्ला ख़राम'। 'ला' और 'इल्ला' इस्लामी प्रथम धर्ममन्त्र या प्रथम धर्मसूत्र (प्रथम कलिम:) के द्योतक हैं जो इस प्रकार हैं, 'ला इलाह इल्लल्लाह ' अर्थात् 'कोई ईश्वर नहीं, सिवाय ईश्वर के'। इसमें प्रथम अर्धसूत्र अर्थात् 'ला इलाह' (कोई अस्तित्त्व नहीं या कोई ईश्वर नहीं) पूर्ण नकार (Absolute Negation) अर्थात् मिथ्या ख़ुदाओं, झूठे अस्तित्त्वों का नकार या इनकार (Negation) है। दूसरा अर्धसूत्र यानी 'इल्लल्लाह' (सिवाय ईश्वर के) पूर्ण स्वीकरण (Absolute Affirmation) है। अफ़ग़ानी के माध्यम से अल्लामा इक़बाल रूसियों को सम्बोधित करते हुए कहते हैं कि तुमने झूठे ख़ुदाओं का इनकार कर दिया, यह ठीक है; किन्तु पूर्ण नकार के पश्चात् पूर्ण स्वीकरण (Absolute Affirmation) की अवस्था होती है। अत: तुम 'ला' (पूर्ण नकार) की अवस्था से 'इल्ला' (पूर्ण स्वीकरण) की मंजिल की ओर क़दम बढ़ाओ क्योंकि संसार में सबात (स्थायित्व) और इत्मीनान (विश्वास या प्रत्यय) पूर्ण स्वीकरण से ही प्राप्त होता है क्योंकि मानवीय प्रकृति इसी की आकांक्षी है।

536. 'नहीं' या 'नकार' (Negation)। आशय यह है कि तू 'ईश्वर के इनकार की मंजिल' से आगे निकल कर 'अन्तिम मंज़िल' अर्थात् 'ईश्वर के स्वीकरण की मंजिल' में प्रवेश कर।

537. 'स्वीकरण' अर्थात् 'ईश्वर की सत्ता के स्वीकरण' की जीवन्त राह।

538. 'तू' से आशय 'रूस के अवाम' या 'रूसी राष्ट्र' है।

539. एक नयी व्यवस्था (A new world order)।

540. मूल पाठ में 'दास्ताने कुहन:' जिसका अर्थ है 'पुरानी दास्तान'(कथा)। इससे आशय इस्लाम से पूर्व के धर्मों से है।

541. 'उम्मुल किताब' का शाब्दिक अर्थ है 'किताब की माँ' (The Arche type of the Book)। क़ुरआन की पहली सूरत 'फ़ातिहा' को 'उम्मुल किताब' कहते हैं। यहाँ 'उम्मुल किताब' से आशय 'क़ुरआन' है।

542. मूल पाठ में 'सिय:फ़ामाँ ' अर्थात् 'काले रंग वालों '।

543. मूल पाठ में 'यदे बैज़ा' अर्थात् 'चमकता हुआ हाथ' (Shining Hand)। यहाँ 'चमकता हाथ' का आशय 'शक्ति' है।

न क़ैसर न किस्रा[544] का शुभ संवाद था किसने दिया।
रंग-बिरंगी छटाओं को तू छोड़ दे पीछे[545]
कर प्राप्ति स्वयं की परित्याग से यूरोप के।
पश्चिमी क़ौमों के छल-कपट का यदि तू है जानकार
त्याग लोमशी प्रवृत्ति, कर सिंह वृत्ति अंगीकार।
क्या है लोमशी प्रवृत्ति[546]? साज़ोसामाँ की तलाश
ईश्वर का सिंह करता है आज़ादी व मृत्यु की तलाश।
क़ुरआन के बिना[547] सिंहत्व[548] है प्रवृत्ति लोमशी[549]
क़ुरआन की फ़कीरी[550] है वास्तव में शहंशाही।
क़ुरआन की फ़क़ीरी है मिश्रण सुमिरन[551] व चिन्तन[552] का
मैंने देखा नहीं चिन्तन को पूर्ण, सुमिरन के बिना।

---

544. मूल पाठ में 'ला क़ैसरो किस्रा', 'न कोई क़ैसर न कोई किस्रा' जिसका आशय राजशाही और बादशाही का उन्मूलन। कैसर रोम के शासकों तथा किस्रा ईरान के प्राचीन शासकों की उपाधि थी।
545. आशय यह है कि ऐ रूस के निवासियों तुम यूरोप के राजनीतिक और सांस्कृतिक विचारों की छटाओं से अभिभूत होकर उसका अनुकरण मत करने लगना।
546. मूल पाठ में 'रोबाही' जिसका शाब्दिक अर्थ है 'लोमड़ीपन या लोमशीपन' जिसका आशय छल-कपट है। अल्लामा इक़बाल ने साम्राज्यवाद (Imperialism), राजतन्त्रवाद (Monarchism), पाश्चात्य प्रजातन्त्रवाद (Western Democracy) तथा उपनिवेशवाद (Colonialism) आदि निहित-स्वार्थों वाली व्यवस्थाओं के लिए 'रोबाही' (लोमशी प्रवृत्ति) शब्द का प्रयोग किया है।
547. 'क़ुरआन के बिना' (मूल पाठ में 'जुज़ बक़ुरआन') का आशय यह है 'कुरआनी शासन व्यवस्था के अलावा'
548. मूल पाठ में 'ज़ैग़मी' अर्थात् 'सिंहत्व'। यहाँ 'सिंहत्व' से आशय 'शासन-प्रणाली या शासन व्यवस्था' है।
549. मूल पाठ में 'रोबाही' अर्थात् 'लोमशीपन' या 'लोमड़ीपन' अर्थात् 'मक्कारी' या 'छल-कपट'।
550. मूल पाठ में 'फ़क्रे-क़ुरआन' यानी 'क़ुरआन का फ़क्र' अर्थात् 'ऐसा फ़क्र (ऐसी फ़कीरी) जो क़ुरआन सम्मत हो'। क़ुरआन सम्मत 'फ़कीरी' का आशय उस फ़कीरी से है जिसमें बादशाही का रंग होता है और जिस फ़कीरी की चौखट पर बड़े-बड़े महाराजा और बादशाह माथा टेकते हैं।
551. मूल पाठ में 'ज़िक्र' यानी 'सुमिरन' या 'ईश्वर स्मरण' या 'ईश्वर का जप'। ईश्वर से प्रेम करना तथा उसे प्रेम के आधार पर उसकी आज्ञा पालन करना 'ज़िक्र' है।
552. मूल पाठ में 'फ़िक्र' यानी 'चिन्तन' अर्थात् 'सृष्टि की संरचना तथा उसके विभिन्न पहलुओं पर चिन्तन-मनन करना' ताकि मनुष्य में सृष्टि को वशीभूत करने की शक्ति पैदा हो, इक़बालीय शब्दावली में 'फ़िक्र' कहलाता है।

सुमिरन? आह्लाद व उत्कण्ठा को सिखाना शिष्टता
यह काम है आत्मा का, नहीं अधर व तालु का।
वक्ष-दाहक ज्वालायें उठती हैं सुमिरन से
अनुकूल नहीं है जो[553] अभी तेरी प्रकृति से।
ऐ निछावर प्रेमपात्र पर विचार-सौन्दर्य के
मैं बताता हूँ तुझे विचार की प्रव्यंजनाओं के विषय में।

क़ुरआन क्या है? मृत्यु का संदेश स्वामी[554] के लिए
आश्रयदाता है वह निराश्रय, निर्धन दास के लिए।
धन-लोलुप तुच्छ व्यक्ति से भलाई की न कर उम्मीद तू
"जब तक नहीं करेगा खर्च, नेकी नहीं पा सकता तू"[555]।
सूद[556] से आख़िर होता है क्या पैदा? फसाद!
कोई जानता नहीं 'उत्तम क़र्ज़'[557] का आह्लाद।
कलुषित आत्मा सूद से, ईंट-पत्थर सदृश हृदय हो जाता है
बिन दाँत पंजे का दरिन्दा मनुष्य हो जाता है।

---

553. 'जो' अर्थात् 'सुमिरन'।

554. मूल पाठ में 'ख़्वाज:' जिसका अर्थ है 'मालिक', 'आक़ा' (Master)।

555. क़ुरआन (3:92) की आयत का हिस्सा जो इस प्रकार है, 'लन् तनालुल् बिर्र हत्ता तुन्फ़िक़ू' जिसका अर्थ है, 'जब तक तुम (जमा की हुयी दौलत से) ख़र्च नहीं करोगे उस समय तक नेकी नहीं प्राप्त कर सकते'।

556. क़ुरआन ने सूद-ब्याज के सभी कारोबार को हराम (निषिद्ध) घोषित किया है। धन-दौलत के संचय को भी क़ुरआन ने मना किया है। वास्तव में सूद-ब्याज की मनाही से क़ुरआन ने सरमायादारी के ताबूत में अन्तिम कील ठोंक दी। संसार में यदि कोई चीज़ पूँजीवाद (Capitalism) का सबसे बड़ा सहायताकर्त्ता है तो वह सूद-ब्याज की शोषणात्मक प्रथा है। सूद-ब्याज के अतिरिक्त जो चीज़ सरमायादारी का आधार है वह है कतिपय हाथों में धन-सम्पत्ति का (Wealth) एकत्रित हो जाना (Concentration of Wealth)। क़ुरआन चाहता है कि धन-दौलत सभी लोगों में विभाजित होकर गर्दिश करती रहे ताकि समाज के सभी वर्गों की देखभाल होती रहे और कोई व्यक्ति रोटी, कपड़ा और मकान अर्थात् जीवन की मूलभूत ज़रूरी चीजों से वंचित न रहे। अत: क़ुरआन ने सरमायादारी, जमीनदारी को नाजायज़ (अवैध) घोषित किया है क्योंकि ज़मीन जायदाद ईश्वर की मिल्कीयत है तथा उसमें सभी मनुष्यों का हिस्सा है।

557. मूल पाठ में 'क़र्जे हसन', यहाँ संकेत क़ुरआन (2:245) की उस आयत के प्रति संकेत है जो इस प्रकार है, 'मन् ज़ल्लज़ी युक्रिज़ुल्लाह क़रजन हसनन फ़युज़ाइफहू लहू अज़्आफ़न कसीरतन' अर्थात् 'कौन व्यक्ति है जो अल्लाह को उत्तम क़र्ज़ दे, फिर अल्लाह उसको बढ़ा कर बहुत से हिस्से कर दे?'

लेना विहित है धरती से जीविका अपनी
यह पूँजी है बन्दे की, मिल्कीयत है ख़ुदा की।
आस्थावान दास[558] है अमानतदार, मालिक है ईश्वर
ईश्वर से इतर जो तू देखता है, सब कुछ है नश्वर[559]।
शहंशाहों के कारण ईश्वर का ध्वज आ गया नीचे
हुयीं तबाह और अपमानित बस्तियाँ प्रवेश से उनके[560]।
एक दस्तरख़्वान से है हमारा नीर और नान
आदम का परिवार है एक व्यक्ति के समान[561]।

नक़्श[562] जब क़ुरआन का अंकित हुआ[563] इस जगत् में
ध्वस्त हो गये नक़्श काहिनों[564] और पोपों के।
स्पष्ट कहता हूँ वह बात जो मेरे दिल में है छिपी
है नहीं किताब यह, चीज़ है कोई दूसरी[565]।

---

558. मूल पाठ में 'बंदऐ मोमिन' अर्थात् 'ईश्वरभक्त' जिसका अर्थ है 'मुसलमान बन्दा'।
559. मूल पाठ में 'हालिक' जिसका अर्थ है 'विनाशी' या 'नष्ट हो जाने वाली'। संकेत क़ुरआन (28:88) की इस आयत के प्रति है, 'कुल्लु शैयिन हालिकुन इल्ला वजहहू' अर्थात् 'प्रत्येक वस्तु नष्ट हो जाने वाली है सिवाय ईश्वर की हस्ती के'।
560. यहाँ संकेत क़ुरआन (27:34) की इस आयत के प्रति है, 'इन्नल् मलोक इज़ा दख़लू क़र्यतन अफ्शदूहा व ज'अलू अ'इज़्ज़त अहलिहा अज़िल्लतन', अर्थात् 'जब बादशाह किसी बस्ती में प्रवेश करते हैं तो उसको बर्बाद कर देते हैं और उसके रहने वालों में जो इज़्जतदार हैं उनको अपमानित किया करते हैं'।
561. मूल पाठ में 'दूद:ए आदम कनफ्सिन वाहिद:' जिसका अर्थ है 'आदम का परिवार एक व्यक्ति के समान है'। इस मिस्रा (अर्धशे'र) में 'कनफ्सिन वाहिद:' क़ुरआन (31:28) की इस आयत से उद्धृत है, 'मा ख़ल्कुकुम् व ला ब'असुकुम् इल्ला कनफ्शिन वाहिदतिन' अर्थात् 'तुम सब का पैदा करना और ज़िन्दा करना ऐसा ही है जैसा एक व्यक्ति का'। अल्लामा इक़बाल ने मानव जाति के एक होने पर यह आयत प्रमाण में प्रस्तुत किया है।
562. छाप, अंकन (Impression)।
563. मूल पाठ में 'नशस्त' जिसका अर्थ है 'बैठ गया'।
564. प्राचीन मिस्त्रियों, बेबीलोनियों और यूनानियों के मूर्तिगृहों के पुजारी जो फालगीरी (भविष्यवाणी) करते थे, उन्हें 'काहिन' कहते हैं।
565. 'चीज़ है यह कोई दूसरी'- मूल पाठ में 'चीज़े दीगर अस्त'। आशय यह है कि क़ुरआन अन्य धार्मिक ग्रंथों की तरह मात्र धर्मसिद्धान्त (Dogma), विश्वास (Belief), धार्मिक अनुष्ठान (Rife), धर्मविधि (Ritmal) और पूजा-पाठ अथवा प्रार्थना (Worship) की पुस्तक नहीं है बल्कि इन्क़िलाब (Revolution) का साक्षात् संदेश है।

आत्मा में जब उतर जाती है यह,[566] आत्मा हो जाती है भिन्न
आत्मा जब हो जाये भिन्न, जगत् हो जाता है भिन्न।[567]
ईश्वर की तरह यह है प्रच्छन्न और प्रकट भी[568]
जीवन्त है, चिरस्थायी[569] है और है वक्ता[570] भी।

---

566. आशय यह है कि जब क़ुरआन की शिक्षायें आत्मा में उतर जायें और मनुष्य उन्हें हृदयंगम करके उनपर चलने लगे।

567. आशय यह है कि जब मनुष्य स्वयं बदलेगा तभी वह संसार को बदल सकेगा।

568. संसार में प्रत्येक वस्तु की तरह क़ुरआन के भी दो पहलू हैं, एक प्रत्यक्ष और दूसरा परोक्ष या अप्रकट। क़ुरआन का प्रत्यक्ष या प्रकट पहलू शरीअत कहलाता है जो आज्ञाओं (Commands) और मनाहियों या निषेधाज्ञाओं (Prohibitions) पर आधारित है। क़ुरआन का अप्रत्यक्ष या अप्रकट (बातिनी) पहलू तरीक़त कहलाता है। वास्तव में तसव्वुफ तरीक़त है जो आत्म-शुद्धि, हृदय की पवित्रता और ईश्वर प्रेम पर आधारित है। यही क़ुरआन की रूह या आत्मा है। ईश्वर-प्रेम, ईश्वर पर अटल विश्वास के साथ उसपर अपना तन, मन और धन निछावर कर देना ही क़ुरआन की रूह या क़ुरआन का अप्रत्यक्ष (बातिनी) पहलू है। जिस व्यक्ति की दृष्टि क़ुरआन के बाह्य या प्रकट पहलू पर होती है वह शरीअत के पालन मात्र से संतुष्ट हो जाता है इसी को ज़ाहिरबीनी कहते हैं। किन्तु जो व्यक्ति क़ुरआन की रूह या आत्मा से परिचित होता है वह मात्र शरीअत के अनुपालन (ज़ाहिरबीनी) से संतुष्ट नहीं होता, बल्कि वह ईश्वर से अतिशय प्रेम करता है और जानता है कि जब तक वह ईश्वर की प्रेमाग्नि में जल नहीं जायेगा ईश्वर को नहीं पा सकेगा। शरीअत के अनुयायियों का परम उद्देश्य जन्नत या स्वर्ग की प्राप्ति होती है, किन्तु तरीक़त के अनुयायियों का लक्ष्य ईश्वर की प्राप्ति है।

569. मूल पाठ में 'पाइंद:' अर्थात् 'सदैव रहने वाला, नित्य, अनश्वर या चिरस्थायी'। क़ुरआन के चिरस्थायी होने का कारण यह है कि यह किसी व्यक्ति विशेष, वर्ग-विशेष या जाति-विशेष, नस्ल-विशेष या क्षेत्र-विशेष को सम्बोधित नहीं करता, बल्कि यह समस्त मानव-जाति को सम्बोधित करता है। इसके अतिरिक्त क़ुरआन ने ऐसे विधि-नियम प्रदान किये हैं जो हर काल और स्थान में उपयुक्त हैं। इसकी शिक्षायें मानव-स्वभाव के अनुकूल हैं। इसकी शिक्षायें सार्वभौमिक सच्चाइयों की घोषणा करती हैं और सच्चाइयाँ कभी जीर्ण-शीर्ण या पुरातन नहीं होतीं।

570. मूल पाठ में 'गोया' जिसका अर्थ है 'बोलने वाला या वक्ता'। क़ुरआन को 'गोया' या 'वक्ता' इसलिए कहा है कि यह अपनी व्याख्या स्वयं करता है इसके लिए इसे किसी सहारे की या किसी व्याख्याकार की आवश्यकता नहीं, यद्यपि इसकी अनेक व्याख्यायें लिखी गयी हैं। यह एक आदेश को कहीं संक्षिप्त रूप में तो अन्यत्र उसकी तफ्सील (विशेष-विवरण) भी कर देता है। इसके अतिरिक्त इसके आदेश (Commands) और मनाही (Prohibitions) बिल्कुल स्पष्ट हैं। इसमें कोई पहेली या मुअम्मा नहीं जिसके हल के लिए किसी पुरोहित, पादरी की ज़रूरत हो। वास्तव में क़ुरआन मानव-हृदय को सम्बोधित करता है और जिसका हृदय जागृत हो वह क़ुरआन की आवाज़ आसानी से सुन सकता है। सबसे बड़ी बात यह है कि एक साधारण सूझ-बूझ का आदमी क़ुरआन की शिक्षायें आसानी से समझ सकता है।

अन्दर है उसके नियति[571] पूर्व और पश्चिम की
पैदा कर विचार में बिजली की सी तेज़ी।
इसने मुसलमाँ को कहा रख जान हथेली पर[572]
जरूरत से है जो अधिक उसे खर्च कर[573]।
तूने[574] है कर लिया सृजित भिन्न[575] नियम और विधान
क़ुरआन के आलोक में ज़रा उस पर कर विचार[576]।
जीवन के आरोह-अवरोह[577] से हो जा तू आगाह
नियति से जीवन की हो जा तू आगाह[578]।

महफ़िल[579] हमारी है बिन शराब[580] व साक़ी[581]
किन्तु वाद्य की क़ुरआन के आवाज़ है बाक़ी[582]।

---

571. मूल पाठ में 'तक़दीर' यानी 'नियति' (Destiny)। यहाँ अल्लामा इक़बाल ने 'तक़्दीर' शब्द को उसके पारम्परिक अर्थ में प्रयुक्त नहीं किया है, बल्कि यह शब्द उनकी इस्तिलाह (विशेष शब्दावली) है। 'तक़्दीर' या 'नियति' से यहाँ आशय उन सिद्धान्तों से है जिनपर अमल करने से व्यक्तियों के समान राष्ट्रों या कौमों का जीवन अपनी पराकाष्ठा पर पहुँच सकता है।
572. अल्लामा इक़बाल ने इस शे'र का मूल विचार क़ुरआन (9:111) की इस आयत से लिया है, 'इन्नल्लाहश्तरा मिनल् मोमिनीन अन्फ़ुसहुम व अम्वालहुम बिअन्न लहुमुल जन्न:' जिसका अर्थ है, 'नि:संदेह अल्लाह ने मुसलमानों से उनकी जानों को और उनकी मालों को जन्नत के बदले में ख़रीद लिया है'। 'रख जान हथेली पर' मूल पाठ में, 'जाँ बर कफ बनिह्' का आशय है कि ईश्वर की राह में जान देने के लिए तैयार हो जाओ।
573. इस शे'र में संकेत क़ुरआन (2:219) की इस आयत के प्रति है, 'व यस्अलूनक या ज़ा युन्फ़िक़ून, क़ुलिल् अफ्व' जिसका अर्थ है, 'और लोग आप (हज़रत मुहम्मद स.अ.व स.) से पूछते हैं कि कितना ख़र्च किया करें, आप बता दीजिये कि जो ज़रुरत से अधिक हो'।
574. रूसी क़ौम ने।
575. साम्यवादी व्यवस्था।
576. कुरआन के आलोक में देखने से मालूम होगा कि साम्यवाद (Communism) मानवता के लिए लाभदायक नहीं है।
577. मूल पाठ में 'बमोज़ेर' अर्थात् 'चढ़ाव-उतार'। संगीत में स्वरों के चढ़ाव को 'बम' अर्थात् 'आरोह' और स्वरों के ऊपर से नीचे आने के क्रम को 'ज़ेर' या 'अवरोह' कहते हैं। यहाँ 'बमोज़ेर' अर्थात् जीवन के 'आरोह-अवरोह' से आशय जीवन की विभिन्न अवस्थायें हैं।
578. आशय यह है कि कार्ल मार्क्स की 'पूँजी' (Das Capital) नामक पुस्तक से नहीं बल्कि क़ुरआन के अनुशीलन से क़ौमों या राष्ट्रों की नियति के रहस्य का ज्ञान होगा।
579. 'महफ़िल' से आशय है 'इस्लामी मिल्लत' या 'इस्लाम के अनुयायी'।
580. 'शराब' से आशय है 'क़ुरआन की शिक्षाओं के प्रचार-प्रसार की भावना'।
581. 'साक़ी' से आशय ऐसे रहनुमा या मार्गदर्शक से है जो मुसलमानों के दिलों में ईश्वर और उसके पैग़म्बर के प्रति प्रेमाग्नि प्रज्वलित कर सके। इश्क़ की आग भड़का सके।
582. 'बाक़ी' अर्थात् 'अनश्वर या अमर'।

यदि हो गया है प्रभावहीन[583] मिज़राब हमारा
पास हैं आकाश के हजारों झंकारकर्त्ता[584]।
क़ुरआन[585] होता है क़ौमों से निस्पृह
दिक् से और काल से होता है वह निस्पृह[586]।
क़ुरआन होता है भिन्न हर सुमिरनकर्त्ता के सुमिरन से
आवश्यकता कहाँ होती है रोम और सीरिया की[587] उसे।
ईश्वर हमारे पास से यदि उसको उठा ले
किसी अन्य क़ौम को सौंप देगा वह उसे[588]।
मैंने अन्धानुकरण व संदेह देखा है मुसलमाँ में
प्राण मेरा काँपता है हरपल शरीर में [589]।
डरता हूँ मैं उस दिन से कि उससे[590] वंचित उन्हें[591] कर दे[592]
प्रेमाग्नि अपनी डाल दे वह[593] किसी और के दिल में [594]।

---

583. आशय यह है कि यदि हम अपने मिज़राब (वाद्ययष्टि) द्वारा साज़ को छेड़कर झंकार पैदा नहीं करेंगे अर्थात् यदि हम क़ुरआन की शिक्षाओं का या क़ुरआन के संदेश का प्रचार-प्रसार नहीं करेंगे।

584. मूल पाठ में 'आसमाँ दारद हज़ाराँ ज़ख़्म:वर' जिसका अर्थ है 'आकाश अपने पास हज़ारों मिज़राब लगाने वाला (ज़ख़्म:वर) रखता है'। भाव यह है कि यदि मुसलमान क़ुरआन का अनुसरण नहीं करेंगे और उसकी शिक्षाओं से न स्वयं लाभान्वित होंगे और न दूसरों को उससे लाभ पहुँचायेंगे तो ईश्वर किसी और क़ौम को पैदा कर देगा जो मुसलमानों के स्थान पर यह दायित्व निभायेगी और क़ुरआन के संदेश को संसार में पहुँचायेगी।

585. मूल पाठ में 'ज़िक्रे हक़' अर्थात् 'ईश्वर-स्मरण' या 'ईश्वर के नाम का जप'।

586. आशय यह है कि अपने प्रभाव में क़ुरआन (ज़िक्रे-हक़) किसी समुदाय, वर्ग या राष्ट्र या जाति का मोहताज नहीं होता बल्कि वह तो दिक् और काल अर्थात् सकल सृष्टि से बेनियाज़ या निस्पृह होता है।

587. आशय यह है कि क़ुरआन अपने प्रचार के लिए किसी राष्ट्र विशेष या कौम विशेष का मोहताज नहीं है।

588. यदि मुसलमानों ने क़ुरआन के प्रति उपेक्षा बरती तो ईश्वर उनकी जगह पर किसी और क़ौम को तैनात कर देगा जो उसके (क़ुरआन के) प्रति सावधानी बरतेगी।

589. इसलिए भी प्राण मेरा डर से काँपता है कि मुसलमानों के रवैये के कारण न जाने कब ईश्वर का प्रभाव उन्हें घेर ले।

590. क़ुरआन से।

591. मुसलमानों को।

592. ईश्वर कर दे।

593. ईश्वर।

594. किसी और क़ौम के दिल में।

सन्त रूमी ज़िन्दारूद से कोई शे'र सुनाने के लिए कहते हैं

आपादमस्तक[595] ब्रह्मलीनता[596] व वेदना हैं सन्त रूमी
जानता हूँ प्रभाव इस कथन का आत्मा पर उनकी।
हृदय-विदारक आह खींची अन्दर से उन्होंने
शहीद के ख़ून से भी रंगीनतर आँसू थे उनके।
वह कि जिनके तीर ने केवल शूरों[597] का दिल भेदा
अफ़ग़ानी की तरफ़ उन्होंने की निगाह और कहा।
"हृदय को रक्त में लालिमा सदृश रंगीन करना चाहिये[598]
ईश्वर के फ़ित्राक[599] में अपना हाथ दे देना चाहिये।[600]
सरिता सदृश प्रवाहमान आशा से है आत्मा
है अनश्वर मृत्यु परित्याग आशा का।
फिर उसने[601] मेरी ओर देखा और कहा, "ऐ ज़िन्दारूद
एक दो शे'रों से अस्तित्व में आग दे भड़का।
ऊँटनी[602] हमारी है थकी और महमिल[603] है भारी

---

595. मूल पाठ में 'सरापा' जिसका शाब्दिक अर्थ है 'आपादमस्तक', 'सिर से पैर तक' या 'नख-शिख' या 'साक्षात'।

596. मूल पाठ में 'जज़्ब' जिसका शाब्दिक अर्थ है 'आकर्षण या आत्मसात्'। यहाँ आशय 'बेख़ुदी (आत्म-विस्मृति) या 'ब्रह्मलीनता' है। 'जज़्ब' से आशय है 'ईश्वर-प्रेम की बेख़ुदी या आत्मविस्मृति जिसमें हर क्षण ईश्वर की आभाओं (जल्वों) का ध्यान रहता है और संसार तुच्छ दिखाई पड़ता है'।

597. मूल पाठ में 'मर्दां' अर्थात् 'मर्दों' जिससे आशय 'ईश्वरानुरक्त या ईश्वरभक्त' या 'शूर' है।

598. मूल पाठ में 'दिल बख़ूँ मिस्ले शफ़क़ बायद ज़दन' जिसका अनुवाद है 'दिल को सांध्य-लालिमा के समान ख़ून में रंगीन करना चाहिए'। जिसका तात्पर्य है 'दिल को ख़ून कर देना चाहिये' या 'ख़ून होकर दिल को बह जाना चाहिये'।

599. 'फ़ित्राक' वह थैला है जिसे शिकारी लोग घोड़े की जीन में दायें-बायें दोनों ओर बाँध लेते हैं ताकि शिकार को उसमें रखते जायें।

600. मूल पाठ में 'दस्त दर फित्राक-हक़ बायद ज़दन' जिसका अर्थ है, 'हाथ को ईश्वर के फित्राक में डाल देना चाहिये'। इसका आशय है 'निराश होकर अपने कर्त्तव्य से असावधान नहीं होना चाहिए और क़ुरआन का संदेश हर स्थिति में दूसरों तक पहुँचाते रहना चाहिये'।

601. रूमी ने।

602. मूल पाठ में 'नाका' अर्थात् 'ऊँटनी'। इससे आशय है 'मुसलमानों का काफिला' या 'इस्लामी समुदाय का काफिला'।

603. ऊँट पर बाँधने का कजावा, डोली या हौदा जिसपर पर्दे लगे होते हैं और जिसमें पर्दानशीं महिलायें यात्रा करती हैं। यहाँ 'महमिल' से आशय 'क़ौम का दिल' या 'क़ुरआन की शिक्षा' है।

होनी चाहिये आवाज़ कट्‌तर[604] सारबान[605] की।
विपत्ति से होती है परीक्षा पवित्र पुरुषों की[606]
प्यासों को और प्यासा करना होता है सही।
नील सरिता से गुज़र कलीम की तरह[607]
अग्नि की ओर कर गमन ख़लील[608] की तरह।
उस पुरुष का नग़मा[609] जिसमें होती है ख़ुशबू दोस्त की[610]
ले जाता है मिल्लत[611] को गली में दोस्त[612] की।"

ज़िन्दारूद की ग़ज़ल

तू समझता है गुलाब व लाला[613] चिरस्थायी हैं सब
समीर की हिलोर के समान राहगीर हैं सब।
ढूँढ़ते हैं जिसे पर पाते नहीं, वह अभिनव अर्थ [614] है कहाँ

---

604. मूल पाठ में 'तल्ख़तर' जिसका आशय यह है कि ईश्वर-प्रेम में अधिक गर्मी होनी चाहिये।
605. 'सारबान' का अर्थ है 'ऊँटनी को चलाने वाला'। यहाँ इसका आशय है 'काफिला का सरदार'।
606. मूल पाठ में 'इम्तिहाने पाक मर्दां अज़ बलास्त' अर्थात् 'पवित्र व्यक्तियों की परीक्षा विपत्ति से होती है'। यहाँ संकेत क़ुरआन (2:155) की इस आयत के प्रति है, 'व लनब्नुवन्नकुम् बि शैयिन् मिनल् ख़ौफि बलजू'इ व नक़्सिन् मिनल् अम्वालि वल् अन्फुसि वस्समराति' जिसका अनुवाद है, 'और हम (ईश्वर) भय व भूख और मालों व जानों और फलों के नुकसान से तुम्हारी परीक्षा करेंगे।'
607. मूल पाठ में 'दर गुज़र मिस्ले कलीम अज़ रुदे नील' जिसका अर्थ है 'मूसा (मूल पाठ में 'कलीम') की तरह नील नदी (River Nile) से गुज़र जा'।
608. पैग़म्बर इब्राहीम (Abraham) की उपाधि।
609. 'नग़मा' का अर्थ है 'गीत'। इससे आशय 'संदेश' है।
610. मूल पाठ में 'बू-ए-दोस्त' अर्थात् 'दोस्त की ख़ुशबू' इससे आशय 'क़ुरआन की शिक्षा की ख़ुशबू'।
611. धार्मिक समुदाय, यहाँ आशय इस्लामी मिल्लत अर्थात् मुस्लिम समुदाय है।
612. ईश्वर।
613. मूल पाठ में 'गुलो लाल:'। 'गुल' अर्थात् 'गुलाब और लाला'। 'लाला' या 'लाल:' एक अत्यन्त सुर्ख़ फूल जो प्याले की तरह होता है और उसका बीच का हिस्सा ऐसा काला होता है जैसे कोई दाग़ या धब्बा हो। यहाँ 'गुलोलाल:' अर्थात् 'गुलाब और लाल' धन-दौलत के प्रतीक के रूप में प्रयुक्त हुये हैं। अल्लामा इक़बाल के कलाम में लाल कभी प्रेम (इश्क़) का और कभी प्रेमी (महबूब) का प्रतीक होता है।
614. मूल पाठ में 'मा'नी ए ताज:' अर्थात् 'नया अर्थ'। इससे आशय पवित्र क़ुरआन के वह अर्थ जो उसकी आयतों (Verses) में निहित हैं।

मस्जिद, मदरसा और मधुशाला अनुर्वर[615] हैं सब।
स्वयं से सीख एक शब्द,[616] और जल जा तू उस शब्द में[617]
कलीम[618] की आग के बिना[619] इस ख़ानक़ाह में हैं सब।
तू बात न कर इन मठाधीशों[620] की आन्तरिक शुचिता की
उनके केश हैं बिखरे हुये,[621] गुदड़ियाँ उनकी अनधुली[621] हैं सब।
एक हरम के अन्दर[622] उन्होंने बना रखे हैं कितने हरम[623]
एकेश्वरवादियों[624] की सोच है एक,[625] पर रखते मतभेद हैं सब।
मुश्किल यह नहीं कि सरफ़रोशी[626] से जान चुराती है महफ़िल[627]
मुश्किल यह है कि बिन मिष्ठान्न[628] बिन साथी[629] महफ़िल हैं सब[630]।

---

615. मूल पाठ में 'अक़ीम' जिसका अर्थ है 'बाँझ या बंजर'। इसका आशय यह है कि मुसलमानों में अनुसंधान रुझान शेष नहीं रहा अथवा उनमें क़ुरआन की अर्थवत्ता की तलाश का शौक़ समाप्त हो गया है तथा मस्जिद या मदरसा अर्थात् धर्मज्ञों या धार्मिक विद्वानों को अन्धानुकरण की प्रवृत्ति ने वशीभूत कर लिया है।
616. मूल पाठ में 'हरफे' यानी 'एक शब्द'। इससे क़ुरआन की तौहीद (ईश्वर एक है) की अवधारणा के प्रति संकेत है।
617. मूल पाठ में 'ददाँ हरफ बसोज़' यानी 'उस शब्द में तू जल जा'। इससे आशय यह है कि 'तू ईश्वर प्रेम अंगीकार कर'।
618. 'कलीम' पैग़म्बर हज़रत मूसा की उपाधि।
619. मूल पाठ में 'बेसोज़े कलीम' यानी 'कलीम' अर्थात् 'मूसा की ईश्वर-प्रेम की अग्नि के बिना'।
620. मूल पाठ में 'तक्य:नशीनाँ'। 'तक्य:' या 'तकिया' अर्थात् 'दरवेशों का स्थान'। 'तक्य: नशीनाँ' का अर्थ है 'सज्जाद:नशीनों या गद्दीनशीनों यानी किसी बड़े दरवेश या फ़क़ीर या महात्मा की गद्दी ग्रहण करनेवालों अर्थात् मठाधीशों' या 'दरगाह या ख़ानक़ाह के सज्जादानशीन'।
621. 'बिखरे हुए केश' और 'अनधुली गुदड़ियाँ' ज़ाहिरपरस्ती अर्थात् बाह्य आडम्बर का प्रतीक है।
622. 'एक हरम के अन्दर' अर्थात् 'इस्लाम के अन्दर'।
623. 'कितने हरम' अर्थात् 'कितने फिर्क़े या गिरोह' (Sects)।
624. मूल पाठ में 'अहले तौहीद' यानी 'तौहीद' अर्थात् 'एक ईश्वर के मानने वाले'।
625. 'सोच है एक' का आशय है कि 'ज़बान से तो तौहीद का स्वीकरण करते हैं, परन्तु दिल की गहराई से नहीं'।
626. आत्म बलिदान।
627. मुस्लिम समुदाय या इस्लामी मिल्लत।
628. मूल पाठ में 'बेनुक़्ल' यानी 'बिना मिष्ठान्न'। इसका आशय है कार्यक्रम (Programme)।
629. मूल पाठ में 'बेनदीम' यानी 'बिना साथी' अर्थात् 'बिना रहनुमा का'।
630. इस शे'र का आशय है कि यद्यपि मुस्लिम अवाम में क़ुर्बानी की भावना है किन्तु मुसलमानों के लीडरों और नेताओं ने उनके सामने कोई कार्यक्रम (Programme) ही प्रस्तुत नहीं किया। अत: मुसलमान जनता के उत्साह व उनकी क़ुर्बानी की भावना से क़ौम को कोई लाभ नहीं पहुँच रहा है।

शुक्र ग्रह का आकाश

शुक्र ग्रह का आकाश

चन्द्रमा और सूर्य के प्रकाश के मध्य में
तह दर तह हैं आवरण अनेक अन्तरिक्ष के।
सम्मुख हमारे लटका दिये हैं सैकड़ों पर्दे
लपेट दिया है अग्निमय आभाओं को उसमें।
ताकि कम संताप से हो जाये हृदय संतप्ततर
डाल, पत्ता और फल को हो जाये वह अनुकूलतर[631]।
ख़ून है लाला की रगों में उसकी चमक से
पारा सदृश सरिता है निकली उसके नृत्य से।
धूलि से इसी प्रकार उठती है पवित्र आत्मा
करती है पलायन अदिक्[632] की ओर पवित्र आत्मा।
मृत्यु व मृत्योत्थान, मृतोत्थान व मृत्यु हैं उसकी राह में[633]
सिवा इश्क़ के[634] कोई पाथेय[635] नहीं है उसकी राह में।

---

631. आशय यह है कि यदि सूर्य और हमारे बीच सैकड़ों आवरण या पर्दे न होते तो संसार की चीज़ें सूर्य की गर्मी के सामने टिक न पातीं। इसी प्रकार हमारी आत्मा और ईश्वर के मध्य अनेक आवरण या पर्दे हैं। यदि ईश्वर और हमारे मध्य ये आवरण या पर्दे न हों अर्थात् यदि ईश्वर बेहिजाब यानी बेपर्दा हो जाय तो हम उसकी आभाओं की ताब नहीं ला सकेंगे अर्थात् हम उसके सामने बने नहीं रह सकेंगे।

632. मूल पाठ में 'बेसूई ' यानी 'दिक्हीनता' (Spacelessness)। 'बेसूई ' या 'लामकान' या 'अदिक्' का तात्पर्य 'ईश्वर' है। भावार्थ यह है कि हमारी आत्मा ईश्वर का साक्षात्कार करना चाहती है।

633. मूल पाठ में 'दर रहे ऊ' यानी 'उसकी आत्मा की राह में ' अर्थात् 'आत्मा की यात्रा में मृत्यु और मृतोत्थान (मूल पाठ में 'मर्गोहश्र') मक़ामात (अवस्थान या पड़ाव) है'।

634. मूल पाठ में 'तबो ताबे'। 'तब' यानी 'तपन या चमक' और 'ताब' यानी 'हरारत या परिताप'। आशय है 'इश्क़ की गर्मी और वियोग की तड़प'। 'जुज़ तबो ताबे' का तात्पर्य है 'सिवाय ईश्वर-प्रेम की जलन और तड़प के'।

635. मूल पाठ में 'साज़ो बर्ग ' यानी 'यात्रा का खाने-पीने इत्यादि का सामान' अर्थात् 'पाथेय'। तात्पर्य यह है कि ईश्वर प्रेम के माध्यम से ही मनुष्य की आत्मा ईश्वर का सामीप्य प्राप्त कर सकती है।

सैकड़ों नीलाम्बरों की फ़ज़ाओं[636] में पवित्र आत्मा
निरन्तर डुबकी लगाती है फिर आती है बाहर आत्मा।
स्वयं[637] है अपना का'बा और स्वयं अपना इब्राहीम[638]
समर्पण में अपने सामने है जैसे इस्माईल[639]।
नौ आसमान ख़ैबर[640] हैं नौ[641] उसके सामने
प्रहार उसका होता है हैदर के अवस्थान में [642]।
यह निरन्तर युद्ध पवित्र करता है उसे[643]
दृढ़, द्रुतगति और प्रवीण करता है उसे।

---

636. वायुमण्डलों, वातावरणों।
637. पवित्र आत्मा स्वयं।
638. पैग़म्बर इब्राहीम (Abraham) जिन्होंने का'बा का निर्माण किया था।
639. मूल पाठ में 'ज़बीहुल्लाह' हज़रत ईस्माईल की उपाधि। वह हज़रत इब्राहीम के पुत्र थे। जब इब्राहीम ने तीन दिन स्वप्न में अपने पुत्र इस्माईल को ज़बह करते हुये देखा था और उन्हें अपना स्वप्न सुनाया था तो वह (इस्माईल) ईश्वर की राह में ज़बह होने के लिये तैयार हो गये थे। जब हज़रत इब्राहीम ने मक्का के पास मिना में उन्हें ज़बह करने के लिये लिटाया और उनके गले पर छुरी चलाई तो जिब्रील फ़रिश्ता आसमान से मेढ़ा ले आये और छुरी हज़रत इस्माईल के गर्दन की जगह मेढ़ा की गर्दन पर चल गयी। हज़रत इस्माईल उस दिन से ज़बीहुल्लाह कहलाते हैं। मुसलमान इसी घटना की यादगार में 10 ज़िल्हिज्ज: को क़ुर्बानी करते और ईद मनाते हैं।
640. मदीना से 200 मील उत्तर में यहूदियों का एक क़िला। यह क़िला पहाड़ पर बना था। इसके दरवाज़े लोहे के बने थे और वे बहुत ऊँचे, चौड़े और भारी थे। पैग़म्बर हज़रत मुहम्मद के ज़माने में यहूदी मुसलमानों के विरुद्ध इस किले में सामरिक तैयारियाँ कर रहे थे। लिहाज़ा पैग़म्बर हज़रत मुहम्मद ने इस पर चढ़ायी की। कई दिनों के हमलों के पश्चात् भी यह क़िला विजित न हुआ। एक दिन हज़रत मुहम्मद ने ईश्वरीय प्रेरणा के अन्तर्गत यह घोषणा की कि मैं कल झण्डा एक ऐसे व्यक्ति को दूँगा जो बढ़-चढ़कर हमले करता है और लड़ाई से मुँह नहीं मोड़ता। हज़रत अली की आँखें दु:ख रही थीं इसलिए वह अब तक लड़ाई में सम्मिलित नहीं हुये थे। हज़रत मुहम्मद ने उन्हें बुलाया और अपने मुँह की राल (लुआब) उनकी आँखों पर लगाया जिससे आँखें दुखने की बीमारी समाप्त हो गयी। पैग़म्बर ने अली को झण्डा दिया। अली ने क़िले पर हमला किया और उसके फाटक तक पहुँच गये। उन्होंने फाटक में अपनी उँगलियाँ गाड़कर इस ज़ोर से झटके दिये कि उसकी चूलें हिला दीं, फिर फाटक को उखाड़कर खाई पर रख दिया और उससे पुल का काम लिया। अन्ततः इस प्रकार ख़ैबर का क़िला विजित हुआ और इस विजय का श्रेय हज़रत अली को जाता है।
641. नौ ख़ैबर का आशय आध्यात्मिक प्रगति की नौ अवस्थायें (Stages) हैं।
642. मूल पाठ में 'ज़र्बते ऊ अज़ मक़ामे हैदर अस्त' जिसका अर्थ है 'उसका प्रहार हैदर के अवस्थान (मक़ाम) से है'। आशय यह है कि अल्लाह और रसूल के प्रेम की जिस शक्ति से हज़रत अली ने ख़ैबर का किला विजित किया था उसी शक्ति से पवित्र आत्मा आध्यात्मिकता के अवस्थान विजित करती जाती है।
643. पवित्र आत्मा को।

भरती है यह[644] उड़ान विस्तार में प्रकाश के
उसका पंजा लेता है पकड़ जिब्रील[645] व हूर को[646]।
जिससे कि 'माज़ाग़ल्बसर'[647] से अपना भाग है लेती[648]
हो जाती है[649] सुरक्षक 'अब्दुहू'[650] के मक़ाम की।

मेरा मक़ाम है कहाँ मैं जानता नहीं
मित्रों से है वह भिन्न जानता हूँ इतना हीं।
अन्दर मेरे जारी है एक युद्ध बिन अश्वारोही व लश्कर
उसे देख सकता है वही मेरे समान रखता हो जो नज़र।
नास्तिकता[651] व धर्म[652] के संघर्ष से लोग हैं अनजान
ज़ैनुलआबिदीन[653] की तरह तनहा है मेरी जान[654]।

---

644. पवित्र आत्मा।

645. फ़रिश्ता का नाम।

646. स्वर्ग की अप्सरा को।

647. क़ुरआन (53:17) की आयत का अंश जिसका अर्थ है, 'न आँख झपकी और न हद से बढ़ी'। यहाँ संकेत पैग़म्बर हज़रत मुहम्मद की मे'राज से है जिसमें हज़रत मुहम्मद ने ईश्वर की तजल्लियों (आभाओं) को देखा था। 'न आँख झपकी और न हद से बढ़ी' से तात्पर्य यह है कि साधक (सालिक) को वह स्थान (मक़ाम) नसीब हो जाता है जहाँ उसे बेहिजाब तजल्लियाँ अनावृत (आभायें) दिखाई पड़ती हैं जिसका अनिवार्य परिणाम यह होता है कि मनुष्य की 'ख़ुदी' या 'आत्मन्' (Self) अथवा 'अहं' (Ego) परिपक्व एवं दृढ़ हो जाता है।

648. पवित्र आत्मा लेती है।

649. पवित्र आत्मा हो जाती है।

650. 'अब्दुहू' का शाब्दिक अर्थ है 'उसका (ईश्वर का) बन्दा या दास या सेवक'। 'अब्द' का अर्थ भी 'ईश्वर का बन्दा या दास या सेवक' होता है, किन्तु दोनों में बहुत अन्तर है। हर इंसान ईश्वर का बन्दा या दास होता है, किन्तु हर इंसान 'उसका बन्दा या उसका सेवक' यानी 'अब्दुहू' नहीं होता। 'अब्दुहू' का मक़ाम या अवस्थान (Station) आध्यात्मिक प्रगति की पराकाष्ठा है और 'अब्दुहू' के मक़ाम पर केवल पैग़म्बर हज़रत मुहम्मद ही अधिष्ठित हैं। ईश्वर का 'अब्दुहू' होने की मंजिल सब मंजिलों से ऊँची है और यह मंज़िल 'ख़ुदी' या 'आत्मन्' (Self) या 'अहं' (Ego) के सुदृढ़तर होने के पश्चात् ही प्राप्त होती है।

651. मूल पाठ में 'कुफ्र' जिसका अर्थ है 'ईश्वर के अस्तित्व से इनकार यानी नास्तिकता'।

652. मूल पाठ में 'दीन' जिसका अर्थ है 'धर्म '।

653. ज़ैनुलआबिदीन इमाम हुसैन के पुत्र थे। जब करबला के मैदान में इमाम हुसैन और उनके साथी शहीद हो गये तो बचने वालों में केवल ज़ैनुलआबिदीन रह गये थे और उनका कोई साथी और मददगार नहीं था।

654. प्राण।

मक़ाम और राह से कोई आगाह नहीं है
मेरी आवाज़[655] के सिवाय कोई मार्ग-दीप नहीं है[656]।
बच्चे, नौजवान और बूढ़े हैं सभी सागर में ग़र्क़[657]
जान साहिल तक ले गया सिर्फ एक फ़क़ीर मर्द [658]।
पर्दे उठा दिये हैं मैंने इस मकान[659] से
डरता हूँ संयोग से और रोता हूँ वियोग से[660]।
यदि पराकाष्ठा प्रेम की[661] संयोग है, उससे बचो
ऐ निरर्थक वेदना और आर्तनाद धन्य हो।
राहगीर ढूँढ़ता नहीं राह को
रास आ जाये आराम यदि उसके प्राण को।
रखता हूँ मैं वह दिल कि दृष्टि के आनन्द के लिए
हर पल आकांक्षी है वह एक अभिनव जगत् के लिए।
मेरी आत्मा की दशाओं के जानकार रूमी ने
कहा, "यदि चाहता है कोई अन्य जगत् तो ले उसे।
इश्क़ है शतरंज का खिलाड़ी उसके हाथ में मोहरे हैं हम
तू देख अपने सामने, हैं शुक्र ग्रह की धरती में हम।
है यह एक ऐसा जगत् उद्भव है जिसका नीर-मिट्टी से

---

655. मूल पाठ में 'नवा-ए-मन' अर्थात् 'मेरी आवाज'। इससे आशय 'पैग़ाम' या 'संदेश' है।

656. आशय यह है कि केवल मेरी शाइरी ही क़ौम की रहनुमाई कर सकती है।

657. मूल पाठ में 'ग़र्क़े दर्या' अर्थात् 'सागर में गर्क़' या 'निमज्जित'। यहाँ 'सागर' से आशय 'उपेक्षा या बेपर्वाई का सागर' है।

658. आशय यह है कि पूरी क़ौम में केवल एक जिन्दारूद ही उपेक्षा या बेपर्वाई के सागर में डूबने से बच सका है।

659. मूल पाठ में 'वुसाक' अर्थात् 'घर या मकान'। इससे आशय 'गफ़्लत या उपेक्षा या बेपर्वाई का मकान' है।

660. डरने का कारण यह है जिसे मुसलमानों ने संयोग या मिलन अर्थात् अपनी मंजिल समझ रखा है वह मिथ्या ध्येय (False Goal) है और मुसलमानों के मंज़िल पर न पहुँचने के कारण रो रहा हूँ। कहना यह चाहते हैं कि मुसलमानों का कर्त्तव्य है कि वे सतत संघर्ष करते रहें और संयोग (वस्ल) अर्थात् सफलता की कामना न करें क्योंकि इक़बालीय दर्शन में संयोग (विसास) मृत्यु है और वियोग (फ़िराक़) जीवन है।

661. मूल पाठ में 'पायाने शौक़' जिसका अर्थ है 'प्रेम की पराकाष्ठा या प्रेम के अन्तिम लक्ष्य की प्राप्ति, अन्तिम सीमा'।

यह का'बा की तरह है कस्तूरी रंग के काले ग़िलाफ़ में[662]।
होकर लैस पर्दा-दाहक और पर्दा-विदारक दृष्टि से
मेघों और कुहासों से होकर गुज़र उसके।
देखेगा तू उसके अन्दर पुराने ख़ुदाओं को
एक-एक करके पहचानता हूँ मैं उन सभी को।
बा'ल[663] व मर्दूख़,[664] यऊक़[665] व नस्र[666] और फ़स्र[667]
रमख़ुन[668] व लात,[669] मनात[670] व अस्र[671] और ग़स्र[672]।
अपनी अनश्वरता पर[673] हर एक लाता है दलील[674]
अपनी प्रकृति की दृष्टि से यह युग है बिन ख़लील[675]।''

---

662. मूल पाठ में, 'चूँ हरम अन्दर ग़िलाफ़े-मुश्क फ़ाम' जिसका अर्थ है यह (शुक्र-ग्रह) हरम अर्थात् का'बा के समान कस्तूरी रंग के काले ग़िलाफ (आवरण) में है। आशय यह है कि शुक्र-ग्रह का वातावरण तमिस्र अथवा अंधकारमय है। तातार और ख़ुतन प्रदेश के हिरनों की नाभि से काले रंग की कस्तूरी निकलती है।

663. 'बा'ल' संसार की प्राचीनतम फीनक़ी (Phoenicion) सभ्यता के सबसे बड़े देवता का नाम। बा'ल का शाब्दिक अर्थ है 'मालिक, आक़ा, स्वामी या पति'। सूर्य देवता की यह प्राचीन उपाधि भी है। बा'लीक शहर इसी के नाम पर है।

664. एक बुत (मूर्ति) का नाम। यह बाबिल (Babylonia) का सबसे बड़ा बुत था।

665. प्राचीन काल के एक बुत (Idol), मूर्ति का नाम। यह घोड़े की शक्ल का था।

666. प्राचीन युग की एक मूर्ति (Idol) का नाम। एक काल्पनिक नाम।

667. यह एक काल्पनिक बुत का नाम है।

668. प्राचीन काल के एक बुत (Idol) यानी मूर्ति का नाम।

669. इस्लाम से पूर्व अरबों की एक मूर्ति (Idol) का नाम जो मक्का में का'बा में स्थापित थी और जिसकी अरब पूजा करते थे।

670. इस्लाम से पूर्व अरबों की एक मूर्ति का नाम जो मक्का में का'बा में स्थापित थी और जिसकी अरब पूजा करते थे।

671. एक बुत (मूर्ति) का नाम। यह मिस्रियों का देवता था।

672. एक प्राचीन मूर्ति का नाम। यह भी एक काल्पनिक बुत का नाम है।

673. मूल पाठ में 'बर क़ियामे ख़्वेश' जिसका अर्थ है 'अपनी अनश्वरता या अपने अस्तित्व पर'।

674. आशय यह है कि बा'ल, मर्दूख, यऊक़, नस्र और रमख़ुन इत्यादि प्राचीन काल के देवताओं में वर्तमान नास्तिकता के कारण जीवन के लक्षण दिखाई पड़ रहे हैं। यही तात्पर्य है 'अपनी अनश्वरता पर दलील लाने का'।

675. आशय यह है कि वर्तमान युग में बुत (मिथ्या ख़ुदा) तो हर जगह दिखाई पड़ रहे हैं किन्तु उनका विध्वंस करनेवाला पैग़म्बर इब्राहीम सदृश कोई नज़र नहीं आ रहा है। पैग़म्बर हज़रत इब्राहीम को 'ख़लीलुल्लाह' अर्थात् 'अल्लाह का ख़लील' (मित्र) कहते हैं। अत: 'ख़लील' से आशय 'ख़लीलुल्लाह' (ईश्वर का मित्र) अर्थात् 'पैग़म्बर इब्राहीम' (Abraham) है।

प्राचीन राष्ट्रों के ख़ुदाओं की सभा

वह प्रचण्ड झंझावात और वह रात्रि सदृश कृष्ण मेघ
बिजली की ज्योति खो गयी थी जिसके तिमिर में।
लटका हुआ हो जैसे एक सागर हवा में
दामन था उसका विदीर्ण, पर उससे मोती न झड़ते थे।
साहिल था उसका अदृश्य और उसकी लहरें उद्वेलित थीं
उद्वेलित तो थीं किन्तु वे तट से न टकराती थीं।
रूमी और मैं, अन्दर उस काले सागर के
थे ऐसे जैसे हो विचार, मन के तिमिर में।
वह बहुत यात्रानुभवी और मैं अनभ्यस्त यात्रा में
दृश्यावलोकन के लिए अधीर[676] थीं मेरी दो आँखें।
कह रहा था हर पल मैं कि पहुँची नहीं मेरी नज़र
वह अन्य जगत् है कहाँ मुझे आता नहीं नज़र।
अन्ततः पर्वतमाला के चिह्न होने लगे प्रकट
सरिता का कूल और तृण-स्थली होने लगे दृष्टिगत।
अंक में गिरि व कानन के सैकड़ों बहारें थीं
कस्तूरी-सुरभित समीर पर्वतमालाओं से आती थी।
समवेत स्वर में खग-वृंद का कलरव[677] था वहाँ
झरने ही झरने थे और नयी हरियाली थी उगी वहाँ।
उस वायु के प्रभाव से काया हो गयी सुदृढ़तर
तन में पवित्र आत्मा की दृष्टि हो गयी तीक्ष्णतर।
मैंने डाली नज़र एक पहाड़ी की चोटी से
वह पर्वत और घाटी, वन और मैदान रमणीक थे।

---

676. मूल पाठ में 'दर दो चशमम नासुबूर आमद नज़र' का शाब्दिक अनुवाद है 'मेरी दो आँखों में दृष्टि हो गयी अधीर' जिसका आशय है 'मेरी दोनों आँखें यह सब दृश्य देखने के लिए बेचैन थीं '।

677. मूल पाठ में 'नग़महा-ए-ताइराने हमनफस' जिसका शाब्दिक अर्थ है, 'एक साथ साँस लेने वाले (हमनफ़स) पक्षियों के गाने'।

एक मनोहर घाटी जिसमें न कहीं चढ़ाव न उतार[678]
नतमस्तक जिसकी धूलि के समक्ष ख़िज्र[679] का आबे-हयात[680]।
भीतर उस घाटी के थे प्राचीन काल के ख़ुदागण
वह मिस्र का ख़ुदा तो यह पालनहार[681] यमन का।
वह अरब वालों के प्रभुओं में तो यह प्रभु इराक़वालों का
था कोई मिलन का ख़ुदा तो कोई था वियोग का।
यह है सूर्यवंश का चन्द्रमा का दामाद वह
भार्या पर वृहस्पति की रखे हुये है दृष्टि वह।
एक देवता है वहाँ, दोधारी तलवार है उसके हाथ में
वह है दूसरा, लिपटा है एक सर्प गले में उसके।
उनमें हर एक भयभीत है पवित्र क़ुरआन से[682]
हर एक है आहत ख़लील[683] के प्रहार से।
कहा मर्दूख़ ने, "आदमी हो गया है ईश्वर से फ़रार
वह हो गया है रोते-रोते गिरजा व हरम[684] से फ़रार।
ताकि अपनी समझ, अपनी दृष्टि में करे वृद्धि वह[685]
अतीत युग की ओर, देख, लौट रहा है वह।
प्राचीन अवशेषों से प्राप्त कर रहा है आनन्द वह
हमारी आभाओं की कर रहा है बात वह।

678. मूल पाठ में 'बे नशेबो बे फराज़' अर्थात् 'चढ़ाव रहित और उतार-रहित'।

679. एक वली या सिद्ध पुरुष जिनके बारे में कहा जाता है कि उन्होंने आबे-हयात (जीवन-जल या अमृत) पिया है तथा सदैव जीवित रहेंगे। वह किसी को दिखाई नहीं पड़ते, किन्तु हर समय भ्रमण करते रहते हैं और भूले-भटके लोगों की मुश्किलों में सहायता एवं मार्गदर्शन करते हैं।

680. 'जीवन-जल' (Elixir of life) अर्थात् 'अमृत जल या सुधा'।

681. मूल पाठ में 'रब या रब्ब' जिसका अर्थ है 'पालक या पालनहार'।

682. मूल पाठ में 'ज़िक्रे-जमील'। 'ज़िक्र' क़ुरआन के नामों में से एक नाम है, अत: 'ज़िक्रे-जमील' का अर्थ है 'शुभ स्मरण या शुभ-स्मृति' अर्थात् 'क़ुरआन'।

683. पैग़म्बर इब्राहीम (Abraham)।

684 'गिरजा व हरम' धर्म के प्रतीक हैं, अत: यहाँ 'गिरजा व हरम' से आशय 'धर्म ' है। 'हरम' का अर्थ 'का'बा' है।

685. वर्तमान युग का मनुष्य।

गाथा का एक अध्याय नया खोल दिया है काल ने
हमारी आकांक्षा की वायु चल रही है इस धूलिपात्र से[686]"।
बा'ल ने गाया एक प्यारा गीत हर्षातिरेक से
खोला उन ख़ुदाओं[687] पर रहस्यों को हमारे।

बा'ल का गीत

मानव ने कर दिया है विदीर्ण इस नीले पर्दे को[688]
किन्तु परे आकाश के देखा न ख़ुदा को।
विचारों के सिवा क्या है मानव के हृदय में
लहर सदृश यहाँ सिर उठाया, हुआ फरार वहाँ से।
इन्द्रियगोचर[689] से आत्मा को मिलती है राहत
ऐसा हो कि अतीत युग आ जाये फिर वापस।
यूरोपीय प्राच्यविद[690] चिरकाल तक जीवित रहें
लाया है बाहर हमें जिसने क़ब्र से।
ऐ पुराने ख़ुदाओं! समय है समय।
देख वह परिधि तौहीद[691] की हो गयी है खंडित

---

686. मूल पाठ में 'ख़ाक दाँ ' जो 'ख़ाकदान' का संक्षिप्त रूप है। 'ख़ाकदान' का शाब्दिक अर्थ है, 'धूलिपात्र' जिसका आशय 'संसार या जगत्' है।
687. उन अन्य झूठे ख़ुदाओं पर।
688. मूल पाठ में 'नीली तुतुक़ रा बरदरीद' जिसका अर्थ है, 'नीले पर्दे को चीर या फाड़ दिया'। यहाँ 'नीली तुतुक़' (नीले पर्दे) से आशय 'नीला आकाश' है। तात्पर्य यह है कि विज्ञान की सहायता से मनुष्य आकाश का पर्दा फाड़कर उसके परे जा पहुँचा है। दूसरे शब्दों में, मनुष्य ने विज्ञान में इतनी प्रगति कर ली है कि सृष्टि के अध्ययन के फलस्वरूप उसने आकाश तक को छान मारा है।
689. मूल पाठ में 'महसूस' जिसका अर्थ है 'इन्द्रियग्राह्य' या 'इन्द्रिय गोचर' (Sensible)।
690. मूल पाठ में 'मश्रिक़ शनास' जिसे ईरानी 'ख़ावर शनास' कहते हैं। 'मश्रिक़ शनास' का अर्थ है 'प्राच्यविद्' (Orientalist)।
691. मूल पाठ में 'वह्दत' जिसका अर्थ है 'एकत्व (Unity), एकता, ईश्वर का एकत्व यानी तौहीद'।

अलस्त[692] के स्वाद से इब्राहीम की संतान है वंचित।
महफिल है उसकी बिखरी हुयी प्याला है उसका चूर-चूर
वह[693] कि जो नशे में था जिब्रील की मदिरा[694] से चूर।
पड़ गया है आज़ाद पुरुष दिशाओं के बंधन में
जुड़ गया है राष्ट्र से[695] हो गया है पृथक ईश्वर से।
गिरजों के प्रताप से लहू सर्द हो गया है उसका
निःसंदेह जनेऊधारी[696] हो गया है पीर हरम[697] का।
ऐ पुराने ख़ुदाओं! समय है समय।
ख़ुशियों के दिन फिर आ गये संसार में
धर्म हो गया है पराजित राष्ट्र व वंश से[698]।
अब भय की क्या है बात मुस्तफ़ा के[699] दीपक से
मार रहे हैं फूँक सैकड़ों बू लहब[700] उसको बुझाने के लिए।

---

692. 'अलस्त' से संकेत क़ुरआन (7:172) की आयत, 'अलस्तु बिरब्बिकुम् क़ालू बला', के प्रति है जिसका अर्थ है कि 'आलमे-अर्वाह' (आत्माओं के लोक) में ईश्वर ने रूहों (आत्माओं) से पूछा, 'क्या मैं तुम्हारा रब (पालनहार) नहीं हूँ? उन्होंने उत्तर दिया कि क्यों नहीं ' (तू ही हमारा पालने वाला है)।

693. मुसलमान।

694. मूल पाठ में 'बादए जिब्रील' जिसका अर्थ है 'जिब्रील फ़रिश्ता की मदिरा' अर्थात् 'क़ुरआन'।

695. मूल पाठ में 'बा वतन पैवस्त' यानी 'राष्ट्र से संलग्न या जुड़ गया है'। आशय यह है कि राष्ट्रवाद (Nationalism) की पूजा करने लगा है।

696. मूल पाठ में 'ज़ुन्नार बन्द' जिसका अर्थ है, 'जनेऊ या उपवीत पहनने वाला' अर्थात् 'जनेऊधारी या उपवीतधारी'। 'ज़ुन्नार बन्द' या 'उपवीतधारी' होने का आशय यह है कि अंग्रेजों के प्रभुत्व के रोब-दाब के कारण मुसलमान (ग़ुलाम राष्ट्र या क़ौम) अपने शासकों (अंग्रेजों) का अनुकरण करने लगे हैं।

697. मूल पाठ में 'पीरे-हरम' यानी 'हरम का पीर' अर्थात् 'का'बा का धर्मगुरु'। इससे आशय मुसलमान और उनके धार्मिक रहनुमा हैं।

698. मूल पाठ में 'दीं हज़ीमत ख़ुर्दः अज़ मुल्को नसब' जिसका अर्थ है, 'धर्म राष्ट्र और वंश से पराजित हुआ है'। यहाँ 'राष्ट्र' का आशय 'राष्ट्रवाद (Nationalism)' और 'वंश' का 'नस्लवाद (Racism)' है।

यद्यपि आती है आवाज़ 'ला इलाह'[701] की[702]
कब तक रहेगी अधर पर जो[703] दिल से है जा चुकी।
कर दिया है अह्‌रिमन[704] को जीवित पश्चिम के जादू ने
यज़्दाँ[705] का दिन हो गया है निष्प्रभ रात के भय से।
ऐ पुराने ख़ुदाओं! समय है समय।

खोल देना चाहिए उसके गले से धर्म का फंदा
बंदा हमारा तो था सदैव आज़ाद बंदा।
चूँकि नमाज़ बन गयी है बोझ एक उसके लिए
हम चाहते हैं एक रक्अत वह भी बिन सिज्दे के।
गीत से ही भावनायें हो जाती हैं बुलंद
अतः गायन-रहित नमाज़ में धरा है क्या आनंद।
ऐसे ख़ुदा से जिसको कि परोक्ष है उपयुक्त
बेहतर है वह शैतान जो कि हो दृष्टिगत।
ऐ पुराने ख़ुदाओं! समय है समय।

---

699. मूल पाठ में 'अज़ चिराग़े-मुस्तफ़ा' जिसका अर्थ है, 'मुस्तफ़ा यानी पैग़म्बर हज़रत मुहम्मद (स.अ. व स.) के दीपक से'। 'दीपक' का आशय 'धर्म ' है। 'मुस्तफ़ा का दीपक' से आशय 'इस्लाम धर्म ' है।

700. 'अबूलहब' पैग़म्बर हज़रत मुहम्मद (स.अ. व स.) के चचा का नाम जो आपका सबसे बड़ा शत्रु था तथा आपको तरह-तरह के कष्ट देता था। वास्तव में 'अबूलहब' या 'अबूलहबी' इस्लाम की दुश्मनी का प्रतीक है।

701. 'ला इलाह' इस्लामी धर्ममन्त्र या धर्मसूत्र (कलिमः) 'ला इलाह इल्लल्लाहु' का संक्षिप्त रूप है। 'ला इलाह इल्लल्लाहु' का अर्थ है, 'कोई ईश्वर नहीं सिवाय अल्लाह के'।

702. 'यद्यपि आती है आवाज़ ला इलाह की' का आशय यह है कि यद्यपि अभी भी मुसलमान ज़बान से तौहीद (ईश्वर के एक होने) के सिद्धान्त को स्वीकार करते हैं।

703. 'जो' से आशय 'तौहीद का विश्वास' अर्थात् यह धर्मसिद्धान्त कि 'ईश्वर एक है'।

704. अग्निपूजक पारसियों के मतानुसार 'बदी का ख़ुदा' यानी 'बुराई का ख़ुदा' (god of evil)। यहाँ 'अह्‌रिमन' से आशय 'शैतान' है।

705. 'यज़्दान' का लघु रूप जिसका अर्थ है 'ईश्वर'।

शुक्र ग्रह के सागर में ज़िन्दारूद एवं रूमी का प्रवेश फ़िरऔन[599] और किचनर[600] की आत्माओं को देखना

सन्त रूमी जो कि हैं मसनवी के रचयिता[708]
प्रताप है उनके आघात में इब्राहीम के प्रहार का।
ईश्वरोन्मत्तता में उन्होंने यह ग़ज़ल गाया
और हर पुराना ख़ुदा सिज्दे में गिर गया।

---

706. फ़िरऔन (Pharaoh) पैग़म्बर मूसा (Moses) के काल में मिस्र (Egypt) का बादशाह था जो स्वयं को ख़ुदा कहता था और यहूदियों पर घोर अत्याचार करता था। उसके अत्याचारों से तंग आकर हज़रत मूसा जब यहूदियों को मिस्र से बाहर ले जाने की चेष्टा में नील नदी (River Nile) पार कर रहे थे तो फ़िरऔन उनका पीछा करते हुये अपने दल बल के साथ नील नदी में डूब गया। आज भी उसका शव मिस्र के अजायबघर में ममि (Mummy) के रूप में मौजूद है।

707. किचनर, बाद में लार्ड किचनर (Lord Kitchner)। ब्रिटिश सरकार ने इसे 1885 में जनरल गार्डन की सहायता के लिए सूडान भेजा। इसके पहुँचने से पूर्व ही सूडान के स्वतन्त्रता सेनानियों (मुजाहिदीन) ने सूडान की राजधानी ख़रतूम को विजित कर लिया था। अत: यह मिस्र चला गया और 1896 में ब्रिटिश सरकार ने इसे मेजर जनरल नियुक्त किया। 1898 में इसने ख़रतूम पर विजय प्राप्त की जिसके फलस्वरूप इसे 'लार्ड ' की उपाधि मिली। सूडान के स्वतन्त्रता सेनानियों एवं उनके आध्यात्मिक रहनुमा मेहदी सूडानी की क़ब्र खोद कर उनके शव के साथ बर्बरतापूर्ण एवं अपमानजनक बर्ताव किया जिसके परिणामस्वरूप ब्रिटिश सरकार ने इसे डॉक्टर ऑफ सिविल लॉ (Doctor of Civil Law) की उपाधि प्रदान की। 15 जुलाई, 1916 को हम्पशायर (Humpshire) नामक जहाज के डूब जाने से इसकी मृत्यु हो गयी।

708. मूल पाठ में 'साहिबे ज़िक्रे जमील' जिसका शाब्दिक अर्थ है, 'सुन्दर स्मरण वाले'। 'ज़िक्र' क़ुरआन का एक नाम भी है। इस लिहाज से इसका अर्थ होगा, 'सुन्दर क़ुरआन (ज़िक्र) वाले'। वास्तव में मौलाना जलालुद्दीन रूमी की फ़ारसी कृति 'मसनवी' को 'पहलवी क़ुरआन' अर्थात् 'पहलवी या फ़ारसी भाषा में क़ुरआन' कहा जाता है क्योंकि इसमें क़ुरआन का अर्थ निरूपण है इसीलिए इक़बाल ने रूमी को 'साहिबे ज़िक्रे जमील' अर्थात् 'सुंदर क़ुरआन वाला' कहा है।

ग़ज़ल

अतीत और आगामी पर पुनः दृष्टिपात करना चाहिये
हाँ उठ कि पुनः सोच-विचार करना चाहिये।
काल के ऊँट पर बाँधता है कजावा प्रेम अपना[709]
क्या प्रेमी है तू? सुबह-शाम[710] को अपना वाहन बनाना चाहिये[711]।
कहा पीर ने मेरे स्थिर नहीं है जगत् किसी एक पद्धति पर[712]
इसके सुख और दुःख को नज़रन्दाज़ करना चाहिये।
त्याग कर संसार का यदि तू है उसके[713] मिलन का अभिलाषी
सर्वप्रथम अपने अस्तित्व से तुझे सम्बन्ध-विच्छेद करना चाहिये[714]।
"अनेक लात और मनात[715] हैं दिल में मेरे", मैंने कहा उससे[716]
उसने कहा, "इस मूर्तिगृह को अस्त-व्यस्त करना चाहिए"।

मुझसे फिर उसने[717] कहा, "उठ ऐ! पुत्र
मेरे दामन के सिवा न पकड़ कोई चीज़ ऐ! पुत्र।
वह है पर्वत श्रृंखला, वह है पर्वत बिना कलीम का[718]
आच्छादित है जोकि बर्फ से जैसे हो ढेर चाँदी का।

---

709. आशय यह है कि प्रेम (इश्क़) काल को वशीभूत करता है अर्थात् काल पर प्रेम का शासन होता है।
710. मूल पाठ में 'शामो सहर' अर्थात् 'शाम और सुबह'। इससे आशय 'दिक्काल' है।
711. 'वाहन बनाना चाहिये' का तात्पर्य है 'वशीभूत करना चाहिये'।
712. अर्थात् संसार सदैव परिवर्तनशील है। इसमें किसी चीज़ को स्थायित्व नहीं।
713. ईश्वर के।
714. मूल पाठ में 'पस नख़िस्तीं ज़ सरे ख़्वेश गुज़र बायद कर्द' जिसका शाब्दिक अर्थ है, 'अतः सर्वप्रथम अपने सिर से (ज़ सरे ख़्वेश) गुज़र जाना चाहिये'। यहाँ 'सरे ख़्वेश' अर्थात् 'अपने सिर' का तात्पर्य 'अपना अस्तित्व' है। आशय यह है कि यदि साधक (सालिक) संसार का त्याग करके ईश्वर के साक्षात्कार का अभिलाषी है तो उसे सबसे पहले अपने अस्तित्व से संबंध-विच्छेद करना चाहिये। अर्थात् संसार का त्याग करने से पूर्व अपनी इच्छाओं का त्याग कर देना चाहिये।
715. लात और मनात बुतों के नाम हैं किन्तु यहाँ लात और मनात का आशय इच्छायें, मनोकामनायें है।
716. 'अपने पीर' अर्थात् 'धर्मगुरु' से।
717. रूमी ने।
718. पैग़म्बर मूसा की उपाधि। इसका अर्थ है बात करनेवाला।

हीरा की तरह पीछे है एक सागर उसके
भीतर है जिसका स्पष्टतर बाहर से उसके ।
न लहर न प्रवाह का व्यवधान है उसमें
एक अनन्त स्थिरता है उसकी प्रकृति में।
स्थान है यह शक्ति में उन्मत्त अवज्ञाकारियों का
परोक्ष के इनकारियों का, प्रत्यक्ष के पुजारियों का।
उनमें से एक[719] है पूर्व से, दूसरा[720] है पश्चिम से
दोनों रहे युद्धरत ईश्वर के भक्तों से।
थी एक की[721] गर्दन पर पड़ी मूसा की लाठी
दो टुकड़े हुआ दूसरा[722] तलवार से दरवेश की[723]।
यह छोटा[724] और वह बड़ा[725] फ़िरऔन हैं दोनों
प्यासे मरे सागर की गोद में दोनों।
होता है परिचित हर कोई कटुता से मृत्यु की
ईश्वर का चिह्न होती है मृत्यु अत्याचारियों की।
पीछे मेरे रख पाँव, डर न किसी से
हाथ में दे हाथ, डर न किसी से।
मूसा की तरह चीर दूँगा वक्ष सागर का
तुझे उसकी तह तक मैं ले जाऊँगा।"

खोल दिया अपना वक्ष सागर ने हम पर
शायद वह हवा थी जो लगती थी पानी।

---

719. फ़िरऔन (Pharaoh) जो मिस्र का था।

720. लार्ड किचनर (Lord Kitchner) जिसका संबंध ब्रिटेन से था।

721. फ़िरऔन की।

722. लार्ड किचनर।

723. मेहदी सूडानी की।

724. लार्ड किचनर जो अंग्रेज था।

725. फ़िरऔन।

उसकी गहराई में थी एक घाटी बिन रंग व गंध की
तह दर तह था जिसमें अंधकार ऐसी वह घाटी थी।
संत रूमी ने की तिलावत[726] सूरा[727] ताहा[728] की
सागर के नीचे उतर आयी चाँदनी[729]।
वहाँ के पहाड़ थे धुले हुये, अनावृत व सर्द
उनमें थे विभ्रान्त और उद्विग्न दो मर्द।
रूमी की ओर उन दोनों[730] ने एक नज़र देखा
फिर एक दूसरे की ओर उन दोनों ने देखा।
कहा फ़िरऔन ने, "यह प्रभात, यह प्रकाश का सरित
आया कहाँ से यह प्रभात, यह प्रकाश और प्रकटन?"।

रूमी

जो कुछ है गुप्त होता है प्रकट उसी प्रकाश से
उत्पत्ति है इस प्रकाश की देदीप्यमान हाथ से[730(क)]।

---

726. 'की तिलावत' का अर्थ है 'पाठ किया'।

727. क़ुरआन का भाग या अध्याय (Chapter)। क़ुरआन शरीफ़ में 114 सूरे हैं।

728. क़ुरआन की बीसवीं सूरः।

729. आशय यह है कि क़ुरआन की बीसवीं सूरः 'ताहा' की तिलावत (पाठ) की बरकत से सरिता की तह में रोशनी फैल गयी।

730. फ़िरऔन और किचनर।

730(क). मूल पाठ में 'यदे बैज़ा' जिसका अर्थ है 'चमकता हुआ हाथ'। इससे यहाँ संकेत पैग़म्बर हज़रत मूसा की हथेली के प्रति है जिसमें यह चमत्कार था कि जब वह उसे अपनी बग़ल में रखकर बाहर निकालते थे तो दीपक की भाँति रोशनी देती थी। यहाँ 'चमकते हुये हाथ' (यदे बैज़ा) का अभिप्राय 'पैग़म्बरों का चमत्कार' है।

फ़िरऔन

आह! डुबो दी पूँजी मैंने धर्म व बुद्धि की
देखा था उस प्रकाश को[731] किन्तु पहचाना नहीं उसे[732]।
ऐ! विश्व शासको ज़रा देखो मेरी ओर
अपनी हानि करनेवालो ज़रा देखो मेरी ओर।
अफ़सोस है उस क़ौम[733] पर जो है लोभ से अंधी
लाल और मोती ले जाती है जो मिट्टी से क़ब्र की[734]।
अजायबघर में जो कि रखी हुयी है लाश[735] एक
उसके ख़ामोश होंठों पर है कहानी एक[736]।
बादशाहत की ख़बर दे रही है वह
नेत्रहीनों को नज़र दे रही है वह।
क्या प्रयोजन होता है राजतंत्र का? फूट डालना
फूट की युक्ति से स्थायित्व तलाशना।
इस कुपद्धति[737] से निरुपाय नियति राष्ट्र की
व्यर्थ एवं व्यथिततर होती है युक्ति राष्ट्र की।
मैं पुनः यदि ईश्वर से वार्ताकार[738] को देखूँ
एक प्रबुद्ध हृदय की उनसे मैं याचना करूँ।

---

731. पैग़म्बर हज़रत मूसा को।

732. हज़रत मूसा के आह्वान को स्वीकार नहीं किया।

733. अंग्रेज़ क़ौम।

734. मिस्र के फ़िरऔनों (Pharaohs) की कब्रों को खोदकर उनमें से बहुमूल्य हीरों और मोतियों को लूट ले जाने वालों (अंग्रेजों) के प्रति संकेत है।

735. मूल पाठ में 'पैकर' अर्थात् 'देह या आकृति'। मिस्र के प्राचीन शासकों अर्थात् फ़िरऔनों (Pharaohs) के शवों के प्रति संकेत है। इन लाशों को ममि (Mummy) कहते हैं जो ब्रिटेन के म्युज़ियम में रखी हुयी हैं।

736. ईश्वर की अनश्वरता तथा मनुष्य और सृजित जगत् की नश्वरता की कहानी।

737. मूल पाठ में 'बद आमोज़ी' जिसका अर्थ है 'कुशिक्षा'।

738. मूल पाठ में 'कलीमुल्लाह' जिसका अर्थ है 'ईश्वर से बात करनेवाला' अर्थात् 'पैग़म्बर मूसा' जिनकी यह उपाधि है।

रूमी

अपूर्ण है शासन, अपूर्ण, आत्मा की ज्योति[739] के बिना
राजत्व है वर्जित चमकते हाथ[740] के बिना।
होता है शासन शक्तिवान् निर्बलता से शासितों की
मूल उसका होता है दृढ़ वंचितता से वंचितों की।
चौथ व शुल्क[741] लेने और देने से व्युत्पन्न ताज[742]
हो अगर पत्थर भी तो व्यक्ति हो जाता है काँच।
सेना व कारागार और बेड़ियाँ हैं दस्युता[743]
इन सबसे है जो निःस्पृह है शासक वही सच्चा।

ख़र्तूम का किचनर[744]

उच्च है उद्देश्य क़ौमों का यूरोप की
वह हीरा-मोती के लिए क़ब्र नहीं खोदती।

---

739. मूल पाठ में 'नूरे जाँ' अर्थात् 'आत्मा का प्रकाश' जिसका आशय 'नुबुव्वत' अथवा 'पैग़म्बरी' है।
740. मूल पाठ में 'यदे बैज़ा' अर्थात् 'चमकता हुआ हाथ' जिसका आशय 'नुबुव्वत' या 'पैग़म्बरी का प्रकाश' है।
741. मूल पाठ में 'ख़राज' जिसका अर्थ है 'कर या चौथ या शुल्क या टैक्स' जो छोटे राजा बड़े राजाओं या सम्राटों को अदा करते हैं।
742. 'ताज' अर्थात् 'मुकुट (Crown)', यहाँ 'ताज' से आशय 'बादशाहत' या 'राजशाही' है।
743. मूल पाठ में 'रहज़नी' जिसका अर्थ है 'लूटमार या डकैती'।
744. मूल पाठ में 'ज़ुल्ख़र्तूम' जिसका अर्थ है 'ख़र्तूम वाला' या 'ख़र्तूम विजेता' अर्थात् 'लार्ड किचनर' (Lord Kitchner)। किचनर 1850 ई. में पैदा हुआ था। 1885 में ब्रिटिश सरकार ने जनरल गार्डनर की मदद के लिये सूडान की राजधानी ख़र्तूम भेजा, किन्तु इसके पहुँचने के पूर्व ही मुजाहिद्दीन ने ख़र्तूम विजित कर लिया था। अतः वह मिश्र वापस आ गया। 1896 में इसे मेजर जनरल का पद मिला। 1898 ई. में किचनर ने सूडान की राजधानी ख़र्तूम पर विजय प्राप्त की जिसके उपलक्ष्य में इसे ब्रिटिश सरकार ने लार्ड ऑफ ख़रतूम (Lord of Khartoum) की उपाधि प्रदान की। 1902 में इसे जनरल बनाकर हिन्दुस्तान भेजा गया। 1910 में इसे फील्ड मार्शल (Field Marshall) बनाया गया। तदनन्तर इसे युद्ध समिति (War Council) का सदस्य बनाकर पश्चिमी मोर्चे (Western Front) का कमाण्डर नियुक्त कर दिया। 5 जुलाई, 1916 को हम्पशायर नामक जहाज़ के डूबने से उसकी मृत्यु हुई।

इतिहास को मिस्र, फ़िरऔन और मूसा के
देख सकते हैं हम प्राचीन अवशेषों से।
मात्र अनावरण है रहस्यों का विज्ञान और विवेक
अनुसंधान के बिना नितान्त, हेय है विवेक।

फ़िरऔन

क़ब्र हमारी खोली है विज्ञान व विवेक ने
लेकिन अन्दर क्या था मेहदी[745] की क़ब्र में?

---

745. मेहदी सूडानी। पूरा नाम मुहम्मद अहमद बिन अब्दुल्लाह था। यह 1843 ई. में पैदा हुये थे। 1861 ई. में अपना जीवन अर्पण कर दिया। आरंभ में सूडान के सूफी शैख़ मुहम्मद शरीफ से दीक्षा ली और सात साल तक उनकी सेवा में रहकर साधना के अवस्थानों को तय किया जिसके फलस्वरूप शैख मुहम्मद शरीफ ने इन्हें अपना ख़लीफ़ा नियुक्त किया। इसके पश्चात् नील नदी (River Nile) के एक द्वीप अबयज़ में इन्होंने एक जामा मस्जिद, एक मदरसा और एक ख़ानकाह निर्मित्त की ताकि मुसलमानों में जिहाद की भावना उत्पन्न हो सके। 1872 ई. में इन्होंने मेहदी मुंतज़र (मेहदी जो प्रतीक्ष्य है अर्थात् वह ईश्वर द्वारा मार्ग निर्देशित व्यक्ति जो प्रतीक्ष्य है अर्थात् जिसकी प्रतीक्षा की जा रही है) का दावा किया। फिर इन्होंने मिश्र और सूडान का पर्यटन करके हालात का जायजा लिया। इस यात्रा में इन्हें एहसास हुआ कि मिश्री अवाम हुकूमत के अत्याचार से परेशान है। 1881 ई. में अपनी इमामत (इमाम होने) की घोषणा की। 1882 ई. में उस्मान नामक व्यक्ति, जो आदमियों का क्रय-विक्रय करता था, इनका सहायक बन गया।1883 ई में मेहदी सूडानी ने जिहाद का आह्वान किया। उस समय मिश्र पर अंग्रेजों का आधिपत्य था, यद्यपि इस्माईल पाशा ख़िदयू (मिश्र का सुल्तान) था। एक अंग्रेज हक्स पाशा (Hux Pasha) को इनका मुक़ाबला करने के लिये भेजा, किन्तु वह मारा गया। इसके पश्चात् 1884 ई. में जनरल गार्डन (General Garden) को भेजा गया। किन्तु उसे भी सफलता नहीं मिली। जून, 1884 में किचनर को एक बड़ी सेना के साथ भेजा गया। किन्तु किचनर के ख़र्तूम पहुँचने से दो दिन पूर्व ही मुजाहिदीन ने ख़र्तूम पर आधिपत्य जमा लिया था। 1885 में मेहदी सूडानी की मृत्यु हो गयी। इनकी मृत्यु के बाद मुजाहिदीन ने 13 वर्ष तक सूडान पर शासन किया। अन्त में, 1898 ई. में किचनर के नेतृत्व में ख़र्तूम पर आक्रमण किया गया। मिश्रियों ने किचनर का साथ दिया। 21 सितम्बर, 1898 में किचनर ने मुजाहिदीन को परास्त किया और 4 सितम्बर, 1898 में विजेता के रूप में वह ख़र्तूम में प्रविष्ट हुआ। किचनर ने सबसे पहला काम यह किया कि मेहदी सूडानी की क़ब्र को खुदवा कर उनकी अस्थियों को सरे बाज़ार जला दिया। इन उपलब्धियों के उपलक्ष्य में आक्सफोर्ड विश्वविद्यालय (Oxford University) ने उसे डाक्टर ऑफ सिविल लॉ (Doctor of Civil Law) की मानद डिग्री प्रदान की।

प्रकट होना सूडानी दरवेश का

अधीरता से बिजली कौंधी पानी के अन्दर
लहरें उठीं और तड़पने लगीं पानी के अन्दर।
ख़ुशबू आयी जन्नत के बाग़ से
आत्मा हुयी प्रकट उस दरवेश की मिस्र के।
उसकी आग से सीपी में मोती पिघल गया
किचनर के सीने में पत्थर पिघल गया।
बोला,[746] "ऐ किचनर यदि रखता है आँख तू
धूलि का दरवेश की प्रतिशोध देख तू।
तेरी धूलि को आकाश ने क़ब्र भी न दी,
खारे सागर के सिवा कोई क़ब्र भी न दी"।
फिर शब्द, गया टूट गले में उसके[747]
एक हृदय-विदारक आह निकली होंठों से उसके।
बोला, "ऐ अरब की आत्मा! जाग जा
अपने पूर्वजों की भांति सृजक बन नवयुगों [748] का।
ऐ फुवाद[749]! ऐ फ़ैसल[750]! ऐ इब्ने सऊद[751]!
बल खाते रहोगे स्वयं पर कब तक धुँआ सदृश[752]।
सीने में फिर सुलगा वह आग,[753] जो गयी है बुझ
संसार में फिर लाओ वह दिन,[754] जो गया है बीत।

746. दरवेश अर्थात् मेहदी सूडानी की आत्मा।

747. मेहदी सूडानी के गले में।

748. 'नवयुगों' से आशय 'सभ्यता और समाज' है।

749. मिस्र का बादशाह।

750. इराक़ का बादशाह।

751. अरब का बादशाह।

752. तात्पर्य यह है कि अपने स्वार्थ के लिए कब तक विभाजन का शिकार बने रहोगे।

753. ईश्वर और रसूल (पैग़म्बर) के प्रति प्रेम की आग।

754. प्रतिष्ठा और उत्थान का दिन अर्थात् वह गौरव जो समाप्त हो चुका है।

ऐ बतहा[755] की धूलि! पैदा कर ख़ालिद[756] कोई दूसरा
फिर सुना तौहीद[757] का कोई गीत दूसरा।
ख़जूरें हों और ऊँची रेगिस्तान से तेरे
क्या होगा न दूसरा फ़ारूक़[758] पैदा अन्दर से तेरे?
ऐ दुनिया कस्तूरी सदृश कृष्ण वर्ण [759] मोमिनों [760] की
तुझसे आती है मुझे सुगंध चिरस्थायित्व की।
गति और कर्म के आनन्द के बिना बिताओगे ज़िन्दगी कब तक[761]
नियति तेरी रहेगी दूसरों के हाथ में कब तक?
कब तक न आओगे तुम स्थान पर अपने
मुरली सदृश फ़रियाद करती हैं मेरी अस्थियाँ सागर में।
डरते हो क्या विपत्ति से? मुस्तफ़ा[762] की है यह हदीस[763]
"विपत्ति का दिन पुरुष के लिए है शुद्धता का दिन"।

ऐ ऊँटवान![764] दोस्त हैं यसरिब[765] में और हम हैं नज्द[766] में
है कहाँ वह गीत[767] जो कर दे मुग्ध ऊँट[768] को?

---

755. मक्का।
756. पूरा नाम ख़ालिद बिन वलीद। यह पैग़म्बर हज़रत मुहम्मद के साथी (सहाबी) थे। अपनी वीरता के लिए प्रसिद्ध।
757. यह सिद्धान्त कि ईश्वर एक है।
758. उमर इब्न ख़त्ताब। इस्लाम के दूसरे ख़लीफ़ा।
759. सूडान के मुसलमानों के प्रति संकेत है।
760. मुसलमानों।
761. मूल पाठ में 'ज़िन्दगानी ता कुजा बेज़ौके सैर' जिसका अर्थ है 'बिना सैर (भ्रमण, गति) के आनन्द के (यानी गति और धर्म के आनन्द के बिना) जीवन कब तक व्यतीत करते रहोगे।
762. पैग़म्बर हज़रत मुहम्मद का नाम। इसका शाब्दिक अर्थ है 'चुना हुआ (The Chosen One)'।
763. कथन, कही हुयी बात।
764. मूल पाठ में 'सारबान'। 'सारबान' वह व्यक्ति होता है जो रेगिस्तान में ऊँट या ऊँटनी की नकेल पकड़ कर उसके आगे चलता है।
765. मदीना का पुराना नाम। मदीना सऊदी अरब में हिजाज़ के इलाके में स्थित है।
766. 'नज्द' सऊदी अरब का इलाक़ा जो मदीना से काफी दूर है।
767. मूल पाठ में 'हुदी'। 'हुदी' उस गाने को कहते हैं जो 'सारबान' (ऊँट या ऊँटनी की नकेल पकड़कर उसके आगे चलने वाला व्यक्ति) ऊँट या ऊँटनी के आगे चलते हुए गाता है ताकि वह स्वयं तथा ऊँट या ऊँटनी भी उस गाने की लय की मस्ती में थकावट महसूस किये बिना चलता रहे। यहाँ 'हुदी' से आशय 'तौहीद का गीत' या 'ईश्वर की प्रेमाग्नि को भड़काने वाला गुरुमंत्र या उपदेश' है।
768. मूल पाठ में 'नाक़:' जिसका अर्थ है 'ऊँट या ऊँटनी'।

बरसा है मेघ और उग आयी है घास धरती से
हो सकता है पाँव ऊँट का सुस्त पड़ जाये।
जुदाई के दर्द से बिलख रही है आत्मा मेरी
ले चल मुझे उस राह से जहाँ घास हो कम उगी।
घास में बेसुध है ऊँट और प्रियतम[769] में बेसुध हूँ मैं
वह[770] है तेरे[771] हाथ में और प्रियतम[772] के हाथ में हूँ मैं।
प्याऊ[773] बना दिया है, पानी का रेगिस्तान में
पर्वत पर धुल गये हैं पत्ते खजूर के।
देख दो हिरण वहाँ एक दूसरे के पीछे
नीचे उतर रहे हैं टीले की चोटी से।
एक पल के लिए पानी पिया सोता से रेगिस्तान के
फिर पथिक की ओर देखा उन हिरणों ने।
रेशम सदृश हो गयी है मरुस्थल की रेत नमी से
जिससे कि नहीं है नागवार राह ऊँट के लिए।
बादल के दायरे हैं जैसे पंख तीतर के
बरसात से डरता हूँ कि दूर हूँ मंज़िल से।
ऐ ऊँटवान! दोस्त हैं यसरिब में और हम हैं नज्द में
है कहाँ वह गीत जो कर दे मुग्ध ऊँट को।

---

769. मूल पाठ में 'दोस्त'।
770. ऊँट या ऊँटनी।
771. सारबान या ऊँटवान।
772. मूल पाठ में 'दोस्त'।
773. मूल पाठ में 'सबील'। 'सबील' या 'पौसला' का अर्थ है वह स्थान जहाँ प्यासों को धर्मार्थ पानी पिलाया जाता है।

मंगल ग्रह का आकाश

मंगल ग्रह के निवासी

एक पल बंद कर ली[774] आँख पानी के अन्दर
थोड़ा स्वयं से हो गया अलग पानी के अन्दर।
एक अन्य जगत् की तरफ़ कूच मैंने किया
एक भिन्न काल और एक भिन्न दिक् था जिसका।
सूरज हमारा क्षितिजों तक उसके आ पहुँचा
रात-दिन की एक भिन्न कोटि उसने की पैदा।
आत्मा के रस्मोरिवाज से शरीर है अजनबी
होते हुए भी काल में, काल से है अजनबी।
हर आग को अंगीकार कर लेती है हमारी आत्मा
जो भी दिन हो, समय उसका ख़ुशी से है गुज़रता।
पुरानी नहीं होती है वह[775] गुज़रने से समय के
प्रकाशित करते हैं दिन संसार को उसके[776] प्रकाश से।
दिन-रात का सतत परिवर्तन उसी से है
सैर[777] कर उसकी[778], हर जगत् उसी से है।

थी वहाँ एक ऊँची वेधशाला[779] घास-स्थली में
पहुँच में[780] थी कृत्तिका[781] उसकी दूरबीन के।

---

774. ज़िन्दारूद ने।
775. आत्मा।
776. आत्मा के।
777. 'सैर' तसव्वुफ की इस्तिलाह (पारिभाषिक शब्द) है और इसका तात्पर्य है साधक (सालिक) का आध्यात्मिक (रुहानी) मक़ामात (अवस्थान-Stations) तय करना।
778. आत्मा की।
779. मूल पाठ में 'रसदगाह' जिसका अर्थ है 'वेधशाला (Observatory)' जहाँ से ग्रहों और तारों की गति आदि का निरीक्षण किया जाता है।
780. मूल पाठ में 'दर कमंद' अर्थात् 'गिरफ्त या पकड़ या पहुँच में '।
781. मूल पाठ में 'सुरैया' जिसका अर्थ है 'कृत्तिका' (Pleiades)।

एकान्त है यह नौ गुंबदों के नीले आसमान का
या है यह कोई स्थान हमारी धरती के आस-पास का।
कभी ढूँढ़ता मैं किनारा, विस्तार का उसके
देखता कभी मैं अंतरिक्ष को आसमान के।
दृष्टिवानों के धर्मगुरु संत रूमी ने कहा,
"कृत्तिका है यह, देखो जगत् इसका।
हमारे जगत् की तरह तिलिस्म है यह रंग-गंध का
इसमें भी हैं शहर, आबादी, महल और गली।
फिरंगियों सदृश कलाओं में, निवासी दक्ष हैं इसके
भौतिक व आत्मिक विज्ञानों में श्रेष्ठतर हैं हम से।
रखते हैं हमसे अधिक प्रभुत्व, दिक् और काल पर
विज्ञान में पर्यावरण के, हमसे हैं कुशलतर।
रखते हैं ऐसी पैठ अस्तित्व में उसके[782]
पर्यावरण[783] के हर भेद व मर्म को देखा है उन्होंने।
पृथ्वी वालों के दिल हैं नीर-मिट्टी[784] के बंधन में
इस जगत् में है शरीर दिल के बंधन में।
बना लेता है नीर-मिट्टी को जब पड़ाव दिल
करता है नीर-मिट्टी को जो चाहता है दिल।
प्रेमोन्माद[785], सहृदयता[786] और हर्ष[787] है आत्मा के अधीन
परोक्ष[788] और प्रत्यक्ष[789] शरीर का है आत्मा के अधीन।

782. फ़ज़ा, वातावरण, पर्यावरण।
783. मूल पाठ में 'फ़ज़ा' जिसका अर्थ है 'पर्यावरण'।
784. 'नीर-मिट्टी' (मूल पाठ में 'आबोगिल') का तात्पर्य 'शरीर' है।
785. मूल पाठ में 'मस्ती' जिसका अभिप्राय है 'ईश्वर-प्रेम का आधिक्य अथवा ईश्वर-प्रेमातिरेक'।
786. मूल पाठ में 'ज़ौक' जिसका अर्थ है 'सहृदयता या ईश्वर-प्रेम की रसिकता या स्वाद'।
787. मूल पाठ में 'सुरूर' जिसका अर्थ है 'हलका नशा या प्रेम का नशा या प्रेम की मादकता या प्रेम का आह्लाद'।
788. मूल पाठ में 'ग़ैब' जिसका अर्थ है 'जो सामने विद्यमान न हो'।
789. मूल पाठ में 'हुज़ूर' जिसका अर्थ है 'जो सामने विद्यमान हो'।

हमारे जगत् में अस्तित्व है दूसरा
आत्मा व शरीर, एक अमूर्त और मूर्त दूसरा।
आत्मा व शरीर पृथ्वीवासियों के लिए हैं पिंजरा और पंछी
मात्र आत्मा-केन्द्रिक[790] सोच है मंगलवासियों की।
जब किसी की मृत्यु[791] का आता है वहाँ दिन
हो जाता है वह सक्रियतर मृत्यु के परिताप[792] से।
एक दो दिन पहले वह मृत्यु के समय से
कर देता है मृत्यु की घोषणा अपने लोगों से।
पोषित नहीं है आत्मा उनकी शरीर की
नि:संदेह वह नहीं है आदी शरीर की।
शरीर को आत्मा में आत्मसात् करना है वहाँ मृत्यु[793]
संसार से स्वयं में पलायन करना है वहाँ मृत्यु।
यह बात है ऊँची बहुत तेरी समझ से
क्योंकि तेरी आत्मा है अधीन तेरे शरीर के।
ठहर जाना चाहिए हमें एक दो पल यहाँ
ईश्वर ने किसी और को ऐसा अवसर नहीं दिया।

790. मूल पाठ में 'यक अंदेश' अर्थात् 'केवल एक के अर्थात् आत्मा के संबंध में सोच-विचार करनेवाला'। तात्पर्य यह है कि मंगल के निवासी केवल आत्मा को महत्व देते हैं वे शरीर के बारे में नहीं सोचते। अत: उनका विचार आत्मा-केन्द्रिक है।

791. मूल पाठ में 'फिराक़' जिसका अर्थ है 'वियोग, जुदाई '। 'फिराक' (वियोग) से यहाँ आशय 'मृत्यु' है।

792. मूल पाठ में 'सोज़े-फिराक़' अर्थात् 'वियोग या जुदाई का या परिताप या वियोग की जलन'। यहाँ 'सोज़े-फिराक़' (वियोग का परिताप) का आशय 'मृत्यु का परिताप' है।

793. मूल पाठ में 'तन बख़्वेश अन्दर कशीदन मुर्दन अस्त' अर्थात् 'शरीर को अपने अन्दर खींचना मृत्यु है'। आशय यह है कि मंगलवासी साँस रोकने या दम घोंटने से मरते हैं।

एक मंगलग्रहवासी खगोलवेत्ता का वेधशाला से बाहर आना

एक वृद्ध पुरुष दाढ़ी थी जिसकी बर्फ सदृश श्वेत
बरसों हुये थे जिसके व्यतीत विज्ञान व विवेक में।
तीक्ष्ण दृष्टि था जो कि पश्चिम के मनीषियों सदृश
परिधान था जिसका पश्चिम के पादरियों सदृश।
यद्यपि वयोवृद्ध, पर क़द में था ऊँचा सरो सदृश
चेहरा था जिसका चमकता मर्व[794] के तुर्कों सदृश।
परिचित था जो प्रत्येक प्रथा, प्रणाली और पद्धति से
स्पष्ट था एक गहन चिन्तन, जिसकी आँखों में।
खिल गया वह फूल की तरह देखकर आदमी[795]
बोला वह भाषा में तूसी[796] और ख़ैयाम[797] की।
"मिट्टी का पुतला बन्दी परिणाम और गुण[798] का
अवस्थान[799] से ऊपर व नीचे[800] के बाहर है आ गया।

बिन वायुयान उड़ान दी उसने धूल को[801]
गतिमान ग्रहों[802] का गुण दिया स्थिर तारों[803] को।

---

794. तुर्किस्तान का एक शहर।
795. रूमी और ज़िन्दारूद को देखकर।
796. तूसी का पूरा नाम नसीरुद्दीन तूसी (1200-1273) था। ईरान का प्रसिद्ध दार्शनिक, विचारक, गणितज्ञ, खगोलवेत्ता एवं ज्योतिर्विद।
797. पूरा नाम उमर ख़ैयाम। यह भी ईरान के प्रसिद्ध कवि, गणितज्ञ एवं ज्योतिर्विद थे। अपनी रुबाइयों (Rubaiyat of Umar Khaiyam) के लिए प्रसिद्ध।
798. मूल पाठ में 'आँ असीरे चंदो चूँ' जिसका शाब्दिक अर्थ है 'वह कितना व कैसे या जब या तब का बंदी'। जिसका आशय है 'दिक् और काल का बंदी'।
799. मूल पाठ में 'मक़ाम' जिसका अर्थ है 'अवस्थान'।
800. मूल पाठ में 'तह्तो फ़ौक़' जिसका अर्थ है 'ऊपर व नीचे' जिसका आशय 'दिक्' (Space) है।
801. मूल पाठ में 'ख़ाक रा' जिसका अर्थ है 'मिट्टी को या धूल को' अर्थात् 'मनुष्य को'।
802. मूल पाठ में 'सैयार:' अर्थात् 'गतिमान ग्रह'।
803. मूल पाठ में 'साबिताँ' ('साबित' का बहुवचन) जिसका अर्थ है 'वह तारा जो किसी ग्रह के गिर्द परिक्रमा नहीं करता'।

उसकी वाणी और ग्रहणशक्ति थी, प्रवाहित जैसे नदी
आश्चर्य-चकित था मैं वार्तालाप से उसकी।
स्वप्न है यह सब या कि है जादूगरी
मंगलग्रह के एक वासी के अधरों पर फ़ारसी।
"मुस्तफ़ा[804] के समय में", उसने कहा
"मंगलग्रहवासियों में एक शुद्ध-हृदय पुरुष था।
सृष्टि के यथार्थ से परिचित आँख उसने[805] खोली जगत् पर
उद्यत किया हृदय को पृथ्वी की सैर पर।
अस्तित्व के आसमानों में उसने खोले पर
रेगिस्तान में हिजाज़ के वह आया था उतर।
देखा जो पूर्व व पश्चिम में उसे लिपिबद्ध कर लिया
जन्नत के बाग़ से भी था रंगीनतर उसका लिखा।
रहा हूँ मैं[806] ईरान में और यूरोप में
घूमा हूँ मैं मुल्कों में गंगा व नील के[807]।
देखा है अमरीका, जापान व चीन भी मैंने
पृथ्वी की धातुओं के अनुसंधान के सिलसिले में।
धरती के रात-दिन की रखता हूँ मैं ख़बर
उसके जल-थल में कर चुका हूँ मैं सफर।
हंगामें हैं आदम के सामने मेरे
यद्यपि वह अनजान है कार्य से मेरे।"

804. पैग़म्बर हज़रत मुहम्मद (स.अ. व स.) का नाम। 'मुस्तफ़ा' का अर्थ है 'चुना हुआ' (Chosen one)।

805. शुद्ध हृदय मंगलवासी।

806. मंगलवासी खगोलवेत्ता जो बर्फ सदृश श्वेत दाढ़ीयुक्त एक वृद्ध पुरुष था।

807. मूल पाठ में 'गश्त: अम दर मुल्के नीलो रूदे गंग' जिसका अर्थ है 'मैं नील के देश (मिस्त्र) और गंगा के देश (अर्थात् हिन्दुस्तान) में पर्यटन कर चुका हूँ'।

रूमी

आसमानों से हूँ मैं, मेरा साथी है धरती से
अंगूरी[808] मदिरा पी नहीं फिर भी है वह नशे में।
आदमी निश्चिन्त है और ज़िन्दारूद है नाम उसका
अस्तित्व के दीदार से है मतवालापन उसका
आये हुये हैं हम कि तुम्हारे शहर में
हम जगत् में हैं, किन्तु स्वच्छंद हैं जगत् से।
नयी नयी आभाओं की हमारी तलाश में
हो जाओ हमारे साथी थोड़ी देर राह में।

मंगल ग्रह का मनीषी

यह क्षेत्र है मर्ग़दीन[809] बर्खिया[810] के आस-पास का
बख़िर्या हमारे एक पूर्वज का नाम था।
फ़र्जमर्ज़,[811] वह उत्प्रेरक अशुभ कार्यों का
बख़िर्या के पास जन्नत में गया।
बोला, "कैसे है इस जगत से संतुष्ट तू
यज़्दान की दासता में युगों से रहा है तू।
एक और जगत् है श्रेष्ठतर तेरे स्थान[812] से
जन्नत है एक पल की बहार जिसके सामने।
वह जगत् है श्रेष्ठतर हर जगत् से

---

808. मूल पाठ में 'ना खुर्द: अज़ रगहा ए ताक' जिसका अर्थ है 'अंगूर की बेल की रगों से नहीं पिया' जिसका आशय है कि 'अंगूर की बेल की शराब नहीं पी'।
809. मंगल ग्रह के एक काल्पनिक शहर का नाम।
810. एक काल्पनिक नाम।
811. मंगल ग्रह का शैतान। यह भी शैतान का एक काल्पनिक नाम है।
812. मूल पाठ में 'मक़ाम' जिसका यहाँ आशय 'जन्नत' है।

वह जगत् है श्रेष्ठतर ब्रह्मलोक[813] से।
यज़्दान[814] को भी नहीं है उस जगत् की ख़बर
मैंने नहीं देखा है जगत् कोई उससे स्वतन्त्रतर।
हस्तक्षेप नहीं है ईश्वर का भी व्यवस्था में उसकी
न किताब,[815] न रसूल[816] और न ज़िब्रील[817] है वहाँ।
न है वहाँ तवाफ़,[818] और न सिज्द:[819] है वहाँ
न तो कोई दुआ, न कोई दुरूद[820] है वहाँ।"
बख़िया बोला, "ऐ जादूगर! तू उठ जा यहाँ से
चित्र अपना अंकित कर अन्दर उस जगत् के"।
खाया नहीं धोखा चूँकि उसका[821] हमारे पूर्वज ने
एक अन्य जगत् सौंप दिया हमको ईश्वर ने।
सैर कर अन्दर इस ईश्वर-प्रदत्त राज्य के
रिवाजों एवं विधानों को देख मर्ग़दीन के।

मर्ग़दीन शहर का भ्रमण

मर्ग़दीन शहर और उत्तुंग भवन उसके
उस भव्य स्थान की क्या बात करूँ मैं।
मधु सदृश मृदु वाणी उसके निवासियों की
ख़ूबसूरत, कोमल स्वभाव, सादा पोशाक उनकी।

---

813. मूल पाठ में 'ला मकाँ' जिसका अर्थ है 'वह जो मकान (दिक्-space) से परे हो' अर्थात् 'वह स्थान जहाँ ईश्वर की आभाओं (तजल्लियों) के अतिरिक्त कुछ नहीं' अर्थात् 'ब्रह्मलोक'। इसे 'आलमे लाहूत' या 'आलमे क़ुदुस' भी कहते हैं।
814. ईश्वर।
815. धर्मग्रंथ।
816. पैग़म्बर।
817. ज़िब्रील फ़रिश्ता।
818. प्रदक्षिणा (Circumambulation)।
819. माथा टेकना (Prostration)।
820. ईश्वर स्तुति, ईश्वर गुणगान, शुक्रगुज़ारी (Thanks giving)।
821. फ़र्जमर्ज़ का अर्थात् शैतान (Satan) का।

उपार्जन के दुःख व जलन से परे है सोच उनकी
ज्ञाता हैं वे रहस्यों के कीमिया[822] के सूर्य की।
सोना व चाँदी चाहे जो पाये उसे प्रकाश से
हम जैसे पाते हैं नमक सागर के जल से।
विज्ञान व कला का उद्देश्य सेवा है वहाँ
सोने में नहीं तौलते हैं काम को वहाँ।
परिचित नहीं कोई वहाँ दीनार व दिर्हम[823] से
गुज़र नहीं इन बुतों का वहाँ के पुण्यस्थलों में।
मशीनों का भूत उनकी प्रकृति पर हावी नहीं है
उसके[824] धुओं से तिमिरमय आकाश नहीं है।
किसान[825] है मेहनती, दीपक उसका है प्रज्वलित[826]
जमीनदारों [827] की लूटमार से वह है सुरक्षित।
उसकी काश्तकारी में नहीं हैं झगड़े नहरों के
कोई और नहीं है साझीदार उसकी फसलों में।
न लश्कर, न कोई फौज है उस जगत् में
कोई रोज़ी नहीं कमाता है रक्तपात से।
लेखनी नहीं पाती है ख्याति मर्ग़दीन में
अपलेख एवं मिथ्या प्रचार के शिल्प से।
न बेरोज़गारों का शोर है बाज़ारों में वहाँ
न कानों को कष्ट देती हैं भिक्षुओं की चीखें वहाँ।

822. रसायन विद्या (Alchemy)।
823. दीनार और दिर्हम मुद्राओं के नाम हैं।
824. मशीनों के।
825. मंगल ग्रह का किसान।
826. मूल पाठ में 'चराग़श रौशनस्त' अर्थात् 'उसका दीपक प्रकाशित है' या 'उसका दिया जलता रहता है' जिसका आशय यह है कि वहाँ का किसान समृद्ध है।
827. मूल पाठ में 'दिह् ख़ुदायाँ ' जिसका अर्थ है 'गाँव के ख़ुदाओं' अर्थात् 'ज़मीन के मालिकों' अर्थात् 'ज़मीनदारों'।

मंगल ग्रह का मनीषी

न कोई याचक है इस जगह न है कोई वंचित
न दास न मालिक है, यहाँ न शासक न शासित।

ज़िन्दारूद

याचक और वंचित हैं ईश्वर की नियति से
शासक और शासित हैं ईश्वर की नियति से।
सृजक नहीं नियति का ईश्वर के सिवा कोई
उपचार नहीं है नियति का युक्ति[828] से कोई।

मंगल ग्रह का मनीषी

दिल तेरा यदि हो जाय ख़ून किसी एक नियति से
एक भिन्न नियति के आदेश की याचना कर ईश्वर से।[829]
चाहे तू यदि नव-नियति यह है उचित
क्योंकि ईश्वर की नियतियाँ हैं असीमित।
धरतीवासियों ने हार दी पूँजी नियति की
समझी नहीं उन्होंने सूक्ष्मता नियति की।
रहस्य है उसका एक शब्द में प्रच्छन्न
भिन्न यदि हो जाय तू, नियति भी हो जायेगी भिन्न।[830]

---

828. मूल पाठ में 'तद्‌बीर' जिसका अर्थ है 'युक्ति या उपाय'।

829. आशय यह है कि नियति तक़्दीर के समक्ष युक्ति तद्‌बीर को व्यर्थ न समझ कोशिश और उपाय करते रहना चाहिये।

830. मूल पाठ में 'तू अगर दीगर शवी ऊ दीगर अस्त' जिसका अर्थ है 'यदि तू बदल जाय तो नियति भी बदल जायेगी'।

धूल यदि हो जाये तू, हवा पर निछावर करें तुझे
पत्थर यदि हो जाये तू, शीशे पर फेंके तुझे।
क्या एक ओस है तू? नीचे गिरना है तेरी नियति
क्या एक सागर है तू? चिरस्थायित्व है तेरी नियति।
हर क्षण वही लात और मनात[831] तू करता रहता है सृजित
तू इन बुतों से चाहता है नित्यता ऐ अनित्य।
न लाना काम में[832] अपनी ख़ुदी को चूँकि ईमान है तेरा
तेरे विचारों का जगत् कारागार हो गया है तेरा।
दु:ख ही दु:ख हो और धन न हो ऐसी ही है नियति[833]
धन ही धन हो और दु:ख न हो ऐसी ही है नियति[834]।
यदि यही है धर्म का आधार ऐ बेख़बर
हो जाता है दरिद्र इससे[835] दरिद्रतर।
अफ़सोस उस धर्म पर देता है जो सुला तुझे[836]
फिर गहरी निद्रा में सतत रखता है तुझे।
यह धर्म है, जादू या कि सम्मोहन कोई
यह धर्म है या कि गोली अफ़ीम की कोई?

---

831. यहाँ 'लात और मनात' का तात्पर्य 'नियति की ग़लत व्याख्या' है।

832. मूल पाठ में 'बख़ुद नासाख़्तन' जिसका अर्थ है 'अपनी ख़ुदी (अहं, आत्मन्-Ego or Self) को काम में लाना'। इसका दूसरा अर्थ हो सकता है 'स्वयं से अनुकूलन न करना'। वास्तव में 'बख़ुदनासाख़्तन' इक़बाल की इस्तिलाह अर्थात् विशिष्ट पारिभाषिक शब्दावली है जिससे उनका अभिप्राय है 'अपनी ख़ुदी (Ego) या आत्मन् (Self) की अन्तर्निहित शक्तियों या क्षमताओं से बेगानगी या अपरिचय या अनजानपन'।

833. आशय यह है कि यह समझ लेना कि कुछ लोगों की नियति में दु:ख ही दु:ख है और कुछ लोगों की नियति में सुख ही सुख है, ग़लत धारणा है। मनुष्य को प्रयास और संघर्ष करते रहना चाहिये ताकि नियति को बदला जा सके।

834. कुछ लोगों की।

835. इस ग़लत धारणा के कारण कि कुछ लोगों की नियति में दु:ख ही दु:ख है और कुछ की नियति में सुख ही सुख दरिद्र (मूल पाठ में 'मोहताज') और अधिक दरिद्र हो जाता है क्योंकि वह नियति की इस कुधारणा के कारण हाथ पर हाथ धरे बैठा रहता है और अपनी दशा को बेहतर बनाने के लिए संघर्ष और उपाय नहीं करता।

836. मूल पाठ में 'ख़्वाब आवर' अर्थात् 'निद्राकारक'। 'सुला देता है जो तुझे' अर्थात् 'तुझे अकर्मण्य बना देता है' । इक़बाल के विचार में ऐसा धर्म धर्म ही नहीं है जो लोगों को कर्म से बेगाना बना दे।

क्या तू जानता है कि मेधावी प्रकृति आती है कहाँ से
मिट्टी के घर में[837] हूर[838] यह आती है कहाँ से?
मनीषियों की चिन्तन-शक्ति आती है कहाँ से
कलीमों[839] की प्रार्थना की शक्ति[840] आती है कहाँ से?
यह हृदय और उसकी अनुभूतियाँ किसकी तरफ़ से हैं
ये कलायें और उसके चमत्कार किसकी तरफ़ से हैं।
क्या पास है तेरे वार्तालाप की गर्मी[841]? यह तुझसे नहीं है[842]
क्या पास है तेरे अग्नि कर्म की? यह तुझसे नहीं है।
यह सब उदारता है प्रकृति के वसंत की
सृजनकर्ता प्रकृति का है उद्गमस्थली प्रकृति की।
जीवन है क्या? है खान मोती की
तू है अमानतदार, मालिक है और कोई।
ज्योतिर्मय निसर्ग गौरव है ईश्वरभक्त का
ईश्वर के प्राणियों की सेवा ध्येय है उसका।
पैग़म्बरी का दस्तूर है सेवा मानवजाति की
सौदागरी है माँगना मज़दूरी सेवा की।

इसी तरह यह वायु, धूलि, मेघ और खेत
बाग़, चरागाह, महल, गली, ईंट और पत्थर।
ऐ कि जिसे तू कहता है कि यह सम्पत्ति है हमारी
नादान व्यक्ति! यह सब है मिल्कीयत ईश्वर की।

837. मूल पाठ में 'बुंग ए ख़ाक' अर्थात् 'मिट्टी का घर' जिसका आशय 'शरीर' है।
838. 'हूर' (अप्सरा) से आशय 'मेधावी प्रकृति' (तब्अ ए दर्राक) है।
839. 'कलीम' पैग़म्बर मूसा की उपाधि है। 'कलीम' का अर्थ है 'बातचीत करनेवाला'। यहाँ कलीमों का अर्थ है 'ईश्वर से बात करनेवाले' अर्थात् 'ईश्वरानुरक्त'।
840. मूल पाठ में 'ताक़ते ज़िक्र' जिसका अर्थ है 'ईश्वर-स्मरण (ज़िक्र) या प्रार्थना की शक्ति'।
841. मूल पाठ में 'गर्मी ए गुफ़्तार' अर्थात् 'वार्तालाप की गर्मी' अर्थात् 'वार्तालाप की मोहकता' या 'चारुता'।
842. यह गुण तेरा अर्जित किया हुआ नहीं है, बल्कि ईश्वर का दिया हुआ है।

अपनी धरती तू समझता है धरती को ईश्वर की
तू बता क्या व्याख्या है 'ला तुफ्सिदू'[843] आयत की।
लगाया है दिल इब्लीस[844] से आदम की सन्तान ने
इब्लीसी[845] में मैं कुछ देखता नहीं सिवाय फ़साद के।
अपने काम में ला सकता नहीं अमानत को आदमी
धन्य है वह जो सौंप दे ईश्वर को मिल्कीयत ईश्वर की।
तू ले उड़ा वह चीज़ जो तेरी मिल्कीयत नहीं
खेद है तूने किया वह काम जो तुझको उचित नहीं।
यदि होता तू मालिक चीज़ का तो फिर होता तुझे उचित
यदि तू मालिक ही नहीं स्वयं बता यह कैसे है उचित?
ईश्वर की मिल्कीयत फिर ईश्वर को सौंप दे [846]
ताकि जाये खुल गिरह मामलों की तेरे [847]।
आकाश तले क्यों है निर्धनता व दरिद्रता
क्योंकि तू कहता है मेरा है जो है ईश्वर का।
बाहर न निकला जो मनुष्य नीर-मिट्टी [848] से
शीशे को अपने तोड़ा उसने अपने पत्थर से।
ऐ कि तू करता नहीं फ़र्क़ मंज़िल व राह में

---

843. यहाँ संकेत है क़ुरआन (7:56) की आयत 'ला तुफ़्सिदू फिल अर्दि बा'द इस्लाहिहा' अर्थात् 'धरती के सुधार के बाद उसमें फसाद (विकार, विकृति, ख़राबी) पैदा न करो'। अल्लामा इक़बाल के विचार में 'फ़साद फिल् अर्दि ' अर्थात् 'धरती पर फ़साद का कारण यह है कि मनुष्य धरती को अपनी मिल्कीयत समझता है'। ईश्वर ने धरती को अपनी मिल्कीयत बतायी है लिहाज़ा राजतन्त्र, बादशाहत, ज़मीनदारी ही धरती पर सारे फसादों की जड़ है। 'धरती ईश्वर की है' का अर्थ है कि धरती सभी मनुष्यों के लिए है केवल राजाओं, बादशाहों, ज़मीनदारों और पूँजीपतियों के लिए नहीं, क्योंकि धरती मनुष्य की मिल्कीयत नहीं बल्कि अमानत (धरोहर, न्यास) है और अमानतदार अमानत का मालिक नहीं होता।

844. शैतान (Satan)।

845. इब्लीसी से यहाँ आशय इब्लीसी व्यवस्था (Satanic System) या शैतानी व्यवस्था है।

846. आशय यह है कि ज़मीनदारों को चाहिये कि भूमि को भूमिहीनों में वितरित कर दें।

847. ताकि दुनिया की सारी ख़राबियाँ, सारे अत्याचार और सारे अन्याय समाप्त हो जायें।

848. मूल पाठ में 'आबोगिल' अर्थात् 'नीर व मिट्टी' जिसका तात्पर्य 'भौतिकता' है।

आँकी जाती है हर चीज़ की क़ीमत निगाह से।
मोती मोती है जब तक है तेरी मिल्कीयत
अन्यथा पत्थर है, जिसकी है कौड़ी से कम क़ीमत।
देख एक नये अंदाज़ से भिन्न हो जायेगा यह जगत्
भिन्न हो जायेगी यह धरती भिन्न हो जायेगा यह गगन।[849]

मंगल ग्रह की किशोरी का वृत्तांत जिसने पैग़म्बरी का दावा किया था

ग़ुजर कर मैं हज़ारों गलियों व महलों से
पहुँचा किनारे शहर के एक विस्तृत मैदान में।
नर-नारियों की भीड़ थी अन्दर उस मैदान के
गुलनार क़द की एक नारी थी बीच में उसके।[850]
चेहरा था उसका ज्योतिर्मय पर आत्मा-ज्योति से रहित
भारी था उसका अर्थ उसकी वाक्‌पटुता पर[851]।
न शब्दों में उसके आग थी, न आँखों में नमी

849. आशय यह है कि धरती और अन्य चीज़ों को तू अपनी मिल्कीयत समझने की जगह उन्हें उनके वास्तविक मालिक की दृष्टि से (एक भिन्न दृष्टि से) देख। इस प्रकार यदि तेरी सोच में परिवर्तन होगा और जब तेरी सोच में परिवर्तन होगा तो तेरे अन्दर परिवर्तन होगा और यह तेरे अन्दर का परिवर्तन दुनिया जहान में परिवर्तन लायेगा क्योंकि क़ुरआन में ईश्वर का कथन है कि ईश्वर किसी क़ौम की नियति (तक़्दीर) नहीं बदलता जबतक उस क़ौम के लोग अपने अन्दर परिवर्तन नहीं करते।

850. मूल पाठ में 'दरमियाँ यक ज़न क़दश चू नारवन' जिसका अर्थ है 'उनके बीच में गुलनार के क़द की एक नारी थी'।

851. मूल पाठ में 'मा'नी-ए-ऊ बर बयाने ऊ गराँ' अर्थात् 'उसका भाव या अर्थ उसकी अभिव्यक्ति या वक्तृता पर भारी था'। आशय यह है कि उसके अर्थ या भाव की अभिव्यक्ति मनोहर या चित्ताकर्षक शब्दों में न थी।

उत्कण्ठा के आह्लाद से वह अनजान थी।
जवानी के जोश से सीना ख़ाली था उसका
अंधा और प्रतिबिम्बहीन शीशा था उसका[852]।
प्रेम और प्रेम के विधान से वह अनजान थी
ठुकराई हुयी ममोला[853] थी वह प्रेम के बाज़ की।
हम से बोला वह मर्मज्ञ मनीषी
"मंगल ग्रह की नहीं है यह किशोरी।
सरल एवं स्वतन्त्र थी और परे छल-फ़रेब से
अपहरण किया था फ़र्जमर्ज़ [854] ने उसको यूरोप से।
पक्का करके उसे[855] पैग़म्बरी के कारोबार में
फिर उसने[856] डाल दिया उसे इस जहान में।
कहती है कि मैं अवतरित हूँ आसमान से
मेरा संदेश है अन्तिम पैग़म्बर का संदेश[857]।
स्त्री-पुरुष के स्थान की कर रही है बात वह
शरीर के रहस्यों को कर रही है फ़ाश वह।
जीवन की नियति इस आख़िरे-ज़माँ [858] की दृष्टि में
क्या है बताता हूँ मैं धरतीवालों की भाषा में।

---

852. मूल पाठ में 'कोरो सूरत नापज़ीर आईन: अश' अर्थात् 'अंधा और प्रतिच्छायाहीन दर्पण (शीशा) था उसका'। आशय यह है कि उसके हृदय का दर्पण अंधा था जिसमें कोई आकृति प्रतिबिम्बत नहीं होती थी अर्थात् उसका हृदय प्रेम और उत्कण्ठा एवं लगन से पूर्णतया वंचित था।
853. एक छोटा पक्षी।
854. शैतान (Satan)।
855. किशोरी को।
856. फर्ज़मर्ज़ (शैतान) ने।
857. मूल पाठ में 'दा'वते मन दा'वते आख़िर ज़माँ' जिसका अर्थ है 'मेरी दावत यानी मेरा संदेश या पैग़ाम अन्तिम पैग़म्बर का पैगाम या संदेश है'। अंतिम काल का आशय क़यामत के निकट का काल है।
858. 'आख़िरे-ज़माँ' अर्थात् 'अन्तिम काल (कयामत के निकट के काल) की नबीय्या', 'नबी' का स्त्रीलिंग। 'नबी' का अर्थ है 'पैग़म्बर'। 'नबीय्या' का अर्थ है 'स्त्री पैग़म्बर' (Prophetess)।

मंगल ग्रह की नबीय्या[859] का प्रवचन

ऐ औरतो! ऐ माँओ! ऐ बहनो!
प्रेयसियों की तरह कब तक बिताओगी जीवन।
प्रेयसीयता है संसार में उत्पीड़न का नाम
प्रेयसीयता है पराधीनता और वंचितता का नाम।
अपनी दो अलकों में कंघी करती हैं हम
पुरुषों को अपना शिकार समझती हैं हम।
बनकर स्वयं आखेट, करता है पुरुष आखेट
तुझपर मंडराता है तुझे करने के लिए क़ैद।
प्रेम में द्रवीभूत होने का उसका इज़हार[860] है छल कपट
दर्द व दाग़ व आर्ज़ू[861] का उसका इज़हार है छल कपट।
यद्यपि अपना मंदिर वह काफ़िर बनाता है तुझे
वेदना और शोक में ग्रस्त कर देता है तुझे।
पहलू में उसके बैठना यातना है जीवन की
उसका मिलन ज़हर है और वियोग मिस्री की डली।
वह बल खाता हुआ साँप है बच उसकी टेढ़ी तिरछी चाल से
ज़हरों को उसके तुम मिलने न दो अपने रक्त में[862]।
माँ बनने से पड़ जाता है चेहरा पीला माँओं का
धन्य है वह आज़ादी जो मिलती है पतियों के बिना।

---

859. 'नबीय्या' नबी (पैग़म्बर) शब्द का स्त्रीलिंग है। 'नबीय्या' का अर्थ है 'स्त्री पैग़म्बर' (Prophetss)।

860. मूल पाठ में 'ख़ुद गुदाज़ीहा-ए-ऊ' जिसका अर्थ है 'उसका प्रेम में स्वयं को घुला देने का इज़हार या अभिव्यक्ति'। अन्य शब्दों में ऐसे भावों का प्रकटन कि 'मैं तेरे इश्क़ में जल रहा हूँ' आदि।

861. मूल पाठ में 'दर्दो दाग़ो आर्ज़ू' जिसका आशय है 'प्रेम की व्यथा और जलन की अभिव्यक्ति'।

862. आशय है कि उसके साथ पति-पत्नी (स्त्री-पुरुष) का संबंध न स्थापित करो।

863. ईश्वर की ओर से पैग़म्बर के लिये आया हुआ संदेश। वह्ई (Revelation) को बोलचाल में 'वही' ही बोलते हैं।

मुझपर निरंतर आती है वह्इ[863] ईश्वर से
आनन्द में आस्था के वृद्धि होती है मेरे।
आयेगा वह समय कि विज्ञान के चमत्कार से
भ्रूण को देखा जा सके अन्दर शरीर के[864]।
जीवन के खेत से तुम फसल पा सकोगी
बेटों और बेटियों की तुम जो भी चाहोगी।
यदि भ्रूण न हो हमारी इच्छा के अनुकूल
उसको निःसंकोच मार डालना है धर्म के अनुकूल।
इस युग के बाद आयेंगे युग अन्य
जिनमें अनावृत होंगे नये-नये रहस्य।
पोषण करेगा प्राप्त भ्रूण भिन्न रीति से
वह पायेगा सबेरा बिना कोख की रात्रि के।
ताकि वह साक्षात् अह्रिमन[865] मर जाये
जैसे प्राचीन काल में हैवान मर गये।
अपनी निर्मलता सहित फूल बेदाग़ लाले के
ओस से बेपर्वा उगते हैं मिट्टी से।
खुल जायेंगे अपने आप ही रहस्य जीवन के
बिन मिज़राब नग़मे फूटेंगे जीवन के तार से।
बैसाख की वर्षा से जो गिरती है बूँद ग्रहण न कर उसे[866]
ऐ सीप! प्यासी मर जा तू तह में सागर के।
उठ और प्रकृति के विरुद्ध तू हो जा युद्धरत
ताकि तेरे संघर्ष से दासी हो जाये मुक्त।

---

864. अल्लामा इक़बाल की यह भविष्यवाणी बिल्कुल सच साबित हुयी है।

865. साक्षात् अह्रिमन (शैतान) अर्थात् पुरुष।

866. मूल पाठ में 'आँ चे अज़ नैसाँ फुरुरेज़द मगीर' जिसका अर्थ है 'जो कुछ बैसाख की बारिश से टपकता है उसे मत लो'। 'नैसाँ ' का अर्थ है 'बहार के महीने की पहली बारिश जिसके लिये प्रसिद्ध है कि उसकी हर बूँद सीप में मोती बन जाती है'। ईरान के बहार के महीने को हिन्दुस्तान में बैसाख का महीना कहते हैं ; अत: यहाँ बहार का अनुवाद बैसाख किया गया है।

दो शरीरों के संबंध से[867] मुक्त होना, अद्वैतवाद है नारी का[868]
स्वयं बन अपनी सुरक्षिका, पुरुषों पर मत इठला।

रूमी

नव युग के धर्म का दस्तूर देख
नास्तिकता की संस्कृति का परिणाम देख।
जीवन के लिए विधान और सिद्धान्त प्रेम है
धर्म है संस्कृति का मूल और धर्म प्रेम है।
ज्वलनशील और अग्निमय[869] बाह्य है उसका[870]
अभ्यंतर उसका है प्रकाश लोकों के प्रभु का[871]।
उसके आन्तरिक परिताप व आभा से विज्ञान व कला का आविर्भाव
उसके गुणियों के उन्माद से विज्ञान व कला का आविर्भाव।
प्रेम की शिष्टता के बिना होता नहीं परिपक्व धर्म
संसर्ग से ईश्वर-भक्तों के ग्रहण कर तू धर्म।

---

867. मूल पाठ में 'रब्ते दो बदन' जिसका अर्थ है 'दो शरीरों का मिलन या संबंध' जिसका आशय है 'पति और पत्नी के दो शरीरों का संबंध'।

868. मूल पाठ में 'तौहीदे ज़न' जिसका अर्थ है 'नारी का अद्वैतवाद'। वास्तव में 'तौहीद' ईश्वर को एक मानने का सिद्धान्त है अर्थात् 'ईश्वर एक है'। यहाँ 'नारी का अद्वैतवाद' (तौहीदे जन) का आशय 'नारी का एकाकी, अविवाहित रहना' अर्थात् 'पुरुष के बिना जीवन व्यतीत करना' है। दूसरे शब्दों में, 'अयुग्मितता' या 'अविवाहितता' नारी का अद्वैतवाद है।

869. मूल पाठ में 'सोज़नाको आतशीं' जिसका अर्थ है 'ज्वलनशील या परितापयुक्त और अग्निमय'। रूमी कहते हैं कि प्रेम (इश्क़) का ज़ाहिर (बाह्य या प्रकट) ज्वलनशील और अग्निमय है। 'अल्लामा इक़बाल के कलाम में इश्क़ (प्रेम) शब्द इस्तिलाह (पारिभाषिक शब्दावली) के रूप में प्रयुक्त हुआ है जिसका आशय है मनुष्य की संघर्ष गति एवं कर्म करने की भावना।

870. प्रेम का।

871. मूल पाठ में 'नूरे रब्बुल् आलमीन' अर्थात् 'सारे जहानों (संसारों/लोकों) के प्रभु का प्रकाश'।

बृहस्पति का आकाश

हल्लाज,[872] ग़ालिब[873] और क़ुर्रतुलऐन ताहिरा[874] की महान् आत्मायें जिन्होंने स्वर्ग में रहने की अपेक्षा निरन्तर भ्रमण करना पसंद किया

मैं क़ुर्बान जाऊँ इस दीवाना दिल[875] पर
देता है हर पल जो मुझे एक भिन्न सूनापन[876]।
जब मैं ठहर जाऊँ कहीं कहता है उठ जा
आत्मज्ञानी व्यक्ति सागर[877] को समझता है एक प्याला[878]।
चूँकि ईश्वर की निशानियों की है नहीं सीमा[879]
ऐ पथिक! राह की है कहाँ सीमा।

---

872. हल्लाज का पूरा नाम अबुल मुग़ीस हुसैन इब्न मन्सूर अल हल्लाज था। उसका जन्म 858 ई. में फार्स में हुआ था। वह 'अनल हक़' के अपने नारे के लिये प्रसिद्ध है जिसके लिये उसे 922 ई. में सूली पर चढ़ाया गया था। उसकी प्रसिद्ध पुस्तक 'किताब अल तवासीन' है जिसे फ्रांसीसी प्राच्यविद् मसीनो (Massignon) ने 1913 ई. में पेरिस से प्रकाशित किया था। मसीनो हल्लाज का विशेषज्ञ माना जाता है। अल्लामा इक़बाल अपनी यूरोप यात्रा के दौरान विचार-विनिमय के सिलसिले में मैसीनो से 1 नवम्बर, 1932 को पेरिस में मिले थे। अल्लामा इक़बाल के विचार में हल्लाज के नारे 'अनल हक़' की उलमा और न्यायशास्त्रियों ने ग़लत व्याख्या की थी। इक़बाल के विचार में 'अनल हक़' का अर्थ है 'अना अर्थात् अहं (Ego) या आत्मन् (Self) सत्त है'। इसका यह अर्थ नही कि 'मैं हक़ (ख़ुदा) हूँ'। अल्लामा इक़बाल ने हल्लाज के 'अनल हक़' का अंग्रेजी अनुवाद 'I am the creative truth' किया है। हल्लाज को 17 वर्ष की आयु में तसव्वुफ में दिलचस्पी पैदा हुयी। अत: उसने 873 ई. से 897 ई. तक हज़रत सहल तुस्तरी, हज़रत उमर मक्की और हज़रत जुनैद बग़दादी जैसे महान् सूफियों के संसर्ग में साधना के अवस्थान तय किये। इसके पश्चात् पन्द्रह-सोलह वर्षों तक ख़ुरासान, किरमान, तुर्किस्तान, कश्मीर और गुजरात (काठियावाड़) इत्यादि का भ्रमण किया। इसी यात्रा के सिलसिले में उसने हज भी अदा किया था। वह 910 ई. में बग़दाद आ गया और वह्दतुल वुजूद की शिक्षा का प्रचार करने लगा। तत्कालीन धार्मिक विद्वानों (उलेमाओं), सूफियों और न्यायशास्त्रियों के घोर विरोध के कारण उसे 922 ई. में सूली पर चढ़ा दिया गया। उस समय से ही उसका व्यक्तित्व विवादग्रस्त बना हुआ है। धार्मिक विद्वानों (उलेमाओं) का एक वर्ग उसे काफ़िर समझता है और दूसरा वर्ग उसे सच्चा वली (संत) मानता है।

873. ग़ालिब का पूरा नाम मिर्ज़ा असदुल्लाह ख़ान था तथा 'ग़ालिब' और 'असद' उनका तख़ल्लुस (उपनाम) था। वह 1797 में आगरा में पैदा हुये थे। उनके दादा मुग़ल बादशाह शाह आलम के

समय में तुर्किस्तान से हिन्दुस्तान आये थे और उसी के दरबार से सम्बद्ध हो गये थे। ग़ालिब तेरह-चौदह वर्ष की आयु में दिल्ली आये फिर वहीं के हो गये। अपने समकालीन उर्दू कवि ज़ौक़ की 1854 में मृत्यु के बाद वह मुग़ल बादशाह बहादुरशाह जफ़र के उस्ताद नियुक्त हुये। 1857 में ग़दर के फलस्वरूप अन्य दिल्ली वालों की तरह ग़ालिब को भी अनेक कठिनाइयों का सामना करना पड़ा। 1869 ई. में उनकी मृत्यु हुयी। वह उर्दू और फ़ारसी के महान् कवि थे। उनके काव्य में जीवन की एक नई उमंग पायी जाती है। उनकी अवलोकन और अनुभव शक्ति इतनी तीव्र एवं जागृत थी कि उन्होंने अपने पूर्ववर्तियों एवं समकालीनों एवं परवर्तियों को बहुत पीछे छोड़ दिया। यद्यपि ग़ालिब इन्क़िलाबी या क्रान्तिकारी या समाजोद्धारक न थे, किन्तु उनमें क्रांतिकारी भावना ही नहीं, बल्कि आत्मबोध और आत्मसम्मान का जौहर भी उनके उर्दू और फ़ारसी काव्य में परिलक्षित होता है।

874. क़ुर्रतुलऐन ताहिरा का असली नाम ज़र्रीन ताज था। वह ईरान में पैदा हुयी थी। अत्यन्त प्रतिभाशाली एवं रूपवती थी। शाइरी के अतिरिक्त भाषण कला में निपुण थी। जब बाबी धर्म सम्प्रदाय के प्रवर्तक अली मुहम्मद शीराज़ी ने स्वयं को बाबुल्लाह (अल्लाह का दरवाज़ा) घोषित किया तो ताहिरा ने उससे पत्राचार शुरू किया और अन्तत: उसने भी बाबी धर्म सम्प्रदाय स्वीकार कर लिया। यद्यपि उसके पिता, भाई और पति ने उसका विरोध किया। ताहिरा के चचा मुल्ला मुहम्मद तक़ी ने बाबियों के ख़िलाफ कुफ़्र (काफ़िर होने, इस्लाम के विमुख होने) का फतवा दे दिया और इस तरह बाबियों के विरुद्ध एक आन्दोलन शुरू हो गया। फिर भी ताहिरा अपनी ज़िद पर अड़ी रही। बाबियों ने उसके चचा मुल्ला मुहम्मद तक़ी का क़त्ल कर दिया तो यह भी क़ज़वीन (अपने जन्म स्थान) से भाग कर ख़ुरासान भाग गयी। बाब अली मुहम्मद शीराज़ी ने इसे क़ुर्रतुलऐन की उपाधि प्रदान की और यह भी आदेश दिया कि वह अपना तख़ल्लुस (उपनाम) ताहिरा रखे। 1850 ई. में ईरान के शासक नासिरुद्दीन शाह क़ाचार के आदेश से बाब मुहम्मद अली शीराज़ी को कत्ल कर दिया गया।1852 ई. में ताहिरा भी गिरफ्तार हुयी और शाह क़ाचार के सामने लायी गयी। बादशाह उसकी रूपवत्ता से बहुत प्रभावित हुआ, किन्तु उलेमा (धार्मिक विद्वानों) ने ताहिरा के कत्ल का फतवा दिया। दरबार के लोगों ने ताहिरा को बहुत समझाया कि बाबी धर्म छोड़ दे, किन्तु वह न मानी और बाबियत पर अपना प्राण निछावर कर दिया। अल्लामा इक़बाल ने जावेदनामा में ताहिरा के चरित्र का चयन मात्र इसलिये किया है कि मुसलमानों को इस बात पर शर्म आये कि ताहिरा जैसी एक स्त्री ने एक झूठे नबी (पैग़म्बर) पर अपना प्राण निछावर कर दिया, किन्तु मुसलमान एक सच्चे नबी (पैग़म्बर) अर्थात् हज़रत मुहम्मद (स.अ. व स.) पर अपना तन, मन और धन निछावर करने में डरते हैं।

875. मूल पाठ में 'दिले दीवाना' यानी 'पागल दिल या पागल हृदय या दीवाना दिल'। 'दीवाना दिल' (दिले दीवाना) से अभिप्राय वह दिल है जो ईश्वर-प्रेम से ज्योतिर्मय है।

876. मूल पाठ में 'दिगर वीरानए' यानी 'एक भिन्न वीराना या सूनापन या निर्जनता'। 'वीराना या निर्जनता या सूनापन' का अर्थ है 'आबादी रहित' जिसका आशय यह है कि ईश्वरभक्त या ईश्वरासक्त (God-Intoxicated) का हृदय संसार के अन्य लोगों की भाँति तमन्नाओं या आकांक्षाओं से आबाद नहीं होता अर्थात् वह ईश्वर से इतर (ग़ैर अल्लाह या Other than God) की कल्पना से ख़ाली होता है और उसमें केवल ईश्वर ही ईश्वर होता है।

877. यहाँ सागर का अर्थ सृष्टि, जगत् या कायनात है जो ऊपरी तौर पर असीमित प्रतीत होती है, किन्तु है सीमित।

878. 'प्याला' का अर्थ है 'सीमित होना'।

879. मूल पाठ में 'जाँकि आयाते ख़ुदा लाइंतिहास्त' जिसका अर्थ है 'क्योंकि ईश्वर की निशानियाँ असीम (लाइंतिहा) हैं'।

दर्शन का कार्य है देखना[880] और ह्रासमानता विश्वास की[881]
ब्रह्मज्ञान का कार्य है देखना[882] और वर्धमानता विश्वास की[883]।
तौलता है वह[884] तराज़ू में हुनर[885] की
तौलता है यह[886] तराज़ू में नज़र[887] की।
हस्तगत करता है वह[888] नीर-मिट्टी[889] को
हस्तगत करता है यह[890] पावन आत्मा को।

---

880. मूल पाठ में 'कारे हिक्मत दीदन' यानी 'हिक्मत (दर्शन-Philosphy) का कार्य देखना या अवलोकन करना' अर्थात् 'यथार्थता का अवलोकन और अनुभव'।

881. मूल पाठ में 'फर्सूदनस्त' जिसका अर्थ है 'कमी होना, ह्रास होना'। आशय यह है कि दार्शनिक सोच-विचार का परिणाम यह होता है कि मन की आस्था या हृदय के विश्वास में कमी आ जाती है क्योंकि दार्शनिक तर्क-वितर्क मनुष्य को संशय या उलझन में डाल देता है जिससे उसकी आस्था डगमगा जाती है। एक दार्शनिक दूसरे दार्शनिक के विचारों का खण्डन करता है और नयी स्थापनायें करता है।

882. मूल पाठ में 'कारे इर्फां दीदनस्त' जिसका अर्थ है 'इर्फान (ब्रह्मज्ञान) का कार्य देखना या अवलोकन' अर्थात् 'परम यथार्थ का अवलोकन करना या उसकी अनुभूति करना' है।

883. मूल पाठ में 'अफ्ज़ूदनस्त' जिसका अर्थ 'वृद्धि होना, इज़ाफा होना'। आशय यह है कि ब्रह्मज्ञानी जिस मात्रा में ईश्वर का संज्ञान प्राप्त करता है उसी मात्रा में उसकी आस्था में और वृद्धि होती है क्योंकि एक ब्रह्मज्ञानी दूसरे ब्रह्मज्ञानी के संज्ञान की पुष्टि करता है।

884. 'वह' अर्थात् 'दर्शन' (Philosophy)।

885. 'हुनर' का शाब्दिक अर्थ 'कला, फन या शिल्प' है। किन्तु 'हुनर' से यहाँ आशय 'दर्शन की तार्किक प्रणाली' है, दार्शनिक हर चीज़ को तर्क की कसौटी पर परखता है क्योंकि उसका मूलाधार बुद्धि (Reason) है।

886. 'यह' अर्थात् 'ब्रह्मज्ञान'।

887. 'नज़र' का शाब्दिक अर्थ है 'दृष्टि', किन्तु यहाँ 'नज़र' का आशय 'हृदय' या 'इश्क़' (ईश्वर प्रेम) है क्योंकि ब्रह्मज्ञान का मूलाधार ईश्वर-भक्ति या ईश्वर-प्रेम है।

888. 'वह' से आशय 'विज्ञान और दर्शन' है। विज्ञान के लिए यथार्थ का अर्थ 'भौतिक जगत् का यथार्थ ' है।

889. मूल पाठ में 'आबो ख़ाक' जिसका अर्थ है 'जल और धूल'। 'नीर-मिट्टी' (आबो ख़ाक) का अभिप्राय है 'भौतिक जगत्'।

890. 'यह' का आशय 'इर्फ़ान या ब्रह्मज्ञान' या 'ईश्वर-प्रेम' है। मनुष्य विज्ञान और दर्शन के माध्यम से नहीं, बल्कि केवल प्रेम (इश्क़) अर्थात् ईश्वर-प्रेम के माध्यम से ही परम यथार्थ तक पहुँच सकता है।

टिकाता है निगाह दृश्य जगत[891] पर वह[892]
कर लेता है आत्मसात् दृश्य-जगत् को यह[893]।

मैं तलाश में अविच्छिन्न प्रव्यंजनाओं की
करता हूँ आकाशों की सैर और रोता हूँ जैसे बाँसुरी।
यह सब है उस शुद्धात्मा व्यक्ति[895] की कृपा से
वह कि जिसकी ज्वाला[896] पड़ी मेरे प्राण में।
सृष्टि[897] के इन दो सूक्ष्मदर्शियों का क़ाफ़िला
बृहस्पति ग्रह के किनारे पर आ उतरा।
वह जगत्, वह धरती जो कहीं समाप्त ही न होती थी[898]
अनेक चाँद तेज़ी के साथ थे परिक्रमा में उसकी।
सुराही थी अभी ख़ाली उसकी अंगूरी मदिरा से
आकांक्षा नहीं उगी थी अभी उसकी धरती से[899]।
आधी रात थी जैसे दोपहर चमक से उसके चाँदों की
न ठंडक थी और न गरमी ही हवाओं में उसकी।
जब आसमाँ की ओर निगाह की मैंने

891. मूल पाठ में 'तजल्ली' जिसका अर्थ है 'दिव्य-ज्योति' किन्तु यहाँ 'तजल्ली' का अभिप्राय 'दृश्य जगत् (Phenomenon) है। 'तजल्ली' का अर्थ 'सिफ़ात' यानी 'ईश्वर के गुण' भी हो सकता है।

892. 'वह' यानी 'हिक्मत' अर्थात् 'विज्ञान और दर्शन या दार्शनिक'।

893. 'यह' यानी 'इर्फ़ान' अर्थात् 'ब्रह्मज्ञान (Gnosis)' या 'आरिफ' या 'ब्रह्मज्ञानी'।

892-93. मूल पाठ में 'आँ निग: रा बर तजल्ली मी ज़नद
ईं तजल्ली रा बख़ुद गुम मी कुनद'

जिसका निम्न अनुवाद हो सकता है :

टिकाता है निगाह सिफ़ात पर वह
कर लेता है आत्मसात् सिफ़ात को यह

यहाँ 'सिफ़ात्' (तजल्ली) से आशय 'ईश्वर के गुण' (Attributes of God) है।

894. मूल पाठ में 'दर तलाशे जल्व:हाए पै ब पै' जिसका अर्थ है 'अविच्छिन्न या निरन्तर प्रव्यंजनाओं (Manifestations) की तलाश में '।

895. संत रूमी।

896. 'जिसकी ज्वाला' का तात्पर्य है 'ईश्वर-प्रेम की ज्वाला'। 'जिसकी ज्वाला' अर्थात् 'रूमी के ईश्वर-प्रेम की ज्वाला मेरे प्राण या मेरी आत्मा में पड़ी'।

897. मूल पाठ में 'वुजूद' जिसका अर्थ है 'अस्तित्व', किन्तु यहाँ 'अस्तित्व' (वुजूद) का आशय 'सृष्टि' है।

898. तात्पर्य यह है कि वह एक ऐसी धरती थी जिसकी सीमायें कहीं समाप्त ही न होती थीं।

899. आशय यह है कि बृहस्पति ग्रह की धरती पर अभी न तो कोई हरियाली थी और न जीवन के ही कोई लक्षण थे।

तारे को[900] उसके पाया मैंने समीपतर अपने।
उस दृश्य के भय से मेरे होश उड़ गये
पास व दूर, देर व शीघ्र के स्वरूप बदल गये।
तीन पुनीत आत्मायें देखी मैंने सामने अपने
द्रवीभूत कर दे जगत् को सीने की आग जिनके।
लाला वर्ण[901] का परिधान[902] था शरीर पर उनके
आन्तरिक परिताप[903] से चेहरे देदीप्यमान थे उनके।
अलस्त के दिन से[904] परिताप व वेदना में प्रेम की
उन्मत्त थे वे मदिरा से अपने नग़्मों की।
रूमी ने कहा, "मत हो बेसुध इस तरह खुदी[905] से अपनी
हो जा जीवित साँस से इन अग्निगीतों की।
तूने देखा न था निःस्पृह प्रेम,[906] देख ले
तूने देखा न था इस मदिरा का ज़ोर, देख ले।
ग़ालिब व हल्लाज और ईरान की महिला ने[907]
हंगामा बरपा कर दिया है का'बा के प्राण में।
चिरस्थायित्व प्रदान करती है आत्मा को ग़ज़ल उनकी
अन्तःकरण से सृष्टि के गर्मी आती है उसकी[908]"।

---

900. बृहस्पति ग्रह को।

901. मूल पाठ में 'लाला गूँ' अर्थात् 'लाला पुष्प के वर्ण का' यानी 'सुर्ख़ रंग या लोहित वर्ण का'।

902. मूल पाठ में 'हुल्लहा ए' (हुल्लहा हुल्लः का बहुवचन)। 'हुल्लः' का अर्थ है 'जन्नती लिबास' या 'स्वर्ग का परिधान या वस्त्र'।

903. मूल पाठ में 'अज़ सोज़े दुरून' जिसका अर्थ है 'अन्दर की गर्मी से या आन्तरिक परिताप से' वास्तव में 'सोज़े दुरून' अल्लामा इक़बाल की इस्तिलाह (पारिभाषिक शब्दावली) है जिससे उनका आशय ईश्वर और उसके पैग़म्बर का प्रेम होता है।

904. मूल पाठ में 'ज़ हंगामे अलस्त' अर्थात् 'अलस्त के दिन से'। 'अलस्त' से क़ुरआन (7:172) की आयत 'अलस्तु बिरब्बिकुम क़ालू बला' अर्थात् आत्मा लोक (आलमे अर्वाह) में ईश्वर ने आत्माओं से पूछा 'क्या मैं तुम्हारा पालनहार नहीं हूँ?' उन आत्माओं ने कहा, 'क्यों नहीं तू ही हमारा पालनहार है'। आशय यह है कि ईश्वरभक्त या ईश्वरोन्मत्त (God Intoxicated) के सांसारिक जीवन में भी उसी 'अलस्त के दिन' के वादे की ईश्वर प्रेम की ज्वाला और तड़प होती है।

905. आत्मन् (Self), अहं (Ego)।

906. मूल पाठ में 'शौक़े बेपर्वा' जिसका अर्थ है 'निःस्पृह प्रेम या निडर प्रेम'।

907. मूल पाठ में 'ख़ातूने अजम' जिसका अर्थ है 'ईरान की महिला' अर्थात् 'क़ुर्रतुलऐन ताहिरा'। अरब लोग 'ग़ैर अरब' को 'अजम' कहते हैं।

908. आशय यह है कि उनकी ग़ज़लों में सृष्टि के अन्तःकरण की आवाज़ है।

हल्लाज की ग़ज़ल[909]

ढूँढ़ वह आग अपनी ख़ाक से जो दृश्य नहीं है
ज्योति किसी अन्य की याचनीय नहीं है।
स्वयं पर ऐसे टिका रखी है दृष्टि कि प्रियतम की छटा
छायी हुयी है जगत् में, पर मुझे उसके दीदार की फुर्सत नहीं है।
जमशेद[910] के राज्य के बदले भी न दूँ मैं नज़ीरी[911] का यह मिसरा[912]
"जो कोई क़त्ल नहीं हुआ है वह हमारे[913] क़बीले से नहीं है।"
यद्यपि तैयार कर रखा है लश्कर जादू पेशा बुद्धि ने
व्यथित हृदय मत हो तू क्योंकि प्रेम तनहा नहीं है।
न तू परिचित है राह से,[914] न तुझे अपनी मंज़िल की है ख़बर
अन्यथा वह कौन सा गीत[915] है जो सुलैमा[916] की वीणा[917] में नहीं है।[918]

---

909. यह ग़ज़ल अल्लामा इक़बाल की प्रसिद्ध फ़ारसी कृति 'पयामे मश्रिक़' (प्राची का संदेश-The Message of the East) से उद्धृत है। वास्तव में यह ग़ज़ल हल्लाज के विचारों का दर्पण है।
910. प्राचीन फारस का एक वैभवशाली सम्राट जिसने अंगूर की शराब का ईजाद किया था।
911. नज़ीरी फ़ारसी का एक प्रसिद्ध कवि था जो 1552 ई. में नीशापुर (ईरान) में पैदा हुआ था। 1583 ई. के लगभग हिन्दुस्तान पहुँचा और अब्दुर्रहीम ख़ान ख़ानाँ के दरबार में संलग्न हो गया। नज़ीरी ने अकबर और जहाँगीर की प्रशंसा में भी क़सीदे कहे हैं। अपने जीवन के अन्तिम दिनों में उसने एकान्तवास अंगीकार किया। 1612 ई. में उसकी मृत्यु हुयी। उसकी क़ब्र अहमदाबाद (गुजरात) में है।
912. अर्द्ध शे'र, अर्धाली या अर्धपद (Hemistich) को मिसरा कहते हैं।
913. आशिकों के।
914. प्रेम की राह से।
915. मूल पाठ में 'नग़मः' यानी 'गीत'। यहाँ 'नग़मः या नग़मा या गीत' का तात्पर्य है 'दीन और दुनिया की भलाई या अच्छाई'।
916. अरबी और फ़ारसी शाइरी में 'सुलैमा' प्रियतमा (Beloved) का प्रतीक है। यहाँ 'सुलैमा' से आशय 'इस्लामी शरीअत' है।
917. मूल पाठ में 'बर्बत' जो एक बाज़ा होता है जिसकी शक्ल बत्तख़ जैसे होती है। इसे ऊद भी कहते हैं।
918. मूल पाठ में 'चे नग़मः ईस्त कि दर बर्बते सुलैमा नेस्त' जिसका अर्थ है 'वह कौन सा नग़मा या गीत है जो सुलैमा की वीणा में नहीं है'। इस मिसरा का आशय यह है कि जीवन की कोई ऐसी समस्या नहीं है जिसका निदान इस्लामी शरीअत में न हो। दूसरा आशय यह भी हो सकता है कि संसार की कोई ऐसी ख़ूबी, अच्छाई या भलाई नहीं जो ईश्वर-प्रेम के माध्यम से न प्राप्त की जा सके।

मगरों को क़ैद करने और शिकार करने की बात कर
मत कह कि सागर से हमारी नाव परिचित नहीं है।
मद्यपों की मण्डली में तू भी हो जा सम्मिलित
दूर रह बैअत[919] से उस पीर की जो विप्लवकारी[920] नहीं है।

ग़ालिब की ग़ज़ल

"आओ नियम बदल दें आसमाँ के हम
बड़े पैमाने के दौर से[921] नियति बदल दें हम।
सत्ता[922] की धर पकड़ की पर्वा न करें हम
यदि राजा से भेंट आये लौटा दें उसे हम।
यदि बात करे कलीम[923] भी तो हम न करें बात
ख़लील[924] भी हो मेहमान तो लौटा दें उसे हम[925]।

---

919. किसी पीर (धर्मगुरु) के हाथ पर प्रतिज्ञाबद्ध होकर उसका मुरीद (शिष्य) होने को बैअत कहते हैं।

920. मूल पाठ में 'मर्दे ग़ौग़ा' यानी 'विप्लवकारी व्यक्ति' जिसका आशय है 'इन्क़िलाब (क्रान्ति) बरपा करने की क्षमता वाला व्यक्ति'।

921. मूल पाठ में 'बगर्दिशे रत्ले गराँ' जिसका शाब्दिक अर्थ है 'बड़े चषक यानी प्याले या पैमाने के दौर के दौर से' यानी 'शराब के पैमाने के दौर से' जिसका आशय है 'प्रेम-मार्ग के अनुसरण से'।

922. मूल पाठ में 'शह्न:' जिसका अर्थ है 'दारोग़ा' जिसका आशय 'शासक या सत्ता' है।

923. 'कलीम' का शाब्दिक अर्थ है 'बात करनेवाला'। यह 'कलीमुल्लाह' यानी 'ईश्वर से बात करनेवाला' का संक्षिप्त रूप है। 'कलीम' से आशय पैग़म्बर हज़रत मूसा है, किन्तु यहाँ 'कलीम' का आशय 'पैग़म्बर मूसा' नहीं बल्कि इसका अर्थ 'सत्ताधारी या शासक' है।

924. 'ख़लील' का शाब्दिक अर्थ है 'मित्र'। यह 'ख़लीलुल्लाह' (ईश्वर का मित्र) का संक्षिप्त रूप है। 'ख़लील या ख़लीलुल्लाह' से आशय 'पैग़म्बर इब्राहीम' (Prophet Abraham) है। किन्तु यहाँ 'ख़लील' का आशय पैग़म्बर इब्राहीम नहीं बल्कि 'सत्ताधारी या शासक' है।

925. जैसा कि 923 और 924 में स्पष्ट किया गया है इस शे'र में कलीम का आशय पैग़म्बर हज़रत मूसा और ख़लील का आशय पैग़म्बर इब्राहीम (Prophet Abraham) नहीं, बल्कि कलीम और ख़लील का आशय सत्ताधारी या शासक वर्ग है। इस शे'र का आशय यह है कि अपने उद्देश्य (इन्क़िलाब) की पूर्ति में हम बड़े लोगों यानी शासक वर्ग या सत्ताधारी वर्ग से आतंकित न हों।

युद्ध द्वारा शाखों से पुष्प-कर समाहर्त्ता मालियों को[926]
उपवन के द्वार से ख़ाली डलिया लौटा दें हम[927]।
संधि द्वारा सवेरे पंख फड़फड़ाने वाले पक्षियों को
निकुंज से उनके नीड़ों को वापस लौटा दें हम[928]।
मैं और तू अनुयायी हैं हैदर[929] के, तो न होगा कोई अचरज
यदि प्राची की ओर सूर्य को वापस लौटा दें[930] हम।"[931]

ताहिरा की ग़ज़ल

"यदि तुझपर पड़े मेरी नज़र कि मेरे चेहरे के सामने हो चेहरा तेरा, तू मेरे रूबरू
तेरे प्रेम की वेदना की मैं करूँ व्याख्या पहलू दर पहलू और हूबहू।
तेरे चेहरे के दर्शन के लिये फिरी हूँ समीरन की तरह
मैं घर-घर, दर-दर, गली-गली, राह दर राह।

---

926. मूल पाठ में 'बाज सितानाने शाख़सारी रा' का शाब्दिक अर्थ है 'शाखों से फूलों का कर या टैक्स लेने वाले मालियों को', किन्तु इसका तात्पर्य है 'अवाम या प्रजा से कर या टैक्स उगाहने वाले राजाओं या बादशाहों के गुमाश्तों को'।

927. 'उपवन के द्वार से ख़ाली डलिया लौटा दे' का आशय यह है कि 'राजतन्त्रवाद (Monarchy) या बादशाहत के विरुद्ध बग़ावत या इन्क़िलाब बरपा कर दें'।

928. इस शे'र का आशय यह है कि राजशाही (Monarchy) या बादशाहत की व्यवस्था में जनता अपने न्यायोचित अधिकारों से वंचित कर दी जाती है। अतः हमारा कर्त्तव्य है कि इन्क़िलाब या क्रान्ति द्वारा हम ऐसी व्यवस्था का समूल उन्मूलन कर दें और ऐसी व्यवस्था स्थापित करें ताकि हर व्यक्ति अपना न्यायोचित अधिकार प्राप्त कर ले। अर्थात् एक ऐसी व्यवस्था कायम की जाये जिसमें कोई किसी का मोहताज न हो।

929. 'हैदर' से अभिप्राय 'हज़रत अली' से है जो इस्लाम के चौथे ख़लीफ़ा थे। वह अपनी वीरता के लिए प्रसिद्ध थे।

930. इस शे'र में उस घटना की ओर संकेत है कि एक बार हज़रत अली की अस्र (सूर्यास्त से पहले की नमाज़) क़ज़ा हो गयी अर्थात् अपने समय पर अदा नहीं हो पायी। उन्होंने ईश्वर से प्रार्थना की कि अस्र नमाज़ का समय वापस आ जाय। ईश्वर ने उनकी प्रार्थना स्वीकार की।

931. इस शे'र का आशय यह है कि यदि हम भी अली की तरह इस्लाम के सच्चे अनुयायी बन जायें तो हमारे अन्दर भी संसार में इन्क़िलाब बरपा करने की क्षमता उत्पन्न हो सकती है।

तेरे विरह में बह रहा है मेरी दो आँखों से लहू दिल का
दज्ला-दज्ला,[932] सागर-सागर, सोता-सोता, धारा-धारा।
तेरे प्यार को मेरे व्यथित हृदय ने आत्मा के वस्त्र में है बुन लिया
धागा - धागा, तार - तार, ताना - ताना, बाना - बाना।
ताहिरा ने सैर की अपने दिल की कुछ न देखा तेरे सिवा
पन्ना दर पन्ना, तह दर तह, कोना दर कोना, पर्दा दर पर्दा।"

परिताप व उत्कण्ठा ने इन व्यथित प्रेमियों की
जगा दिये अभिनव तुमुल आत्मा में मेरी।
पुरानी मुश्किलों ने बाहर निकाला सिर[933]
सोच पर मेरी किया धावा फिर।
नख-शिख विकलता बन गया सोच का सागर मेरी
हुआ विध्वस्त उसका तट प्रचंडता से झंझा की।
रूमी ने कहा, समय न कर बरबाद
ऐ तू कि जो चाहता है हर शंका का समाधान।
कब तक रहेगा क़ैद तू विचारों में अपने
बाहर निकाल इस विचार-प्रलय को अन्तरात्मा से।

ज़िन्दारूद अपनी समस्यायें महान् आत्माओं के समक्ष प्रस्तुत करता है

आस्तिकों के स्थान[934] से तेरी दूरी है किसलिए?
यानी कि जन्नत से तेरी जुदाई है किसलिए?

932. दज्ला इराक़ की प्रसिद्ध नदी है। इराक़ की दूसरी प्रसिद्ध नदी है फ़ुरात।
933. मेरे मन में विभिन्न प्रश्न फिर उत्पन्न हो गये।
934. मूल पाठ में 'मक़ामे मोमिनाँ' यानी मोमिनों (आस्थावानों, आस्तिकों) के स्थान अर्थात् स्वर्ग।

हल्लाज

स्वतंत्र व्यक्ति[935] जो कि शुभ-अशुभ है जानता
समाती नहीं है जन्नत में उसकी आत्मा।
मदिरा व हूर व ग़ुलाम[936] जन्नत मुल्ला की
शाश्वत भ्रमण[937] जन्नत स्वतंत्र पुरुषों की।
भोजन, शयन और गायन है जन्नत मुल्ला की
अस्तित्व[938] का दर्शन है जन्नत प्रेमी[939] की।
मुल्ला की क़यामत है क़ब्र का फटना और तुरही नाद
उन्मादवर्धक प्रेम है स्वयं क़यामत का प्रभात।
ज्ञान का आधार है भय और आशा
प्रेमियों[940] के वास्ते है भय न आशा[941]।
ज्ञान होता है भयभीत प्रताप से सृष्टि के
प्रेम होता है निमग्न सौन्दर्य में सृष्टि के।
अतीत व वर्तमान पर दृष्टि होती है ज्ञान की
प्रेम कहता है कि देख जो है आगामी।
ज्ञान है वचनवद्ध सिद्धान्त से जब्र[942] के
निदान है उसके पास क्या सिवा जब्र व सब्र के।[943]

---

935. मूल पाठ में 'मर्दे आज़ाद' यानी 'स्वतंत्र या स्वाधीन व्यक्ति' जिसका आशय है 'ईश्वरोन्मत्त (God Intoxicated) या ईश्वर प्रेमी'।
936. 'ग़ुलाम' का अर्थ है 'बाल भृत्य, जो स्वर्गवालों की सेवा करते हैं'। 'ग़ुलाम' का बहुवचन है 'ग़िल्मान' किन्तु उर्दू और फ़ारसी में यह शब्द एकवचन के रूप में प्रयुक्त होता है।
937. मूल पाठ में 'सैरे दवाम' यानी 'सतत या शाश्वत यात्रा या भ्रमण'। तसव्वुफ की शब्दावली में 'सैर' (यात्रा, भ्रमण) का अर्थ होता है 'उत्तरोत्तर आध्यात्मिक प्रगति'।
938. 'अस्तित्व' का आशय 'परम अस्तित्व' (Absolute Existence) अर्थात् 'ईश्वर' है ।
939. मूल पाठ में 'आशिक़' जिसका तात्पर्य 'ईश्वरानुक्त या ईश्वरभक्त' है।
940. ईश्वर-प्रेमियों, ईश्वर-भक्तों।
941. ईश्वर-प्रेमी सदैव ईश्वर के दीदार की मंज़िल में होता है लिहाज़ा वह जन्नत की आशा और जहन्नम के भय से परे होता है।
942. मूल पाठ में 'आईने जब्र' यानी 'जब्र का सिद्धान्त'। यह सिद्धान्त कि 'मनुष्य नितान्त विवश है और जो कुछ करता है ईश्वर करता है'। 'जब्र' वास्तव में 'पूर्व नियति' (Predestination) है जिसके अनुसार जो कुछ होना है पहले से ही तय हो चुका है।
943. ज्ञान ने जब जब्र के दर्शन को स्वीकार कर लिया है तो उसके पास इसके सिवाय क्या उपाय है कि जो कुछ घटित हो रहा है या घटित होनेवाला है उसे स्वीकार कर ले और सब्र करके बैठा रहे।

प्रेम है स्वतन्त्र,[944] स्वाभिमानी और अधीर[945]
अस्तित्व के दीदार में[946] वह है निर्भीक।
उपालंभ-उलाहना से हमारा प्रेम है अनजान
यद्यपि उसका रुदन है मतवालापन[947] का रुदन।
हमारा यह मजबूर दिल मजबूर नहीं है[948]
हमें हूर की निगाह का लगा तीर नहीं है।[949]
वृद्धि करता है हमारी अग्नि[950] में विरह
रास आता है हमारी रूह को विरह।
दर्द की टीस के बिना जीना नहीं जीना
पाँव नीचे आग रखकर[951] चाहिये जीना।
इस तरह जीवित रहना ही है नियति ख़ुदी[952] की
इसी नियति से होती है रचना ख़ुदी की।
कण है सूर्य की ईर्ष्या का पात्र अपनी असीम उत्कण्ठा से
नौ आकाश समा जाते हैं सीने में उसके।[953]
प्रेम जब बोलता है धावा जगत् पर
क्षणिक अस्तित्वों को कर देता है अमर[954]।

---

944. जब्र के दायरे से स्वतंत्र।

945. ईश्वर की राह में जान देने के लिये अधीर या आतुर रहता है।

946. अस्तित्व अर्थात् परम अस्तित्व यानी ईश्वर के दीदार में।

947. मूल पाठ में 'मस्ती' यानी 'मतवालापन' जिसका अभिप्राय 'प्रेमोन्मत्तता' है।

948. आशय यह है कि हमारी मजबूरी या विवशता ईश्वर-प्रेम की मजबूरी या विवशता है। ऐसा ईश्वर-प्रेम जिसकी आग लगाये न लगे और बुझाये न बुझे। ईश्वर-प्रेम की यह विवशता स्वयं ईश्वर प्रेगी की पैबा की हुयी होती है।

949. अभिप्राय यह है कि हमारा ईश्वर प्रेम हूर या जन्नत की प्राप्ति के लिए नहीं, बल्कि मात्र ईश्वर के लिए है।

950. प्रेमाग्नि

951. तड़प और बेचैनी के साथ जीना ही जीना है।

952. आत्मन् (Self), अहं (Ego)।

953. आशय यह है कि जब किसी मनुष्य के हृदय में ईश्वरानुराग या ईश्वरोनमत्तता (God-Intoxicatedness) उत्पन्न हो जाती है तो उसमें सकल ब्रह्माण्ड को समा लेने या आत्मसात् कर लेने की क्षमता पैदा हो जाती है।

954. ईश्वर-प्रेम द्वारा दिक्काल का क़ैदी ससीम अहं (Finite Ego) असीम अहं (Infinite Ego) के गुणों से ओतप्रोत होकर अमरत्व प्राप्त कर लेता है।

ज़िन्दारूद

जीवन और मरण है फेर नियति[955] का
कोई जानता नहीं क्या है फेर नियति का[956]।

हल्लाज

पाथेय[957] नियति का जो व्यक्ति पास रखता है अपने
शक्ति से उसकी इब्लीस व मृत्यु हैं काँपते।
जब्र[958] है धर्म उस पुरुष का जो कि है साहसी
वीरों के जब्र का कारण है पूर्णता शक्ति की[959]।
परिपक्व व्यक्ति[960] परिपक्वतर होता है जब्र से
जब्र है गोद क़ब्र की निमित्त अपरिपक्व व्यक्ति[961] के।
ख़ालिद[962] का जब्र काया पलट देता है जगत् की

955. मूल पाठ में 'गर्दिशे तक़्दीर' जिसका अर्थ है 'नियति का चक्र या नियति का उलट-फेर' अर्थात् 'जीवन-मरण नियति की उलट-फेर का परिणाम है'।

956. आशय यह है कि जीवन-मरण नियति का परिणाम हैं तो फिर नियति क्या है?

957. मूल पाठ में 'साज़ो बर्ग ' यानी 'साज़ो सामान' अर्थात् 'यात्रा की सामग्री या यात्रा के साज़ो समान अथवा पाथेय'।

958. 'पूर्व नियति' (Predestination) का सिद्धान्त।

959. 'जब्र' या 'पूर्व नियति' के सिद्धान्त के अनुसार मनुष्य मजबूर या विवश है अर्थात् न जीवन उसके वश में है और न मृत्यु। किन्तु यह सिद्धान्त या विश्वास उसे कर्म से विमुख नहीं कर सकता। यह दृढ़ विश्वास कि जीवन और मृत्यु ईश्वर के हाथ में उसकी कर्मपरायणता का परम प्रेरणा स्रोत बन जाता है जिसके कारण वह जीवन के संघर्ष से जी नहीं चुराता है बल्कि ईश्वर की राह में आत्मोत्सर्ग के लिये सदैव तत्पर रहता है।

960. 'परिपक्व व्यक्ति' (मूल पाठ में 'पुख़्तः मर्दे') से आशय उस व्यक्ति से है जो नियति (तक़्दीर) में पूर्ण विश्वास रखता है।

961. मूल पाठ में 'मर्दे ख़ाम' अर्थात् 'कच्चा व्यक्ति या अपरिपक्व व्यक्ति' यानी 'वह व्यक्ति जो कि ईश्वरीय विधान या नियति में आस्था नहीं रखता और हानि या मृत्यु के भय से संघर्ष से कतराता है'।

962. ख़ालिद का पूरा नाम ख़ालिद बिन वलीद था। वह पैग़म्बर हज़रत मुहम्मद (स.अ.व स.) के समकालीन यानी सहाबी थे और मक्का विजय के अवसर पर मुसलमान हुये थे। वह बहुत बहादुर और पराक्रमी तथा महान् विजेता थे।

हमारा जब्र उखाड़ देता है जड़ व नींव हमारी[963]।
तस्लीम[964] व रज़ा[965] काम है वीर पुरुषों का[966]
निर्बलों पर ठीक आता नहीं यह अंगरखा[967]।
तू जो कि जानता है रूम के संत का स्थान
क्या जानता नहीं तू रूम के संत का यह कलाम।
"था एक मजूसी[968] बायज़ीद[969] के काल में
उससे कहा एक भोले भाले मुसलमान ने।
बेहतर यह होगा कि तू ईमान[970] ले आये
ताकि मुक्ति और प्रतिष्ठा तुझे मिले।
बोला वह, ऐ विश्वासपात्र यदि है यही ईमान
जो कि रखते हैं संसार के शैख़ बायज़ीद।
मुझमे नहीं है सामर्थ्य उसकी आभा की
प्रयासों से है वह परे आत्मा के मेरी।"
हमारा काम आशा व भय के सिवा कुछ नहीं

963. चूँकि आम मनुष्य ईश्वर की नियति में पूर्ण विश्वास नहीं रखता, लिहाज़ा वह मौत और नुकसान के डर से जीवन के संघर्ष से अपनी जान छुड़ाता है। जिसके कारण वह न केवल अपनी मौत और अवनति का कारण होता है, बल्कि अपनी क़ौम और मिल्लत (राष्ट्र) की अवनति और उसके विनाश का कारण बनता है।

964. तस्लीम का अर्थ है 'ईश्वरेच्छा (Will of God) को स्वीकार करना'।

965. रज़ा का अर्थ है 'मर्ज़ी ' अर्थात् 'ईश्वर की मर्ज़ी के सामने नतमस्तक होना तथा उसपर संतुष्ट रहना'।

966. 'तस्लीम व रज़ा (तस्लीमो रज़ा) काम है वीर पुरुषों का' का तात्पर्य यह है कि तस्लीम व रज़ा (तस्लीमों रज़ा) का यह अर्थ नहीं कि मनुष्य हाथ पर हाथ धरे बैठा रहे, बल्कि इसका अर्थ यह है कि प्रत्येक व्यक्ति अपनी क्षमता भर प्रयास करे और इस प्रयास के परिणाम को ईश्वर की मर्ज़ी पर छोड़ दे और ईश्वर की मर्ज़ी से संतुष्ट रहे।

967. 'तस्लीमो रिज़ा' के सिद्धान्त का पालन करना निर्बल लोगों के वश में नहीं क्योंकि ईश्वरेच्छा पर पूर्ण विश्वास न होने के कारण वे घबरा जाते हैं।

968. जरतुस्त के अनुयायी को मजूसी कहते हैं। मजूसी अग्निपूजक होते हैं।

969. बायज़ीद शैख़ बायज़ीद बिस्तामी के नाम से प्रसिद्ध हैं। वह ईरान में ख़ुरासान प्रदेश के नगर बिस्ताम में पैदा हुये थे। वह एक महान् ईश्वरोन्मत्त (God Intoxicated) सूफी थे। उनकी मृत्यु 877 ई. में हुयी।

970. ईमान अर्थात् इस्लाम।

हर किसी में हिम्मत नहीं है तस्लीम[971] की।
ऐ कि तू कहता है "जो होना था, यही था, हो गया
नियति के पाबंद थे काम अत: ऐसा हो गया"।
समझा नहीं है तू अर्थ नियति का[972]
न ख़ुदी[973] और न ख़ुदा को है तू समझा।
प्रार्थना यूँ आस्थावान ईश्वर से है करता[974]
"हम हैं तुझसे राज़ी तू हमसे राज़ी हो।"[975]
उसका संकल्प है सृजक ईश्वरेच्छा का
युद्ध के दिन उसका तीर है तीर ईश्वर का।[976]

ज़िन्दारूद

अदूरदर्शियों ने था उपद्रव किया खड़ा
ईश्वर के सच्चे सेवक[977] को सूली पर दिया चढ़ा।
तुझ पर हैं प्रकट अस्तित्व के रहस्य
फिर बता आख़िर था तेरा गुनाह क्या?

---

971. ईश्वरेच्छा को स्वीकार करने की या ईश्वरेच्छा के समक्ष समर्पण करने की।
972. नियति के अर्थ को केवल आत्मज्ञान सम्पन्न आस्थावान ही समझ सकता है।
973. आत्मन् (Self) या अहं (Ego)।
974. मूल पाठ में 'मर्दे मोमिन बा ख़ुदा दारद नियाज' जिसका अर्थ है 'आस्थावान व्यक्ति ईश्वचर से राज़ोनियाज़ की बात कह सकता है' या 'आस्थावान व्यक्ति ईश्वर से प्रेम की गुप्त बातें कह सकता है'।
975. मूल पाठ में 'बा तू मा साज़ेम तू बा मा बसाज़' जिसका अर्थ है 'हम तेरी इच्छा के अनुरूप हो गये हैं और तू भी मेरे अनुरूप हो अर्थात् मेरी प्रार्थना स्वीकार कर'। तात्पर्य यह है कि ऐ ईश्वर हम तेरी इच्छा के सामने सिर झुकाते हैं तू भी मेरी तस्लीम व रज़ा (देखिए नोट 841, 842, 843) को स्वीकार कर।
976. इस शे'र में क़ुरआन (8:17) की आयत 'व मा रमैत इज़ रमैत व लाकिन्नल्लाह रमा' जिसका अनुवाद है, 'वह कंकड़ियाँ जो आपने (मुहम्मद स.अ. व स. ने) फेंकी थी, वह आपने तो नहीं फेंकी थी, वह तो हमने (ईश्वर ने) फेंकी थी'।
977. हल्लाज को।

हल्लाज

मेरे वक्ष के अन्दर तुरही की ध्वनि[978] थी
मैंने देखी थी एक मिल्लत[979] कृत संकल्प क़ब्र की।[980]
आस्तिक[981] थे नास्तिकों[982] सदृश स्वभाव व लक्षण में
कहते थे ला इलाह[983] पर इनकारी थे आत्मन् के।
कहते थे[984] मिट जाने वाली तस्वीर है[985] आत्मा मनुष्य की[986]
क्योंकि नीर व मिट्टी से वह सरोकार है रखती।
मैंने भड़कायी अपने अन्दर ज़िन्दगी की आग[987]
मैंने मुर्दों को[988] बताया ज़िन्दगी का राज़।
आधारशिला सृष्टि की है ख़ुदी पर रखी गयी
प्रेमपात्रता[989] के साथ है प्रकोपपात्रता[990] मिली हुयी।

---

978. मूल पाठ में 'बाँगे सूर' जिसका अर्थ है 'तुरही नाद या तुरही की ध्वनि'। क़यामत के दिन इस्राफील फ़रिश्ता 'तुरही नाद' करेगा जिसके फलस्वरूप सभी मुर्दे जीवित हो उठेंगे।
979. एक धार्मिक समुदाय या क़ौम।
980. मूल पाठ में 'मिल्लते दादम कि दारद क़स्दे गोर' जिसका अर्थ है 'मैंने एक ऐसी मिल्लत (क़ौम) देखी जो क़ब्र का इरादा रखती थी या जिसकी सोच उसे क़ब्र की ओर ले जा रही थी'।
981. मूल पाठ में 'मोमिनाँ' ('मोमिन' का ब.व.) जिसका अर्थ है 'मुसलमान लोग'।
982. मूल पाठ में 'काफ़िराँ' ('काफ़िर' का ब.व.) जिसका अर्थ है 'काफ़िर लोग, ईश्वर और रसूल का इन्कार करनेवाले लोग'।
983. इस्लाम के धर्म मन्त्र या धर्मसूत्र (कलिमः) का प्रथम अर्धभाग जिसका अर्थ है 'अल्लाह के सिवा कोई ईश्वर नहीं'।
984. हल्लाज के समय के मुसलमान कहते थे।
985. मूल पाठ में 'नक्शे बातिल' जिसका अर्थ है 'मिट जाने वाला चित्र या चिह्न' अर्थात् 'ख़ुदी नश्वर है'।
986. मूल पाठ में 'अम्रे हक़' अर्थात् 'रूहे इन्सानी' अर्थात् 'मनुष्य की आत्मा'। यहाँ संकेत क़ुरआन (17:87) की आयत 'कुलिर्रूहु मिन् अम्रि रब्बी' जिसका अर्थ है कि 'ऐ पैग़म्बर! कह दीजिए कि रूह (आत्मा) का संबंध मेरे ईश्वर के आदेश (अम्र) से है'।
987. मूल पाठ में 'मन बख़ुद अफ़्रोख़्तम नारे हयात' अर्थात् 'मैंने अपने अन्दर जीवनाग्नि प्रज्वलित की'। आशय यह है कि मैंने अपनी ख़ुदी (अहं या आत्मन्-Ego or Self) को दृढ़ या मज़बूत किया अथवा ख़ुदी में निहित गुप्त शक्तियों को अमल में लाया या कार्यान्वित किया ताकि मैं मुसलमानों को जीवन के रहस्यों से अवगत करा सकूँ।
988. मुर्दों की तरह जीवन व्यतीत करनेवाले अपने समकालीन मुसलमानों को।
989. मूल पाठ में 'दिलबरी' जिसका अर्थ है 'प्रेमपात्रता'। 'दिलबरी' से आशय 'शाने जमाल' या 'सौन्दर्य का तेज या प्रताप' है।
990. मूल पाठ में 'क़ाहिरी' जिसका अर्थ है 'प्रकोपपात्रता'। 'क़ाहिरी' से आशय है 'शाने जलाल' या 'प्रचंड क्रोध व प्रकोप का तेज़ या प्रताप'।

प्रकट व अप्रकट है सर्वत्र ख़ुदी सृष्टि में[991]
सामर्थ्य नहीं है उसकी आभा की हमारी दृष्टि में।
प्रच्छन्न हैं अग्नियाँ अनेक उसके नूर[992] में
छटायें अनेक हैं सृष्टि की उसके तूर[993] से।
हर क्षण हर हृदय इस प्राचीन जगत्[994] में
वार्तालाप करता है ख़ुदी से गुप्त रूप में।[995]
पाया नहीं जो अपना हिस्सा उसकी आग से[996]
वह मर गया संसार में अपरिचित अपने आप से।[997]
रहस्यज्ञ हैं ईरान व हिन्द उसकी ज्योति के[998]
कोई नहीं जो परिचित हो उसकी अग्नि से।[999]

---

991. मूल पाठ में 'हर कुजा पैदा व नापैदा ख़ुदी' जिसका अर्थ है 'ख़ुदी (आत्मन या अहं-Self or Ego) सर्वत्र है, कहीं प्रकट और कहीं अप्रकट'। अपने कृत्य (अमल) की दृष्टि से ख़ुदी (आत्मन्, अहं) सर्वत्र प्रकट है, किन्तु अपनी हस्ती की दृष्टि से या अपने अस्तित्व (ज़ात) की दृष्टि से वह अप्रकट या प्रच्छन्न है।

992. प्रकाश।

993. सीरिया का एक पर्वत जिस पर हज़रत मूसा ने ईश्वर का जल्वा (ईश्वर की आभा) देखा था। इसे तूरे सीना (Mount of Sinai) भी कहते हैं।

994. मूल पाठ में 'दैरे कुहन' अर्थात् 'प्राचीन मूर्तिगृह या प्राचीन गिरजाघर' जिसका आशय प्राचीन जगत् या संसार है।

995. हमारा प्रत्येक कर्म या कृत्य ख़ुदी के अस्तित्व, ख़ुदी (अहं, आत्मन्) की यथार्थता पर गवाही देता है।

996. जिस व्यक्ति ने अपनी ख़ुदी (Ego) अपने व्यक्तित्व या अपने आत्मन् (Self) की गुप्त क्षमताओं को, गुप्त शक्तियों को अमल में लाकर अपनी ख़ुदी को दृढ़ और चिरस्थायी नहीं किया।

997. स्वयं से अपरिचित अर्थात् आत्मज्ञान प्राप्त किये बिना इस संसार से चल बसा।

998. मूल पाठ में 'ज़ नूरश' अर्थात् 'उसकी (ख़ुदी) ज्योति (नूर) से'। ख़ुदी का एक पहलू नूरी अर्थात् नूर या ईश्वर के प्रकाश से उद्‌भूत है। दूसरे शब्दों में, अपने मूल की दृष्टि से ख़ुदी या आत्मन् या अहं (Ego or Self) प्रकाश या ज्योति है क्योंकि यह परम प्रकाश (नूरे मुत्लक़-Absolute Light) की छाया या प्रतिबिंब है अर्थात् आध्यात्मिक रूप से आत्मा परमात्मा का अंश या उसका प्रतिबिंब है। किन्तु, अपनी ससीमता (Finitude) की दृष्टि से ख़ुदी (Ego) या अहं या आत्मन् (Self) नारी ('नार' का अर्थ है 'अग्नि' तथा 'नारी' का अर्थ है 'आग्नेय') है। नार (अग्नि) ख़ुदी (आत्मन्) की शक्ति को कहते हैं। नूर के माध्यम से मनुष्य ईश्वर का साक्षात्कार करता तथा उससे वार्तालाप करता है। नार या ख़ुदी की निहित शक्तियों की बदौलत मनुष्य प्रकृति की शक्तियों पर विजय प्राप्त करता है। अत: ख़ुदी आध्यात्मिक शक्ति ही नहीं, बल्कि एक भौतिक शक्ति भी है।

999. हिन्दुस्तान और ईरान के मनीषी ख़ुदी या आत्मन् के नूर अर्थात् उसके आध्यात्मिक पहलू से तो सम्यक् रूप से परिचित हैं या रहे हैं, किन्तु वे ख़ुदी या आत्मन् की नार (भौतिक शक्ति) की जानकारी नहीं प्राप्त कर सके या दूसरे शब्दों में, उन्होंने ख़ुदी के उस पहलू की जानकारी प्राप्त करने की कोशिश नहीं की जिसके अन्तर्गत वह इस जगत् को वशीभूत कर सकते। इसके विपरीत पाश्चात्य मनीषियों ने ख़ुदी या आत्मन् के आध्यात्मिक पहलू की पूर्णतया उपेक्षा की और उन्होंने अपने ध्यान को ख़ुदी की भौतिक शक्ति अर्थात् दुनिया पर केन्द्रित की और उसी को अपना सर्वस्व समझकर ईश्वर या ख़ुदी के आध्यात्मिक पहलू को पूर्णतया त्याग दिया।

मैंने उसकी ज्योति व अग्नि दोनों की दी ख़बर
ऐ मेरे राज़दार तू मेरा गुनाह देख।
जो किया मैंने वही तूने किया, रहना सतर्क
मृत ख़ुदी को तूने पुनर्जीवित किया,[1000] रहना सतर्क।

ताहिरा

ईश्वर-प्रेम में उन्मत्त सेवक के गुनाह[1001] से
एक अभिनव जगत् आता है अस्तित्व में।
असीम प्रेम[1002] पर्दों को[1003] चाक कर देता है
पुरातनता[1004] को दृश्य से हटा ले जाता है।
अन्तत: है उसके भाग्य में फाँसी और फंदा[1005]
प्रियतम की गली से वह आता नहीं ज़िंदा।
नगर और कानन के अन्दर देख तू उसकी[1006] छटा
ताकि न हो तुझे गुमान कि वह[1007] दुनिया से चल बसा।
अपने युग के अन्त:करण में है वह छिपा हुआ
पता नहीं उसके[1008] एकान्त में वह कैसे समा गया?

1000. मूल पाठ में 'गहशरे बर मुर्दा आवर्दी ' जिसका अर्थ है 'मृत (ख़ुदी) पर पुनरुत्थान का दिन (क़यामत का दिन जिस दिन मुर्दे जीवित हो उठेंगे) बरपा कर दिया'। आशय यह है कि जिस तरह क़यामत के दिन सूर फूँकने (तुरही नाद) से सूर फूँककर (तुरही नाद करके) मृत ख़ुदी को जीवित कर रहे हों।
1001. यहाँ गुनाह का तात्पर्य वह गुनाह नहीं है जो लोगों के विचार में गुनाह होता है और स्वयं के (ईश्वर-प्रेमी के) विचार में गुनाह नहीं होता।
1002. मूल पाठ में 'शौक़े बेहद' जिसका अर्थ है 'असीम प्रेम अर्थात् पूर्ण प्रेम' (Perfect Love)।
1003. भ्रान्तियों के पर्दों को।
1004. मूल पाठ में 'कुह्नगी' जिसका अर्थ है 'पुरातनता' अर्थात् 'रूढ़िवादिता'।
1005. मूल पाठ में 'दारो रसन' जिसका अर्थ है 'फाँसी और रस्सा या पाश'
1006. हल्लाज की।
1007. हल्लाज।
1008. अपने युग के अन्त:करण के एकान्त में।

ज़िन्दारूद

ऐ तुझको कि दिया गया है जुस्तजू[1009] का दर्द
अपने एक शेर का तू मुझको बता अर्थ।
"क़ुमरी है राख मुट्ठीभर, बुलबुल है पिंजरा रंग का
ऐ आर्तनाद! क्या है चिह्न दग्ध हृदय का।"[1011]

ग़ालिब

आर्तनाद[1012] जो निकलता है व्यथा से हृदय की[1013]
हर जगह देखी हे मैंने तासीर भिन्न उसकी।
जलकर क़ुमरी[1014] राख हुयी तासीर से उसकी
बुलबुल ने उसी से[1015] विभिन्न रंगों की प्राप्ति की।
उसके अन्दर मृत्यु है गोद में जीवन की
इधर जीवन, उधर मृत्यु है पल में एक ही।
ऐसा भी है एक रंग कि है उसी से रंगीनी[1016,1017]

1009. तलाश, खोज।

1010. फ़ाख़्ता (Dove)।

1011. शे'र इस प्रकार है 'क़ुमरी कफे ख़ाकिस्तर व बुलबुल क़फ़से रंग
ऐ नाल: निशाने जिगर सोख्त: क्या है?'
मूल उर्दू में अर्धशे'र यूँ है 'ऐ नाल: निशाने जिगर सोख्त: क्या है?', इक़बाल ने यहाँ 'क्या है?' को फ़ारसी में चीस्त कर दिया है। 'क़ुमरी है राख .... दग्ध हृदय का' उक्त शे'र का शाब्दिक अनुवाद है। कवि कहता है कि क़ुमरी (फ़ाख़्ता) नाल: (आर्तनाद) करती है तो वह स्वयं उस आर्तनाद की आग में जलकर ख़ाक हो जाती है। बुलबुल भी नाल: (आर्तनाद, फ़रियाद-Lamentation) करती है, किन्तु वह स्वयं उस आर्तनाद में जलकर ख़ाक (ख़ाकिस्तर) होने की जगह रंग-बिरंगे फूलों पर गान करती है। 'ऐ आर्तनाद (नाल:) बता वास्तव में तेरी तासीर क्या है और मैं तेरी तासीर कहाँ-कहाँ तलाश करुँ?' का आशय यह है कि विभिन्न स्वभावों या तबीयतों पर एक ही चीज़ की तासीर भिन्न-भिन्न होती है। दूसरे शब्दों में, तासीर विभिन्न स्वभावों की ग्रहणशीलता के आधार पर होती है।

1012. मूल पाठ में 'नाल:' अर्थात् 'आर्तनाद या फ़रियाद'।

1013. मूल पाठ में 'अज़ सोज़े जिगर' जिसका शाब्दिक अर्थ है 'हृदय की जलन से'।

1014. फ़ाख़्ता (Dove)।

1015. आर्तनाद या फ़रियाद (Lamentation or Wail)।

1016. मूल पाठ में 'आँचुनाँ रंगे कि अज़ंगी अज़ूस्त' जिसका अर्थ है 'इस तरह का एक रंग है कि वही अज़ंगी (अज़ंग यानी मानी चित्रकार के अल्बम के रंग-बिरंगे चित्रों का) आधार है'। मानीवाद (Manichaeism) का प्रवर्तक मानी एक अद्भुत चित्रकार भी था।

1017. इस शे'र में रंगीनी से आशय कसरत यानी विविधता (Diversity) है।

ऐसा भी है एक रंग कि है उसी से बेरंगी।[1018]
रंग व गंध का है यह मक़ाम,[1019] तू जानता नहीं
उन्मत्तता व मुग्धता[1020] के अनुसार है नियति हर दिल की।
अंगीकार कर तू या तो रंग[1021] या तो बेरंगी[1022]
ताकि निशानी प्राप्त हो तुझे दग्ध हृदय की।[1023]

ज़िन्दारूद

सैकड़ों जगत् आविर्भूत हैं इस नीले गगन के तले
क्या औलिया[1024] और अंबिया[1025] हैं प्रत्येक जगत् के?[1026]

1018. बेरंगी का अर्थ है वह्दत यानी एकत्व (Unity)। इस अर्थ में इस शे'र का अनुवाद यह होगा:
ऐसा भी है एक रंग और विविधता का स्रोत है वही
ऐसा भी है एक रंग और एकत्व का स्रोत है वही।

1019. यह जगत्।

1020. मूल पाठ में 'हाये व हू' जिसका अर्थ है 'ईश्वरोन्मत्तता एवं मुग्धता' अर्थात् 'ईश्वर-प्रेम' या 'ईश्वरासक्ति की प्रचण्डता'।

1021. 'रंग' से यहाँ आशय 'इश्क़ मजाज़ी' अर्थात् 'भौतिक प्रेम' से है।

1022. 'बेरंगी'से आशय है 'इश्क़ हक़ीकी' अर्थात् 'ईश्वरीय प्रेम' यानी 'वास्तविक प्रेम'।

1023. तात्पर्य यह है कि नाल: (आर्तनाद, फ़रियाद) की तासीर और दग्ध हृदय का चिह्न (निशाने जिगरे सोख्त:) जानने के लिए 'इश्क़ हक़ीकी' और 'इश्क़ मजाज़ी' में कोई एक अंगीकार करना अनिवार्य है। जबतक दिल में वास्तविक तड़प नहीं पैदा होगी तबतक न तो नाल: की तासीर और न 'सोज़े जिगर का निशान' (दग्ध हृदय का चिह्न) से अवगत होना संभव है।

1024. 'औलिया' 'वली' का बहुवचन है। 'वली' का अर्थ है 'सिद्ध पुरुष' या 'संत, ऋषि या महात्मा'। अत: 'औलिया' का अर्थ है 'संतगण या ऋषिगण'।

1025. 'अंबिया' 'नबी' का बहुवचन है। 'नबी' का अर्थ है 'पैग़म्बर' (Prophet)। अत: 'अंबिया' का अर्थ है 'पैग़म्बरगण' (Prophets)।

1026. इस शे'र का प्रश्न उस विवाद एवं शास्त्रार्थ (मुनाज़र:) के प्रति संकेत है जो 1820 ई. में मौलाना फ़ज़्ले हक़ ख़ैराबारी और मौलाना इस्माईल शहीद देहलवी के मध्य इस प्रश्न पर हुआ था कि क्या ईश्वर पैग़म्बर हज़रत मुहम्मद (स.अ. व स.) की नज़ीर अर्थात् पैग़म्बर हज़रत मुहम्मद के सदृश पैदा करने में समर्थ है या नहीं। मौलाना फ़ज़्ले हक़ की मान्यता थी कि हज़रत मुहम्मद की नज़ीर असंभाव्य है अर्थात् ईश्वर की क़ुद्रत (सामर्थ्य) के अन्तर्गत नहीं है। मौलाना इस्माईल शहीद देहलवी का विचार था कि यद्यपि ईश्वर हज़रत मुहम्मद (स.अ. व स.) की नज़ीर नहीं पैदा करेगा क्योंकि नुबूव्वत (पैग़म्बरी) समाप्त हो गयी है, किन्तु ईश्वर हज़रत मुहम्मद की नज़ीर पैदा करने में समर्थ है। चूँकि ग़ालिब मौलाना फ़ज़्ले हक़ ख़ैराबादी के दोस्त थे, अत: मौलाना ने ग़ालिब से अपने समर्थन में एक मसनवी लिखने की फ़रमाइश की। किन्तु ग़ालिब ने मौलाना फ़ज़्ले हक़ का समर्थन करने के स्थान पर यह शे'र लिख दिया-
हर कुजा हंगामए आलम बवद
रहमतुल्लिल् आलमीने बवद। शेष आगे पृष्ठ पर

ग़ालिब

इस अस्तित्व व अनस्तित्व को तू देख ध्यान से
आ रहे हैं एक के बाद दूसरे जगत् अस्तित्व में।
जगतों का है कोलाहल जहाँ
जगतों के वास्ते करुणा[1027] है वहाँ ।[1028]

ज़िन्दारूद

खुल कर बात कह मैं नहीं समझा।

ग़ालिब

खुल कर बात कहना है ख़ता।

अर्थात् जहाँ कोई जगत् पाया जाता है वहाँ एक 'रहमतुल्लिल् आलमीन' (आलमों यानी जगतों की करुणा अर्थात् हज़रत मुहम्मद) का अस्तित्व अनिवार्य है। दूसरे शब्दों में, ग़ालिब ने अपने इस शे'र द्वारा मौलाना फ़ज़्ले हक़ ख़ैराबादी के विचार एवं विश्वास का खण्डन कर दिया। जब ग़ालिब ने यह मसनवी अपने मित्र मौलाना फ़ज़्ले हक़ को सुनायी तो उन्होंने कहा, 'तुमने तो मेरे मत का खण्डन कर दिया'। इस पर ग़ालिब ने कतिपय और शे'र लिखकर पैग़म्बर हज़रत मुहम्मद की नज़ीर (सदृशता) की असंभाव्यता की पुष्टि की।

1027. मूल पाठ में 'रहमतुल्लिल् आलमीन' जिसका अर्थ है 'जगतों के वास्ते करुणा'। क़ुरआन (21:107) की आयत 'मा अर्सल्नाक इल्ला रहमतल्लिल् आलमीन' जिसका अर्थ है 'हमने (ईश्वर ने) आपको मुहम्मद (स.अ. व स.) को नहीं भेजा सिवाय जगतों की करुणा रहमत के वास्ते'। अत: 'रहमतुल्लिल् आलमीन' जगतों के लिए करुणा हज़रत मुहम्मद (स.अ. व स.) का नाम है।

1028. ज़िन्दारूद ने ग़ालिब से यह प्रश्न किया कि हज़रत मुहम्मद की नज़ीर (सदृशता) पैदा हो सकती है या नहीं? ग़ालिब ने उत्तर दिया कि उसका पैदा किया जाना असंभाव्य नहीं है क्योंकि ध्यान से विचार करने पर पता चलेगा कि सृष्टि के सृजन का कार्य अभी समाप्त नहीं हुआ है।

ज़िन्दारूद

प्रेमियों की वार्तालाप है व्यर्थ क्या?

ग़ालिब

कठिन है यह सूक्ष्म बात अधर पर लाना।[1029]

ज़िन्दारूद

तू आपादमस्तक अग्नि है उत्कण्ठा के परिताप से
आश्चर्य है कि तू समर्थ नहीं अभिप्रेत की अभिव्यक्ति में।

ग़ालिब

सृजन व नियति और मार्गदर्शन[1030] आदि है[1031]
जगतों के वास्ते करुणा अन्त है।

1029. इस सूक्ष्म बिन्दु को स्पष्ट करने के लिए मेरे पास शब्द नहीं हैं।

1030. मूल पाठ में 'ख़ल्क़ (सृजन, उत्पत्ति) व तक़्दीर (नियति) व हिदायत (मार्गदर्शन)'। इस मिसरे (शे'र का अर्धभाग) में संकेत क़ुरआन (88:2-3) की आयत 'सब्बिहिस्म रब्बिकल् आलल् लज़ी ख़लक़ फसव्वा वल् लज़ी क़द्दर फ़ह्दा' के प्रति है जिसका अर्थ है 'गुणगान कर उस प्रभु का जो श्रेष्ठतम है जिसने हर चीज़ को सृजित किया, फिर उसको दुरुस्त किया और जिसने उसको नियत किया (उसका अन्दाज़ा किया) और मार्गदर्शन किया'।

1031. आशय यह है कि सृष्टि की उत्पत्ति का आरंभ सृजन (ख़ल्क़), नियति (तक़्दीर) और मार्गदर्शन (हिदायत) से हुआ है और उसकी (सृष्टि की) पराकाष्ठा हज़रत मुहम्मद (रहमतुल्लिल् आलमीन यानी जगतों के वास्ते करुणा) पर होती है। अत: पैग़म्बर हज़रत मुहम्मद (स.अ. वस.) के पश्चात् अब कोई नबी या पैग़म्बर नहीं आयेगा। हिदायत (मार्गदर्शन) ईश्वर की सबसे बड़ी रहमत (करुणा-Mercy) है।

ज़िन्दारूद

अभी तक नहीं देखा है मैंने अर्थ का चेहरा[1032]
यदि आग है तेरे पास तो मुझको दे जला।[1033]

ग़ालिब

ऐ कि तू मेरी तरह है मर्मज्ञ काव्य का
कविता के ताना-बाना[1034] में यह बात[1035] नहीं सकती समा।
महफ़िल तो कविता की सजाई है कवियों ने
पर ये कलीम[1036] हैं बिन चमकते हाथ के।[1037]
मुझसे तू जो चाहता है वह है काफ़िरी[1038]
शाइरी से परे है वह काफ़िरी।

1032. ज़िन्दारूद यह कहना चाहता है कि अभी तक मेरे प्रश्न का उत्तर नहीं मिला।

1033. ज़िन्दारूद का आशय यह है कि यदि तू (ग़ालिब) मेरे प्रश्न का उत्तर दे सकता है तो साफ़-साफ़ उत्तर दे।

1034. मूल पाठ में 'तारे शे'र' जिसका अर्थ है 'कविता के ताना बाना में '।

1035. 'यह बात' से आशय ज़िन्दारूद के प्रश्न से है कि 'क्या औलिया और अंबिया हैं प्रत्येक जगत् के?' दूसरे शब्दों में, 'क्या ईश्वर आख़िरी पैग़म्बर हज़रत मुहम्मद की नज़ीर (हज़रत मुहम्मद के सदृश) पैदा करने में समर्थ है? '

1036. कलीम का अर्थ पैग़म्बर हज़रत मूसा (Moses) है। ईश्वर ने उनको यह चमत्कार प्रदान किया था कि जब वह अपनी हथेली अपनी बग़ल में रखकर बाहर निकालते थे तो वह दीपक की तरह प्रकाश देती थी।

1037. मूल पाठ में 'बे यदे बैज़ा' जिसका अर्थ है 'बिन चमकते हाथ या बिन चमकती हथेली के'। इस शे'र का आशय यह है कि जिन कवियों ने इस विषय पर कुछ कहने की कोशिश की है वे इस विषय की नज़ाकत से पूर्णतया अनभिज्ञ हैं ।

1038. यहाँ 'काफ़िरी' (नास्तिकता) का तात्पर्य 'बेअदबी' (सम्मानहीनता) है। ग़ालिब ज़िन्दारूद से कहता है कि तू जो प्रश्न पूछ रहा है उसका उत्तर सरासर बेअदबी है जो शाइरी की सीमा के अन्तर्गत नहीं है। ख़ुदा के दरबार में बेअदबी चल सकती है, किन्तु पैग़म्बर के दरबार में बेअदबी का प्रश्न ही नहीं उठता। अत: तुम्हारे प्रश्न का उत्तर देने में मुझे असमर्थ समझो।

हल्लाज

जहाँ कहीं तू देखता है रंग व गंध का जगत्
हर वह जगत् कि फूटती है उत्कण्ठा उसकी धूलि से[1039]।
या तो गरिमा उसकी है मुस्तफ़ा[1040] की ज्योति से
या अभी तक है वह मुस्तफ़ा की खोज में[1041]।

ज़िन्दारूद

मैं तुझसे पूछता हूँ यद्यपि है यह बात पूछनी ख़ता
क्या है रहस्य उस तत्त्व का है जिसका नाम मुस्तफ़ा?
वह है कोई मनुष्य या कोई तत्त्व[1042] है अस्तित्व में
आ जाता है कभी-कभी जो कि अस्तित्व में।

हल्लाज[1043]

दुनिया ने माथा टेका है उनके सामने[1044]
स्वयं को 'अब्दुहू'[1045] कहा है आपने।

1039. मूल पाठ में 'आँ कि अज़ ख़ाकश बुरूयद आर्ज़ू' जिसका अर्थ है 'हर वह जगत् जिसकी धूलि (ख़ाक) से उत्कण्ठा या आर्ज़ू फूटती है या उगती है'। तात्पर्य यह है कि 'जहाँ कहीं जगत् की वस्तुओं में अपनी पराकाष्ठा को प्राप्त करने की आर्ज़ू या आकांक्षा है'।

1040. 'मुस्तफ़ा' का अर्थ है 'चुना हुआ' (Chosen one) यह हज़रत मुहम्मद का नाम है।

1041. क्योंकि मुस्तफ़ा की प्राप्ति के बाद ही उस जगत् की गरिमा एवं महत्ता का सुनिश्चय हो सकेगा।

1042. मूल पाठ में 'जौहर'।

1043. हल्लाज के उत्तर को समझने के लिये स्पेन के महान् सूफी मुहीउद्दीन इब्न अल अरबी (1165-1240) के 'तनज़्ज़ुलात' के सिद्धान्त को समझ लेना आवश्यक है। 'तनज़्ज़ुल' का अर्थ है 'अवतरण या अवरोहण या नीचे उतरना'। 'तनज़्ज़ुलात' 'तनज्ज़ुल' का बहुवचन है। तनज़्ज़ुलाते वुजूद (अस्तित्व के अवतरण या अवरोहण) में प्रथम कोटि अहदीयते-जात (अस्तित्व या हस्ती के एकत्व) की है। इस कोटि में ईश्वरीय अस्तित्व (ज़ाते हक़) मनुष्य

शेष अगले पृष्ठ पर

के बोध से परे है। तसव्वुफ़ की शब्दावली में इसे 'ला तअय्युन' या 'ज़ाते बह्त' (अमिश्रित या निष्केवल अस्तित्व) कहते हैं। यूँ समझना चाहिये कि एक समय वह था जब ईश्वर के मन (दिल) में कोई विचार (ख़याल) न था। (यह बात को स्पष्ट करने के लिये कहा गया है अन्यथा ईश्वर का दिल से क्या लेना देना।) चूँकि ईश्वर का अस्तित्व साक्षात् मुहब्बत (प्रेम) है। चूँकि दूसरा कोई विद्यमान न था इसलिये उसने स्वयं अपने आप में तजल्ली फ़रमाई (स्वयं पर अपनी दिव्य-ज्योति प्रकट की)। दूसरे शब्दों में, ईश्वरीय अस्तित्व (ज़ाते हक़) ने स्वयं अपना अवलोकन किया अर्थात् ईश्वर ने स्वयं को अस्मा व सिफ़ात (नामों एवं गुणों) के साथ संक्षिप्त रूप में (इज्मालन) देखा। यह देखना 'तअय्युन अव्वल' अर्थात् 'प्रथम निर्धारण' (First Determination) है क्योंकि ज़ात (अस्तित्व) ने 'ला तअय्युन' की कोटि से 'तअय्युन अव्वल' में अवतरण (तनज़्ज़ुल) किया। दूसरे शब्दों में, ईश्वर ने सृष्टि का सृजन करना चाहा तो 'आलमे लाहूत' (ब्रह्मलोक जहाँ ईश्वर के सिवा और कुछ नहीं होता) से आलमे नासूत (इहलोक या मनुष्य लोक या मृत्यु लोक) की ओर तनज़्ज़ुल (अवतरण) किया। सबसे पहले ईश्वर ने एक दर्पण बनाया और उसमें अपने आप को देखा। मानो वह अस्तित्व जो वरावुल वरा (परे से परे-Beyond the Beyond) था, अब प्रकट होनेवाला है। यदि आत्म-प्रकटन या आत्म-प्रदर्शन (ज़हूर) की भावना ईश्वर के दिल में न होती तो वह कभी 'तअय्युन अव्वल'(प्रथम निर्धारण-First Determination) में तनज़्ज़ुल (अवतरण) न करता। ईश्वर का अपने आप को अपने अन्दर देखना ही 'हक़ीकते-मुहम्मदी' (मुहम्मद की यथार्थता-Reality of Muhammad) है। और यही हक़ीक़त (वास्तविकता-Reality) आमिना (हज़रत मुहम्मद की माँ) के उदर से निकल कर अस्तित्व जगत् में आयी तो इब्ने अब्दुल्लाह (अब्दुल्लाह का पुत्र) कहलायी। यदि 'हक़ीक़ते-मुहम्मदी' (Reality of Muhammad) प्रकट न होती तो सृष्टि की उत्पत्ति न होती। इसका अर्थ यह है कि 'तअय्युन अव्वल' (प्रथम निर्धारण-First Determination) में यानी 'हक़ीक़ते-मुहम्मदी' में ईश्वर ने अपनी सिफ़ात (अपने गुणों-Attributes) का संक्षिप्त रूप में अवलोकन किया और 'तअय्युन-सानी' (द्वितीय निर्धारण-Second Determination) में (जिसे मर्तब : ए-वाहिदीयत कहते हैं) जब ईश्वर ने अपने 'अस्मा व सिफ़ात' (नामों एवं गुणों-Names and Attributes) का तफ्सीली (विस्तृत तौर पर अवलोकन) या निरीक्षण (मुशाहद:) किया तो तमाम मालूमात (समस्त जानकारियाँ) आँखों के सामने आ गयीं अर्थात् क़यामत तक जो कुछ होनेवाला है सब ध्यान में आ गया या आँखों के सामने आ गया। ईश्वर की इन जानकारियों (मालूमात) को यानी मालूमाते-इल्मी या तअय्युनाते-इल्मी को 'आयान साबित:' कहते हैं। उक्त तीनों कोटियाँ (मर्तबे या दर्जे) आन्तरिक हैं जो इस प्रकार हैं :

प्रथम कोटि : ला तअय्युन = ज़ाते बह्त, जो मानव बोध से परे है।

द्वितीय कोटि: तअय्युने अव्वल = ज़ाते-बह्त (निष्केवल अस्तित्व) ने प्रथत तजल्ली फ़रमायी ईश्वर ने अपने आप को अपने अन्दर देखा और यह देखना ही 'ज़ाते मुहम्मदी' (मुहम्मद की वास्तविकता-Reality of Muhammad) है। ज़िन्दारूद ने हल्लाज से जो प्रश्न किया है उसका उत्तर इसी में निहित है अर्थात् जिस तत्त्व (जौहर-Essence) का नाम मुस्तफ़ा (सल्लल्लाहु अलैहि व सल्लम-God's Peace Be Upon him) है उसकी हक़ीक़त यही पहली तजल्ली यानी 'तअय्युन अव्वल' (प्रथम निर्धारण-First Determination) है और इस तजल्ली के वास्ते से ईश्वर ने अपने अस्मा व सिफ़ात (अपने नामों एवं गुणों-Names and Attributes) का संक्षिप्त रूप से निरीक्षण किया।

तृतीय कोटिः तअय्युने सानी (तृतीय तअय्युन) = ईश्वर ने अपने नामों एवं गुणों (Names and Attributes) का विस्तार से निरीक्षण (मुशाहद:) किया। अर्थात् ईश्वर की जानकारियों (मालूमाते-हक़) को वुजूदे-इल्मी (ज्ञानात्मक अस्तित्व) प्राप्त हो गया।

तृतीय कोटि में अवतरण के पश्चात् सृष्टि के सृजन का सिलसिला शुरू हो गया। ईश्वर ने तअय्युन अव्वल(प्रथम निर्धारण) अर्थात् 'हक़ीकते मुहम्मदी' के ज़रिये अपने मालूमात को (अपनी जानकारियों को जिन्हें पारिभाषिक शब्दावली में 'आयान साबित:' कहते हैं) अस्तित्व का परिधान प्रदान किया। दूसरे शब्दों में, ईश्वर ने आलमे-अर्वाह (आत्माओं का लोक), आलमे मिसाल (The Realm of Verisimilitude अर्थात् वह जगत् या लोक जिसमें संसार की हर वस्तु ज्यों की त्यों मौजूद है) और आलमे नासूत (इहलोक या मनुष्य लोक या संसार) में अवतरण (तनज़्ज़ुल) किया। ये तीनों कोटियाँ बाह्य कोटियाँ कहलाती हैं। इस प्रकार अवतरण की छह कोटियाँ हुयीं जिन्हें तनज़्ज़ुलात सित्त: कहते हैं। अत: हल्लाज के उत्तर को समझने के लिए 'तअय्युन अव्वल' के तात्पर्य को ध्यान में रखना होगा।

1044. हज़रत मुहम्मद के सामने। 'दुनिया ने माथा टेका है उनके सामने'- मूल पाठ में- 'पेशे ऊ गेती जबीं फर्सूद: अस्त'। इस शे'र के अर्थ को समझने के लिये 'तनज़्ज़ुलात'(अवतरण या अवरोहण) के सिद्धान्त के निम्न बिन्दुओं को ध्यान में रखना होगा:

'एक समय था जब केवल ईश्वर था और उसके सिवा कुछ या कोई न था। इस मक़ाम को तसव्वुफ में 'मक़ामे अहदीयत' कहते हैं। फिर एक समय आया जब ईश्वर ने चाहा कि मैं पहचाना जाऊँ तो उसने स्वयं पर तजल्ली फरमायी (यानी स्वयं पर अपनी दिव्य-ज्योति डाली) और अपनी सिफ़ात (अपने गुणों-Attributes) के दर्पण में स्वयं को देखा। यह मक़ाम 'मक़ामे वहदत' कहलाता है और इसे 'हक़ीक़ते मुहम्मदी' कहा जाता है। जब ईश्वर ने 'अपना इतर' या 'अपना ग़ैर' अर्थात् 'सृष्टि' सृजित करनी चाही तो इस 'हक़ीकते मुहम्मदी' या 'तअय्युन अव्वल' से 'तअय्युने सानी' यानी 'मक़ामे वाहिदीयत' में 'तनज़्ज़ुल'(अवतरण) किया और सृष्टि को अस्तित्व का परिधान प्रदान किया। इस सृष्टि के अस्तित्व का मूल कारण 'तअय्युने अव्वल' अर्थात् 'हक़ीक़ते मुहम्मदी (मुहम्मद की वास्तविकता-Reality of Muhammad) हुआ जिसमें ईश्वर ने संक्षिप्त रूप से (इज्मालन) अपना अवलोकन किया और यह देखना ही 'हक़ीक़ते मुहम्मदी' (Reality of Muhammad) या 'तअय्युने अव्वल' या 'नूरे मुहम्मद' (मुहम्मद की ज्योति-Light of Muhammad) है। ज़िन्दारूद ने हल्लाज से जो प्रश्न किया है उसका उत्तर इसी में निहित है अर्थात् जिस तत्त्व या जौहर (Essence) का नाम 'मुस्तफ़ा' (स.अ. व स.) है उसकी हक़ीक़त यही पहली तजल्ली यानी 'तअय्युने अव्वल' है। इसी 'तअय्युने अव्वल' या 'हक़ीक़ते मुहम्मदी (Reality of Muhammad)' अथवा 'नूरे-मुहम्मदी (Light of Muhammad)' को इक़बाल ने 'अब्दुहू' (उसका सेवक) कहा है। चूँकि सृष्टि (कायनात) और उसमें की समस्त वस्तुओं (मौजूदात) का प्रकटन (जहूर) 'नूरे मुहम्मदी' से हुआ है इसीलिये हल्लाज ने इस शे'र में कहा है कि सारी दुनिया ने हज़रत मुहम्मद के सामने माथा टेका है अर्थात समस्त सृष्टि हज़रत मुहम्मद के सामने नतमस्तक है। यदि 'नूरे मुहम्मदी' (Light of Muhammad) को पैदा करना ईश्वर का उद्देश्य न होता तो सृष्टि (कायनात) ही न होती। इसी को 'लौलाक लमा ख़लक़्तुल अफ्लाक' की हदीस में वर्णित किया गया है जिसमें ईश्वर कहता है, 'ऐ मुहम्मद! यदि आपको पैदा करना उद्देश्य न होता तो हम सृष्टि (अफ्लाक) ही पैदा नहीं करते'। अत: यही नूरे मुहम्मदी वह जौहर (तत्त्व) है जो हर चीज़ के अस्तित्व का कारण बना।

अब्दुहू तेरी समझ से बहुत उच्च है[1046]
क्योंकि वह मनुष्य है और तत्त्व है।[1047]
तत्त्व है उसका न अरब से न अजम से
मनुष्य है वह किन्तु प्राचीनतर है मनुष्य से।[1048]
अब्दुहू है नियतियों का रूपाकार भी

1045. 'अब्दुहू' का अर्थ है 'उसका बन्दा या उसका सेवक या उसका दास यानी ईश्वर का बन्दा या सेवक या दास'। 'अब्द' का अर्थ है 'सेवक या दास या बन्दा'। क़ुरआन (17:1, 18:1, 25:1, 53:10 और 57:9) में पाँच स्थानों पर ईश्वर ने हज़रत मुहम्मद को 'उसका बन्दा अर्थात् ईश्वर का बन्दा' कहा है। अत: अल्लाह तआला ने हज़रत मुहम्मद को 'अपना बन्दा या अपना सेवक' कहकर अपने सामीप्य या नैकट्य की अभिव्यक्ति की है। 'रसूल' या 'नबी' शब्द से सामीप्य का वह अर्थ प्रकट नहीं होता जो 'अब्दुहू' (उसका सेवक) से होता है। 'अब्दुहू' से यह भी स्पष्ट हो जाता है कि पैग़म्बर हज़रत मुहम्मद ईश्वर के 'सर्वोत्कृष्ट सेवक' (Servant Par Excellent) हैं। ईश्वर के अन्य बन्दे या सेवक हज़रत मुहम्मद के अनुसरण से ही 'अब्दुहू' का स्थान प्राप्त कर सकते हैं क्योंकि हज़रत मुहम्मद ईश्वर-प्रेम (बन्दगी-सेवकत्व) की पराकाष्ठा हैं।

1046. 'अब्दुहू' की वास्तविकता मनुष्य की समझ से परे है क्योंकि मनुष्य जबतक 'अब्दुहू' के मक़ाम पर न पहुँच जाये वह इसकी वास्तविकता नहीं समझ सकता। हज़रत मुहम्मद (स.अ. व स.) मात्र आदम (मनुष्य) नहीं हैं। आप तत्त्व (Essence) भी हैं। यदि आप को इस दृष्टि से देखा जाय कि आप हज़रत आमिना के उदर से उत्पन्न हुये तो आप आदम (मनुष्य या इब्ने-आदम यानी मनुष्य के पुत्र) हैं किन्तु यदि आपको 'तअय्युने अव्वल' या 'हक़ीक़ते-मुहम्मदी' (Reality of Muhammad) या 'नूरे-मुहम्मदी' (Reality of Muhammad) की दृष्टि से देखा जाय तो आप तत्त्व (Essence) या जौहर अथवा 'परम अस्तित्व' (Absolute Existence) का प्रतिबिम्ब या प्रतिच्छाया (Image) हैं। अर्थात् आप में नासूती शान (इहलौकिक या सांसारिक प्रताप) के साथ लाहूती शान (आलमे उलूहीयत यानी ब्रह्मलोक, दिव्यलोक-Divine World का प्रताप) भी पाया जाता है। आप इहलोक (नासूत) और ब्रह्मलोक या दिव्य लोक (लाहूत) के मध्य बर्ज़ख़े कुब्रा (सत्याभास या सत्य सादृश्य-Verisimilitude) हैं।

1047. इहलौकिक (नासूती) दृष्टि से वह मनुष्य है क्योंकि माँ हज़रत आमिना के उदर से उत्पन्न हुये हैं, किन्तु ब्रह्मलोक या दिव्य लोक (लाहूत) की दृष्टि से या तअय्युने अव्वल या नूरे मुहम्मदी या हक़ीकते-मुहम्मदी की दृष्टि से वह तत्त्व (Essence) या जौहर है।

1048. हज़रत मुहम्मद (स.अ. व स.) अपने मूल की दृष्टि से न अरबी और न अजमी (ग़ैर अरब) हैं क्योंकि इहलौकिक दृष्टि से आप (मानव) आदम हैं, किन्तु वुजूदे मुत्लक़ (परम अस्तित्व-Absolute Existence) की प्रतिच्छाया के रूप में तथा उसके तअय्युने अव्वल (प्रथम निर्धारण-First Determination) के रूप में कालिक दृष्टि से आप हज़रत आदम (Prophet Adam) से प्राचीनतर हैं क्योंकि जैसाकि आपने (हज़रत मुहम्मद स.अ. व स. ने) फ़रमाया है, 'अव्वल मा ख़लक़ल्लाहु नूरी' यानी 'अल्लाह ने सबसे पहले मेरे नूर ज्योति को पैदा किया'। एक दूसरी हदीस में है कि आपने (हज़रत मुहम्मद स.अ. व स. ने) फ़रमाया, 'मैं तो उस समय भी था जब अभी आदम (Adam) का ख़मीर गूँधा जा रहा था, जब लौहो क़लम, अर्श व कुर्सी, ज़मीन व आसमान, आदम और फ़रिश्ता कुछ भी न था'।

नियति में उसकी हैं वीराने[1049] और बस्तियाँ [1050] भी।
प्राणवर्धक[1051] है और प्राणघातक[1052] भी है अब्दुहू
शीशा है और भारी पत्थर भी है अब्दुहू।
'अब्द'[1053] और है, चीज़ और है 'अब्दुहू'[1054]
हम पूर्णत: प्रतीक्षा हैं और प्रतीक्षित है 'अब्दुहू'।[1055]
अब्दुहू है काल[1056] और काल है अब्दुहू[1057]
हम रंग हैं और बिन रंग व गंध है अब्दुहू।[1058]

1049. अब्दुहू का एक पहलू 'वीराना' अर्थात् 'प्रकोप (क़हर)' है।

1050. अब्दुहू का दूसरा पहलू 'बस्तियाँ ' (मूल पाठ में तो ता'मीरहा) अर्थात् 'रहमत' (करुणा या अनुकम्पा) है।

1051. मूल पाठ में 'ज़ाँफिजा', 'प्राणवर्धक'। इसका आशय यह है कि 'अब्दुहू' का एक पहलू 'बक़ा' अर्थात् 'नित्यता' अथवा 'अनश्वरता' है।

1052. मूल पाठ में 'जाँसिताँ ' जिसका अर्थ है 'प्राण ले लेने वाला या प्राणघातक'। तात्पर्य यह है कि 'अब्दुहू' का दूसरा पहलू 'फ़ना' अर्थात् 'नश्वरता' है।

1053. 'बन्दा या सेवक'।

1054. 'उसका बन्दा या सेवक'।

1055. 'अब्द' (बन्दा या सेवक) और 'अब्दुहू' (उसका बन्दा या सेवक) में अन्तर यह है कि 'अब्द' ईश्वर की कृपा और उसके ध्यान (Attention) का प्रतीक्षारत होता है, किन्तु 'अब्दुहू' के प्रति ईश्वर यह देखता रहता है कि वह 'अब्दुहू' क्या चाहता है और 'अब्दुहू' जो चाहता है ईश्वर की कृपा से वह पूरा हो जाता है। दूसरे शब्दों में, 'अब्द' ईश्वर से मिलने की प्रतीक्षा में है और 'अब्दुहू' से मिलने के लिए ईश्वर प्रतीक्षारत। इस शे'र में क़ुरआन (2:144) की आयत, 'क़द नरा तक़ल्लब वज्हक फिस्समायि' जिसका अर्थ है, 'ऐ मुहम्मद (स.अ. व स.) हम (ईश्वर) तुम्हारा आसमान की ओर मुँह फेर कर देखना देख रहे हैं '।

1056. मूल पाठ में 'अब्दुहू दह्र अस्त' अर्थात् 'अब्दुहू दह्र यानी काल है'। 'दह्र या ज़मान या ज़माना या काल' वास्तव में ईश्वर की तजल्लियों (दिव्य-ज्योतियों या आभाओं) की निरंतरता का ही दूसरा नाम है। यदि तजल्लियों (आभाओं) का सिलसिला रुक जाये तो न ज़माने (काल) का अस्तित्व शेष रहे न दिक् का, बल्कि सृष्टि ही समाप्त हो जाये। वास्तव में तजल्ली हुयी जगत् मौजूद हो गया, जब तजल्ली हो चुकी जगत् का अस्तित्व समाप्त हो गया। मानों यह संसार हर क्षण विद्यमान हो जाता है और हर क्षण अविद्यमान (मा'दूम Non-Existent) हो जाता है। फिर ये सिरे से मौजूद होता है। यह सिलसिला इतनी तीव्रता से होता है कि हमें इसका आभास ही नहीं होता क्योंकि हम एक पल के लाखवें भाग की कल्पना ही नहीं कर सकते।

1057. मूल पाठ में 'दह्र अज़ अब्दुहूस्त' अर्थात् 'दह्र या काल अब्दुहू से है'। इसका आशय यह है कि 'अब्दुहू' या 'नूरे मुहम्मदी' या 'हक़ीक़ते-मुहम्मदी' ईश्वर की फे'लीयत (क्रियाशीलता) अथवा ईश्वर की तजल्लियों (आभाओं) की निरन्तरता एवं बारंबारता का दूसरा नाम है।

1058. मूल पाठ में 'ऊ बेरंगोबूस्त' अर्थात् 'वह (अब्दुहू) रंग और गंध से रहित है'। आशय यह है कि चूँकि 'अब्दुहू' तत्त्व या जौहर (Essence) है अत: वह बेरंग व बू अर्थात् रंग और गंध से रहित है। जिस प्रकार ईश्वर रंग व गंध से रहित है उसी प्रकार उसके नूर (प्रकाश) से व्युत्पन्न 'अब्दुहू' या 'नूरे मुहम्मदी' या 'हक़ीक़ते-मुहम्मदी' भी रंग और गंध से रहित है।

अब्दुहू की आदि है पर उसकी इति नहीं है[1059]
अब्दुहू की सुबह-शाम हमारी सुबह-शाम नहीं है।[1060]
अवगत नहीं है कोई अब्दुहू के भेद से
कुछ नहीं है अब्दुहू सिवा इल्लल्लाह[1061] के भेद के।
ला इलाह[1062] तलवार है, उसकी धार है अब्दुहू[1063]
और स्पष्ट कहूँ तो 'हू'[1064] है अब्दुहू।[1065]
सृष्टि की वास्तविकता है अब्दुहू
सृष्टि का आन्तरिक रहस्य है अब्दुहू।[1066]

1059. अब्दुहू की आदि है, वह ईश्वर के समान अनादि नहीं है क्योंकि वह (अब्दुहू) तअय्युने अव्वल है किन्तु, उसकी इति या इन्तिहा नहीं है क्योंकि वह जिस परम अस्तित्व (Absolute Existence) की प्रतिच्छाया है उसकी भी कोई इन्तिहा नहीं है।

1060. अब्दुहू हमारी तरह दिक् और काल (Space and Time) के पाश में आबद्ध नहीं है अर्थात् वह दिक् और काल से परे है क्योंकि वह जिस परम अस्तित्व का तअय्युने अव्वल है वह दिक् और काल से परे है।

1061. 'इल्लल्लाह' इस्लाम धर्मसूत्र (कलिमः) 'ला इलाह इल्लल्लाह मुहम्मदन अब्द हू व रसूलहू' अर्थात् 'ईश्वर के सिवा कोई ईश्वर नहीं, मुहम्मद उसके दास (अब्दुहू) और उसके पैग़म्बर (रसूल) हैं '।

1062. 'ला इलाह' इस्लामी धर्ममन्त्र (कलिमः) का अंश है जो (धर्ममन्त्र यानी कलिमः) इस प्रकार है, ' ला इलाह इल्लल्लाह मुहम्मदन अब्दुहूव रसूलुहू' अर्थात् 'ईश्वर के सिवा कोई उपास्य नहीं, मुहम्मद (स. अ. व स.) उसके सेवक और रसूल (पैग़म्बर) हैं।

1063. तलवार और उसकी धार में जो सम्बन्ध है वही सम्बन्ध 'ईश्वर' और 'अब्दुहू' में है, और तलवार तथा उसकी धार एक दूसरे से अलग नहीं होती है।

1064. 'हू' अर्थात् 'ईश्वर'।

1065. अभीतक हल्लाज इशारों और संकेतों में बातें कर रहा था। इस मिसरे में उसने 'रहस्य' खोल दिया कि वस्तुतः 'हू'(ईश्वर) ही 'अब्दुहू' है क्योंकि 'अब्दुहू' उसी का तअय्युन यानी निर्धारण (Determination) है। आशय यह है कि तत्व (Essence) या 'नूरे मुहम्मदी' (Light of Muhammad), 'हक़ीक़ते-मुहम्मदी' (Reality of Muhammad) और 'ज़ाते हक़' (परम अस्तित्व-Absolute Existence या ईश्वर) एक ही चीज़ है क्योंकि 'नूरे मुहम्मदी' या 'अब्दुहू' ईश्वर के प्रकाश की प्रतिच्छाया (Reflection) हैं।

1066. चूँकि 'अब्दुहू' ईश्वर की प्रतिच्छाया है या ईश्वर का प्रथम निर्धारण (तअय्युने अव्वल-First Determination) है इसीलिए वह यानी 'अब्दुहू' सृष्टि (कायनात) की वास्तविकता (हक़ीक़त) है।

स्पष्ट नहीं हो सकता आशय इन दो शे'रों में
जबतक तू 'मा रमैत'[1067] का मक़ाम न समझ ले।
तर्क-वितर्क छोड़ दे ऐ ज़िन्दारूद
अस्तित्व में हो जा निमग्न[1068] ऐ ज़िन्दारूद।

ज़िन्दारूद

मैं समझा नहीं इस प्रेम का काम है क्या?
क्या चाह है दीदार की? तो दीदार है क्या?

हल्लाज

अन्तिम काल[1069] के पैग़म्बर के दीदार का है आशय
स्वयं पर उनके आदेश को जारी किया जाय।[1070]

1067. संकेत क़ुरआन (8:17) की आयत 'व मा रमैत इज़ रमैत व ला किन्नललाह रमा' अर्थात् 'जब आपने कंकरियाँ फेंकी थी तो आपने नहीं फेंकी थी, बल्कि हमने (अल्लाह ने) फेंकी थी'। यहाँ अल्लाह ने पैग़म्बर हज़रत मुहम्मद (स.अ. व स.) के कर्म (Action) को अपना कर्म कहा है। इस प्रकार हल्लाज ने क़ुरआन की इस आयत को ध्यान में रखकर ज़िन्दारूद को यह समझाने का प्रयास किया है कि अल्लाह ने रसूल (पैग़म्बर मुहम्मद स.अ. व स.) के कर्म को अपना कर्म कहा है इसलिये मेरा यह कहना कि 'हू'(अल्लाह) 'अब्दुहू' है बिल्कुल उचित है क्योंकि 'अब्दुहू' या 'नूरे-मुहम्मदी' (Light of Muhammad) या 'हक़ीक़ते मुहम्मदी' (Reality of Muhammad) अल्लाह का नूर है और वह एक तत्व (Essence) है। इसके अतिरिक्त 'अब्दुहू' ईश्वर के प्रकाश की प्रथम प्रतिच्छाया (Reflection) है और चूँकि 'अब्दुहू' 'हू' ही का 'तअय्युने अव्वल' (प्रथम निर्धारण) है इसलिये 'हू' और 'अब्दुहू' एक ही है।

1068. मूल पाठ में ''़गर्क़ शव अन्दर वुजूद' जिसका अर्थ है 'अस्तित्व (यानी परम अस्तित्व अर्थात ईश्वर) में तू निमज्जित हो जा'। आशय यह है कि ईश्वर में तल्लीन होकर उसका ज्ञान प्राप्त कर ताकि तुझे 'हू' ('हुवललाहु' का संक्षिप्त रूप जिसका अर्थ है 'वही ईश्वर है') और अब्दुहू की यथार्थता का आभास हो।

1069. मूल पाठ में 'आख़िरे ज़माँ' अर्थात् 'अन्तिम काल के' अर्थात् 'क़यामत के दिन के पास के' अर्थात् 'आख़िरी पैग़म्बर हज़रत मुहम्मद (स.अ. व स.)'।

1070. अर्थात् अन्तिम पैग़म्बर हज़रत मुहम्मद (स.अ. व स.) का पूर्ण अनुसरण किया जाये। इसे 'इत्तिबा-ए-रसूल' और तसव्वुफ की शब्दावली में 'फ़ना फिल रसूल' यानी 'पैग़म्बर में लीन होना' अर्थात् 'उनकी सुन्नत की पैरवी करना' कहते हैं।

फिर देख स्वयं को यही दीदार है उनका[1071]
उनकी सुन्नत[1072] है एक भेद उनके भेदों का।

ज़िन्दारूद

दीदार क्या है नौ आसमानों के ईश्वर का[1073]
परिक्रमा नहीं करते सूर्य और चन्द्र जिसके आदेश के बिना।

हल्लाज

ईश्वर के प्रति ईमान को पहले आत्मा पर करना अंकित[1074]
फिर सकल संसार में उसको करना अंकित।

1071. हल्लाज कहता है कि ऐ ज़िन्दारूद तू जब 'फ़ना फिल रसूल' (रसूल की पैरवी या पैग़म्बर के अनुसरण में लीन) होकर स्वयं को देखेगा तो वास्तव में पैग़म्बर हज़रत मुहम्मद (स.अ. व स.) को देखेगा क्योंकि तू पायेगा कि हुज़ूर का रंग तेरे ऊपर चढ़ गया है। 'दीदार' का वास्तविक अर्थ यही है। दूसरे शब्दों में, पैग़म्बर हज़रत मुहम्मद (स.अ. व स.) के दीदार का अर्थ है उनके बताये मार्ग पर चलना अथवा उनका पूर्णरूपेण अनुसरण करना।

1072. पैग़म्बर हज़रत मुहम्मद (स.अ. व स.) के अनुसरण को (उनकी कथनी और करनी की पैरवी या अनुकरण को) सुन्नत कहते हैं।

1073. मूल पाठ में 'ख़ुदा-ए-नुह सिपहर्' अर्थात् 'नौ आसमानों के ख़ुदा'। 'नौ आसमानों' से तात्पर्य 'सकल जगत या सकल सृष्टि' है।

1074. मूल पाठ में 'नक्शे हक' जिसका अर्थ है 'ईश्वर की छाप' जिसका अभिप्राय 'ईश्वर पर ईमान' (आस्था) है। ज़िन्दारुद ने प्रश्न किया था कि ईश्वर का दीदार (भगवद्दर्शन) क्या है? इस प्रश्न के उत्तर में हल्लाज कहता है 'ईश्वर के प्रति ईमान (आस्था) को पहले अपनी आत्मा पर अंकित करना और तत्पश्चात् सकल संसार में उस ईमान को अंकित कर देना ही ईश्वर दर्शन या ईश्वर का दीदार है'। दूसरे शब्दों में, ईश्वर के विधान को पहले अपने ऊपर तत्पश्चात् समूचे संसार में लागू करना ही ईश्वर का दीदार है।

संसार में हो जाता है सर्वांगपूर्ण[1075] जब आत्मा पर अंकित ईमान[1076]
ईश्वर का दीदार[1077] हो जाता है जनसाधारण का दीदार।[1078]
धन्य है वह व्यक्ति कि एक 'हू'[1079] से उसकी
परिक्रमा करते हैं नौ आसमान गली की उसकी।[1080]
अफ़सोस उस दरवेश पर जिसने 'हू' की आवाज़ तो निकाली
फिर बंद कर लिये अपने होंठ और साँस अपनी थाम ली।[1081]
ईश्वर के आदेश को न किया संसार में जारी
रोटी तो खाई जौ की लेकिन न की उसने कर्रारी।[1082]

1075. मूल पाठ में 'दर जहाँ गर्दद तमाम' अर्थात् 'संसार में सर्वांगपूर्ण ' (Perfect) हो जाता है।

1076. मूल पाठ में 'नक्शे जाँ ' अर्थात् 'आत्मा पर अंकन (Impression) या छाप'। 'आत्मा पर अंकन या छाप' का तात्पर्य है 'आत्मा पर ईश्वर के प्रति ईमान (आस्था) या प्रेम की छाप (नक्श)'।

1077. मूल पाठ में 'दीदारे-हक़' अर्थात् 'ईश्वर का दर्शन'। 'दीदारे-हक़' या 'ईश्वर के दर्शन' का तात्पर्य यह है कि साधक (सालिक) पहले अपने अन्दर ईश्वरीय गुण पैदा करे फिर संसार वालों के सामने उन गुणों का प्रदर्शन करे। 'उन गुणों के प्रदर्शन' का अर्थ यह है कि साधक संसार के मनुष्यों के प्रति उसी प्रकार के प्रेमभाव, न्याय-भाव और दया-भाव का बर्ताव करे जैसा कि ईश्वर अपनी सृष्टि के प्राणियों के प्रति करता है। चूँकि ईश्वर आस्तिक और नास्तिक सभी पर 'दया' करता है; अत: साधकों को भी चाहिये कि बिना किसी भेदभाव के साथ सब पर 'दया' करें।

1078. सुलूक या साधना का उद्‌देश्य ही यही है कि मोमिनों (आस्थावानों, साधकों) की जमाअत अपने अन्दर ईश्वरीय गुणों को पैदा करके संसार वालों को ईश्वर का दीदार कराये अर्थात् ईश्वर के प्रति उनका आह्वान करे। इसी अर्थ में 'ईश्वर का दीदार जनसाधारण का दीदार बन जाता है'।

1079. 'हू' 'हुवल्लाहु' का संक्षिप्त रूप है जिसका अर्थ है 'वही अल्लाह है'।

1080. आशय यह है कि जब ईश्वरोन्मत्त साधक की ज़बान से 'हू' (ईश्वर) शब्द निकलता है तो सुनने वालों में ईश्वर-प्रेम का रंग पैदा हो जाता है और उसके व्यक्तित्व में ऐसी आकर्षकता पैदा हो जाती है कि दुनिया उसकी ओर खिंची चली आती है।

1081. हल्लाज ऐसे दरवेशों और साधकों पर अफ़सोस व्यक्त करता है जिन्होंने 'ईश्वर की छाप' (नक्शे-हक़) को अपनी आत्मा पर तो अंकित किया किन्तु संसार के लोगों पर अंकित न किया अर्थात् ईश्वर-प्रेम के प्रति संसार के लोगों का मार्गदर्शन नहीं किया।

1082. इस मिसरे में 'कर्रार' अर्थात् 'हज़रत अली' (इस्लाम के चौथे ख़लीफ़ा) के प्रति संकेत है जो जौ की रोटी खाते थे लेकिन जिनका पराक्रम और शौर्य वर्णनातीत था। आशय यह है कि दरवेश ने जौ की रोटी खाने में तो हज़रत अली का अनुकरण किया किन्तु अपने कर्मों एवं आचरण में हज़रत अली का अनुकरण नहीं किया।

ढूँढ़ ली उसने ख़ानक़ाह पर ख़ैबर[1083] से पलायन की
यतित्व किया अंगीकार पर राजसत्ता न देखी[1084]।
संसार है तेरा शिकार यदि तू रखता है छाप ईश्वर की[1085]?
तेरी नियति हो जायेगी तेरी युक्ति की साथी।
वर्तमान युग होना चाहता है तुझसे युद्धरत
ईश्वर की छाप अंकित कर इस नास्तिक के फलक पर।

ज़िन्दारूद

ईश्वर की छाप संसार में है की गयी अंकित
मैं जानता नहीं यह कैसे की गयी अंकित?

हल्लाज

या प्रेमपात्रता[1086] के ज़ोर से यह[1087] हुयी अंकित
या प्रकोपवशता[1088] के ज़ोर से यह हुयी अंकित।

1083. 'ख़ैबर' से यहाँ आशय 'जीवन की कर्मभूमि' या 'जीवन का संघर्ष ' है।

1084. ईश्वर के विधान को दुनिया में बिना राजसत्ता के लागू नहीं किया जा सकता। अत: वैराग्य (मठवास) से सामाजिक हितों की पूर्त्ति नहीं हो सकती।

1085. मूल पाठ में, 'नक़्शे-हक़' जिसका अर्थ है 'ईश्वर की छाप (Impression or Imprint of God)' 'नक्शे हक' का आशय 'ईश्वर के प्रति ईमान या आस्था' है। 'नक्शे-हक' का अर्थ 'ईश्वरीय गुण' भी है। यदि दरवेश या साधक में ईश्वरीय गुण पैदा हो जाय तो संसार उसका शिकार बन जाता है अर्थात् तब उसमें यह क्षमता पैदा हो जाती है कि वह ईश्वर के विधान को संसार में लागू करे।

1086. मूल पाठ में, 'दिलबरी' का अर्थ है 'प्रेमपात्रता या मा'शूक़ी'। इससे यहाँ आशय है 'अल्लाह और उसके पैग़म्बर हज़रत मुहम्मद (स.अ. व स.) के प्रति प्रगाढ़ प्रेम के माध्यम से' जो सूफी बुज़ुर्गों एवं महात्माओं का तरीक़ा है। सूफी सन्तों की कार्य-प्रणाली को हल्लाज ने 'दिलबरी' की संज्ञा दी है। इसके विपरीत बादशाहों या शासकों की कार्य प्रणाली होती है जिसे हल्लाज ने 'क़ाहिरी (प्रकोपवशता)' कहा है।

1087. 'यह' अर्थात् 'ईश्वर की छाप (नक़्शे हक़)'।

1088. जैसा कि नोट 1086 में उल्लेख किया गया है सूफी सन्तों की प्रणाली (दिलबरी) के विपरीत बादशाहों, शासकों की प्रणाली है जिसे हल्लाज ने 'काहिरी (प्रकोपवशता)' कहा है जो प्रेम के स्थान पर शक्ति (तलवार) पर आधारित होती है।

चूँकि ईश्वर का प्रताप है प्रेमपात्रता[1089] में स्पष्टतर
प्रेमपात्रता का स्थान है प्रकोपवशता[1090] से उच्चतर।

ज़िन्दारूद

ऐ प्राची के रहस्यों के ज्ञाता! मुझको फिर बता
विरक्त[1091] और प्रेमी[1092] के मध्य अन्तर है क्या?

हल्लाज

विरक्त है इहलोक में अजनबी
प्रेमी है परलोक में अजनबी।[1093]

ज़िन्दारूद

क्या ज्ञान[1094] की पराकाष्ठा है अस्तित्व न होना[1095]
पाना फ़ना[1096] में तृप्ति[1097] क्या है नाम जीवन का?

1089. मूल पाठ में 'दिलबरी' जिसका अर्थ 'प्रेमपात्रता' अर्थात् 'करुणा या रहमत' है।
1090. मूल पाठ में 'क़ाहिरी' जिसका अर्थ है 'प्रकोप' या 'ग़ज़ब'।
1091. मूल पाठ में 'ज़ाहिद' यानी 'तपस्वी' (Ascetic) या निरक्त।
1092. मूल पाठ में 'आशिक' जिसका आशय 'ईश्वरप्रेमोन्मत्त'।
1093. विरक्त की जो स्थिति इस दुनिया (इहलोक) में है, ठीक वही स्थिति ईश्वरोन्मत्त (God-Intoxicated) प्रेमी की परलोक में है। जिस प्रकार विरक्त संसार की सुख-सुविधाओं से निस्पृह होता है, ठीक उसी प्रकार ईश्वर-भक्त जन्नत और जन्नत की हूरों एवं ग़िलमान (बाल भृत्यों) से निस्पृह होता है। ईश्वर-भक्त का सरोकार जन्नत से नहीं, बल्कि ईश्वर से और केवल ईश्वर से होता है।
1094. मूल पाठ में 'मा'रिफ़त' यानी 'इर्फ़ान, ज्ञान, ब्रह्मज्ञान'।
1095. मूल पाठ में 'ना बूदन' जिसका अर्थ है 'न होना, अस्तित्व का न होना अर्थात् अनस्तित्व'।
1096. मूल पाठ में 'फ़ना' जिसका अर्थ है 'आत्म-विनाश' (Self-Annihilation) यानी 'स्वयं को या अपने आत्मन् (Self) या अपने अहं (Ego) को मिटा देना'।
1097. मूल पाठ में 'आसूदन' जिसका अर्थ है 'आराम या विश्राम (Repose) पाना'।

हल्लाज

प्रेमियों का मतवालापन[1098] है प्याले की रिक्तता[1099] से
अनस्तित्व[1100] है अजनबीपन ब्रह्मज्ञान से।
ऐ कि तू जो फ़ना[1101] में उद्देश्य है ढूँढ़ता
अस्तित्व को अनस्तित्व[1102] पा नहीं सकता।

ज़िन्दारूद

वह[1103] कि जिसने स्वयं की गणना आदम से बेहतर की[1104]
मदिरा न तलछट है अब उसके कुंभ व कंस में बाक़ी।
परिचित तो है आकाश से मुट्ठीभर ख़ाक हमारी[1105]
किन्तु अग्नि है कहाँ उस अकिंचन की?[1106]

1098. मूल पाठ में 'सुक्रे याराँ' जिसका अर्थ है 'ईश्वर प्रेमियों का मतवालापन' या 'ईश्वर प्रेमियों की तन्मयता'। ज़िन्दारूद ने यह प्रश्न इसलिए किया कि अजमी (ईरानी) और हिन्दू तसव्वुफ में 'फ़ना' अर्थात् 'आत्मन्' (Self) या 'अहं' (Ego) की विनष्टता (Annihilation) की शिक्षा दी गयी है और यही शिक्षा बौद्ध धर्म में भी है। किन्तु इस्लामी तसव्वुफ में 'फ़ना' का तात्पर्य 'नफ्से-अम्मार:' अर्थात् 'बुरे कामों की ओर प्रवृत्त करनेवाली मनोवृत्ति' की विनष्टता है।
1099. मूल पाठ में 'तही पैमानगी' जिसका अर्थ है 'अपने प्याले का ख़ाली होना'। हृदय के ज्ञान (इर्फ़ाने कल्ब) और प्रेम से वंचित होना।
1100. मूल पाठ में 'नेस्ती' जिसका अर्थ है 'अनस्तित्व'।
1101. 'फ़ना' का अर्थ है 'विनाश (Annihilation) या स्वयं को मिटा देना'।
1102. मूल पाठ में 'अदम' जिसका अर्थ है 'न होने की दशा, या नेस्ती (नास्तित्व)। 'अदम' 'अस्तित्व' (वुजूद) का विपरीत है।
1103. इब्लीस शैतान (Satan)।
1104. इस मिसरे में क़ुरआन (7:12) की आयत, 'क़ाल अना ख़ैरुन मिन्हु ख़लक़्तनी मिन् नारिन् व ख़लक़्तहू मिन् तीनिन्' अर्थात् 'उसने (इब्लीस ने) कहा मैं उससे (आदम) से बेहतर हूँ क्योंकि तूने मुझे आग से पैदा किया और उसको (आदम को) मिट्टी से पैदा किया'।
1105. इस मिसरे में पैग़म्बर हज़रत मुहम्मद (स.अ. व स.) के मे'राज के वृत्तांत के प्रति संकेत है।
1106. मूल पाठ में 'आतिशे आँ बेसरोसामाँ' अर्थात् 'उस अकिंचन की आग' का आशय 'इब्लीस का मक़ाम (Station) या अवस्थान' है।

हल्लाज

तू बात न कर दूरीकृतों के सरदार[1107] की
वह प्यासा है अनादि काल से उसका प्याला है ख़ूनी।
हम हैं अज्ञानी, वह ज्ञाता अस्तित्व व अनस्तित्व का[1108]
इनकार ने उसके रहस्य को हमपर यह खोला।
पतन के कारण है आनन्द उत्थान का
ह्रास के दर्द में है आह्लाद वृद्धि का।
प्रेम है उसकी[1109] आग में जलना[1110]
उसकी आग के बिना जलना, नहीं है जलना।
प्राचीनतर है वह प्रेम और सेवा[1111] में आदम से[1112]
अनभिज्ञ है आदम उसके भेदों से।

1107. मूल पाठ में 'ख़्वाजए अहले-फ़िराक़' यानी 'वियोगियों (अह्ले फिराक़) का सरदार' अर्थात् 'इब्लीस' (Satan)। 'फिराक़' का अर्थ है 'जुदाई (वियोग) या दूरी'। चूँकि शैतान सदैव के लिए ईश्वर से दूर हो गया है इसीलिए उसे 'ईश्वर से दूर होनेवालों का सरदार' यानी 'ईश्वर से दूरीकृतों का सरदार' कहा गया है।

1108. मूल पाठ में 'ऊ आरिफ़े बूदो न बूद' अर्थात् 'वह (इब्लीस) अस्तित्व (वुजूद) और अनस्तित्व (अदम) की हक़ीक़त (वास्तविकता) का जानकार है'।

1109. इब्लीस की।

1110. मूल पाठ में 'आशिकी दर नारे ऊ वासोख्तन' अर्थात् 'उसकी (इब्लीस की) आग में जलना ही आशिकी (प्रेम) है'। 'उसकी (इब्लीस की) आग में जलना' का अर्थ है 'यदि आशिक़ बनना चाहते हो या प्रेम करना चाहते हो तो अपने चरित्र में इब्लीस जैसी दृढ़ता पैदा करो'। इब्लीस की यह दृढ़ता ही तो है कि उसने ईश्वर के अनन्त धिक्कार को गवारा किया, किन्तु ईश्वर की अवज्ञा के अपने रवैये में कोई परिवर्त्तन नहीं आने दिया। उसने एक बार जो कह दिया कि आदम को सिज्दः नहीं करूँगा तो वह बराबर अपने वचन पर अड़ा रहा। इस दृढ़ता को 'हल्लाज' ने 'इश्क़' या 'आशिक़ी' कहा है।

1111. मूल पाठ में 'ख़िद्मत' यानी 'सेवा'। 'सेवा' (ख़िद्मत) से आशय 'कर्म में लगन और तल्लीनता' है।

1112. 'प्राचीनतर है वह प्रेम और सेवा में आदम से' का तात्पर्य यह है कि इब्लीस 'प्रेम (इश्क़) और सेवा' (ख़िद्मत) यानी 'दृढ़ता और कर्म ' की दृष्टि से आदम से श्रेष्ठतर है।

चाक कर अन्धानुकरण के परिधान को
ताकि उससे सीख तू तौहीद[1113] को।[1114]

ज़िन्दारूद

ऐ कि है तेरे अधीन सल्तनत आत्मा की
संगत हमें पलभर के लिए और दे अपनी।

हल्लाज

रहना मात्र एक स्थान पर भाता हमें नहीं
हम को है साक्षात् उत्कण्ठा उड़ान की।
हर पल देखना[1115]-तड़पना[1116] है काम हमारा
बिन डैनों व पंख के उड़ना[1117] है काम हमारा।

1113.'तौहीद' अर्थात् 'ईश्वर का एकत्व' (Unity of God)।

1114. 'ताकि उससे सीख तू तौहीद को' यद्यपि ऊपरी तौर पर यह परामर्श शरीअत और तरीक़त के प्रतिकूल है किन्तु इसमें जो गूढ़ बात निहित है वह यह है कि इब्लीस ने ईश्वर से इतर (ग़ैर अल्लाह) को सिज्दः न करके तौहीद (एकेश्वरवाद) का परम अनुयायी होने का प्रमाण दिया है। हमें इससे यह सीख लेनी चाहिये कि हम ईश्वर के सिवा किसी के आगे न झुकें और न किसी को उपास्य बनायें।

1115. मूल पाठ में 'दीदन' जिसका अर्थ है 'देखना'। इसका आशय है ईश्वर की आभाओं (तजल्लियों) को देखना।

1116. मूल पाठ में 'तपीदन' जिसका अर्थ है 'तड़पना'। इसका आशय है 'ईश्वर-प्रेम में तड़पना' है।

1117. मूल पाठ में 'परीदन' जिसका अर्थ है 'उड़ना' जिसका आशय 'ईश्वर-प्रेम के मक़ामात' अर्थात् 'अवस्थानों (Stations) को तय करना' है।

दूरीकृतों के सरदार[1118] इब्लीस का प्रकट होना

होता है एक दो पल का ज्योतित-हृदयों का संग
पूँजी है अस्तित्व व अनस्तित्व[1119] की वह एक दो पल का संग।
प्रेम को कर दिया[1120] उन्मत्ततर और ख़त्म हो गया
बुद्धि को कर दिया दृष्टिवान् और ख़त्म हो गया।
मैंने बंद कर ली आँखें ताकि स्वयं में रख लूँ उसे[1122]
आँखों की राह से अपने दिल में ले आऊँ उसे।[1123]
अचानक देखा सारा जगत् हो गया तिमिरमय
दिक् से अदिक् तक सब हो गया तिमिरमय।
उस रात में आविर्भूत हुयी एक अग्निज्वाला
भीतर से उसके बाहर एक वृद्ध व्यक्ति निकला।
एक सुर्मयी अँगरखा था शरीर पर उसके
निमज्जित था उसका शरीर बलखाते धुँये में।
"यह दूरीकृतों का है सरदार"[1124], कहा रूमी ने
आपादमस्तक[1125] अग्नि है उसका प्याला डूबा है ख़ून में।[1126]

1118. मूल पाठ में 'ख़्वाज: अहले-फिराक़' जिसका अर्थ है ईश्वर से 'दूरीकृतों का सरदार'। 'अहले फिराक़' यानी 'ईश्वर से दूरीकृतों' का आशय है 'वे लोग जो ईश्वर की कृपा से दूर हैं'। ईश्वर की अवज्ञा करने से पूर्व इब्लीस (Satan) ईश्वर से निकटतम फ़रिश्ता था, किन्तु ईश्वर की अवज्ञा के पश्चात् वह ईश्वर से सबसे दूर हो गया। इसीलिए उसे 'ख़्वाज: अहले-फिराक़' यानी 'ईश्वर की रहमत या करुणा से दूरी कृतों का सरदार' कहा गया है।

1119. मूल पाठ में 'सरमायाए बूदो अदम' जिसका अर्थ है 'अस्तित्व (बूद) और अनस्तित्व (अदम) की पूँजी'।

1120. ज्योतित हृदयों यानी रौशन दिलों के संसर्ग ने प्रेम को उन्मत्ततर कर दिया।

1121. यह संसर्ग ख़त्म हो गया।

1122. ज्योतित हृदयों के संसर्ग की स्मृति को।

1123. दो पलों के संसर्ग को।

वह एक वृद्ध है मुस्कानहीन और मितभाषी
शरीर में आत्मा को देख लेती है आँख उसकी।[1127]
धर्म-बंधन-मुक्त[1128] और मुल्ला, दार्शनिक और सूफ़ी
है कर्म में जैसे श्रमसाध्य संन्यासी।
संयोग के आनन्द से है प्रकृति उसकी अजनबी[1129]
त्याग अनन्त सौन्दर्य का,[1130] परहेज़गारी है उसकी।
आसान न था होना पृथक् सौन्दर्य से[1131]
शुरुआत उसने की सिज्दे के त्याग से।[1132]

1124. मूल पाठ में 'ख़्वाज: अहले-फिराक़' जिसका अर्थ है 'दूरस्थों (ईश्वर की करुणा से दूरस्थों) का सरदार' अर्थात् 'इब्लीस' शैतान। इक़बाल ने इब्लीस को 'ख़्वाज: अहले-फिराक़' अर्थात् 'दूरस्थों का सरदार' इसलिए कहा है क्योंकि वह ईश्वर की करुणा (रहमत) से बहुत दूर यानी धिक्कृत (रज़ीम) है।

1125. मूल पाठ में 'सरापा' जिसका अर्थ है 'आपादमस्तक' यानी 'नख-शिख' अर्थात् 'पूर्णतया'।

1126. मूल पाठ में 'आँ ख़ूनीं अयाक़' अर्थात् 'वह लहूलुहान प्याला वाला'। यहाँ 'प्याला' से आशय 'हृदय का प्याला' है। अत: 'वह लहूलुहान प्याला वाला' का तात्पर्य 'इब्लीस' (Satan) है। इब्लीस के दिल की आर्जुओं, आकांक्षाओं का प्याला लहूलुहान हो गया क्योंकि उसने आदम को जन्नत में जाते हुये तथा स्वयं को जन्नत से निकाले जाते हुये देखा। मिट्टी (आदम) को अग्नि (इब्लीस) पर श्रेष्ठता प्राप्त करते हुये देखने के कारण इब्लीस की तमन्नाओं का ख़ून हो गया।

1127. मूल पाठ में 'चश्मे ऊ बीनिन्द: ए-जाँ दर बदन' जिसका अर्थ है 'उसकी आँख शरीर में आत्मा को देखने वाली है' अर्थात् 'वह (इब्लीस) मनुष्यों के दिलों के हालात से परिचित है'।

1128. मूल पाठ में 'रिंद' जिसका अर्थ है 'मद्यप, शराबी या धार्मिक बंधनों से मुक्त' या 'शरीअत की पाबंदी से आज़ाद'।

1129. मूल पाठ में 'फित्रतश बेगाना-ए-ज़ौक़े विसाल' जिसका अर्थ है 'उसकी प्रकृति संयोग के आनन्द (अर्थात् ईश्वर के सामीप्य के आनन्द) से अजनबी या अनभिज्ञ है' क्योंकि ईश्वर से दूरी इब्लीस की प्रकृति है।

1130. मूल पाठ में 'तर्के-जमाले ला य़ज़ाल' जिसका अर्थ है 'ईश्वर के अनन्त (ला यज़ाल) सौन्दर्य (जमाल) का त्याग' या 'ईश्वर के अनन्त सौन्दर्य से दूरी'। तात्पर्य यह है कि इब्लीस सदा के लिए भगवद्दर्शन (Beatific Vision) से वंचित है।

1131. ईश्वर के अनन्त सौन्दर्य से।

1132. मूल पाठ में 'कार पेश अफगंद अज़ तर्के सुजूद' जिसका अर्थ है 'उसने काम को आगे बढ़ाया या उसने नींव डाली या उसने काम की शुरुआत की सिज्दा न करके'। आशय यह है कि इब्लीस के लिये ईश्वर के अनन्त सौन्दर्य से स्वयं को अलग रखना आसान न था, किन्तु उसने आदम को सिज्दा न करने की ईश्वर की अवज्ञा द्वारा इस कार्य अर्थात् ईश्वर के अनन्त सौन्दर्य से दूर रहने के काम की नींव डाली या शुरुआत कर दी और सदा के लिए ईश्वर से दूर हो गया।

उस पर जो बीती[1133] ज़रा उसपर दृष्टिपात कर
उसकी मुश्किलों उसकी दृढ़ता पर दृष्टिपात कर।
शुभ अशुभ के युद्ध में वह रत है अभी तक
सैकड़ों पैग़म्बर देखे हैं उसने पर वह काफ़िर है अभी तक।

तन में मेरी आत्मा उसकी वेदना से तड़प गयी
दुःख भरी एक आह उसके होठों पर प्रकट हुयी।
अपनी अधखुली आँखें उसने मुझपर खोली और कहा
"कौन है ऐसा सफल मनोरथ कर्म में मेरे सिवा?
इस तरह कामों में मैं हूँ उलझा
जुमा का अवकाश भी मैंने नहीं देखा।[1134]
न फ़रिश्ता है मेरा कोई और न है नौकर कोई
एहसान नहीं है किसी पैग़म्बर का मेरी श्रुतिप्रकाश[1135] पर कोई।
न मैं कोई हदीस और न कोई किताब लाया हूँ
धर्मशास्त्रियों[1136] का मधुर प्राण मैं निकाल लाया हूँ।[1137]
धर्मशास्त्रियों सदृश किसी ने धर्म का धागा[1138] पिरोया नहीं

1133. मूल पाठ में 'दर वारिदात ऊ' यानी 'उसपर घटित होनेवाली घटनाओं ' अर्थात् 'उसपर जो गुज़री'।

1134. आशय यह है कि जुमा का दिन एक पवित्र दिन है। मैं (इब्लीस) उस दिन भी लोगों को गुमराह करने की पूरी कोशिश करता हूँ।

1135. मूल पाठ में 'वह्इ' जिसका अर्थ है 'ईश्वरीय आदेश' या 'श्रुतिप्रकाश' या 'इल्हाम' (Revelation)।

1136. मूल पाठ में 'फ़क़ीहाँ ' जो 'फ़क़ीह' का बहुवचन है। 'फ़क़ीह' का अर्थ है 'फ़िक्ह यानी इस्लामी शरीअत या इस्लामी धर्मशास्त्र का ज्ञाता'। 'फ़क़ीहाँ ' का अर्थ है 'धर्मशास्त्रीगण'।

1137. आशय यह है कि मैंने (इब्लीस ने) धर्मशास्त्रियों के शरीर से उनकी आत्मा निकाल ली है जिसके कारण वे पेट पालने के धंधे में लगे हुये हैं। यही कारण है कि वे व्यक्ति और समाज की समस्याओं को अपने निजी लाभ और हानि की दृष्टि से देखते हैं।

1138. मूल पाठ में 'रिश्तए-दीं चूँ फ़क़ीहाँ कस न रिश्त' जिसका अर्थ है 'धर्म के धागे को किसी ने धर्मशास्त्रियों (इस्लामी शरीअत के ज्ञाताओं) के समान ताने बाने में नहीं लगाया या पिरोया'।

अन्ततः ईंट से ईंट बजा दी[1139] उन्होंने का'बा की।
मेरे धर्म की इस तरह की बुनियाद नहीं है
इब्लीस के धर्म में कोई मतवाद[1140] नहीं है।[1141]
सिज्दः दिया है त्याग ऐ बेख़बर मैंने
सुर मिला दिया है वाद्य का शुभ अशुभ से।[1142]
ईश्वर के अस्तित्व का मुझे इनकारी न तू समझ
मेरे अन्तःकरण[1143] पर खोल आँख, न देख मेरा प्रत्यक्ष[1144]।
यदि मैं कहूँ "वह है नहीं" तो यह होगी मूर्खता
क्योंकि देखने के बाद "वह है नहीं" कहा जा नहीं सकता।
हाँ कहा है मैंने पर्दे में नहीं के[1145]
बेहतर है मेरा कहना, मेरे न कहने से।[1146]

1139. मूल पाठ में 'का'बा रा करदंद आख़िर ख़िश्त-ख़िश्त' जिसका अर्थ है 'आख़िर को उन्होंने का'बा को ईंट-ईंट कर दिया' यानी 'का'बा की ईंट से ईंट बजा दी' अर्थात् 'काबा को टुकड़े-टुकड़े कर दिया'। आशय यह है कि अपने वितण्डावाद और बाल की ख़ाल (hair-splitting) निकालने की प्रवृत्ति के कारण धर्म की एकता को टुकड़े-टुकड़े कर दिया है।

1140. मूल पाठ में 'फ़िर्कः' जिसका अर्थ है 'मतवाद या सम्प्रदायवाद या पंथवाद' (Sectarianism)।

1141. मूल पाठ में 'फ़िर्कः अन्दर मज़हबे इब्लीस नेस्त' जिसका अर्थ है 'इब्लीस के धर्म में कोई फ़िर्कः (सम्प्रदाय या पंथ-Sect) नहीं है'। यह बहुत उदात्त (Sublime) शे'र है। दुनिया के सारे धर्मों में मतवाद, सम्प्रदायवाद या पंथवाद (Sectarianism) है, किन्तु इब्लीस का धर्म इसका अपवाद है।

1142. इब्लीस का आशय यह है कि यदि वह सिज्दः करने से इनकार न करता तो आदम (मानव) को शुभ (Good) और अशुभ (Evil) का ज्ञान न होता और वह (मानव) भी फ़रिश्तों की तरह नखशिख शुभ (ख़ैर) होता। आदम को बहका कर इब्लीस ने उसे अशुभ (शर) से परिचित करा दिया। अतः अब दुनिया की सारी रौनक़ शुभ और अशुभ (Good and Evil) के मध्य संघर्ष में निहित है और मनुष्य की महिमा इसमें है कि वह किस प्रकार बुराई से स्वयं को बचाता है।

1143. मूल पाठ में 'बातिन' जिसका अर्थ है 'अभ्यंतर या अन्तःकरण' (Inner Self)। बातिन का विपरीत है ज़ाहिर (प्रत्यक्ष या बाह्य)।

1144. मूल पाठ में 'ज़ाहिर' जिसका अर्थ है 'प्रत्यक्ष या बाह्य' (Exterior)।

1145. मैंने (इब्लीस ने) इनकार (ईश्वर के आदेश के इनकार) के पर्दे में इक़रार (स्वीकरण) किया है।

1146. मैंने (इब्लीस ने) आदम और उसकी औलाद की बेहतरी के लिए इनकार (ईश्वर की आज्ञानुसार आदम का सिज्दः करने से इनकार) किया है। इनकार द्वारा मैंने (इब्लीस ने) ईश्वर का कोप अपने ऊपर ले लिया है। अतएव आदम को बचा लिया है।

चूँकि आदम के दु:ख-दर्द का मैं रखता था हिस्सा
दोस्त[1147] के प्रकोप को उसके[1148] लिए न छोड़ा।
अग्नि-ज्वालायें[1149] उगीं खेती से मेरी[1150]
पूर्व-नियति[1151] से उसने स्वतन्त्र-इच्छा[1152] प्राप्त की।[1153]
अपनी निकृष्टता को प्रत्यक्ष मैंने कर दिया
चयन और परित्याग का आनन्द तुझको दे दिया।
दे मुक्ति तू मुझे मेरी आग[1154] से
खोल ऐ आदम! गिरह मेरे काम से।[1155]
ऐ कि तू अन्दर मेरे फन्दे के है पड़ा
यूँ दे दिया शैतान को मौक़ा गुनाह का।[1156]
संसार में मर्दों की तरह जीवन व्यतीत कर
मेरे हमदर्द! मेरे परायों की तरह जीवन व्यतीत कर।
मेरे डंक व शहद से बेपर्वा होकर गुज़र
ताकि मेरी करमपत्री[1157] हो न कलुषतर।[1158]
शिकारी हैं संसार में क्योंकि मौजूद हैं शिकार
मेरे तर्कश में तीर हैं जब तक तू है मेरा शिकार।

1147. ईश्वर।

1148. आदम मानव।

1149. इनकार और बुराई की अग्नि-ज्वालायें।

1150. इब्लीस (Satan)।

1151. मूल पाठ में 'मजबूरी' यानी 'जब्र' अर्थात् 'पूर्व नियति' (Predetermination)।

1152. मूल पाठ में 'मुख्तारी' यानी 'इख़्तियार' अर्थात् 'स्वतन्त्र-इच्छा' (Free-will)।

1153. इस शे'र का आशय गह है कि इब्लीस के इनकार यह परिणाम हुआ कि मनुष्य को ईश्वर ने पूर्वनियति (जब्र) के साथ ही साथ 'इख़्तियार' (इच्छा-स्वातन्त्र्य-Free-will) भी प्रदान कर दिया।

1154. मनुष्यों को शैतान (इब्लीस) द्वारा गुमराह करने का कार्य 'आग' के समान है। अत: इब्लीस आदम (मानव) से प्रार्थना करता है कि तू (अर्थात् मनुष्य) मेरी क़ैद (यानी इब्लीस द्वारा गुमराह किये जाने) से बाहर निकल अर्थात् मेरा (इब्लीस का) अनुसरण करना बन्द कर दे।

1155. 'खोल दे गिरह मेरे काम से' का आशय है कि 'मेरी (इब्लीस की) आज्ञापालन (इताअत) त्याग दे'।

1156. गुनाह तो इंसान स्वयं करता है, किन्तु इल्ज़ाम शैतान पर लगाता है।

1157. मूल पाठ में 'नाम:' जिसका आशय है 'आमाल नाम:' अर्थात् 'कर्मों की पोथी' या 'कर्मपत्र'।

1158. मूल पाठ में 'तारीकतर' जिसका अर्थ है 'अधिक कालिमामय, कृष्णतर, मलिनतर या कलुषतर'।

उड़ना जो जानता है गिरता वह नहीं
होशियार हो शिकार तो न रहेगा शिकारी।[1159]

मैंने कहा, "अब छोड़ यह दस्तूर दूरी का[1160]
"मुझको[1161] सख़्त नापसंद है कार्य तलाक़ का"।[1162]
उसने कहा, "जुदाई की आग है उपकरण जीवन का
क्या ख़ूब है मतवालापन जुदाई के दिन का।[1163]
होठों पर मेरे आता नहीं है नाम मिलन का[1164]
मिलन यदि मैं चाहता, न वह[1165] होता न मैं[1166] होता।
'मिलन' शब्द ने स्वयं से उसे पराया कर दिया
जलन व दर्द को उसके अन्दर ताज़ा कर दिया"।
अपने धुँये में थोड़ी देर वह लिप्त हो गया
फिर धुँये में अपने वह लुप्त हो गया।
गूँज उठी एक आर्त्तनाद उस बल खाते धुँये से
कितनी प्यारी है वह आत्मा दर्द है जिसमें।

1159. मूल पाठ में, 'सैद अगर ज़ीरक शबद सैयाद नेस्त' जिसका अर्थ है 'यदि शिकार होशियार हो जाता है तो शिकारी नहीं रहेगा' अर्थात् 'ऐसी स्थिति में शिकारी को शिकार करने का विचार नहीं आयेगा'।
1160. मूल पाठ में, 'आईने-फिराक़' यानी 'जुदाई या वियोग या विरह या दूरी का दस्तूर'। यहाँ 'वियोग या दूरी का दस्तूर' से आशय 'ईश्वर से दूरी' है।
1161. ईश्वर को।
1162. 'तलाक़' का अर्थ है 'सम्बन्ध-विच्छेद' या 'विवाह-विच्छेद'। यह एक प्रसिद्ध हदीस है जिसके अनुसार 'तलाक़' ईश्वर के निकट सबसे अप्रिय कार्य है।
1163. मूल पाठ में, 'रोज़े-फ़िराक़' अर्थात् 'पृथक्ता या जुदाई का दिन' जिसका तात्पर्य वह समय या दिन जब इब्लीस (Satan) ने ईश्वर की आज्ञा के अनुसार आदम का सिज्दः करने से इनकार किया था और बक़ौल इब्लीस उस दिन का मतवालापन (इनकार) बहुत महत्वपूर्ण है क्योंकि उसका जीवन उसी पर अर्थात् ईश्वर की अवज्ञा पर निर्भर है।
1164. मूल पाठ में, 'वस्ल' जिसका अर्थ है 'मिलन या संयोग'। यहाँ 'वस्ल या मिलन या संयोग' का तात्पर्य है 'आज्ञापालन (इताअत)' अर्थात् 'ईश्वर का आज्ञाकारी बनकर रहने की बात'।
1165. ईश्वर अर्थात् अच्छाई (Good)।
1166. इब्लीस अर्थात् बुराई (Evil)।

इब्लीस का आर्त्तनाद[1167]

ऐ ख़ुदा, मालिक नेकी और बदी के
मैं हो गया ख़राब संसर्ग में आदमी के।
कभी भी मेरी आज्ञा का उसने उल्लंघन नहीं किया
स्वयं के प्रति मूँद ली आँख, स्वयं को नहीं पाया।
इनकार के आनन्द से उसकी ख़ाक है अजनबी
स्वाभिमान की चिनगारी से वह है अजनबी।
शिकार ख़ुद शिकारी से कहता है पकड़ मुझे
ईश्वर करे रक्षा ऐसे आज्ञाकारी बन्दे से।
ऐसे शिकार से मुझे आज़ाद कर
पुरानी आराधना को मेरी याद कर।
वह ऊँचा हौसला मेरा उससे हुआ है पस्त
अफ़सोस है, अफ़सोस है, अफ़सोस है मुझ पर।
प्रकृति है उसकी अपरिपक्व संकल्प है कमज़ोर उसका
मेरे एक प्रहार की सहनशक्ति यह प्रतिद्वन्द्वी नहीं रखता।
एक दृष्टिवान् व्यक्ति[1168] चाहिए मुझको
प्रतिद्वन्द्वी एक परिपक्वतर चाहिए मुझको।
आदम की औलाद है क्या? फूस मुट्ठीभर।
मेरी एक चिनगारी काफ़ी है, मुट्ठीभर फूस के लिए।
यदि फूस के सिवा इस जगत् में और कुछ न था
मुझको इतनी आग देने में फ़ायदा क्या था?
पिघलाना शीशे को है एक शर्मिन्दगी की बात
पत्थर को पिघलाना है काम की कोई बात।
तंग आ गया हूँ इस क़दर मैं अपनी विजयों से
प्रत्यपकार के लिए मैं हाज़िर हूँ तेरे सामने।

1167. मूल पाठ में, 'नालए-इब्लीस' जिसका अर्थ है, 'इब्लीस की फ़रियाद' या 'इब्लीस का विलाप (Lamentation) या आर्त्तनाद'।

1168. मूल पाठ में 'बन्दः' जिसका अर्थ है 'बंदा, दास, सेवक, व्यक्ति या मनुष्य'।

अपना इनकारी मैं तुझसे माँगता हूँ, दे मुझे
ऐसे ईश्वरभक्त के प्रति राह तू दिखला मुझे।
मुझे ऐसा व्यक्ति चाहिए जो मरोड़ दे गर्दन मेरी
जिसकी निगाह तन में मेरे भर दे थरथरी।
वह व्यक्ति कि जो कहे मेरे सामने से दूर हो
वह व्यक्ति कि जिसके सामने मेरी क़ीमत दो कौड़ी जौ[1169] न हो।
ऐ ख़ुदा एक जीवन्त ईश्वरनिष्ठ व्यक्ति दे मुझे
शायद कि हार में कोई लज़्ज़त मिले मुझे।

1169. मूल पाठ में 'दो जौ' जिसका अर्थ है 'दो जौ के दाने'।

शनिग्रह का आकाश

अपने देश और धार्मिक समुदाय से विश्वासघात करनेवाली अधम आत्मायें[1170] जिन्हें नरक ने स्वीकार नहीं किया

सन्त रूमी ने, जो कि हैं रहनुमा सत्यनिष्ठों के,
परिचित हैं जो अवस्थान से सत्यनिष्ठों के,
कहा, "ऐ नभ के यायावर, कठिन परिश्रमी
देखा है क्या तूने जगत् वह जनेऊधारी?
वह जो लपेट रखा है अपनी कमर के गिर्द उसने[1171]
उसने चुराया है उसे एक तारे की दुम से।[1172]
भारी चाल से निश्चल गति लगती है उसकी
हर नेकी उसके नियम से हो जाती है अधमता और बदी।[1173]

1170. अधम आत्माओं से यहाँ आशय बंगाल के मीर जा'फ़र और दकन के मीर सादिक़ से है।
मीर जा'फ़र-1757 में नवाब सिराजुद्दौला बंगाल का शासक था। मीर जा'फ़र की महत्वाकांक्षा थी बंगाल का नवाब बनने की। मीर जा'फ़र के गिरोह के अलावा प्रभावशाली हिन्दुओं का भी एक गिरोह था जो बंगाल से मुस्लिम शासन का अन्त चाहता था और इसीलिए वह अंग्रेजों के साथ षडयन्त्र में व्यस्त था। लार्ड क्लाइव को जब मीर जा'फ़र की बंगाल का शासन बनने की महत्वाकांक्षा का पता चला तो उसने मीर जा'फ़र से एक गुप्त समझौता किया और नवाब सिराजुद्दौला के विरुद्ध युद्ध की घोषणा कर दी। अंग्रेजी फौज मीर जा'फ़र की मदद से बिना किसी रोक-टोक के 27 जून, 1757 को प्लासी पहुँच गयी। सिराजुद्दौला 50,000 सिपाहियों की फौज लेकर मुकाबला करने आया। जब युद्ध शुरू हुआ तो 40,000 फौज जो मीर जाफर के अधीन थी वह मूक दर्शक बनी रही। केवल हरावल फौज ने दुश्मन की फौज का मुक़ाबला किया और लार्ड क्लाइव को परास्त कर दिया। इस दस्ते का सरदार मीर मदन अंग्रेजों की गोलाबारी से घायल होकर अचानक मर गया। इससे सिराजुद्दौला ने मीर जा'फ़र से परामर्श किया। मीर जा'फ़र ने उसे हथियार डालने की सलाह दी। किन्तु सिराजुद्दौला का हिन्दू सरदार मोहनलाल बड़ी वीरता से लड़ रहा था। उसने सिराजुद्दौला को संदेश भेजा कि यह समय हथियार डालने का नहीं। किन्तु सिराजुद्दौला ने इस वीर की सलाह को मानने के स्थान पर मीर जा'फ़र की सलाह के अनुसार हथियार डाल दिया। अत: लड़ाई बन्द हो गयी। मीर

यद्यपि नीर मिट्टी से है निर्मित आकृति है इसकी
मुश्किल है पाँव रखना धरती पर इसकी।
हाथ में मेघ की गर्जन लिये सैकड़ों हज़ार फ़रिश्ते
वितरक हैं अलस्त के दिन से[1174] ईश्वर के क़हर के।
ग्रह को निरन्तर कोड़े मारते हैं वे[1175]
ग्रह को उसकी धुरी से उखाड़ते हैं वे।

जा'फ़र की साज़िश के अन्तर्गत युद्ध बन्द होने की घोषणा के साथ ही फौज में भगदड़ मच गयी और अंग्रेजों ने अपनी विजय की घोषणा कर दी। सिराजुद्दौला भागकर मुर्शिदाबाद आ गया। जून, 1757 के अन्त में मीर जा'फ़र और लार्ड क्लाइव भी मुर्शिदाबाद पहुँच गये। मीर जा'फ़र को बंगाल का नवाब घोषित किया गया। इसके पश्चात् नवाब सिराजुद्दौला को क़त्ल कर दिया गया। मीर जा'फ़र ने जुलाई, 1757 से लेकर अक्टूबर 1760 तक अंग्रेजों का मुखापेक्षी दास बनकर जीवन व्यतीत किया। जब वह अपने आक़ाओं की इच्छापूर्ति करने में असफल हुआ तो उसे हटाकर मीर क़ासिम को नवाब बनया गया। 1764 में मीर क़ासिम को हटाकर फिर मीर जा'फ़र को कठपुतली नवाब बनाया गया। आठ माह के बाद वतन का यह ग़द्दार मृत्यु को प्राप्त हुआ। इस ग़द्दार की साजिशों के अन्तर्गत बंगाल में अंग्रेजों की जड़ें मज़बूत हुयीं जिसके फलस्वरूप अन्तत: हिन्दुस्तान अंग्रेजों का ग़ुलाम बन गया।

मीर सादिक़ यह अर्काट (Arcot) का निवासी था। यह मैसूर के शासक हैदर अली की फौज़ में सिपाही के रूप में भर्ती हुआ। अपनी जोड़तोड़ से यह हैदर अली के सम्पर्क में आ गया। हैदर अली ने इसे फौज में कोतवाल नियुक्त कर दिया। 1784 में हैदर अली की मृत्यु के पश्चात् टीपू सुल्तान ने इसे अपने विशिष्ट सलाहकारों में नियुक्त किया और अन्तत: इसे मन्त्री का पद प्रदान किया। अब यह सुल्तान का परम विश्वासपात्र बन गया जिसका नाजायज़ फायदा उठाकर इस गद्दार ने अंग्रेजों से साँठ-गाँठ कर ली और प्रधानमन्त्री पुन्नइया से साज़िश करके शृंगापट्टम क़िले का दरवाज़ा खोल दिया जिसके परिणामस्वरूप अंग्रेजी फौज किले में घुस गयी। अपने वतन की रक्षा करते हुये सुल्तान टीपू शहीद हुये। अपना उल्लू सीधा करने के बाद अंग्रेजों ने मीर सादिक़ को धोखा दिया। अत: ग़द्दारी के बावजूद उसकी इच्छा पूरी न हुयी और अपमानित और तिरस्कृत जीवन व्यतीत करके मृत्यु को प्राप्त हुआ।

1171. शनिग्रह ने, जो एक दुमदार सितारा है।

1172. तात्पर्य यह है कि शनिग्रह एक दुमदार सितारा है।

1173. इस ग्रह की मन्हूसियत से अच्छाई बुराई में परिवर्तित हो जाती है।

1174. मूल पाठ में 'अज़ रोज़े अलस्त' यहाँ संकेत क़ुरआन में वर्णित उस संदर्भ के प्रति है जब 'आत्मा लोक' (आलमे अर्वाह) में ईश्वर ने आत्माओं (रूहों) से बात की और पूछा 'अलस्तु बि रब्बिकुम' 'क्या मैं तुम्हारा रब (पालनहार) नहीं हूँ? आत्माओं ने उत्तर दिया', 'क़ालू बला' 'क्यों नहीं, तू ही हमारा पालनहार है'। शब्द 'अलस्त' से उक्त घटना की ओर संकेत है। 'अज़ रोज़े अलस्त' का आशय यहाँ 'सृष्टि की उत्पत्ति के दिन' है।

1175. 'वे' अर्थात् 'फ़रिश्ते'।

आकाश द्वारा बहिष्कृत और भर्त्सित वह एक दुनिया थी
उसकी सुबह थी शाम की तरह कृपणता से सूर्य की।
वह घर है उन आत्माओं का जिनका पुनरुत्थान-दिवस नहीं[1176]
जिनको जलाने से घृणा जहन्नम को आती थी।[1177]
दो निर्दयी अत्याचारी पिशाच[1178] उसके अन्दर थे
क़त्ल कर दी क़ौम की रूह जिन्होंने तन के वास्ते।[1179]
बंगाल का जा'फ़र और सादिक़ दकन का
मानवता, धर्म और वतन का कलंक था।
दोनों रहे अस्वीकृत, निराश और मनोरथ में असफल[1180]
उनकी करतूतों से एक क़ौम हुयी विनाश-ग्रस्त।
वह मिल्लत कि हर मिल्लत का बंधन खोला था जिसने
देश व धर्म उसका[1181] गिर गया उच्च स्थान से अपने।
क्या तू जानता नहीं कि हिन्दुस्तान देश

1176. मूल पाठ में 'बे यौमे-नशूर' जिसका अर्थ है 'बिना पुनरुत्थान-दिवस के' अर्थात् 'जिनके लिए पुनरुत्थान का दिन (क़यामत का दिन) नहीं '। आशय यह है कि दुनिया की अन्य आत्माओं के लिए तो क़यामत का दिन होगा जिस दिन उनके अच्छे और बुरे कर्मों का हिसाब होगा। किन्तु इन आत्माओं का तो फैसला पहले ही हो चुका है। अत: उनके लिए 'क़यामत के दिन पुनरुत्थान' का अवसर नहीं होगा।

1177. ये ऐसी घृणित आत्मायें हैं कि जहन्नम भी इन्हें जलाने के लिए तैयार नहीं।

1178. मूल पाठ में 'अन्दरूने ऊ दो तागूते कुहन' जिसका अर्थ है 'उनके (उन आत्माओं में जिनके लिए क़यामत का दिन नहीं था) अन्दर दो प्राचीन पिशाच या दो प्राचीन अत्याचारी विद्रोही अर्थात् बंगाल के मीर जा'फर और दकन के मीर साविक़ की घृणित रूहें (आत्मायें) थीं।

1179. मूल पाठ में 'बह्रे दो तन' जिसका अर्थ है 'दो शरीरों के लिए' अर्थात् 'अपने पेट के लिए' मीर जा'फ़र और मीर सादिक़ ने अपनी क़ौम को विदेशियों (अंग्रेजों) के हवाले कर दिया था जिसके परिणामस्वरूप हिन्दुस्तान अंग्रेजों का ग़ुलाम हो गया था।

1180. मीर जा'फ़र ने बंगाल के नवाब सिराजुद्दौला के विरुद्ध और मीर सादिक़ ने मैसूर के शासक टीपू सुल्तान के विरुद्ध अंग्रेजों से मिलकर साज़िश की जिसके फलस्वरूप हिन्दुस्तान में अंग्रेजी राज की नींव पड़ी। किन्तु इस विश्वासघात के बदले उन्हें अंग्रेजों का विश्वासघात मिला जिसके फलस्वरूप वे तिरस्कृत और अपमानित हुये।

1181. मूल पाठ में 'मुल्को दीनश' जिसका अर्थ है 'उसका देश और धर्म '। यहाँ देश (मुल्क) से आशय 'राजनीति' या 'सियासत' है। आशय यह है कि इन दोनों गद्दारों के कारण मुस्लिम समाज ने अपनी राजनीतिक भूमिका गँवा दी और सारा हिन्दुस्तान अंग्रेजों के अधीन हो गया।

ब्रह्मज्ञानियों[1182] का है बहुत प्यारा देश।
दुनिया को रोशन किया जिस देश की आभा ने
है वह अभी तड़प रहा ख़ाक व ख़ून में।
ग़ुलामी का बीज किसने बोया मिट्टी में उसकी
यह सब करतूत थी उन अधम रूहों की।[1183]
इसकी नीली फ़ज़ा में ठहर जा एक लम्हा
ताकि देख ले तू दुष्कर्म की सज़ा।

रुधिर का सागर

मैंने जो कुछ देखा वहाँ वह समा सकता नहीं बयान में
भय से उसके तन बेख़बर हो गया प्राण से।
मैंने क्या देखा? एक अथाह सागर रुधिर का देखा मैंने
ऐसा सागर अंतर में झंझा थी बाहर भी झंझा थी जिसके।
तैर रहे थे व्याल हवा में जैसे ग्राह जलधि में रहते
अमानिशा से काले फन और पारद जैसे श्वेत पंख थे।
व्याघ्र - सदृश - विदीर्णकारी थीं उसकी लहरें
मरे पड़े थे नक्र-मकर सागर के तट पर भय से उनके।
चैन न देता था पलभर को तट को सागर
खण्ड-खण्ड भूधर गिरते थे रक्त-सिन्धु में।
टकराती थी लहर रुधिर की रुधिर-लहर से
कभी डूबती-कभी तैरती एक नाव उस प्रलय सिंधु में।
विवर्ण-मुख, दो पुरुष[1184] थे उस नाव में
पाण्डुर-वदन, नग्नतन, विपर्यस्त-केश थे उनके।

1182. मूल पाठ में 'साहबदिलाँ ' जिसका शाब्दिक अर्थ है 'दिलवाले' जिसका आशय 'ब्रह्मज्ञानी (आरिफ) या तत्त्वज्ञानी लोग'।

1183. मीर जा'फ़र और मीर सादिक़ की।

1184. मीर जा'फ़र और मीर सादिक़।

हिन्दुस्तान की आत्मा प्रकट होती है

आकाश हुआ विदीर्ण और एक पवित्र हूर ने
पर्दे को उठाया चेहरे से अपने।
अनन्त अग्नि और ज्योति थी माथे पर उसके
अनन्त नशा था उसकी दो आँखों में।
बादल से भी हल्का परिधान था उसका
गुलाब की पंखुड़ी के रेशे का ताना-बाना था उसका।
इस ख़ूबी के बावजूद कारा व बेड़ी थी भाग्य में उसके
दुःख भरी आहें थीं होठों पर उसके।
रूमी ने कहा, "आत्मा है हिन्दुस्तान की देख इसे
परिताप है हृदय में आर्तनाद से उसके।"

हिन्दुस्तान की आत्मा फ़रियाद करती है

बुझ गयी हिन्द के फ़ानूस में शमा जान की
हिन्दुस्तानी हैं अनजान मर्यादा से हिन्द की।
तुच्छ व्यक्ति, अनजान अपनी ख़ुदी के भेदों से
लगाता नहीं मिज़राब अपना अपने तारों से।
अपनी दृष्टि अतीत[1185] पर वह[1186] रखता है टिकाये
वह जलाता है कलेजा अपना ठण्डी आग से।[1187]
मेरे[1188] हाथ-पाँव हैं बँधे ऐसे ही लोगों के कारण

1185. मूल पाठ में 'बर ज़माने रफ्तः' अर्थात् 'अतीत काल पर' जिसका आशय है कि हिन्दुस्तानी अपने पूर्वजों के कारनामों को याद तो करते हैं पर अपने जीवन व राष्ट्र की वर्तमान स्थिति (परतन्त्रता) को परिवर्तित करने का प्रयास नहीं करते।

1186. हिन्दुस्तानी।

1187. मूल पाठ में 'अज़ तशे ('आतश' का संक्षिप्त रूप) अफ़सुर्दः' जिसका अर्थ है 'बुझी हुयी आग से'।

1188. हिन्दुस्तान की आत्मा (The Spirit of India) के।

फ़रियादें हैं मेरी बेअसर ऐसे ही लोगों के कारण।
अपनी ख़ुदी से कर लिया है ख़ुद को अजनबी
कारा बना ली है गिर्द अपने प्राचीन रस्मों की।
अस्तित्व से उनके मानवता है पीड़ित
उनके छूत-छात से[1189] वर्तमान युग है अपमानित।

त्याग ऐसी दरवेशी[1190] जो करती है नग्नता[1191] प्रदान
धन्य वह दरवेशी जो करती है राजसत्ता[1192] प्रदान।[1193]

1189. मूल पाठ में 'अस्रे नव अज़ पाकोनापाकश नज़ंद' जिसका अर्थ है 'वर्तमान युग उसके पवित्र (पाक) अर्थात् उच्च वर्ण और अपवित्र (नापाक) अर्थात् शूद्र से पीड़ित है'। यहाँ हिन्दुओं की तत्कालीन छुआछूत (अस्पृश्यता) की समस्या के प्रति संकेत है। जिस समय (1932) में जावेदनामा की रचना हुयी उस समय हिन्दुस्तान के दस करोड़ शूद्रों को, जोकि हिन्दुस्तान के आदि निवासी थे, अछूत (अस्पृश्य) अर्थात् मानवता की परिधि से बाहर समझा जाता था। यहाँ तक कि ईश्वर के घर के दरवाज़े भी उनके लिये बंद थे।
1190. मूल पाठ में 'फ़क्रे' जिसका अर्थ है 'ऐसा वैराग्य या ऐसी दरवेशी या फ़कीरी या साधुता'।
1191. मूल पाठ में 'उर्यानी' जिसका अर्थ है 'नग्नता'।
1192. मूल पाठ में 'सुल्तानी' जिसका अर्थ है 'बादशाहत या राजशक्ति या राजसत्ता'।
1193. इस शे'र में इक़बाल ने हिन्दुओं के उच्च आदर्श 'वैराग्य' की सूक्ष्म मीमांसा की है। हिन्दुस्तान की आत्मा हिन्दुओं से कहती है कि उस वैराग्य को छोड़ दो जिसका परिणाम नग्नता(उर्यानी) है। यहाँ नग्नता से उन हिन्दू और जैनी साधुओं के प्रति संकेत है जो निर्वस्त्र रहते हैं। हिन्दुस्तान की आत्मा इस वैराग्य के स्थान पर ऐसी जीवन-पद्धति अंगीकार करने के लिए उत्प्रेरित करती है जिसका परिणाम राजसत्ता या राजशक्ति है। इस शे'र में 'नग्नता' (उर्यानी) की तुलना राजसत्ता (सुल्तानी) की है और दर्शाया है कि वैराग्य (फ़क्र यानी फ़क़ीरी) की दो किस्में हैं। एक हिन्दुओं का वैराग्य जिसकी शुरुआत संसार त्याग से होती है जिसके कारण वैरागी या साधू दूसरों की भिक्षा और सहायता पर निर्भर रहता है। दूसरा इस्लामी जीवन-पद्धति का वैराग्य (फ़क्र या दरवेशी) है जिसके अन्तर्गत मोमिन (आस्थावान) पहले संसार को वशीभूत करता है और तदनन्तर ईश्वर को प्रसन्न करने के लिए सर्वस्व ईश्वर की मख़्लूक पर निछावर करके संसार से निस्पृह हो जाता है। वास्तविक अर्थों में किसी चीज़ को त्याग तभी कह सकते हैं जब त्यक्त चीज़ हमारे वशीभूत, हमारे अधिकार में हो। दूसरे शब्दों में, संसार त्याग उसी समय संसार त्याग है जब संसार हमारे अधीन हो अन्यथा वह त्याग नहीं अकिंचनता है। अत: संसार को वशीभूत करने के पश्चात् संसार-त्याग ही संसार त्याग है।

ईश्वर करे रक्षा अत्याचार[1194] और उसके सहने की आदत से
अत्याचार[1195] है विष, अत्याचारी और विवश के लिये।
विवश निरंतर सहनशीलता[1196] का हो जाता है आदी
अत्याचारी निरंतर अत्याचार[1197] का हो जाता है आदी।
बढ़ जाता है आनन्द[1198] दोनों में[1199] अत्याचार का
"काश मेरी क़ौम यह जानती"[1200] यही दु:ख है मेरा।

कब आयेगा दिन हिन्दुस्तान की रात का
जा'फ़र[1201] तो मर चुका पर अभी जीवित है उसकी आत्मा।[1202]

1194. मूल पाठ में 'जब्र' जिसका एक अर्थ है 'उत्पीड़न या ज़ुल्म या अत्याचार'। 'जब्र' का दूसरा अर्थ है 'पूर्व नियति का सिद्धान्त' या 'विवशता या मजबूरी का सिद्धान्त' जिसके अन्तर्गत हिन्दुओं का यह विश्वास है कि वर्तमान जन्म पिछले जन्म के पापों की सज़ा है। अत: संसार का त्याग भी किसी न किसी पाप का दण्ड है जिससे मनुष्य बचना चाहे तो भी नहीं बच सकता।

1195. मूल पाठ में 'जब्र' जिसका एक अर्थ है 'उत्पीड़न, अत्याचार या ज़ुलम'। इस अर्थ में इस मिसरे का मूल पाठ यूँ है :

'जाबिरो मजबूर रा ज़ह्र अस्त जब्र।'

यहाँ 'जाबिर' का अर्थ है 'अत्याचारी, ज़ालिम या उत्पीड़क'। 'जब्र' का दूसरा अर्थ है 'पूर्व नियति का सिद्धान्त' जिसके अन्तर्गत यह माना जाता है कि मनुष्य नितान्त विवश है और जो कुछ करता है ईश्वर करता है। इस अर्थ में मिसरे के मूल पाठ में 'जाबिर' के स्थान पर 'साबिर' होगा जिसका अर्थ है 'सहिष्णु या सहनशील या सहनेवाला'। इस अर्थ में मूल पाठ में मिसरा इस प्रकार होगा :

'साबिरो मजबूर रा ज़ह्र अस्त जब्र।'

उक्त पाठ में अनुवाद इस प्रकार होगा :

'पूर्व नियति है विष सहनशील और विवश के लिये।'

1196. मूल पाठ में 'सब्रे पैहमे' जिसका अर्थ है 'सतत सहनशीलता' या 'निरन्तर सहते रहना'। आशय यह है कि निरन्तर अत्याचार सहते रहने से मजबूर या लाचार व्यक्ति अत्याचार सहने का आदी हो जाता है।

1197. मूल पाठ में 'जब्रे पैहमे' जिसका अर्थ है 'निरन्तर अत्याचार, लगातार अत्याचार करते रहना'। आशय यह है कि निरन्तर अत्याचार करते रहने के कारण अत्याचारी व्यक्ति अत्याचार का आदी हो जाता है अर्थात् अत्याचार करना उसकी प्रकृति बन जाती है।

1198. मूल पाठ में 'ज़ौ क़े सितम' जिसका अर्थ है 'अत्याचार का आनन्द'।

1199. अत्याचारी और अत्याचार सहने वाले में यानी ज़ालिम और मज़्लूम दोनों में।

1200. मूल पाठ में 'या लैत क़ौमी या'लमून' (क़ुरआन 36:26) जिसका अर्थ है 'काश कि मेरी कौम को यह मालूम होता'।

1201. मीर जा'फ़र।

1202. यद्यपि मीर जा'फ़र ग़द्दार तो इस दुनिया में नहीं है, किन्तु अभी अनेक मीर जा'फर हिन्दुस्तान में मौजूद हैं जो कौम और मुल्क के साथ ग़द्दारी कर रहे हैं।

यह[1203] पाती है जब मुक्ति किसी एक शरीर से
बना लेती है अपना नीड़ किसी अन्य शरीर में।[1204]
वह गठजोड़ करती है कभी साथ गिरजा के[1205]
अनुनय-विनय करती है कभी मूर्ति गृह के सामने।[1206]
धर्म उसका, विधान उसका है एक सौदागरी
हैदर[1207] के परिधान में वह है अन्तरी।[1208]
रंग व गंध का जगत् जब जाता है बदल
रीति और दस्तूर इनका[1209] तब जाता है बदल।[1210]
चीज़ थी कोई और[1211] पहले उसकी[1212] निष्ठा का पात्र[1213]
हो गया है हमारे युग में उपास्य[1214] उसका राष्ट्र।
वेदना से धर्म की होता है वह बाह्यत: व्यथित[1215]

1203. मीर जा'फ़र जैसे ग़द्दारों की रूह या आत्मा।
1204. तात्पर्य यह है कि हिन्दुस्तान में ग़द्दार के बाद ग़द्दार पैदा हो रहे हैं।
1205. मूल पाठ में 'बा कलीसा' जिसका अर्थ है 'गिरजा के साथ'। 'गिरजा के साथ' का आशय है 'अंग्रेज़ शासकों के साथ'।
1206. मूल पाठ में 'पेशे दैरियाँ ' जिसका अर्थ है 'मूतिगृह वालों के सामने'। 'दैर' का अर्थ है 'मूर्तिगृह', 'दैरी' का अर्थ है 'मूतिगृह वाला'। दैरियाँ (मूर्तिगृह वाले) दैरी (मूर्तिगृह वाला) का बहुवचन है। यहाँ 'मूर्तिगृह वालों के सामने' (पेशे दैरियाँ) का तात्पर्य है 'हिन्दू राजनीतिज्ञों के सामने'।
1207. हैदर से आशय इस्लाम के चौथे ख़लीफ़ा 'हज़रत अली' से है। यहाँ 'हैदर' इस्लाम का प्रतीक है।
1208. अन्तर एक यहूदी पहलवान जो ख़ैबर की लड़ाई में अपने भाई मरहब का बदला लेने के लिए हज़रत अली के विरुद्ध आया और उनके हाथों मारा गया। यहाँ 'अन्तरी' से आशय 'इस्लाम से शत्रुता' है।
1209. इन गद्दारों का।
1210. ग़द्दार अवसरवादी होता है, अत: उसके नियम और विधान भी अवसरवादिता पर आधारित होते हैं। अपने निहित स्वार्थ के लिए ग़द्दार क़ौम और मुल्क को दाँव पर लगा देता है।
1211. मूल पाठ में 'चीज़े दिगर' जिसका अर्थ है 'कोई और चीज़ या कोई दूसरी चीज़'। इसका आशय है 'अंग्रेजों की स्वामिभक्ति' जिसके सामने वह पहले माथा टेकता था।
1212. ग़द्दार की।
1213. मूल पाठ में 'मस्जूद' जिसका अर्थ है 'जिसका सिज्द: किया जाय या जिसके सामने माथा टेका जाय' अर्थात् 'वह जो हमारी निष्ठा और आस्था का पात्र हो'।
1214. मूल पाठ में 'मा'बूद' जिसका अर्थ है 'जिसको पूजा जाय अर्थात् उपास्य या आराधनीय'।
1215. इस शे'र और इसके पूर्व के शे'र में इस्लामी मिल्लत (मुस्लिम क़ौम) के मिथ्याचारी (Hypocrite) और ग़द्दारों के प्रति संकेत है जो ऊपर से दीन के ग़म में दु:खी नज़र आते हैं, किन्तु अन्दर से एक ईश्वर के प्रति निष्ठावान होने की बजाय अपने स्वार्थ के लिए अनेक आक़ाओं की चौखट पर माथा टेकते हैं।

जनेऊबद्ध[1216] होता है अन्तर[1217] उसका मूर्तिपूजकों[1218] सदृश[1219]।
हर शरीर में जा'फ़र है क़ौम[1220] का हन्ता
यह प्राचीन मुसलमान है क़ौम[1221] का हन्ता।
रहता है मुस्कराता पर है न दोस्त किसी का वह
साँप अगर मुस्कराये भी तो साँप ही रहता है वह।
एकता क़ौम की हो जाती है उसके पाखंड से खण्डित
अस्तित्व से उसके क़ौम हो जाती है कलंकित।
जहाँ कहीं भी क़ौम कोई होती है ग़ारत
होता है उसके मूल में कोई सादिक़ कोई जा'फ़र।
जा'फ़र की आत्मा से ईश्वर करे रक्षा
वर्तमान युग के जा'फ़रों से ईश्वर करे रक्षा।

रुधिर-सागर में नौका में सवार विश्वासघातियों में से एक की फ़रियाद

न हमें अस्तित्व करता है स्वीकार और न अनस्तित्व
अफ़सोस है अस्तित्व व अनस्तित्व की निर्ममता पर।
प्राची व प्रतीची के जगत् से हम ग़ुज़र कर[1089]
यातना व व्यथा के साथ पहुँचे नरक के द्वार पर।

1216. मूल पाठ में 'ज़ुन्नारबन्द' जिसका अर्थ है 'यज्ञोपवीतबद्ध या जनेऊबद्ध'।
1217. मूल पाठ में 'बातिन' जिसका अर्थ है 'आभ्यन्तर या अन्तर' (Inward)।
1218. मूल पाठ में 'दैरियाँ ' जिसका अर्थ है 'मूर्तिपूजक या बुतपरस्त'।
1219. इस मिसरे का आशय यह है कि जिस प्रकार यज्ञोपवीतधारी मूर्तिपूजक अनेक ख़ुदाओं की आराधना करता है उसी प्रकार मिथ्याचारी मुस्लिम क़ौम का ग़द्दार बाहर से तो एक ईश्वर में विश्वास करने और दीन के ग़म में दु:खी होने का स्वांग भरता है किन्तु अपनी ग़द्दारी और स्वार्थपरायणता के कारण मिथ्या प्रभुओं के प्रति वास्तविक रूप से निष्ठावान और वफादार होता है।
1220. मूल पाठ में 'मिल्लत' जिसका अर्थ है 'धर्म, पंथ, शरीअत, धार्मिक समुदाय'।
1221. यहाँ 'मिल्लत' शब्द 'राष्ट्र' (Nation) के अर्थ में प्रयुक्त हुआ है।
1222. 'प्राची और प्रतीची के जगत् से गुज़रने' का अर्थ है 'दिश्य जगत् (World of Directions) से गुज़र कर' अर्थात् 'मरने के पश्चात्' ।

एक चिनगारी तक न फेंकी हम सादिक़ व जा'फ़र पर
फेंकी न मुट्ठीभर राख तक हमारे सिरों पर।
कहा उसने,[1223] "नरक को खर-पतवार है बेहतर
मेरी आग इन दो काफ़िरों से पवित्र ही है बेहतर"।[1224]

उस पार से होकर नौ आसमानों के
अचानक मृत्यु[1225] के समक्ष हम[1226] पहुँचे।
वह[1227] बोली, "मेरे रहस्यों में से एक रहस्य है आत्मा
मेरा काम है आत्मा की रक्षा और नाश शरीर का।
यद्यपि होती नहीं दो कौड़ी भी क़ीमत निकृष्ट आत्मा की
दूर हो जाओ मुझसे[1228] नाश चाहने वालो आत्मा का अपनी।
निष्पादित नहीं हो सकता है यह कार्य-मृत्यु से
पाती नहीं है विश्वासघाती की आत्मा चैन मृत्यु में।"
ऐ तीव्र पवन! ऐ रुधिर के सागर!
ऐ धरती! ऐ नीले अम्बर!
ऐ तारो! ऐ चन्द्रमा! ऐ सूर्य!
ऐ कलम! ऐ परिरक्षित फलक[1229]! ऐ किताब!
ऐ श्वेत मूर्तियो! ऐ प्रतीची के प्रभुओ!

1223. नरक ने।

1224. नरक का आशय यह है कि मीर जा'फ़र और मीर सादिक़ जैसे ग़द्दारों को जलाकर वह अपनी आग को अपवित्र नहीं करना चाहती, अत: बेहतर यही होगा कि ये उससे दूर ही रहें।

1225. मूल पाठ में 'मर्गे नागहाँ' जिसका अर्थ 'अचानक मृत्यु' (Sudden Death) है। 'अचानक मृत्यु' वह मृत्यु जो अचानक आ जाये; जैसे-हार्ट फेल होने (Heart Failure) से या पानी में डूबने से।

1226. जिन्दा रुद (इक़बाल) और सन्त रुमी।

1227. अचानक मृत्यु (Sudden Death)।

1228. मृत्यु से या अचानक मृत्यु से।

1229. मूल पाठ में 'लौहे महफ़ूज़' जिसका अर्थ है 'परिरक्षित फलक' (Preserved Tablet) अर्थात् 'वह फलक (तख़्ती या पट) जिसमें सृष्टि की आदि से अन्त तक की घटनायें उल्लिखित हैं और यह इतनी सुरक्षित हैं कि इसमें कोई परिवर्तन नहीं हो सकता'। 'लौहे महफ़ूज़' या 'परिरक्षित फलक' से आशय 'ईश्वरीय ज्ञान' (Divine Knowledge) है।

ऐ कि तुमने कर लिया है एक जग अधीन बिन युद्ध और आघात।
यह जगत् है बिन आदि और अन्त का[1230]
त्राणदाता[1231] है कहाँ विश्वासघाती व्यक्ति का?"[1232]

अचानक आयी वहाँ एक आवाज़ हौलनाक
कानन व जलधि का वक्ष जिससे हो गया चाक-चाक।[1233]
शरीर-प्रान्त का[1234] संयोजन गया बिखर
गिरिखण्ड पर गिरिखण्ड गिरने लगे अविरत।
बादलों सदृश गति में आ गये पर्वत
बिना तुरही नाद ही[1235] जगत् होने लगा विध्वस्त।
तड़ित और गर्जन भी अपनी आन्तरिक ज्वाला से
ढूँढ़ने लगे ठिकाना अपना सागर में रुधिर के।
कोलाहलपूर्ण लहरें आ गयी थीं उन्माद में
पर्वत व घाटी हो गये निमज्जित रुधिर में।
दृश्य व अदृश्य पर वहाँ जो कुछ घटित हुआ
तारा दल ने देखा उसे और बेपर्वा गुज़र गया।[1236]

1230. मूल पाठ में 'ईं जहाने बेइब्तिया बेइन्तिहा' जिसका अनुवाद है 'इस दुनिया का न तो कोई आदि है और न ही कोई अन्त है' अर्थात् 'यह संसार बहुत विस्तृत है' अथवा 'इस संसार की संभावनाओं की कोई सीमा नहीं है'।

1231. मूल पाठ में 'मौला' जिसका अर्थ है 'त्राणदाता या पनाह देने वाला'।

1232. आशय यह है कि ग़द्दार को ज़मीन और आसमान में कहीं भी पनाह नहीं है।

1233. मूल पाठ में 'सीनए सह्रा व दर्या चाक चाक' जिसका अनुवाद है 'कानन व सागर का वक्ष हो गया विदीर्ण '।

1234. मूल पाठ में 'रब्ते इक़्लीमे बदन अज़ हम गुसेख़्त' जिसका अनुवाद है 'शरीररूपी महाद्वीप का संयोजन टूट गया'। तात्पर्य यह है कि शरीर के जोड़ ढ़ीले पड़ गये।

1235. मूल पाठ में 'बे बांगे सूर' जिसका अनुवाद है 'तुरही नाद के बिना' (Without the sound of trumpet)। आशय यह है कि क़यामत के दिन तो इस्राफील नामक फ़रिश्ता सूर फूँकेगाा या तुरही नाद करेगा तब जगत् का प्रलय होगा किन्तु यहाँ बिना इस्राफील की तुरही नाद के ही प्रलय आ गया।

1236. आशय यह है कि इन ग़द्दारों पर जो कुछ भी घटित हो रहा था उसपर किसी ने दु:ख प्रकट नहीं किया।

आकाशों से परे

जर्मन दार्शनिक नीत्शे का अवस्थान[1237]

सर्वत्र द्वन्द्व है अस्तित्व व अनस्तित्व का
कोई जानता नहीं है भेद नीले अम्बर का।[1238]
मृत्यु लाती है सर्वत्र संदेश जीवन का
धन्य है वह व्यक्ति जो ज्ञाता है मृत्यु का।[1239]
वायु सदृश सर्वत्र जीवन है सस्ता
अनित्य[1240] है पर नित्यता[1241] की रखता है इच्छा।
सैकड़ों छहदिवसीय जगत्[1242] मेरी आँखों ने था देखा
दिखाई दी आख़िर को इस ब्रह्माण्ड की सीमा।
भिन्न थे हर जगत् के चन्द्रमा और कृत्तिका
भिन्न थी जीवन की रुढ़ि और परम्परा।
सरिता सदृश प्रवाहित हर जगत् का काल था
था यहाँ पर मन्द गति तो वहाँ तीव्र गति था।
हमारा साल था इस जगह माह, उस जगह था लमहा
था अधिक इस जगत् का, कम उस जगत् का।

1237. मूल पाठ में 'मक़ाम' जो तसव्वुफ की शब्दावली में साधक की आध्यात्मिक प्रगति का द्योतक है। अत: यहाँ 'मक़ाम' का अर्थ 'अवस्थान' (Station) है।

1238. मूल पाठ में 'कस न दानद सिर्रे ईं चर्ख़े कबूद' जिसका अनुवाद है 'कोई इस नीले आसमान का रहस्य नहीं जानता है'।

1239. मूल पाठ में 'ऐ ख़ुश आँ मर्दे कि दानद मर्ग चीस्त' जिसका अनुवाद है 'धन्य है व्यक्ति जो जानता है कि मृत्यु क्या है'।

1240. मूल पाठ में 'बे सबात' जिसका अर्थ है 'अस्थायी या अस्थिर या जो पायेदार या टिकाऊ न हो' अर्थात् 'क्षणभंगुर' (Ephemeral)।

1241. मूल पाठ में 'सबात' जिसका अर्थ है 'चिरस्थायित्व' (Non-lasting)।

1242. मूल पाठ में 'शश रोज़:' जिसका अर्थ है 'षट दिवसीय या षष् दिवसीय या छह दिवसीय' अर्थात् 'छह दिनों में बना हुआ'। यहाँ क़ुरआन की उस आयत (Verse) की ओर संकेत है जिसमें कहा गया है कि यह संसार छह दिनों में (फी सि त्तति अय्यामि) पैदा किया गया।

हमारी बुद्धि है इस जगत् में अनेक कलाओं में उत्कृष्ट[1243]
अन्य जगत् में है वही तिरस्कृत और निकृष्ट।

सीमान्त पर गुण और परिमाण[1244] के इस संसार के
रहता था एक व्यक्ति साथ दर्द भरी आवाज़ के।
श्येनों से भी तीक्ष्णतर दृष्टि थी उसकी[1245]
अन्तःकरण की अग्नि का उसका मुख था साक्षी।
प्रति पल बढ़ रहा था परिताप उसके अन्तर का
उसके होठों पर एक शे'र था जिसे वह सैकड़ों बार पढ़ता था।
"न जिब्रील, न जन्नत, न हूर, न ख़ुदा कोई
मुट्ठीभर धूल ही जलती है उत्कण्ठा से प्राण की।"[1246]

"यह दीवाना कौन है?", पूछा रूमी से मैंने
"यह मनस्वी है जर्मन का",[1247] कहा उन्होंने।
"इन दो जगतों के बीच जगह है उसकी[1248]
वही पुराना गीत है बाँसुरी में उसकी।
बिन सूली व फंदे के फिर इस हल्लाज ने
वही पुरानी बात[1249] कही है एक नये अंदाज़ में।

1243. मूल पाठ में 'अक़्ले मा अन्दर जहाने ज़ूफ़ुनून' जिसका अनुवाद है, 'हमारी बुद्धि (अक्ल) एक जगत् में अनेक कलाओं (Arts) और हुनर (Skills) में निपुण अर्थात् सर्वकला सम्पन्न है'। इसका यह भी आशय हो सकता है कि 'हमारी बुद्धि हमारे जगत् में अनेक दलीलों(प्रमाणों) का निगमन (Deduction) करनेवाली तथा अनेक लुभावनी युक्तियों से लैस है'।

1244. मूल पाठ में 'चूनो चंद'। 'चून' का अर्थ है 'जब, तुल्य, समान, या सदृश' अर्थात् 'गुण' (Quality)। 'चन्द' का अर्थ है 'कितना, कतिपय, थोड़ा' अर्थात् 'परिमाण या माया' (Quantity)। अतः 'गुण और परिमाण के जगत्' का अर्थ है 'भौतिक जगत्' जो वास्तव में 'गुण और परिमाण का जगत्' है।

1245. नीत्शे की। इस शे'र से नीत्शे का चित्रण और उसकी मीमांसा शुरू होती है।

1246. आशय यह है कि आकांक्षा करना, इच्छा करना या उत्कण्ठा रखना केवल मनुष्य का कार्य है। मनुष्य की उत्कण्ठा या इच्छा के परिताप में न जिब्रील, न हूर, न ईश्वर भागीदार होता है।

1247. जर्मन दार्शनिक नीत्शे (Nietzsche)।

1248. नीत्शे (Nietzsche) दार्शनिक (Philosopher) था, किन्तु उसपर दीवानगी यानी उन्मत्तता जिसे इक़बाल ने मज्ज़ूबियत ('तल्लीनता, तन्मयता' यानी 'मज्ज़ूब का भाव' अर्थात् 'ऐसी मनोदशा कि आदमी या दरवेश देखने से बावला या उन्मत्त या पागल लगे, किन्तु वास्तव में ब्रह्मलीन हो या यथार्थ के चिन्तन-मनन में निमग्न हो') कहा है, का प्रभाव था। अतः नीत्शे उन्मत्तता (मज्ज़ूबियत) और दार्शनिकता के मध्य जीवन व्यतीत कर रहा था।

1249. 'वही पुरानी बातें ' अर्थात् 'अनल् हक़' (मैं सत्य हूँ) जिसे इक़बाल ने 'I am the creative truth' (मैं सर्जनात्मक सत्य हूँ) के रूप में वर्णित किया है। इक़बाल के विचार में 'अनल् हक़' का यह भी अर्थ है कि 'अना' अर्थात् अहं (Ego) या 'आत्मन्' (Self) सत्य है।

उसके शब्द हैं बेबाक, उदात्त हैं विचार उसके
प्रतीची है आहत उसकी वाणी के खड्ग से।
उसके साथी[1250] न समझ सके उसके भाववेश को
विक्षिप्त[1251] समझ बैठे वे इस ब्रह्मलीन[1252] व्यक्ति को।
प्रेम और मदमत्ता[1253] से वंचित बुद्धिमानों ने
नब्ज़ को उसकी दे दिया हकीमों के[1254] हाथों में।
हकीमों के पास क्या है सिवा धोखा-फ़रेब के
अफ़सोस इस उन्मत्त[1255] पर जो पैदा हुआ यूरोप में।
किताबी नुस्ख़ों पर भरोसा किया[1256] इब्न सीना ने[1257]
निकाला ख़ून रगों से[1258] या नींद की[1259] गोली दी उसे।[1260]

1250. मूल पाठ में 'हम नशीं ' का अर्थ है 'साथ बैठने वाले' जिसका आशय है 'उसके साथी या उसके यूरोपीय समकालीन'।

1251. मूल पाठ में 'मज्नूँ ' अर्थात् 'विक्षिप्त या पागल' (Mad)।

1252. मूल पाठ में 'मज्ज़ूब'। 'मज्ज़ूब' वह दरवेश होता है जो देखने वालों की दृष्टि में 'विक्षिप्त या पागल' हो, किन्तु वास्तव में वह 'ब्रह्मलीन' (God-Intoxicated) होता है। अत: मज्ज़ूब (तल्लीन या ब्रह्मलीन) और दीवाना में यही अन्तर होता है। इक़बाल का आशय यह है कि यद्यपि वास्तविकता में नीत्शे ब्रह्मलीन (God-Intoxicated) अर्थात् मज्ज़ूब था किन्तु उसके समकालीन यूरोप वाले उसे विक्षिप्त या दीवाना (पागल) समझ बैठे जिसके कारण वे उसके विचार-गाम्भीर्य का अनुमान न लगा सके।

1253. मूल पाठ में 'इश्क़ो मस्ती' अर्थात् 'प्रेम और मदमत्ता'।

1254. आशय यह है कि नीत्शे की बीमारी आध्यात्मिक थी, अत: उसे किसी आध्यात्मिक गुरु की आवश्यकता थी, किन्तु उसके साथियों ने उसे डॉक्टर (Physician) के हवाले कर दिया।

1255. मूल पाठ में 'मज्ज़ूब' यानी 'ईश्वर-निमग्न या ब्रह्मलीन'।

1256. मूल पाठ में 'बर बियाज़े दिल नहद' जिसका अर्थ है 'नुस्ख़ों की किताब (पाठ्य पुस्तकों यानी Text Books) पर भरोसा किया' यानी 'परम्परागत नुस्ख़ों से इलाज किया'।

1257. इब्न सीना (Avicenna) जिसका पूरा नाम अबू अली अल हुसैन इब्न अब्दुल्लाह इब्न सीना था। यह एक प्रसिद्ध हकीम और दार्शनिक था। यह 370 हिजरी में तुर्किस्तान के प्रसिद्ध शहर बुख़ारा में पैदा हुआ था। इसकी पुस्तकों में 'इशारात', 'नजात', 'क़ानून', और 'अलशफा', जो 18 जिल्दों में है, बहुत प्रसिद्ध है। यहाँ 'इब्न सीना' से आशय यूरोप के डॉक्टरों, हकीमों या वैद्यों से है।

1258. मूल पाठ में 'रग ज़नद' जिसका अर्थ 'रग खोलना या फ़स्द खोलना' जिसका अर्थ होता है 'रगों से रक्त निकालना या रक्त मोक्षण या रगों के नश्तर द्वारा दूषित रक्त निकालना'।

1259. मूल पाठ में 'ख्वाब आवर' जिसका अर्थ है 'नींद लाने वाली या निद्राकारक'।

1260. आशय यह है कि नीत्शे की बीमारी का इलाज डॉक्टरी नुस्ख़े या चीर-फाड़ (Surgery) में न था बल्कि उसे किसी आध्यात्मिक गुरु (Spiritual Director) की आवश्यकता थी। किन्तु उसके यूरोपीय समकालीन साथी इस बात को समझ न सके। दूसरा अर्थ यह है कि नीत्शे ने धार्मिक रहनुमाओं से तो छुटकारा पा लिया किन्तु शोपेनहावर और डारविन जैसे नास्तिक विचारकों ने उसे पथभ्रष्ट कर दिया।

यह हल्लाज था एक अजनबी स्वयं अपने शहर में
मुल्ला[1261] से तो जान बच गयी पर हकीमों ने मार डाला उसे।[1262]

राह का जानकार न था कोई यूरोप में
लय[1263] उसकी आगे बढ़ गयी वीणा के तार से।
न दिया राह का पता पथिक को किसी ने[1264]
सैकड़ों विघ्न आ पड़े उसकी अनुभूतियों में।[1265]
था वह एक सिक्का उसे किसी ने नहीं परखा
किसी कार्यसिद्ध[1266] व्यक्ति ने उसे कर्मठ[1267] नहीं किया।
था वह एक प्रेमी[1268] जो गुम हो गया अपनी आह में
था वह एक साधक[1269] जो गुम हो गया अपनी राह में।
उसकी उन्मत्तता[1270] ने हर शीशे[1271] को दिया तोड़

1261. मूल पाठ में 'मुल्ला' जिसका अर्थ है 'पादरी या धार्मिक रहनुमा'।

1262. ईसाई धर्म विरोधी और ईश्वर के अस्तित्व से इनकार करने के कारण जो समकालीन धार्मिक रहनुमा उसके दुश्मन थे उनसे तो नीत्शे ने अपनी जान बचा ली, किन्तु वह यूरोप के हकीमों और डॉक्टरों से न बच सका। उसके समकालीन यूरोपवाले उसे समझ न सके और उसे डॉक्टरों के हवाले कर दिया जो उसकी विक्षिप्तता (Madness) का इलाज करते रहे यद्यपि उसको एक आध्यात्मिक गुरु की आवश्यकता थी क्योंकि वह विक्षिप्त नहीं बल्कि एक एक 'ईश्वरोन्मत्त व्यक्ति' (God Intoxicated Man) था।

1263. मूल पाठ में 'नग़्म:' जिसका अर्थ है 'मधुर स्वर, राग, लय या गीत'। यहाँ 'लय' (नग़्मा) से आशय नीत्शे के विचार हैं जो अपने समय से बहुत आगे थे।

1264. चूँकि नीत्शे के समकालीन यूरोप में कोई ब्रह्मज्ञानी (आरिफ) नहीं था जो उसे ईश्वर के प्रति सीधा रास्ता दिखाता। दूसरे शब्दों में, चूँकि नीत्शे को कोई मुर्शिद (मार्गदर्शक) या मर्दे कामिल (सिद्ध पुरुष) न मिल सका; अत: वह अपनी मंज़िल के रास्ते से भटक गया।

1265. मूल पाठ में 'वारिदाते ऊ' अर्थात् 'उसकी (नीत्शे की) अनुभूतियों में'। 'वारिदात' 'वारिद' का बहुवचन है। 'वारिद' का अर्थ है 'आने वाला'। अत: 'वारिदात' का अर्थ है 'आत्मा और हृदय (जानो दिल) पर घटित होनेवाली घटनायें या दशायें' अर्थात् 'मनोस्थितियाँ या अनुभूतियाँ'।

1266. मूल पाठ में 'कारदाने' जिसका अर्थ है 'अनुभवी, किसी कार्य को अच्छी तरह जानने वाला, कार्यसिद्ध या कार्यदक्ष'।

1267. मूल पाठ में 'मर्देकार' जिसका अर्थ है 'काम का आदमी या कर्मनिष्ठ या कर्मठ'।

1268. मूल पाठ में 'आशिके' अर्थात् 'एक आशिक़ या प्रेमी'। यहाँ 'आशिक़ या प्रेमी' से आशय ऐसा व्यक्ति जो ईश्वर-दर्शन या ईश्वर के दीदार का आकांक्षी था।

1269. मूल पाठ में 'सालिके' अर्थात् 'एक साधक' जो किसी मार्गदर्शक (Spiritual Director) के अभाव में गुमराह हो गया।

1270. मूल पाठ में 'मस्ती-ए-ऊ' अर्थात् 'उसके मतवालापन ने या उसकी उन्मत्तता (Intoxication) ने'।

1271. मूल पाठ में 'हर ज़ुजाजे' यानी 'हर शीशा'। यहाँ 'हर शीशे' का आशय 'हर नैतिक और धार्मिक मूल्य' (Moral And Religious Values) है।

ईश्वर से कट गया और नाता स्वयं से लिया तोड़।[1272]
चाहा था कि वह देख ले बाहरी आँखों से
प्रकोपपात्रता[1273] के सम्बन्ध को प्रेमपात्रता[1274] से।[1275]
चाहता था कि वह बाहर आये नीर-मिट्‌टी से
कोंपल कि जिसे चाहिए फूटे दिल की खेती से।[1276]
सर्वशक्तिमत्ता[1277] का है अवस्थान[1278] वह जिसकी तलाश थी उसे
यह अवस्थान है परे ज्ञान और विवेक से।[1279]
जीवन है व्याख्या संकेतों की ख़ुदी[1280] के
'ला' व 'इल्ला'[1281] हैं अवस्थान ख़ुदी के।

1272. चूँकि नीत्शे ने ईश्वर का इनकार कर दिया इसीलिए वह स्वयं अपनी हक़ीकत (अपने यथार्थ) से यानी अपनी ख़ुदी से आगाह न हो सका।

1273. मूल पाठ में 'क़ाहिरी' जिसका अर्थ 'प्रकोपपात्रता' है। यहाँ 'प्रकोपपात्रता'(क़ाहिरी) का तात्पर्य 'जलाल' (शक्ति) है।

1274. मूल पाठ में 'दिलबरी' जिसका अर्थ है 'प्रेमपात्रता'। यहाँ 'प्रेमपात्रता' (दिलबरी) का आशय 'जमाल' (सौन्दर्य) है।

1275. इस शे'र का यह आशय है कि नीत्शे अपनी भौतिक आँखों से मनुष्य में जमाल(सौन्दर्य) और जलाल (शक्ति) के ईश्वरीय गुण देखना चाहता था। दूसरे शब्दों में, वह पूर्ण पुरुष या मर्दे कामिल (Super Man) का आकांक्षी था। उसकी यह चाहत और आकांक्षा बिल्कुल उचित थी। इसीलिए इक़बाल ने कहा है कि उसका हृदय (क़ल्ब) मोमिन अर्थात् आस्थावान (Believer) था, किन्तु उसका दिमाग़ काफ़िर यानी ईश्वर की सत्ता का इनकारी था।

1276. नीत्शे चाहता था कि अतिमानव (Super Man) मनुष्य के भौतिक शरीर से व्युत्पन्न हो, किन्तु अतिमानव का पौधा नीर-मिट्‌टी से नहीं बल्कि दिल की खेती से उत्पन्न होता है अर्थात् इन्साने-कामिल या पूर्ण पुरुष (Perfect Man) का व्युत्पत्ति-स्थल हृदय (क़ल्ब) अर्थात् आध्यात्मिकता (Spirituality) है न कि नीर-मिट्‌टी अर्थात् भौतिकता।

1277. मूल पाठ में 'किब्रिया' जिसका अर्थ है 'परमात्मा या ईश्वर या सर्वशक्तिमता'।

1278. मूल पाउ में 'मक़ाम' यानी 'अवस्थान'।

1279. मूल पाठ में 'अक़्लो हिक्मत' जिसका अर्थ है 'बुद्धि और विवेक' या 'ज्ञान और विवेक'।

1280. आत्मन् (Self) या अहं (Ego)।

1281. 'ला व इल्ला' शब्द इस्लामी धर्म सूत्र (कलिम:) के अंश हैं जो इस प्रकार हैं: 'ला इलाह इल्लल्लाह' (इल्ला + अल्लाह = इल्लल्लाह) जिसका अर्थ है 'कोई ईश्वर नहीं है सिवाय अल्लाह के'। अत: 'ला' शब्द का आशय 'ईश्वर से इतर (Other than God) का इनकार' है। 'इल्ला' का आशय 'ईश्वर के एक होने (ईश्वर के एकत्व-Unity of God) का इक़रार या स्वीकरण' है। अत: 'ला' और 'इल्ला' ख़ुदी (आत्मन्) के विकास की अवस्थायें हैं और 'ला' ख़ुदी के विकास की प्रथम अवस्था या प्रथम चरण (First Stage) तथा 'इल्ला' उसके विकास की दूसरी अवस्था (Stage) है। जैसा कि आगे के शे'र में आयेगा नीत्शे ने तो प्रथम अवस्थान या अवस्था (Station) तो प्राप्त की क्योंकि वह 'इनकार' के ही अवस्थान (मक़ाम) में उलझा रहा और ईश्वर की सत्ता के स्वीकरण (इक़रार) के अवस्थान तक पहुँच ही न सका।

'ला' में उलझा रहा, 'इल्ला' तक न वह पहुँचा
अब्दुहू[1282] के अवस्थान[1283] से अपरिचित वह रहा।
पार्श्व में थी उसके दिव्य-ज्योति[1284] पर वह अनजान था उससे
दूरतर होता है जैसे फल मूल से वृक्ष के।
सिवाय आदम के दीदार के उसकी आँखों ने न कुछ चाहा,
निर्भयता से उसने नारा लगाया "आदम है कहाँ?"
अन्यथा वह धरतीवासियों से गया था उकता
मूसा सदृश आकांक्षी था वह प्रभु के दीदार का।
काश शैख़ अहमद[1285] के वह समय में होता
ताकि अनश्वर आह्लाद प्राप्त वह करता।
स्वयं से वार्तालाप में बुद्धि है उसकी
"तू अपनी राह चल कि उत्कृष्ट राह है अपनी"।
आगे क़दम बढ़ा कि अब वह स्थान है आ गया
"बात हो जाती है जिसमें शब्द के बिना"।

1282. 'अब्दुहू' का अर्थ है 'उसका(ईश्वर का) दास' या 'उसका सेवक'।

1283. मूल पाठ में 'मक़ामे अब्दुहू' जिसका अर्थ है 'अब्दुहू (उसका दास होने) का अवस्थान' (Station of Servitude)।

1284. मूल पाठ में 'तजल्ली' जिसका अर्थ है 'ईश्वरीय आभा या दिव्य-ज्योति'।

1285. शैख़ अहमद सरहिन्दी 'मुजद्दिद अल्फ़ सानी' 1564 ई. में सरहिन्द में पैदा हुये थे। उनके पिता का नाम शैख़ अब्दुल अहद था जो अपने समय के प्रसिद्ध सूफ़ी थे। शैख़ अहमद ने आरंभिक शिक्षा शाह कमाल कैथली से प्राप्त की और क़ादरी सिलसिले में उनसे दीक्षा ली। तत्पश्चात् अपने पिता के आदेश से वह दिल्ली आ गये और हज़रत बाक़ी बिल्लाह से नक्शबन्दी सिलसिले में दीक्षा ली और सुलूक (साधना) की मंज़िलें तय की। इस्लाम को भ्रष्ट और उसे मिटाने के लिए अकबर द्वारा खड़ा किये गये उपद्रव 'दीने इलाही' के उन्मूलन में इनका महत्वपूर्ण योगदान था। इसके अतिरिक्त इन्होंने अपने काल में तसव्वुफ में प्रचलित ग़ैर इस्लामी तत्वों एवं कुरीतियों का भी उन्मूलन किया तथा इस्लामी तसव्वुफ में प्रचलित कुरीतियों का भी उन्मूलन किया तथा इस्लामी तसव्वुफ को उन विचारों तथा विश्वासों से पवित्र किया जो सूफ़ियों की अज्ञानता के कारण ख़ानक़ाहों में फैले हुये थे। इन्होंने इस बात को स्पष्ट किया कि तरीक़त (तसव्वुफ) और शरीअत में कोई विरोध नहीं, बल्कि शरीअत ही तसव्वुफ की आधारशिला है। 1624 ई. में सरहिन्द में इनकी मृत्यु हुयी। इनका मज़ार सरहिन्द में है।
प्रश्न है कि इक़बाल ने नीत्से के मार्गदर्शन के लिए हज़रत शैख़ अहमद मुजद्दिद अल्फ सानी को ही क्यों चुना? इक़बाल ने नीत्शे के मार्गदर्शन के लिए हज़रत मुजद्दिद को इसलिए चुना क्योंकि इक़बाल के विचार में नीत्शे विक्षिप्त (दीवाना या पागल) न था बल्कि वह मज्ज़ूब (ईश्वरोन्मत्त-God Intoxicated) था। हज़रत मुजद्दिद अल्फसानी ने अपनी आध्यात्मिक शक्ति (जिसे तसव्वुफ की भाषा में 'तसर्रुफ़' कहते हैं) से काम लेकर मज्ज़ूबियत या जज़्ब (ईश्वरोन्मत्तता) का रुख़ सुलूक (इस्लामी साधना) के प्रति मोड़ दिया और आध्यात्मिक दृष्टि

शेष अगले पृष्ठ पर

स्वर्ग की ओर प्रस्थान

पार कर ब्रह्माण्ड की सीमा
निरामय जगत्[1286] में मैंने क़दम रखा।
दायें व बायें से रहित है यह जगत्
रात व दिन से विहीन है यह जगत्।
सम्मुख उसके दिया बुझ गया मेरे अवबोध का
अर्थ की भीति से शब्द मेरा मर गया।
बनी नीर-मिट्टी से वाणी जो यह, करे बात आत्मा की कैसे कहो[1287]
किसी बंद पिंजरे में कैसे उड़े कि उड़ना बहुत यूँ कठिन है अहो।[1288]

ज़रा दृष्टिपात कर हृदय के जगत् पर
ताकि ख़ुदी की ज्योति से ज्योतित हो तेरी नज़र।
क्या है हृदय? एक रंग-गंध-विहीन जगत्
रंग-गंध-विहीन जगत् है चतुर्दिशा विहीन जगत्।

से हज़रत शैख़ अहमद सरहिन्दी का यह सर्वाधिक महत्वपूर्ण योगदान था। यहाँ उल्लेख कर देना उचित होगा कि ईश्वर का नैकट्य (वुसुल इलल् हक़) के दो तरीक़े हैं : (1) जज्ब़, और (2) सुलूक। जज्ब़ या मज्ज़ूबियत (ईश्वरोन्मत्तता) की दशा में यह होता है कि साधक के हृदय में ईश्वर-प्रेम का आवेग इस प्रचण्डता से जागृत होता है कि यदि मुर्शिद (आध्यात्मिक गुरु) उसका निषेध न करे तो यह मनोदशा आजीवन बनी रहती है तथा साधक अपना मानसिक संतुलन खो देता है। सुलूक पद्धति के अन्तर्गत साधक उत्तरोत्तर आध्यात्मिक अवस्थान (Spiritual Stations) तय करता है जिसके फलस्वरूप वह आत्मसंतुलन या चैतनिक संतुलन बनाये रखता है। यही कारण है कि नीत्शे की ईश्वरोन्मत्तता के इलाज के लिए हज़रत शैख़ अहमद सरहिन्दी मुजद्दिद अल्फसानी को चुना। इस प्रकार इक़बाल ने दार्शनिक और ब्रह्मज्ञानी (आरिफ़) के मध्य अन्तर को भी रेखांकित किया है। इक़बाल के विचार में दार्शनिक विद्वता की पराकाष्ठा पर पहुँच जाने के बावजूद भी ब्रह्मज्ञानी का समकक्ष नहीं हो सकता क्योंकि दार्शनिक जिस यथार्थ को 'जानता' है ब्रह्मज्ञानी उसको 'देखता' है और यह बात उस प्रसिद्ध हदीस के अनुकूल है जिसमें कहा गया है 'लैस अल् ख़बरु कल् मुआइनः' 'सुनी हुई चीज़ देखी हुयी चीज़ के बराबर नहीं होती'।

1286. मूल पाठ में 'जहाने बेजिहात' अर्थात् 'दिशाओं से रहित या अदिशिक'।

1287. मूल पाठ में 'बा ज़बाने आबोगिल गुफ्तारे जाँ' जिसका अर्थ है 'नीर-मिट्टी की वाणी से आत्मा की बात'।

1288. मूल पाठ में 'दर कफस परवाज़ मी आयद गराँ' जिसका अर्थ है 'पिंजरे में उड़ना भारी होता है यानी पिंजरे में उड़ना मुश्किल होता है'। अत: शे'र का शाब्दिक अनुवाद यूँ होगा :

'वाणी से नीर मिट्टी की आत्मा की बात करना
मुश्किल बहुत होता है पिंजरे में उड़ना।'

निस्तब्ध[1289] है पर हर पल गतिमान रहता है हृदय
मनोदशाओं व विचारों का जगत् होता है हृदय।
एक तथ्य से दूसरे तथ्य की ओर बुद्धि होती है अग्रसर[1290]
होता है उसका[1291] भ्रमण बिन मार्ग, गति-स्थानांतरण।[1292]
आते हैं सैकड़ों विचार उसमें,[1293] हर एक-दूसरे से जुदा
गगन से परिचित[1294] कोई, तो किसी की नहीं पहुँच वहाँ।
कहता नहीं कोई कि गगन-परिचित विचार यह
दायें है उस विचार के गगन तक नहीं जिसकी पहुँच।
या कि आता है जो आह्लाद दर्शन से प्रियतम के
आधे क़दम पर है प्रियतम की गली की चाहत से।
जागृत हो तेरी आँख या कि निद्रा में
रहता है देखता हृदय बिन सूर्य-किरणों के।
समझ तू उस लोक को[1295] हृदय-लोक की मिसाल से
मैं उसके विषय में क्या कहूँ जो आता नहीं क़ियास[1296] में।

एक भिन्न लोक था उस लोक के अन्दर
आधार था जिसका एक भिन्न समादेश[1297] पर।[1298]

1289. मूल पाठ में 'साकिन' जिसका अर्थ है 'ठहरा हुआ (At rest), स्थिर'।
1290. आशय यह है कि पहले बुद्धिप्रस्थापना (Premise या Proposition) करती है तत्पश्चात् उससे निष्कर्ष निकालती है अर्थात् बुद्धि एक गंतव्य से दूसरे गंतव्य की ओर प्रस्थान करती है।
1291. मूल पाठ में 'सैरे ऊ' अर्थात् 'उसकी यानी हृदय की सैर या हृदय का पर्यटन'। यहाँ 'हृदय' से आशय 'आत्मा' है।
1292. बुद्धि के विपरीत हृदय को भौतिक साधनों की आवश्यकता नहीं, न वह गति का मुखापेक्षी है न पाथेय का और न स्थानान्तरण (नक़्ले मकानी) का। दूसरे शब्दों में, हृदय दिक् और काल की क़ैद से स्वतन्त्र होता है।
1293. हृदय में।
1294. मूल पाठ में 'गर्दूं आश्ना' अर्थात् 'गगन या आकाश से परिचित'।
1295. स्वर्ग-लोक को।
1296. साम्यानुमान (Analogy)।
1297. मूल पाठ में 'कुन फ़कान' जिसका अर्थ है 'हो जा और हो गयी'। यहाँ क़ुरआन (2:117 और 3:47) की आयतों के प्रति संकेत है जिसमें कहा गया है कि यदि ईश्वर किसी चीज़ को पूरा करना चाहता है तो उसको कह देता है कि 'हो जा' बस वह चीज़ 'हो जाती है'। अत: यहाँ 'समादेश' (कुन फ़कान) से आशय 'ईश्वरीय समादेश' (Divine Fiat) है।
1298. आशय यह है कि इस लोक या जगत् अर्थात् स्वर्गलोक की सृष्टि रंग व गंध के जगत् से भिन्न प्रकार से हुयी है।

अनश्वर है और हर पल उसकी[1299] क़िस्म होती है भिन्न
कल्पना में नहीं आता पर आता है नज़र।
हर पल उसकी होती है एक भिन्न पूर्णता[1300]
हर पल उसकी होती है एक भिन्न सुन्दरता।[1301]
निस्पृह[1302] है उसका काल चाँद सूरज से
समा जाते हैं नौ गगन[1303] विस्तार में उसके।
जो कुछ परोक्ष[1304] में है आ जाता है सामने
इससे पूर्व कि हृदय उसकी इच्छा करे।[1305]
मैं अपनी ज़बान से क्या कहूँ कि क्या है वह जगत्
प्रकाश है, प्रत्यक्ष[1306] है, जीवन है यह जगत्।[1307]
रक्त, श्वेत और नील वर्ण की कलियाँ
खिलती हैं फ़रिश्तों की साँस से वहाँ।
जल रजत-धवल, समीर अंबर-सुवास-युक्त[1308]
प्रासाद हैं वहाँ मरकत के गुंबदों के।
तंबू हैं माणिक्यवर्ण सुनहरी हैं जिनकी रस्सियाँ
हैं उनमें दर्पण सदृश दीप्तिमान मुखमण्डला-स्वर्गांगना।[1309]
रूमी ने कहा, "ऐ साम्यानुमान[1310] के बन्दी
आगे बढ़ विश्वसनीयता से इन्द्रियों की।

1299. स्वर्ग लोक की।
1300. मूल पाठ में 'कमाले दीगरे' जिसका अर्थ है 'एक भिन्न पूर्णता' (Perfection)।
1301. मूल पाठ में 'जमाले दीगरे' जिसका अर्थ है 'एक भिन्न या अन्य सुन्दरता'।
1302. मूल पाठ में 'बेनियाज़' जिसका अर्थ है 'निस्पृह या निरपेक्ष'। आशय यह है कि स्वर्ग लोक का काल सूर्य और चन्द्रमा की गति पर आधारित नहीं होता।
1303. मूल पाठ में 'नुह सिपिह' अर्थात् 'नौ गगन'। 'नौ गगन' का तात्पर्य 'सकल ब्रह्माण्ड' है।
1304. मूल पाठ में 'ग़ैब' जिसका अर्थ है 'परोक्ष, अदृश्य' (Unseen)।
1305. आशय है कि स्वर्ग लोक में मात्र इच्छा करने से इच्छित वस्तु स्वयमेव विद्यमान हो जाती है।
1306. मूल पाठ में 'हुज़ूर' जिसका अर्थ है 'प्रत्यक्ष या अपरोक्ष'। 'हुज़ूर' ग़ैब का विलोम है।
1307. स्वर्ग-जगत्।
1308. मूल पाठ में 'हवाहा अंबरी' जिसका अर्थ है 'हवायें अंबर (मछली के मुख से द्रवित एक बहुमूल्य सुगंधित पदार्थ जो दवाओं में काम आता है) की सुगंध से युक्त थीं'।
1309. मूल पाठ में 'शाहिदाँ बा तल्अते आईना ताब' जिसका अर्थ है 'दर्पण की तरह चमकते हुये चेहरे वाली (बा तल्अते आईनाताब) स्वर्गांगनायें या हूरें'।
1310. मूल पाठ में 'क़ियास' जिसका अर्थ है 'कल्पना, अनुमान, अन्दाज़ा' अर्थात् 'साम्यानुमान (Analogy)।

दिव्य आभा से निकृष्ट व उत्कृष्ट कर्म-
एक से बनता है नरक और दूसरे से स्वर्ग।
यह जो तू है देख रहा रंग व गंध के महल
आधार है उसका कर्म पर ईंट पत्थर पर नहीं।
कौसर[1311] व गिल्मान[1312] और हूर[1313] कहता है तू जिन्हें
प्रतिच्छाया[1314] हैं ये उन्माद व आह्लाद[1315] लोक की।
दिव्य-दर्शन[1316] मात्र है जीवन यहाँ और कुछ नहीं
दीदार व वार्तालाप की मात्र इच्छा है और कुछ नहीं।"

शरफ़ुन्निसा[1180] का महल

मैंने पूछा, "शुद्ध पद्मराग से निर्मित यह प्रासाद
सूर्य से भी जो कि वसूल लेता है लगान।

1311. स्वर्ग में एक जलकुण्ड।
1312. बाल भृत्य (Page)।
1313. स्वर्गांगना या अप्सरा (Houri)।
1314. मूल पाठ में 'जल्व:'।
1315. मूल पाठ में 'जज्बो सुरूर' जिसका अर्थ है 'ईश्वरोन्मत्तता एवं आनन्द' (Ecstasy and Joy)।
1316. मूल पाठ में 'दीदार' जिसका अर्थ है 'दर्शन'। यहाँ 'दीदार' या 'दर्शन' का अभिप्राय 'ज़ाते हक' (ईश्वर) के जमाल (सौन्दर्य) का दीदार है। दूसरे शब्दों में, स्वर्ग लोक का जीवन मात्र भगवद्दर्शन (Beautific Vision) है।
1317. पूरा नाम शरफुन्निसा बेगम। वह पंजाब के सूबेदार अब्दुल समद खाँ की पुत्री थीं। नवाब अब्दुल समद खाँ मुगल सम्राट औरंगज़ेब के मंसबदार थे जिन्हें 1713 में मुगल बादशाह फर्रुखसियर ने पंजाब का गवर्नर नियुक्त किया था। शरफुन्निसा को क़ुरआन से बहुत लगाव था और वह लाहौर में अपने महल में एक ऊँचे से चबूतरे पर बैठकर क़ुरआन की तिलावत में व्यस्त रहती थी तथा तिलावत के समय अपने पास एक तलवार भी रखती थी। अपनी मृत्यु के समय उसने अपनी माँ से यह वसीयत की कि उसके मरणोपरान्त उसकी क़ब्र उसी चबूतरे पर बनायी जाये जिसपर बैठकर वह तिलावत करती थी तथा उसका क़ुरआन शरीफ और तलवार उसकी क़ब्र के सिरहाने पर रख दिया जाय। शरफुन्निसा की वसीयत को पूरा किया गया। चबूतरे पर क़ब्र बना दी गयी और उसके इर्द-गिर्द सरो के वृक्ष लगा दिये गये जिसके कारण लाहौर के लोग उसे सरो वाला मकबरा कहते थे। 1840 ई. तक शरफुन्निसा की तलवार और क़ुरआन तावीज़ पर मक़बरे के सिरहाने रखे हुये थे। किन्तु जब सिखों में गृहयुद्ध छिड़ा तो कोई लालची यह सोचकर कि मक़बरे में माल-दौलत रखी है दरवाज़ा तोड़कर मक़बरे के अन्दर घुस आया और क़ुरआन और तलवार उठा ले गया। यह मक़बरा लाहौर में बेगमपुरा में शालीमार बाग़ वाले मुग़लों के क़ब्रिस्तान में अब भी मौजूद है।

यह स्थान, यह आवास, यह भवन उत्तुंग
अप्सरायें पवित्र परिधान में खड़ी हैं जिसके द्वार पर।
ऐ कि तूने साधकों को प्रेरणा दी है तलाश की
बता मुझे कि कौन उसका है स्वामी?"
"शरफुन्निसा का है यह प्रासाद", कहा रूमी ने
करते हैं वृन्दगान फ़रिश्तों के संग पखेरु उसकी छत के।
हमारे सागर ने ऐसा कोई मोती नहीं पैदा किया
किसी माँ ने ऐसी बेटी को जन्म नहीं दिया।
उसकी मज़ार से हुयी आसमान लाहौर की धरती
उसका भेद नहीं जानता संसार में कोई।
उत्कण्ठ, प्रेम और वेदना और व्यथा वह आपादमस्तक थी[1318]
पंजाब के शासक[1319] की वह आँखों की ज्योति[1320] थी।
गौरव थी वह घराने की अब्दुल समद[1321] की
सदा बाक़ी रहेगी छाप उसकी विरक्ति की।
ताकि पवित्र क़ुरआन से जलता रहे अस्तित्व
तिलावत[1322] से क़ुरआन की एक पल न होती थी निवृत्त।
कमर में दुधारी तलवार और हाथ में क़ुरआन
तन बदन होशो हवास अल्लाह-मस्त।
एकान्त, तलवार, क़ुरआन और नमाज़
धन्य है वह जीवन जो प्रार्थना में गुज़र जाय।
आख़िरी साँस पहुँची जब होठों पर उसके
देखा माँ की ओर और देखा उत्कण्ठा से।

1318. मूल पाठ में 'आँ सरापा ज़ौक़ोशोक़ो दर्दोदाग़' जिसका अर्थ है 'वह (शरफुन्निसा) आपादमस्तक (सरापा) उत्कण्ठा व प्रेम (ईश्वर प्रेम) की वेदना व व्यथा से परिपूर्ण थी '।

1319. अब्दुल समद।

1320. मूल पाठ में, 'चश्मोचराग़' अर्थात् 'अपने लिये आँख और घर के लिये दीपक' या 'घर भर की आँखों की ज्योति' अर्थात् 'पुत्री'। 'पुत्र या पुत्री' के लिए 'चश्मोचराग़' शब्द प्रयुक्त होता है।

1321. अब्दुल समद मुगल सम्राट औरंगजेब का मंसबदार था। 1713 में मुग़ल बादशाह फ़र्रुख़सियर ने उसे पंजाब का गवर्नर नियुक्त किया। अब्दुल समद ने बन्दा बैरागी के उपद्रव का दमन किया था जिसने पंजाब में मुसलमानों पर अनेक अत्याचार किया था। 1739 में अब्दुल समद की मृत्यु हुयी।

1322. पाठ करने (Recitation) से, पढ़ने से।

वह बोली, "यदि राज़ से मेरे तू रखती है ख़बर
देख यह तलवार, देख क़ुरआन यह।
रक्षक हैं ये दोनों शक्तियाँ एक दूसरे की
वे केन्द्रबिन्दु हैं जीवन की सृष्टि की।
इस जगत् में जो कि मरता है हर पल
ये दोनों राज़दार थीं तेरी बेटी की।
विदाई की बेला में[1186] मैं कहती हूँ तुझसे
तलवार और क़ुरआन को करना न जुदा मुझसे।
मैं जो कह रही हूँ ये शब्द दिल में रख लेना
अच्छी है मेरी क़ब्र बिन गुम्बद व बिन दिया।
आस्थावानों के लिए क़ुरआन के साथ तलवार है पर्याप्त
मेरी समाधि के लिए यही सामान है पर्याप्त।

मुद्दतों इस सुनहरी गुम्बद के तले
तलवार व क़ुरआन उसकी मज़ार पर रहे रखे।
इस अस्थिर संसार में मज़ार उसका
सत्यनिष्ठों को देता रहा संदेश जीवन का।
यहाँ तक कि मुसलमानों ने अपने साथ किया जो कुछ किया
समय के उलट-फेर ने पलट दी उनकी बिसात।
ईश्वर का भक्त डरने लगा ईश्वरेतर[1324] से
अपना ली लोमशी वृत्ति ईश्वर के सिंह ने।[1325]
उसके हृदय से जाती रही विकलता पारद की
तू जानता है स्वयं जो पंजाब पर गुज़री।[1326]
ख़ालसा तलवार और क़ुरआन ले गया
मुस्लिम राज का पंजाब में अवसान हो गया।

1323. इस संसार से विदाई की बेला में।

1324. मूल पाठ में 'ग़ैरे हक़' अर्थात् 'ईश्वर से इतर यानी ग़ैर अल्लाह' (Other than God)।

1325. आशय यह है कि किसी ज़माने में मुसलमान शेर था किन्तु अठारहवीं शताब्दी से उसने लोमशी प्रवृत्ति अपना ली और ईश्वरेतर (Other than God) से डरने लगा।

1326. सिखों ने पंजाब पर 1801 ई. से लेकर 1840 ई. तक शासन किया। यहाँ सिखों के शासनकाल में पंजाब के मुसलमानों पर होने वाले अत्याचारों के प्रति संकेत है।

सैयद अली हमदानी[1327] और मुल्ला ताहिर ग़नी कश्मीरी[1328] से भेंट

रूमी के शब्दों ने हृदय में आग लगा दी[1329]
आह पंजाब! आह वह गरिमामयी धरती!

1327. सैयद अली हमदानी शाहे हमदान के नाम से विख्यात हैं। उनका जन्म ईरान के नगर हमदान में 1314 ई. में हुआ था। बचपन में ही उन्होंने क़ुरआन शरीफ कंठस्थ कर लिया था। पारम्परिक शिक्षा समाप्त करने के पश्चात् अपने मामा सैयद अलाउद्दीन समनानी से आध्यात्मिक विद्याओं का ज्ञान प्राप्त किया। तत्पश्चात् इस्लामी देशों का पर्यटन किया जिसके दौरान अनेक बुज़ुर्गों से रूहानी लाभ प्राप्त किया। 1372-73 ई. के लगभग सुल्तान शिहाबुद्दीन के शासनकाल में बहुत से दरवेशों को लेकर जिनमें शिल्पकार, कृषक और विभिन्न व्यवसायों के जानकार सम्मिलित थे इस्लाम के प्रचार के लिए कश्मीर आये। सुल्तान ने इनका बहुत आदर-सत्कार किया और प्रचार कार्य में प्रत्येक संभव सहायता की। कतिपय वर्षों के बाद हज के लिए मक्का गये। 1380-81 ई. के लगभग फिर कश्मीर आ गये। 1385-86 ई. के आसपास इन्होंने तुर्किस्तान जाने का इरादा किया, किन्तु रास्ते में मृत्यु हो गयी और ख़तलान में इन्हें दफन किया गया। आज कश्मीर में जितने मुसलमान हैं उनमें से अधिकतर उन मुसलमानों की औलाद हैं जिन्होंने शाह साहब और उनके साथियों के हाथों पर इस्लाम स्वीकार किया था। शाह साहब ने श्रीनगर में एक ख़ानकाह भी स्थापित किया था। उन्होंने कश्मीर के विभिन्न शहरों में अरबी भाषा एवं धार्मिक विज्ञानों की शिक्षा के निमित्त मदरसे स्थापित किये। यह शाह साहब की दूरदर्शिता थी कि उन्होंने अपने साथ ईरान से अनेक प्रकार के कारीगर भी लाये जिसके फलस्वरूप कश्मीर में नक़्क़ाशी, ख़त्ताती (Calliography), पार्चःबाफ़ी (कपड़ा बनाने का काम), शाल बाफ़ी और क़ालीन साज़ी की कलाओं का विकास हुआ जिसके कारण कश्मीर विश्वविख्यात हो गया। शाह साहब की अनेक पुस्तकें उनकी विद्वता एवं प्रतिभा की परिचायक हैं। उन्होंने 'ज़ख़ीरतुल मलूक' में बताया है कि शासकों को किस प्रकार शासन करना चाहिये। उनकी अन्य पुस्तकों के नाम हैं-'मक्तूबात', 'हल नसूस शर्ह फसूसुल हिकम', 'मनाजिल स्सालिकील', 'फ़ज़ाइल हज़रत अली', 'मारिफत सीरत इन्सानी'। 'चहल असरार' उनकी नज़्मों का संकलन है। शाह साहब के प्रयासों से हिन्दुस्तान में सुहरवर्दी सिलसिले की कुब्रावी शाखा की प्रगति हुयी।

1328. मुल्ला ताहिर ग़नी कश्मीरी मुग़ल सम्राट शाहजहाँ के काल का प्रसिद्ध फ़ारसी कवि था। नितान्त विद्वान और सूफी प्रवृत्ति का व्यक्ति था। वह जब घर में होता था तो दरवाज़ा बन्द रखता था, किन्तु जब बाहर जाता था तो दरवाज़ा खुला छोड़ देता था। वह बेदिल की तरह बहुत स्वाभिमानी व्यक्ति था और उम्र भर किसी अमीर या शासक के दरवाज़े पर नहीं गया। मुग़ल बादशाह औरंगजेब ने जब उसकी ख्याति सुनी तो कश्मीर के गवर्नर तौसीफ खाँ के माध्यम से ग़नी कश्मीरी को बुलवाया। ग़नी ने गवर्नर को जवाब दिया कि बादशाह को लिख दो कि ग़नी पागल हो गया है और आप की संगत में बैठने योग्य नहीं है। गवर्नर ने कहा मैं आप जैसे सचेत व्यक्ति के लिये यह कैसे लिख दूँ कि आप पागल हो गये हैं। वैसे भी झूठ नहीं बोल सकता। ग़नी कश्मीरी ने कहा कि अगर यह बात है तो मैं पागल हुआ जाता हूँ। यह कहकर ग़नी कश्मीरी अपने घर गया और उसी समय उस पर दीवानगी छा गयी और तीन-चार दिन के बाद 40 वर्ष की आयु में 1661 ई. में उसकी मृत्यु हो गयी। उसकी क़ब्र श्रीनगर में है।

1329. आशय यह है कि जब रूमी ने पंजाब के मुसलमानों की ग़ैर-इस्लामी जिन्दगी की कहानी सुनाई, जिसका परिणाम ग़ुलामी के रूप में प्रकट हुआ, तो मेरा (ज़िन्दारूद) यानी इक़बाल का हृदय दुःख से विदीर्ण हो गया।

दोस्तों की याद की गर्मी से मैं स्वर्ग में तड़पा[1330]
ख़रीद ली मैंने स्वर्ग में प्राचीन वेदना।
इसी बीच में उस बाग़ में एक आवाज़ दु:ख भरी
कौसर के हौज़ के किनारे से अचानक उठी।
"मुट्ठीभर तिनके चुने ख़ुद को जलाने के लिए
समझा फूल ने यह है नीड़ बनाने के लिए।"[1331] (ग़नी)

रूमी ने कहा, देख जो कुछ आता है सामने नज़र
उस पर न हो दु:खी ऐ पुत्र जो कुछ गया गुज़र।
यह है मनोहर गीतकार मुल्ला ताहिर ग़नी
प्रत्यक्षत: और परोक्षत: नि:स्पृह है उसकी दरवेशी।[1332]
गा रहा है ग़ज़ल वह सदा ईश्वरोन्मत्त
महामहिम सैयद अली हमदानी के समक्ष।
सैयद वंश[1333] के हैं अग्रणी, सरदार अजम[1334] के
निर्मित की राष्ट्रों की नियति जिनके हाथ ने।

1330. पंजाब के उन मुसलमानों की जिन्दगी की कल्पना करके, जिन्होंने आत्मोत्सर्ग के स्थान पर कायरता और दासता का ग़ैर-इस्लामी जीवन व्यतीत करना पसंद किया, मैं (ज़िन्दारूद) स्वर्ग में भी दु:खी हो गया यद्यपि स्वर्ग दु:खी होने की जगह नहीं है।

1331. यह कश्मीरी कवि ताहिर ग़नी का शे'र है जो वह उस समय अलाप रहे थे।

1332. मूल पाठ में 'फ़क्रे ऊ बातिन ग़नी ज़ाहिर ग़नी' जिसका अर्थ है 'उसकी अकिंचनता (फ़क़ीरी या दरवेशी) अन्तर (बातिन-Inwardly) और बाह्यत: (जाहिर) नि:स्पृह (ग़नी) है'।

1333. मूल पाठ में 'सादात'। हज़रत इमाम हुसैन की सन्तान के वंशज 'सादात' कहलाते हैं।

1334. ग़ैर अरब (Non Arab) को अजम कहते हैं। यहाँ अजम का आशय ईरान (Persia) है।

‘अल्लाह हू’[1335] का पाठ जब ग़ज़ाली[1336] ने सीखा
ईश्वर-स्मरण व चिन्तन[1337] का पाठ उनके कुल से सीखा।
स्वर्ग सदृश कश्मीर के धर्मगुरु थे वह
सरदारों, दरवेशों व सुल्तानों के परामर्शदाता थे वह।
इस क्षेत्र को[1338] दान-सागर उस शाह ने[1339]
विज्ञान व शिल्प, संस्कृति व धर्म किया प्रदान।
एक लघु ईरान सृजित किया उस पुरुष ने
माध्यम से अनुपम व रुचिकर शिल्प-कला के।
खोल दीं सैकड़ों गिरहें उसकी एक निगाह ने
उठ और उसके तीर को अपने हृदय में राह दे[1340]।

शाहे हमदान के समक्ष

ज़िन्दारूद

सुराग़ चाहता हूँ आपसे ईश्वर के राज़ का
हमसे चाहा आज्ञापालन और शैतान किया पैदा।
मैं आपसे पूछता हूँ यह जादूगरी है क्या
बुरे साथी के संग जुआ खेलने का मतलब है क्या?

1335. ‘अल्लाह हू’ का अर्थ है ‘वही अल्लाह (ईश्वर) है। ‘अल्लाह हू’ ईश्वर भक्तों, ईश्वरोन्मत्तता का नारा है।
1336. इमाम ग़ज़ाली (1058-1111 ई.)। पूरा नाम अबू हामिद अल ग़ज़ाली। इस्लामी जगत् के अद्भुत विचारक, धर्मशास्त्री और सूफी थे।
1337. मूल पाठ में, ‘ज़िक्रोफिक्र’ जिसका अर्थ है ‘स्मरण या सुमिरन और चिन्तन या मनन (Rememberance of God and Meditation)। यहाँ ‘ईश्वर-स्मरण व चिन्तन’ (ज़िक्रोफिक्र) का आशय तसव्वुफ है।
1338. कश्मीर को।
1339. शाहे हमदान अर्थात् सैयद अली हमदानी ने।
1340. आशय यह है कि उठ और शाहे-हमदान अर्थात् सैयद अली हमदानी के संसर्ग से लाभान्वित हो।

मुट्ठीभर मिट्टी कहाँ और यह गर्दिश करता गगन कहाँ
स्वयं बतायें क्या उचित है वह काम जो उसने किया?
हमारे कर्म, हमारे विचार हैं हमारी यातना
हमारा काम है केवल दाँतों से अपना हाथ काटना।

शाहे हमदान

वह व्यक्ति जो कि ख़ुदी से है पूर्णतया अवगत
हानि से भी लाभ वह कर लेता है सृजित।
मुसीबत है आदम की शैतान का संसर्ग
शैतान के विरुद्ध युद्ध है आदम का सौन्दर्य [1341]।
ख़ुदी से अहरिमन पर करना चाहिये आघात[1342]
तू है एक तलवार, वह पत्थर की एक सान।
अपनी तलवार कर और तेज़[1343] ताकि तेरा प्रहार हो घातक
अन्यथा दोनों लोकों में तू होगा बदक़िस्मत।

ज़िन्दारूद

आकाश तले खा रहा है आदमी को आदमी
खा रहा है एक राष्ट्र दूसरे राष्ट्र को।

1341. मूल पाठ में 'रज़्म बा देव अस्त आदम रा जमाल' जिसका अर्थ है 'शैतान (देव) के विरुद्ध युद्ध (करने से) मनुष्य (आदम) का सौन्दर्य है' अर्थात् 'शैतान का मुक़ाबला करने से मनुष्य की ख़ुदी यानी आत्मन् (Self) या अहं (Ego) का सौन्दर्य निखरता है जिससे वह दृढ़तर एवं परिपक्वतर होता जाता है'। अत: शैतान मनुष्य की ख़ुदी को दृढ़तर एवं परिपक्वतर करने का साधन है। इसीलिए अगले शे'र में मनुष्य को तलवार और शैतान को धार तेज़ करने का पत्थर की सान कहा गया है।

1342. मूल पाठ में 'ख़ेश रा बर अहरिमन बायद ज़दन' जिसका अर्थ है 'ख़ुदी को (ख़ेश रा) अहरिमन पर प्रहार करना चाहिये'। आशय यह है कि ख़ुदी (Self) को सुदृढ़तर करने के लिए सदैव शैतान से संघर्षरत रहना चाहिये।

1343. मूल पाठ में 'तेज़तर शव' जिसका अर्थ है 'तू अधिक तेज़ हो' या 'तू तीक्ष्णतर हो' (Become Sharper)। आशय यह है कि 'तू अपने जीवन की तलवार को अधिक तेज़ (Sharper) या तीक्ष्णतर कर'।

जलती है आत्मा हरमल सदृश[1344] कश्मीर वालों के लिए
हृदय से निकलते हैं आर्तनाद दर्द भरे मेरे।
यह सूक्ष्मदर्शी, प्रतिभाशाली और सुन्दर है क़ौम एक
उसकी दस्तकारी संसार में है मिसाल एक।
छलक रहा है उसका प्याला लहू में उसी के
फ़रियाद है उसी के हालात की मेरी मुरली में।
ख़ुदी के अपने भाग से वह वंचित है अभी तक
अपने ही देश में वह अजनबी है अभी तक।
मज़दूरी है उसके हाथ की हाथों में दूसरों के
उसकी नदी की मछली है काँटों में दूसरों के।
बढ़ रहे हैं क़दम ब क़दम मंज़िल की ओर काफिले
किन्तु काम है उसका निकृष्ट, अव्यस्थित और अपरिपक्व।[1345]
दासता के कारण मृत हो गयी हैं भावनायें उसकी
अंगूर वल्लरी की शिराओं से बुझ गयी है अग्नि उसकी।
यह न समझ यह क़ौम थी हमेशा से इस तरह
रगड़ती रही है माथे को हमेशा से इस तरह।
एक ज़माने में शत्रु-सैन्यदल को यह चीरने वाली[1346] थी
जुझारू थी, जाँबाज़ थी और यह शक्तिशाली थी।

हिम से आच्छादित उसके पर्वतों को देख
चिनारों के उसके अग्निमय हाथों को देख।
वसंत में लाल उगते हैं उसके पत्थरों से
मिट्टी से उसकी उठते हैं तूफान रंगों के।
उसके पर्वतों और उसकी घाटियों में टुकड़े बादलों के
जैसे कमान से धुनिये की उड़ते रुई के गाले।

1344. मूल पाठ में 'चूँ सपंद' जिसका अर्थ है 'सपंद के दाने की तरह'। 'सपंद' को हरमल और ब्राह्मी भी कहते हैं। ब्राह्मी एक प्रसिद्ध बूटी है जो आयुर्वेद के अनुसार बुद्धिवर्धक मानी जाती है। सपंद या हरमल या ब्राह्मी के दानों को जब जलते हुये अंगारे पर रखते हैं तो वे चटखने लगते हैं।

1345. आशय यह है कि अपनी ख़ुदी से अपरिचित होने के कारण कश्मीर के लोग प्रगति की दौड़ में सबसे पीछे हैं।

1346. मूल पाठ में 'सफ शिकन' जिसका अर्थ है 'युद्ध में पंक्तिबद्ध शत्रु सेना को चीर डालने वाली, महारथी'।

पर्वत और सरिता और अस्तगमन सूर्य का
ईश्वर को वहाँ देखा है मैंने बेपर्दा।
आवारा फिरा हूँ समीर के संग मैं निशात में[1347]
'बिश्नव अज़ नै'[1348] गा रहा था मैं निशात में।
शाखों में बैठे एक पक्षी[1349] ने कहा मुझसे
"एक कौड़ी की भी क़ीमत नहीं रखती है यह बहार।
लाला है अंकुरित, श्यामाक्षी नरगिस है उगी
उनके अंचल दिये हैं चीर समीर ने नौरोज़[1350] की।
इस पर्वत और घाटी से सदियों से रही है उगती
चन्द्रमा के प्रकाश से भी पवित्रतर सेवती।[1351]
ग़ुलाब रहा है बाँधता और खोलता पाथेय सदियों से
फिर न जन्मा दूसरा शिहाबुद्दीन[1352] हमारी धरती से।"

1347. कश्मीर के निशात बाग़ में जो श्रीनगर में है।

1348. रूमी की मसनवी के पहले शे'र का अंश जिसका अर्थ है 'बाँसुरी को सुनो'। पूरा शे'र निम्न है :

'बिश्नव अज़ नै चूँ हिकायत मी कुनद
अज़ जुदाईहा शिकायत मी कुनद।'

इसका अर्थ है 'बाँसुरी को सुनो कि वह क्या कहानी सुना रही है और जुदाई से (वियोग के कारण) क्या शिकायत कर रही है'।

1349. यहाँ 'पक्षी' का आशय 'ग़नी कश्मीरी की आत्मा' है।

1350. साल का पहला दिन। ईरानियों में फर्वरदीन मास का पहला दिन जिसमें वह बहुत बड़ा उत्सव मनाते हैं।

1351. मूल पाठ में 'नस्तर' जो 'नस्तरन' का लघु रूप है। 'नस्तर या नस्तरन' का अर्थ है 'सेवती, सेवती का फूल'।

1352. सुल्तान शिहाबुद्दीन कश्मीर का शासक था। वह सुल्तान शम्सुद्दीन का तीसरा पुत्र था। वह नितान्त निर्भीक, बहादुर और दयालु था। वह इतना प्रतापी था कि ग़ज़नी, काबुल और कंदहार के शासक उसके नाम से थर्राते थे। उसके शासन काल में कश्मीर की सल्तनत अपनी पराकाष्ठा पर पहुँच गयी थी जिसके अन्तर्गत कश्मीर के अलावा लद्दाख, गिलगिट, काफिरिस्तान, छोटा तिब्बत, बल्तिस्तान, काश्ग़र, काबुल, पेशावर, सिंध और पंजाब ये सारे क्षेत्र उसके अधीन थे। उसकी प्रिय रानी लक्ष्मीबाई थी जिसके नाम पर उसने लक्ष्मी नगर बसाया था। वह अत्यन्त न्यायप्रिय था। एक बार उसके हिन्दू मन्त्री उदयचारी ने यह सुझाव दिया कि गौतम बुद्ध की धातु की प्रतिमा को गला कर सिक्के ढाले जायें। सुल्तान ने इस सुझाव को अस्वीकार कर दिया कि यह बात धर्मनिष्ठा और सत्यनिष्ठा के विपरीत है। शाहे हमदान सैयद अली हमदानी सुल्तान शिहाबुद्दीन की मृत्यु से एक साल पूर्व कश्मीर आये। सुल्तान ने शाह साहब का बहुत आदर सत्कार किया था और आध्यात्मिक रूप से उनसे लाभान्वित भी हुआ था।

उस भोर के पंछी की दर्द भरी फ़रियाद ने
नयी उमंग, नयी तड़प भर दी मेरे प्राण में।
सहसा मैंने देखा एक दीवाना जिसके विलाप ने
धैर्य और विवेक की सम्पत्ति छीन ली मुझसे।
"छोड़ हमें, चाह न कर किसी मदमत्त आर्तनाद की
छोड़ डाली फूल की कि वह तिलिस्म है रंग, गंध की।
तूने कहा टपकती है ओस लाला की पंखड़ी से
बेख़बर! रोता हुआ यह दिल है किनारे नदी के।
कहाँ यह पंख मुट्ठी भर और कहाँ गीत इस प्रकार का
इच्छा की मृत्यु का मातम करती, यह है ग़नी की आत्मा।
प्रात समीर! जिनेवा[1353] की तरफ़ यदि हो गुज़र तेरा
पहुँचा देना राष्ट्र संघ को संदेश यह मेरा।
किसान, खेत, नदी और बाग़ सब उन्होंने दिया बेच
एक क़ौम दिया बेच और कितना सस्ता दिया बेच।"[1354]

शाहे हमदान

एक सूक्ष्म रहस्य बताता हूँ ऐ पुत्र मैं तुझे
काया है सकल धूल और अनमोल मुक्ता आत्मा।
आत्मा के निमित्त काया को द्रवीभूत करना चाहिये
पवित्र[1355] को धूल[1356] से शिनाख़्त करना चाहिये।
काट ले यदि काया से तू काया का टुकड़ा
हाथ से तेरे फिर वह चला गया टुकड़ा।

1353. प्रथम विश्व युद्ध के पश्चात् जो 'राष्ट्र संघ' (League of Nations) बना था उसका मुख्यालय यूरोपीय देश स्विट्जरलैण्ड की राजधानी जिनेवा में स्थित था।

1354. इस शे'र में अंग्रेजों की उस धूर्तता की ओर संकेत है जिसके अन्तर्गत उन्होंने 1846 ई. में 50 लाख रुपयों के बदले पूरा कश्मीर ग़ुलाब सिंह को बेच दिया और इस प्रकार कश्मीरी अवाम अत्याचार और शोषण का शिकार बन गये।

1355. मूल पाठ में 'पाक' जिसका अर्थ है 'पवित्र' जिसका आशय यहाँ 'आत्मा' है।

1356. मूल पाठ में 'ख़ाक' जिसका अर्थ है 'धूल या मिट्टी' जिसका आशय 'काया या शरीर' है।

किन्तु वह आत्मा कि जो दिव्य-ज्योति से हो जाती है उन्मत्त[1357]
यदि दे दे उसे तू हाथ से वह फिर हो जाती है हस्तगत।[1358]
किसी भी वस्तु के सदृश नहीं होता है उसका[1359] तत्व
वह क़ैद में[1360] होते हुये भी होती है उससे मुक्त।
यदि बचा बचा के रखेगा तो यह मर जायेगी बदन में
कर दे निछावर यदि तू इसे, रोशनी हो जाये महफिल में।
दिव्य-ज्योति से उन्मत्त आत्मा क्या है ऐ हिम्मतवर
हाथ से आत्मा देने का अर्थ क्या है ऐ हिम्मतवर?
क्या है देना आत्मा का? समर्पित ईश्वर को करना
उष्णता से आत्मा की पर्वत को पिघलाना।
उन्मत्तता दिव्य-ज्योति की? गवेषणा स्वयं की करना
सितारों की तरह रातों में है चमकना।
न करना स्वयं का अवगम न होना है अस्तित्व का[1361]
करना स्वयं का अवगम, स्वयं को समर्पण है स्वयं का।[1362]

1357. मूल पाठ में 'लेकिन ऑं जाने कि गरदद जल्व: मस्त' जिसका अर्थ है 'लेकिन वह आत्मा (जान) जो कि ईश्वर की ज्योति (जल्व: या तजल्ली) से मस्त हो जाती है'। आशय यह है कि वह आत्मा (रूह या जान) जो ईश्वर की राह में क़ुर्बान हो जाती है वह मरती नहीं। 'जाने जल्व: मस्त' अर्थात् 'ईश्वर की ज्योति से मस्त या उन्मत्त 'जान' (आत्मा) वह होती है जिसने अपनी 'ख़ुदी' का ज्ञान (Knowledge of the self) प्राप्त कर लिया है'।

1358. मूल पाठ में 'गर ज़ दस्त उ रा देही, आयद बदस्त' जिसका अर्थ है 'यदि तू उसे हाथ से दे दे तो वह पुन: हाथ में आ जाती है'। आशय यह है कि जो लोग ईश्वर की राह में शहीद होते हैं वह मरते नहीं। इस शे'र में क़ुरआन (2:152) की आयत के इस अंश के प्रति संकेत है व ला तक़ूलू लिमन्युक़्तल फी सबीलिल्लाहि अम्वातुन बल अह्‌यायुन व ला किन् ला यश्‌उरून जिसका अर्थ है, 'जो लोग ईश्वर की राह में मारे जायें उनके सम्बन्ध में यह न कहो कि वह मुर्दा है, बल्कि वह ज़िन्दा है लेकिन तुम नही जानते'। क्योंकि क़ुरआन की दृष्टि से शहादत जान देकर जान पाने का नाम है।

1359. आत्मा का।

1360. शरीर के क़ैद में।

1361. मूल पाठ में 'ख़्वेश रा नायाफ्तन नाबूदन अस्त' जिसका अर्थ है 'स्वयं का अवगम (Discovery of self) न करना (अर्थात् आत्मबोध न प्राप्त करना), अस्तित्व का न होना (अर्थात् अनस्तित्व) है'।

1362. मूल पाठ में 'याफ्तन, ख़ुद रा बख़ुद बख़्शूदन अस्त' जिसका अर्थ 'स्वयं का अवगम (स्वयं को पाना) अपने आप को प्रदान कर (बख़्श) देना' है। आशय यह है कि 'आत्मज्ञान' या 'स्वयं का अवगम' (Discovery of Self) वास्तव में अपनी गुप्त क्षमताओ एवं संभावनाओं से अवगत होना है।

जिसने देखा स्वयं को, न देखा स्वयं से इतर
कारा से स्वयं की उसने सामान कर लिया बाहर।
ईश्वर-ज्योति से उन्मत्त जो कि देखता है स्वयं को
मधु से भी मधुरतर वह पाता है डंक को।
वायु समान होती है सस्ती आत्मा उसकी दृष्टि में
करती है थर-थर कारा उसकी सामने उसके।
टुकड़े-टुकड़े कर देती है पत्थर उसकी कुठार
ताकि जगत् से वह अपना भाग कर ले प्राप्त।
वह प्राण जब देता है त्याग, प्राण होता है उसका प्राण
अन्यथा एक दो पल का मेहमान होता है उसका प्राण।

ज़िन्दारूद

नेकी और बदी की तूने हिक्मत है दी बता
ऐ ज्ञानी सन्त एक सूक्ष्म बिन्दु हमे समझा।
ब्रह्मज्ञानियों[1363] के धर्म गुरु थे आप
सम्राटों के रहस्यो के ज्ञाता[1364] थे आप।
हम हैं अकिंचन और शासक लगान है चाहता
सिंहासन व मुकुट की वास्तविकता और मूल उसका है क्या?

शाहे हमदान

प्राची व प्रतीची में है राजशाही का मूल क्या
या राष्ट्रों की इच्छा या युद्ध और हिंसा।

1363. मूल पाठ में 'मानी-निगाहाँ ' जिसका अर्थ है 'अर्थ की दृष्टि रखने वाले' अर्थात् 'बह्मज्ञानी'। 'अर्थ-दृष्टिवानों' का आशय 'ब्रह्मज्ञानियों ' से है।

1364. यहाँ शाहे-हमदान (सैयद अली हमदानी) की पुस्तक 'ज़ख़ीरतुल मुलूक' के प्रति संकेत है जिसमें उन्होंने बताया है कि मुस्लिम शासकों को किस प्रकार शासन करना चाहिये।

मैं स्पष्ट बताता हूँ तुझे ऐ उच्चस्थान प्राप्त
दो व्यक्तियों के सिवा किसी को लगान देना है हराम।
या तो 'ऊलिल् अम्रि'[1365] को 'मिन्कुम्'[1366] है विशेषता जिनकी[1367]
जिसका साक्ष्य और प्रमाण है आयत क़ुरआन की।
या वह शूर पुरुष झंझावात सदृश प्रचण्ड गति होती है जिसकी
नगरों का आधिपत्यकर्त्ता, लगाता है जो युद्ध में प्राणों की बाज़ी।
युद्ध के दिन शक्ति के प्रताप से[1368] वह होता है विश्वविजयी
संधि के दिन प्रेमपात्रता की होती है रीति उसकी।
ख़रीदा तो जा सकता है ईरान व हिन्द को
किसी से नहीं ख़रीद सकते बादशाहत को।
ऐ गुणवान नवयुवक प्याले को जमशेद के
ख़रीदा नहीं किसी ने शीशागर की दुकान से।
यदि ख़रीदता है, तो वह होता नहीं कुछ शीशे के सिवा
प्रकृति नहीं कोई अन्य शीशे की टूटने के सिवा।

ग़नी

आज़ादी की यह धुन दी किसने हिन्दोस्तान को
शिकारी का यह उन्माद किसने दिया शिकार को?
जीवन्त-हृदय ब्राह्मणों[1369] के उन वंशधरों[1370] ने
लज्जित करती है लाला को लाली चेहरे की जिनके।

1365. क़ुरआन (4:59) की आयत का अंश जिसका अर्थ है 'सत्ताधारियों (Authorities) को' या 'पदाधिकारियों को'।
1366. क़ुरआन (4:59) की आयत का अंश जिसका अर्थ है 'जो तुम्हीं में से हों'।
1367. इस शे'र में क़ुरआन (4:59) की आयत के इस अंश के प्रति संकेत है, 'या अय्युहल्लज़ीन आमनू अतीउल्लाह व अतीउर्रसूल व ऊलिल् अम्रि मिन्कुम्' जिसका अर्थ है, 'ऐ ईमानवालों! आज्ञापालन करो ईश्वर का, और आज्ञापालन करो पैग़म्बर का और उन पदाधिकारियों का जो तुम्हीं में से हैं'।
1368. मूल पाठ में 'अज़ क़ाहिरी' जिसका अर्थ है 'प्रकोपवशता से या शक्ति के प्रताप से'।
1369. कश्मीरी ब्राह्मणों।
1370. मोती लाल नेहरू और उनके पुत्र जवाहर लाल नेहरू।

तीव्र-दृष्टि, कृत कार्य और अत्यन्त परिश्रमी हैं ये
हाहाकार है अंग्रेजों में जिनकी निगाह से।
उनका मूल स्थान है विरोध करनेवाली हमारी धरती में
उदय स्थल है इन सितारों का हमारे कश्मीर में।
यदि तू समझता है हमारी धरती है बिन चिनगारी के
डाल एक निगाह तू अपने अन्त:करण में।
यह सारा उत्ताप जो तू रखता है आया कहाँ से
झोंका यह वसंत समीर का आया कहाँ से?
यह है वही समीर कि प्रभाव से जिसके
पर्वत हमारे रंग और गंध हैं पाते।

"क्या तू नहीं जानता कि एक दिन उलर[1371] में
कह रही थी एक लहर दूसरी लहर से।
टकराती रहेंगी हम परस्पर कब तक झील में
उठ कि एक पल के लिए हम टकरायें साहिल से।
हम से आविर्भूत अर्थात् वह प्राचीन सरिता
घाटी, पर्वत और मैदान में कोलाहल है जिसका।
टकराती रहती है स्वयं हरपल पत्थरों से राह के
ताकि पर्वत की वह बुनियाद खोद दे।
वह युवक कि शहरों, जंगलों और आबादियों को वशीभूत है करता
सैकड़ों माओं के दूध से पोषण होता है उसका।
प्रताप है उसका महाप्रलय धरतीवासियों के लिए
यह सब है हमीं से नहीं है और किसी से।
जीवन बिताना पाप है साहिल की सीमा में
हमारा साहिल मात्र एक पत्थर है हमारी राह में।
चिरंतन मृत्यु है रहना अनुकूल तटों के[1372]
भले मुठभेड़ में रहें हम सुबह शाम जलधि में।

1371. कश्मीर की एक लघु नदी।

1372. मूल पाठ में 'बा करॉं दरसाख़्तन' जिसका अर्थ है 'साहिलों या तटों या किनारों के साथ अनुकूलन करना'। यहाँ किनारों से अनुकूलन करने का तात्पर्य सत्ताधारी क़ौम (अंग्रेजों) की दासता स्वीकार करना है, अत: यह स्थिति राष्ट्र के लिये चिरन्तन मृत्यु (Eternal Death) का पर्याय है।

पर्वत व जंगल के मध्य है फिरना ही ज़िन्दगी
धन्य है वह लहर जो साहिल से आगे निकल गयी।"

ऐ कि तूने पढ़ी है लकीरें जीवन के हाथ की
ऐ कि तूने दिया है प्राची को जीवन का कोलाहल।
ऐ कि तेरी आह जला देती है जिगर
उससे तू है व्याकुल और हम हैं व्याकुलतर।
ऐ कि तुझसे ही है क्रन्दन पंछी का चमन के
करती है हरी घास वुज़ू[1373] आँसुओं से तेरे ।
ऐ कि तेरी प्रकृति से है फूल की खेती अंकुरित
ऐ कि तेरी आशा से हैं आत्मायें आशान्वित।
तेरी आवाजें हैं कारवाँ के लिए कूच का घन्टा
घाटी के वासियों से तू है क्यों निराश?
मृत नहीं है हृदय उनका वक्ष में उनके
चिनगारी उनकी बुझी नहीं है बर्फ के नीचे।
ज़रा ठहर ताकि देख ले बिना तुरही नाद के
उठते हुये एक क़ौम को क़ब्रों की ख़ाक से।
ऐ दृष्टिवान् पुरुष तू व्यथित न हो
खींच तू वह आह जो जला दे शुष्क व आर्द्र को।
बहुत से नगर इस नीले आकाश के तले
हृदयाग्नि से दरवेश पुरुष की है जल चुके।
बुलबुले से भी नाज़ुकतर होती है सल्तनत
केवल एक फूँक से किया जा सकता है उसे विनष्ट।
होती है निर्मित नियति राष्ट्रों की गीत से
विनाश व निर्माण राष्ट्रों का होता है गीत से।
दिलों में चुभ गया है यद्यपि नश्तर तेरा
जैसा कि तू है तुझे किसी ने नहीं देखा।
शाइरी के पैग़ाम से है तेरा परदा
परे है शाइरी के जो कुछ है तू कहता।

1373. नमाज़ के लिये विधिवत हाथ-पाँव और मुँह आदि धोने को वुज़ू कहते हैं।

एक ताज़ा हंगामा बरपा कर जन्नत के अन्दर
एक उन्मत्तताकारक आवाज़ दे जन्नत के अन्दर।

ज़िन्दारूद[1374]

दरवेशी के नशे के साथ कर अनुकूलता[1375] और करता रह सतत ऐसा[1376]
जब हो जाये तू पक्का[1377] तो जमशेद की सल्तनत के विरुद्ध स्वयं को ले आ।[1378]
पूछने लगे,[1379] "क्या हमारा जगत् अनुकूल है तेरे"[1380]
"अनुकूल नहीं है" मैंने कहा, "उलट पुलट दे उसे" कहने लगे।

1374. चूँकि ग़नी ने ज़िन्दारूद (इक़बाल) से आग्रह किया था कि वह (ज़िन्दारूद) अपनी उन्मत्तताकारक आवाज (क्रान्तिकारी कविता) से जन्नत में एक ताज़ा हंगामा (अभिनव क्रान्ति) बरपा कर दें; अत: इक़बाल ने यहाँ अपनी फ़ारसी कृति 'ज़बूरे अजम' से एक ग़ज़ल दर्ज की है जो आदि से अन्त तक क्रान्ति की भावना से ओत-प्रोत है।

1375. मूल पाठ में 'बा नश्शए दरवेशी दर साज़' जिसका अर्थ है 'दरवेशी के नशे के साथ अनुकूलता कर'। 'दरवेशी' यानी 'फ़क्र' (अकिंचनता) अर्थात् 'ईश्वरेच्छा पर संतुष्टि के नशे के साथ अनुकूलता पैदा करना'। आशय यह है कि सबसे पहले 'नश्शए दरवेशी' अर्थात् 'शाने फ़क्र' यानी 'फ़कीरी की शान पैदा कर'। 'फ़कीरी की शान' (ज़िक्रो फ़िक्र) अर्थात् 'सुमिरन या ईश्वर-स्मरण और चिन्तन' की सत्यनिष्ठा से उत्पन्न होती है। 'फ़क़ीरी की शान' ईश्वरेच्छा पर संतुष्ट रहने से ही संभव है जिसके लिए ईश्वराज्ञापालन और शरीअत की पाबंदी अनिवार्य है।

1376. मूल पाठ में 'दमादम ज़न' जिसका अर्थ है 'सतत करता रह' अर्थात् हर समय इस प्रयास में व्यस्त रह। तात्पर्य यह है कि 'ईश्वरेच्छा पर सन्तुष्ट रहने' (नश्शए दरवेशी) के प्रयास में सदैव व्यस्त रह'।

1377. मूल पाठ में 'चूँ पुख्त: शवी' जिसका अर्थ है 'जब तू (अपने इस प्रयास में) पक्का (पुख्त:) हो जाये'।

1378. मूल पाठ में 'ख़ुद रा बर सल्तनते जम ज़न' जिसका अर्थ है 'स्वयं को जमशेद (जम) की सल्तनत के विरुद्ध ला अर्थात् असत्य (बातिल) के विरोध में खड़ा हो जा और जमशेद अर्थात् राजशाही (Monarchy) का तख्ता पलट दे और पृथ्वी पर ईश्वर के प्रतिनिधि (Vicegerent of God) के रूप में संसार को न्याय से परिपूर्ण कर दे'।

1379. मूल पाठ में 'गुफ्तन्द' जिसका अर्थ है 'उन्होंने पूछा'। 'उन्होंने पूछा' का तात्पर्य यह है कि नियति (क़ज़ा व क़द्र यानी Destiny) के कारकुनों यानी कारिन्दों यानी अभिकर्त्ताओं (Agents) ने पूछा।

1380. मूल पाठ में 'जहाने मा आया ब तू मी साज़द' जिसका अर्थ है 'क्या हमारा यह जगत् तेरे अनुकूल है' अर्थात् 'क्या संसार की इस्लामेतर व्यवस्थायें जैसे बादशाहत, राजशाही (Monarchy) तेरे अनुकूल हैं ?'

देखा है मधुशालाओं में कोई योग्य प्रतिद्वन्द्वी नहीं
अंगीकार कर रुस्तमे-दस्ताँ[1381] की संगत मुग़बचों[1382] की नहीं।
ऐ मरुस्थल के लाला[1383] तू नहीं जल सकता अकेले[1384]
हृदय-दाहक दाग़ यह डाल मानव के सीने में।[1385]
तू उत्कण्ठा है उसके हृदय की, गर्मी ख़ून की उसके
विश्वास न हो तो देख ले जगत् के ढाँचे को चीर के।[1386]
यदि बुद्धि है तेरा दीपक तो सरे राह रख दे उसे[1387]
यदि प्रेम है तेरा प्याला तो राज़दारों के साथ पी अपने।[1388]
मैं टपका रहा हूँ आँखों से लहू हृदय का अपने[1389]
उठा ले एक लाल बदख़्शाँ[1390] का मेरे जड़ ले मुद्रा में उसे।

1381. रुस्तम प्राचीन ईरान का एक प्रसिद्ध पहलवान जो दस्ताँ का पुत्र था। रुस्तमे दस्ताँ का अर्थ है दस्ताँ पुत्र रुस्तम। दस्ताँ को ज़ाल बिन साम भी कहते हैं जो सीस्तान का शासक था। यहाँ 'रुस्तमे-दस्ताँ' का आशय 'सत्यनिष्ठ ईश्वर-भक्त' है।

1382. ज़रदुस्ती धर्म के पुजारी का मुग़ (Magi) कहते हैं। 'मुग़ बचः' का अर्थ है पारसी पुजारी मुग़ का पुत्र। यहाँ 'मुग़बचः' का अर्थ है 'मधुशाला में शराब पिलाने वाला लड़का'। इस शे'र में 'मुग़बचः' का तात्पर्य 'मंदमति रहनुमा' है।

1383. मूल पाठ में 'ऐ लालए सह्राई' जिसका अर्थ है 'ऐ मरुस्थली लाला या मरुस्थल के लाला के फूल'। यहाँ 'मरुस्थल के लाला' का आशय 'एकान्तवासी दरवेश' है जो संसार त्यागकर एकान्त में ईश्वराधना में लीन है।

1384. 'तू नहीं जल सकता अकेले' का आशय यह है कि एकान्त में जीवन व्यतीत करने से सामाजिक उत्तरदायित्व का निर्वहण नहीं हो सकता।

1385. आशय यह है कि सामाजिक तक़ाज़ों की पूर्ति के लिए अपने ईश्वर-प्रेम की आग मानव समुदाय के सीन अर्थात् समाज में सम्प्रेषित कर। समाज में इन्क़िलाब बरपा करने के लिए आवश्यक है कि पूरे समाज को इसके लिए तैयार किया जाय क्योंकि बिना पूरे समाज के सर्वांगीण विकास के इन्क़िलाब संभव न होगा।

1386. 'जगत के ढाँचे को चीर के' का तात्पर्य है प्रकृति का अवलोकन करके (By observation of Nature)।

1387. आशय यह है कि बौद्धिक शक्ति द्वारा प्रकृति की शक्तियों पर विजय प्राप्त करके उसे वशीभूत कर।

1388. यदि प्रेमपंथ का अनुसरण कर रहा है तो ईश्वरोन्मत्तों (God Intoxicated), ब्रह्मज्ञानियों का साहचर्य अंगीकार कर।

1389. मूल पाठ में 'लख़्ते दिल पुरख़ूने' जिसका अर्थ है 'रक्तपूर्ण हृदय के टुकड़े' अर्थात् 'ख़ून भरे दिल के टुकड़े'। 'रक्तपूर्ण हृदय के टुकड़े' से आशय 'ईश्वर प्रेम का रहस्य' है।

1390. मूल पाठ में 'लाले बदख़्शानम' अर्थात् 'मेरे बदख़्शाँ का एक लाल' (पद्मराग या माणिक्य) यानी मेरे ख़ूने जिगर का टुकड़ा अर्थात् मेरे अशआर। बदख़्शाँ रूसी तुर्किस्तान के एक शहर का नाम है। बदख़्शाँ एक प्रकार के लाल अर्थात् पद्मराग या माणिक्य (Ruby) का नाम है जो बदख़्शाँ के इलाके में पाया जाता है।

हिन्दुस्तानी कवि भर्तृहरि[1391] से भेंट

अप्सराओं को, जो थीं महलों और ख़ेमों में
प्रगाढ़ उत्कण्ठा प्रदान की मेरे आर्तनाद ने।
बाहर निकाला सिर वहाँ ख़ेमे से किसी ने
चेहरा दिखाया और झाँका झरोखे से किसी ने।

1391. 'शृंगार शतक', 'नीति शतक' और 'वैराग्य शतक' के रचयिता एवं वाक्यपदीय के लेखक संस्कृत के महाकवि भर्तृहरि का काल 7 वीं शताब्दी ईसवी माना जाता है। वह उज्जैन के राजा गन्धर्वसेन के पुत्र थे। वह कविता, चित्रकला एवं संगीतकला के प्रेमी एवं विशेषज्ञ थे। अपने पिता की मृत्यु के पश्चात् वह राजसिंहासन पर बैठे, किन्तु भोग-विलास के प्रति अतिशय आसक्ति के कारण उनका मन राजपाट में न लगता था। अत: अपना समस्त राजभार अपने सौतेले भाई को सौंपकर भोग-विलास में मस्त रहते थे। उनकी एक रानी ने जिसे वह बहुत प्रेम करते थे उनके साथ बेवफाई की जिसके उपरान्त वे संन्यास धारण करके सद् गुरु की तलाश में जंगल-जंगल भटकते रहे। अन्तत: नेपाल की तराई में उन्हें योगी गोरखनाथ (जिनके नाम पर उत्तर प्रदेश के शहर गोरखपुर का नामकरण हुआ है) के रूप में एक सद् गुरु की प्राप्ति हुयी। योगी गोरखनाथ से भर्तृहरि ने कामशास्त्र, धर्मशास्त्र और लोकशास्त्र की शिक्षा प्राप्त की। वेदान्त में उन्होंने प्रगाढ़ ज्ञान प्राप्त किया। भर्तृहरि की रचनाओं में फ़ारसी कवि एवं सूफी शैख़ सादी और अत्तार का रंग पाया जाता है। इक़बाल ने भर्तृहरि की नीतिशतक के छठे श्लोक को अपने काव्य-संकलन 'बाले-जिब्रील' में प्राक्कथन के रूप में उद्धृत किया है :

फूल की पत्ती से कट सकता है हीरे का जिगर
मर्दे नादाँ पर कलामे नमो नाज़ुक बेअसर।

(भर्तृहरि)

मूल संस्कृत श्लोक इस प्रकार हैं :

व्यालं बालमृणालतन्तुभिरसौ रोद्धुँ समुज्जृम्भते
छेत्तुँ वज्रमणीञ्छिरीषकुसुमप्रान्तेन संनह्यते।
माधुर्यं मधुबिन्दुना रचयितुं क्षाराम्बुधेरीहते नेतुं
वाञ्छति य: खलान्पथिसतां सूक्तै: सुधास्यन्दिमि:।

अनुवाद:

'अमृतमय सैकड़ों सुन्दर उक्तियों से दुष्टजनों को सन्मार्ग पर लाने की इच्छा उसी प्रकार अनुचित है जिस प्रकार मत्त गजराज को कमल के कोमल तन्तुओं से रोकना, शिरीष पुष्प के अग्रभाग (नोक) से कठोर वज्रमणि को छेदना, समुद्र के खारे जल को अमृत की एक बूँद से मीठा करने का प्रयास'।

प्रत्येक हृदय को रहने वाले अनन्त स्वर्ग में
वेदना व व्यथा प्रदान की मैंने धरती की हिन्द के।
आ गयी हँसी पवित्र सन्त के ओठों पर
उन्होंने कहा, "ऐ हिन्दुस्तानी वंश के जादूगर।
देख उस सम्मोहक काव्यकार को हिन्दुस्तान के
ओस हो जाती है मोती जिसकी दृष्टि के प्रसाद से।
सूक्ष्मता के उस शृंगारकर्त्ता[1392] का नाम है भर्तृहरि
प्रकृति है उसकी मेघ सदृश जिसमें हो प्रच्छन्न अग्नि।[1393]
नई कलियों के सिवा न कुछ उपवन से चुना उसने
गीत तेरा हमारी ओर खींच लाया है उसे।
उदात्त कविता का वह सम्राट है
दरवेशी में भी उसका उच्च स्थान है।
अनूठे चिन्तन से सर्जना करता है सौन्दर्य के छवि की
उसके दो शब्दों में छुपी होती है दुनिया अर्थ की।
राज़दार है वह जीवन की कर्मभूमि का
वह जमशेद[1394] है, उसकी कविता है प्याला जमशेद का।"[1395]
सम्मान में हम खड़े हुये उसकी कला के
महफ़िल उसकी संगत की सजाई फिर हमने।

1392. मूल पाठ में 'नुक्तः आरा ए' जिसका अर्थ है 'सूक्ष्म बिन्दुओं को सजाने वाला' या 'सूक्ष्मता का शृंगारकर्त्ता '। 'सूक्ष्मता के शृंगारकर्त्ता '(नुक्तःआरा) का तात्पर्य है 'काव्य-कला-दर्शन मर्मज्ञ'।

1393. आशय यह है कि महाकवि भर्तृहरि विरोधी गुणों का धारक है। वह बादशाह भी है और योगी भी। पहले भोग विलास में लिप्त था बाद में संन्यास धारण करके ईश्वरोन्मत्त हो गया।

1394. मूल पाठ में 'ऊ जम अस्त' जिसका अर्थ है 'वह (भर्तृहरि) जमशेद है'। जमशेद प्राचीन ईरान का एक प्रतापी सम्राट था। यहाँ 'जमशेद' से आशय 'काव्य-सम्राट' है।

1395. मूल पाठ में 'शेरे ऊ जामे जम अस्त' जिसका अर्थ है 'उसकी (भर्तृहरि की) कविता जमशेद का प्याला है'। कहते हैं जमशेद के पास एक अद्भुत प्याला था जिसमें संसार की घटनायें परिलक्षित होती थीं। अतः 'जमशेद का प्याला' का तात्पर्य 'यथार्थ का दर्पण' है। आशय यह है कि महाकवि भर्तृहरि की कविता 'यथार्थ का दर्पण' है।

ज़िन्दारूद

ऐ कि तूने बताये है मनोरम सूक्ष्म बिन्दु[1396]
प्राची तेरे विमर्श से हुआ रहस्यों का ज्ञाता।
कविता में आती है कहाँ से आग मुझे बता
आती है ख़ुदी से या ख़ुदा से मुझे बता।

भर्तृहरि

कोई जानता नही कहाँ होता है कवि संसार में
छुपा होता है वह कविता के आरोह-अवरोह के पर्दे में।
एक गर्म दिल जो है पहलू में उसके
वह पाता नहीं विश्रान्ति ईश्वर के भी सामने।[1397]
हमारी आत्मा का आह्लाद होता है तलाश में
कविता में आग आती है उत्कण्ठा के अवस्थान से।
ऐ कि तू है सदैव मत्त कविता की मदिरा से
उपलब्ध हो जाय यह अवस्थान यदि तुझे।[1398]
ईंट पत्थर के जगत् में दो शे'रों से
स्वर्गांगना का भी हृदय जीत सकते हैं।

ज़िन्दारूद

हिन्दुस्तानियों को देखा है मैंने बेचैनी और उलझन में
यह समय है कि तू अनावृत करे रहस्य ईश्वर के।

1396. मूल पाठ में 'नुक्त: हा ए दिलनवाज़' जिसका अर्थ है 'मन को लुभाने वाले' अर्थात् 'मनोरम सूक्ष्म बिन्दु'।

1397. मूल पाठ में 'पेशे यज़्दाँ हम नमी गीरद क़रार' अर्थात् 'ईश्वर के सामने भी वह क़रार (चैन) नहीं पाता'। आशय यह है कि सच्चा प्रेमी (ईश्वरोन्मत्त या ईश्वर भक्त) संयोग (वस्ल) से संतुष्ट नहीं होता। उसके प्रेम का तकाज़ा यह होता है कि वह सदैव वियोग की आग में जलता रहे।

1398. मूल पाठ में 'गर तुरा आयद मुयस्सर ईं मक़ाम' जिसका अर्थ है 'यदि तुझे यह अवस्थान (उत्कण्ठा का यह अवस्थान इश्क़े-हक़ीकी) प्राप्त हो जाय। इश्क़-हक़ीक़ी की कसौटी यह है कि आशिक़ संयोग (विसाल) का इच्छुक नहीं होता, बल्कि विरह (फ़िराक़) की अग्नि में जलते रहने को तरजीह देता है।

भर्तृहरि

निरुपाय हैं ये देवगण, ईंट-पत्थर के बने
वह एक परम श्रेष्ठ है, मन्दिर व गिरजा से परे।
कर्मोल्लास रहित आराधना है शुष्क व निष्फल
जीवन है सकल कर्म हो उत्कृष्ट या निकृष्ट।
स्पष्ट बताता हूँ तुझे एक बात सब जानते नहीं जिसे
धन्य है वह व्यक्ति जो हृदय-फलक पर लिख ले उसे।
यह जगत् जिसे तू है देखता, नहीं है ईश्वर की रचना[1399]
चर्ख़ा है तेरा, तेरे तकले पर कर्तित धागा भी है तेरा।
टेक तू माथा समक्ष कर्मफल के विधान के
नरक, आ'राफ़,[1400] स्वर्ग सब बनते हैं कर्म से। (भर्तृहरि)[1401]

1399. मूल पाठ में 'ईं जहाने कि तू बीनी असरे यज़्दाँ नेस्त' जिसका अर्थ है 'यह संसार जो तू देखता है ईश्वर की सर्जना का परिणाम नहीं है'। यह कवि का अंदाज़े-बयान है और कवि का वास्तविक आशय नहीं। वास्तविकता तो यही है कि यह जगत् ईश्वर की सृष्टि है। अत: इस मिसरे (अर्ध-शेर) का अर्थ यह नहीं कि यह संसार ईश्वर ने पैदा नहीं किया है। बल्कि तात्पर्य तो यही है कि यह संसार ईश्वर ने ही पैदा किया है, किन्तु इस संसार में तेरी जो दशा है वह तेरे ही कार्यों का परिणाम है।

1400. स्वर्ग और नरक के मध्य स्थान को 'आ'राफ़' कहते हैं। बक़ौल इक़बाल स्वर्ग और नरक स्थान नहीं बल्कि आत्मा या मनुष्य के आत्मन् (Self) या अहं (Ego) की स्थितियाँ या अवस्थायें हैं। इस दृष्टि से 'आ'राफ़' को स्वर्ग और नरक के मध्य की अवस्था कहेंगे। अंग्रेजी में आ'राफ़ का अनुवाद Purgatory किया गया है। Purgatory का अर्थ है 'पापमोचन स्थान'।

1401. जावेदनामा का यह पद्य संस्कृत कवि भर्तृहरि की कृति नीतिशतक के श्लोक संख्या 94 का स्वतन्त्र अनुवाद है। स्पष्ट है यहाँ अल्लामा इक़बाल ने भर्तृहरि की ज़बान से हिन्दुस्तानियों को कर्म का संदेश दिया है। उल्लेखनीय बात यह है कि स्वयं भर्तृहरि का दर्शन भी यही है। भर्तृहरि का उक्त श्लोक इस प्रकार है :

नमस्यामो देवान्ननु हतविधेस्तेऽपि वशगा
विधिर्वन्द्यः सोऽपि प्रतिनियतकर्मैकफलदः।
फलं कर्मायत्तं किममरगणैः किंच विधिना
नमस्तत्कर्मभ्यो विधिरपि न येभ्यः प्रभवति।

अनुवाद :

हम देवों को करते हैं नमन जो हैं विधाता के अधीन विधाता है
वन्दनीय जो पूर्व-निष्पन्न कर्मानुसार फल करता है प्रदान।
यदि फल है कर्माधीन तो देवों का और विधाता का है महत्त्व क्या
अत: कर्मों को कर नमन जिन्हें विधाता भी प्रभावित नहीं करता।

पूरब के सुल्तानों नादिर,[1402] अब्दाली[1403] और सुल्तान शहीद टीपू[1404] के महलों के प्रति प्रस्थान

आवाज़ भर्तृहरि की दिल में उतर गयी मेरे
मैं हो गया मदमत्त गीत से उसके।
"हृदय-चक्षु का जागृत रहना है बेहतर", कहा रूमी ने
"बाहर निकाल पाँव अपनी विचार-परिधि से।
दरवेशों की महफिल से तू आया है गुज़र
सुल्तानों के महल को भी देख एक नज़र।

1402. नादिरशाह का असली नाम क़ुली बेग था। वह इमाम क़ुली बेग का पुत्र था जो तुर्की नस्ल से था। नादिर ख़ुरासान के एक गाँव में पैदा हुआ था। उसका पिता एक मामूली काश्तकार था। अपनी व्यक्तिगत क्षमताओं एवं अपने संघर्षों एवं प्रयासों के फलस्वरूप यह किसान पुत्र 1736 में ईरान विजित करके नादिरशाह बन गया। इसके पश्चात् उसने अफ़गानिस्तान का रुख़ किया और अफ़गानिस्तान पर अपना आधिपत्य स्थापित करके अपने बेटे रज़ा क़ुली को अफ़गानिस्तान का गवर्नर नियुक्त किया। जनवरी 1739 में वह पेशावर से पंजाब की ओर रवाना हुआ। पंजाब के गवर्नर नवाब जक़रिया ख़ान ने मुगल सम्राट मुहम्मद शाह रंगीले से मदद की गुहार की, किन्तु कोई जवाब नहीं मिला। अत: नवाब ने अकेले नादिरशाह का मुक़ाबला किया और परास्त हुआ। नादिर लाहौर में 12 दिन ठहरा और रक्तपात और लूटपाट का बाज़ार गर्म रखा। इसके बाद सरहिन्द की ओर प्रस्थान किया। अब दिल्ली के बादशाह और उसके दरबारियों को होश आया। अत: दिसम्बर, 1738 में ख़ाने दौराँ, एतिमादुद्दौला और निज़ामुल्मुल्क, जो परस्पर शत्रु थे, फ़ौज लेकर दिल्ली से निकल पड़े और फरवरी, 1739 में करनाल पहुँचे। नादिरशाह की फौज 10 लाख से अधिक थी। मुगल बादशाह मुहम्मद शाह स्वयं 3 लाख की फौज लेकर करनाल पहुँच गया। इससे पूर्व उसने अवध के सूबेदार सआदत अली ख़ान को ख़ाने दौराँ, एतिमादुद्दौला और निज़ामुल्मुल्क की सहायता के लिये करनाल भेज दिया था। 24 फरवरी, 1739 को ठीक दोपहर के समय करनाल से छह मील की दूरी पर स्थित कंजपूरा गाँव के पास लड़ाई शुरू हुयी। किन्तु, एतिमादुद्दौला, निज़ामुल्मुल्क और सआदत अली ख़ान की ग़द्दारी और परस्पर शत्रुता के कारण मुग़ल बादशाह परास्त हुआ। दो दिन के बाद नादिरशाह दिल्ली पहुँचा। एक निजी झगड़े में नादिरशाह के तीन सिपाहियों को दिल्ली वालों ने मारा। उसका बदला लेने के लिए नादिरशाह ने दिल्ली के 30,000 लोगों का कत्ल करा दिया। मुग़ल बादशाह मुहम्मद शाह रंगीले से तख़्ते-ताऊस, कोहेनूर हीरा और 50 करोड़ रुपया लेकर दिल्ली का तख़्तोताज मुहम्मदशाह को देकर वापस लौट गया। 1747 ई. में उसका क़त्ल कर दिया गया।
स्पष्टत: नादिरशाह अत्यन्त क्रूर और निर्दयी था। वह शरीअत का पाबन्द भी नहीं था। बावजूद इसके इक़बाल ने उसे जावेदनामा में स्थान क्यों दिया? नादिरशाह संभवत: सबसे पहला मुस्लिम शासक था जिसने शिया-सुन्नी एकता का निष्ठा के साथ प्रयास किया। उसने यह सुझाव दिया

कि शिया लोग पहले तीन ख़लीफ़ाओं हज़रत अबू बक्र, हज़रत उमर और हज़रत उस्मान के बारे में अपशब्द कहना (तबर्रा) छोड़ दें और सुन्नी लोग फ़िक़्ह जा'फरिय: को पाँचवी फ़िक़्ह (School of Jurisprudence) के रूप में स्वीकार कर लें। यद्यपि नादिरशाह के दामन पर धब्बे हैं। उसने दिल्ली में 30,000 बेगुनाहों का कत्ले आम कराया। अपने बेटे रज़ा क़ुली की आँखे निकलवा ली, ईरान के शाह तहमास्प के परिवार को नष्ट किया। किन्तु उसकी उपलब्धियाँ भी महान् हैं। उसने ईरान को पुन: एकता के सूत्र में जोड़कर उसके वैभव में वृद्धि की। रूस और उस्मानियों (Ottomans) से उसने ईरान के इलाक़े वापस लिये। उसने मुसलमानों के दो फ़िर्क़ों शिया और सुन्नी में एकता की कोशिश की, यद्यपि वह इस प्रयास में सफल न हो सका। नादिरशाह की आवाज़ कड़कदार और वह बुलंद इरादे और हौसले का व्यक्ति था। साथ ही वह युद्ध कला का विशेषज्ञ था। इतिहासकार साइक्स (Sykes) ने अपनी पुस्तक 'A History of Persia' (फारस का इतिहास) में नादिरशाह को सिकन्दर, तैमूर और नेपोलियन के बराबर का स्थान दिया है। अत: इक़बाल ने नादिरशाह की उपलब्धियों, उसकी शिया-सुन्नी एकता की कोशिशों एवं ईरान को एकता के सूत्र में पिरोने के कारण जावेदनामा में स्थान दिया है।

1403. पूरा नाम अहमद शाह अब्दाली। यह सद्दूज़ई क़बीले से संबंध रखता था। अहमद शाह 16 वर्ष की आयु में नादिरशाह के दरबार में पहुँचा। तरक्क़ी करके अफ़ग़ान और उज़बेक फौज़ों का सिपहसलार बन गया। नादिरशाह उसकी बहादुरी, उसकी प्रशासनिक क्षमता और उसके शिष्टाचार एवं चरित्र से बहुत प्रभावित था। उसके इन गुणों के कारण नादिरशाह के क़त्ल के बाद अफ़ग़ानों ने अहमद शाह अब्दाली को अपना बादशाह स्वीकार कर लिया। उस समय उसकी आयु 24 या 25 वर्ष की थी। उसके मुर्शिद (धर्मगुरु) हज़रत साबिर शाह ने उसे 'दुर्रानी बादशाह' (मोतियों के समान सुन्दर बादशाह) की उपाधि प्रदान की थी जिसके फलस्वरूप वह अहमद शाह दुर्रानी कहलाने लगा। वह अत्यन्त कर्मठ, बहादुर एवं सत्यनिष्ठ व्यक्ति था। अपने समय के अन्य बादशाहों के विपरीत वह रहन-सहन, खान-पान एवं लिबास में सादगी पसंद था। वह शरीअत का पाबंद था। उसने अपने दरबार में झुककर कोरनिश के स्थान पर केवल सलाम करने का आदेश दिया। वह सिंहासन पर नहीं बैठता था और न ताज पहनता था। उसे शिकार खेलना पसंद नहीं था। पश्तो और फ़ारसी में वह शे'र कहता था। अहमदशाह अब्दाली पहला बादशाह है जिसने अफ़ग़ानिस्तान में क़ौमी हुकूमत (राष्ट्रीय शासन) की स्थापना की। इसीलिए अल्लामा इक़बाल ने उसके बारे में कहा है कि उसने 'अफ़ग़ानों को एक मिल्लत (राष्ट्र) का आधार दिया' (दाद अफगाँ रा असासे मिल्लती)। अहमदशाह अब्दाली ने हिन्दुस्तान पर अनेक हमले किये। उसने 1761 ई. में पानीपत की लड़ाई में मराठों को पराजित किया। 1773 ई. में अहमद शाह अब्दाली की मृत्यु हुयी।

1404. सुल्तान शहीद टीपू जिसका पूरा नाम फ़तह अली ख़ान था, मैसूर के शासक सुल्तान हैदर अली ख़ान का पुत्र था। वह 1749 में पैदा हुआ था। टीपू ने अपने समय की समस्त पारम्परिक विद्याओं के साथ ही साथ सामरिक विद्या का उच्च ज्ञान प्राप्त किया। अपने पिता हैदर अली ख़ान की मृत्यु के पश्चात् वह 1782 में मैसूर का शासक बना। मैसूर की सल्तनत के साथ ही साथ अंग्रेज़ों, मराठों एवं हैदराबाद के शासक निज़ाम की सम्मिलित दुश्मनी भी उसे उत्तराधिकार में मिली। उस समय पूर्वी हिन्दुस्तान में अंग्रेज़ों का प्रभाव बढ़ गया था। अत: सुल्तान टीपू और अंग्रेजों के मध्य अनेक युद्ध हुये जिसमें अंग्रेजों को हार का मुँह देखना पड़ा। अंग्रेज़ों ने मक्कारी से काम लेते हुये एक अंग्रेज़ को सूफी सन्त के रूप में मैसूर राज्य में भेजा जिसने अवाम को सुल्तान के विरुद्ध भड़काना शुरू किया और बड़े-बड़े अफसरों को रिश्वतें देकर बहकाने-फुसलाने में सफल हुआ। इन विश्वासघाती अफसरों में मीर सादिक, मीर ग़ुलाम अली, मीर क़ासिम अली और

महफिल जमाये हैं यहाँ शहंशाह पूरब के
वैभव थे वे ईरान, अफ़ग़ानिस्तान, दकन के।
वह है नादिर ज्ञाता एकता के रहस्य का[1405]
जिसने मुसलमानों को दिया संदेश मुहब्बत का।
वीर अब्दाली है यह जिसका अस्तित्व है एक चिह्न[1406]
अफ़ग़ानों को दिया जिसने आधार मिल्लत का।
प्रेम के शहीदों का यह है अग्रणी
है प्रतिष्ठा हिन्द, चीन, तुर्की और सीरिया की।
अधिक दीप्तिमान है नाम जिसका सूर्य और चन्द्र से
जीवन्ततर है धूलि जिसकी क़ब्र की मुझसे और तुझसे।

दीवान पूर्निया/पूर्नैया प्रमुख थे। फलत: अंग्रेजों को युद्ध में सफलता प्राप्त होने लगी। अन्तत: अंग्रेज़ों ने मैसूर की राजधानी श्रृंगापटम को घेर लिया। दीवान पूर्नैया और मीर सादिक़ युद्ध के मैदान में अंग्रेज़ों से मिल गये। टीपू सुल्तान संसार के उन कतिपय शासकों में है जो अपने राज्य की रक्षा करते हुये वीरगति को प्राप्त हुये। टीपू ने बार-बार निज़ाम हैदराबाद और मराठों को संदेश भेजा कि हम सब को मिलकर अंग्रेजों को हिन्दुस्तान से बाहर निकाल देना चाहिये। निज़ाम और पेशवा ने सुल्तान की एक नहीं सुनी। इसके विपरीत मैसूर की चौथी लड़ाई में इन दोनों ने टीपू के विरुद्ध अंग्रेज़ों का साथ दिया। सुल्तान टीपू अंग्रेज़ों, निज़ाम और मराठों की सम्मिलित सेना से लड़ते हुये 4 मई, 1799 को शहीद हुआ।

1405. मूल पाठ में 'नादिर आँ दाना ए रिम्ज़े इत्तिहाद' जिसका अर्थ है 'वह नादिर है, एकता के रहस्य का ज्ञाता'। यहाँ नादिर शाह के सुन्नी-शिया एकता के प्रति प्रयास की ओर संकेत है। यद्यपि नादिरशाह क्रूरता, निर्दयता, अत्याचार और रक्तपात में सिकन्दर, चंगेज, हलाकू, तैमूर और बंदा बैरागी से कम न था। यहाँ ईरान और हिन्दुस्तान में उसके द्वारा किये गये रक्तपात और अत्याचारों से कोई सरोकार नहीं है। सरोकार उसके उन असफल प्रयासों के प्रति है जो उराने सुन्नी-शिया सम्प्रदायों के मध्य एकता हेतु किया था। वास्तव में नादिरशाह के माध्यम से अल्लामा इक़बाल ने अपने समकालीन ईरानियों के पाश्चात्य अनुकरण तथा उनके संकीर्ण राष्ट्रवाद की आलोचना एवं समीक्षा की है। अब्दाली से वार्तालाप के अन्तर्गत अफ़ग़ानिस्तान के सिलसिले में भी अल्लामा का यही उद्देश्य था। जावेदनामा की रचना के समय अफ़ग़ानिस्तान में व्याप्त अव्यवस्था, रक्तपात, परस्पर कलह और विद्वेष, अमीर अमानुल्लाह ख़ान का अफ़ग़ानिस्तान को पाश्चात्य रंग में रंगने का प्रयास, बच्चा सिक्क़ा का अल्पकालीन दौर और तत्पश्चात् जनरल नादिर ख़ान द्वारा अफ़ग़ानिस्तान के पुनर्निर्माण के प्रति किये गये सराहनीय क्रिया-कलाप तत्कालीन अफ़ग़ानी समाज के तथ्य थे जिनकी प्रतिच्छाया जावेदनामा में देखी जा सकती है।

1406. जिसका अस्तित्व इस तथ्य का चिह्न है कि उसने(अब्दाली ने) अफ़ग़ानों को एक मिल्लत (क़ौम) या राष्ट्र बनने का आधार उपलब्ध कराया।

प्रेम था एक राज़ जिसको सर्वविदित उसने किया
क्या तू नहीं जानता प्राणोत्सर्ग किस उत्कण्ठा से उसने किया?
निगाह में बद्र[1407] और हुनैन[1408] के सरदार की[1409]
दरवेशी थी सुल्तान की वारिस हुसैन की तन्मयता की।[1410]
सुल्तान तो जा चुका है सतदिनी सराय से
बाक़ी है नौबत अभी उसकी दकन में।"
अपरिपक्व हैं मेरी वाणी व ध्वनि और सोच अधूरी
वर्णन करूँ कैसे मैं छटा का उस स्थान की।

1407. बद्र नामक मैदान मदीना से 80 मील की दूरी पर मक्का मी तरफ़ स्थित है। सन् 3 हिजरी में उत्बः नामक सरदार के नेतृत्व में मुसलमानों के शत्रुओं का एक लश्कर मक्का से मदीना पर आक्रमण के लिए आया। हज़रत मुहम्मद (स.अ. व स.) ने अपने साथियों से परामर्श के पश्चात् यह निर्णय लिया कि मदीना में प्रविष्ट होने से पहले ही बद्र के मैदान में शत्रुओं का सामना किया जाय। मुसलमानों की सेना की संख्या शत्रुओं की सेना की एक तिहाई थी। 7 रमज़ान सन् 3 हिजरी को दोनों सेनाओं में मुकाबला हुआ। उत्बः, शीबः और अबू जहल सदृश शत्रुओं के सरदार पहले ही हमले में मारे गये और अन्ततः मुसलमानों को विजय प्राप्त हुयी।

1408. हुनैन मक्का से कोई 20-25 मील की दूरी पर स्थित एक घाटी का नाम है। जब पैग़म्बर हज़रत मुहम्मद (स.अ. व स.) ने मक्का को विजित किया तो हुनैन के दो क़बीलों ने मक्का पर हमला करने की तैयारियाँ शुरू कर दीं। हज़रत मुहम्मद ने 12,000 की सेना के साथ 8 शव्वाल सन् 8 हिजरी को शत्रुओं के मुक़ाबले के लिये हुनैन में पदार्पण किया। शत्रुओं ने मुसलमानों पर घात लगाकर हमला किया जिसके फलस्वरूप मुसलमानों की सेना में भगदड़ मच गयी, यहाँ तक हज़रत मुहम्मद की ऊँटनी के गिर्द चन्द मुसलमान रह गये। पैग़म्बर (स.अ. व स.) ने हज़रत अब्बास को हुक्म दिया कि ज़ोर से पुकार कर कहो, 'ऐ अन्सार (मदीना के वे लोग जिन्होंने हज़रत मुहम्मद (स.अ. व स.) और उनके साथियों को अपने घरों में ठहराया था) के गिरोह! ऐ हुदैबिया में वृक्ष के नीचे बै'अत (प्रतिज्ञा) करनेवालो! ' ये शब्द सुनते ही भागा हुआ लश्कर पलट पड़ा। देखते ही देखते शत्रुओं की सेना तितर-बितर होकर भाग खड़ी हुयी। थोड़े ही देर में यह इलाक़ा जीतते हुये मुसलमानों की सेना ताइफ़ पहुँच गयी।

1409. मूल पाठ में 'अज़ निगाहे ख़्वाजए-बद्रो हुनैन' जिसका अर्थ है 'वह सरदार जिन्होंने बद्र और हुनैन के युद्धों को विजित किया अर्थात् हज़रत मुहम्मद (स.अ. व स.)'।

1410. मूल पाठ में 'फ़क्रे सुल्ताँ वारिसे जज़्बे हुसैन' जिसका अर्थ है, 'सुल्तान (टीपू शहीद) की दरवेशी (फ़क्र) हज़रत हुसैन की तन्मयता की उत्तराधिकारी थी'। हज़रत हुसैन, हज़रत मुहम्मद (स.अ. व स.) के नवासे और इस्लाम के चौथे ख़लीफ़ा हज़रत अली के पुत्र थे। वह क़र्बला के मैदान में जिहाद करते हुये शहीद हुये थे। चूँकि टीपू सुल्तान भी अपने राज्य की रक्षा करते हुये शहीद हुये थे, अतः उनकी भी शहादत हज़रत हुसैन की उत्तराधिकारी यानी वारिस थी।

आभा से उसकी फ़रिश्ते हैं दृष्टिवान्
जीवन्त, ज्ञानी, वाणीवान् और जानकार।
ऐसा एक महल जिसके दरवाज़े और दीवार थे फ़ीरोज़ा के बने
सकल नील गगन था जैसे उसकी गोद में।
परिमाण व गुण से श्रेष्ठतर उत्तुंगता थी उसकी
वह[1411] विचार को निरुपाय और पतित कर देती थी।
वह गुलाब व सरो, वह चमेली और शाख़ वह घनी
मृदुलता में हैं वे तस्वीर बहार की।
हर पल पुष्पों की पंखुड़ियाँ और पात तरुओं के
करते हैं धारण भिन्न रंग अंकुरण की ललक से।
प्रात समीरन है उसकी इस क़दर सम्मोहिनी
ज़र्द हो जाता है सुर्ख़ पलक झपकते ही।
मोती बिखरने वाले फव्वारे हैं हर तरफ़
स्वर्ग में उत्पन्न पक्षी करते रहते हैं कलरव।
एक प्रकोष्ठ है अन्दर उस उत्तुँग महल के
धूलि-कण लाता है जिसका सूरज को कमंद में।
उसकी छतें, दीवारें और स्तंभ हैं अक़ीक़[1411(क)] के
उसकी फ़र्श नीलम की, मीनाकारी उसपर अक़ीक़ से।
दायीं और बायीं ओर उस महल के
अप्सरायें हैं पंक्तिबद्ध सुनहरी कमरबंद में।
स्वर्ण के सिंहासन पर मध्य में आसीन हैं
शहंशाह जो जमशेद[1412] वैभव में, प्रताप में बहराम[1413] हैं।
रूमी ने, जो कि हैं दर्पण शिष्टाचार के
अत्यन्त स्नेह से खोले होंठ अपने।

1411. उस महल की उत्तुंगता।

1411(क). एक बहुमूल्य पत्थर।

1412. प्राचीन ईरान के प्रतापी सम्राट जिसने अंगूरी शराब ईजाद की थी। कहते हैं उसके पास एक ऐसा प्याला था जिसमें सकल संसार दिखाई पड़ता था।

1413. प्राचीन ईरान का सासानी वंश का सम्राट। इस नाम के कई सम्राट हुये हैं। बहराम प्रथम चौथा सासानी सम्राट था जो शापूर प्रथम का पुत्र था।

और कहा, "पुरुष यह[1414] कवि है पूर्व से
एक कवि या कि एक जादूगर है पूर्व से।
सूक्ष्म है उसका विचार, आत्मा है करुणाशील उसकी
दिया है पूर्व वासियों को परिताप कविता ने उसकी।"

नादिर

ऐ सूक्ष्मग्राही पूर्व के स्वागत है तेरा
देती है शोभा तुझे फ़ारसी भाषा।
हम हैं राज़दार, राज़ की हमसे बात कर
मालूम है जो कुछ तुझे ईरान के बारे में कह।

ज़िन्दारूद

मुद्दत के बाद खोली है उसने आँख स्वयं पर
फँस गया है लेकिन वह एक जाल के अन्दर।[1415]
मारा हुआ है चंचल हसीन बुतों के नाज़ का
अन्धानुकरण में यूरोप के है वह संस्कृति का स्रष्टा।[1416]
काम है राष्ट्र व वंश पर उस आसक्त का
शापूर[1417] की स्तुति और अरबों की भर्त्सना।
खाली है नये अनुभवों से उसकी ज़िन्दगी
प्राचीन क़ब्रों में वह ढूँढ़ता है ज़िन्दगी।

1414. ज़िन्दारूद।

1415. 'एक जाल के अन्दर' का आशय 'राष्ट्रवाद के जाल के अन्दर' है।

1416. 'एक संस्कृति के स्रष्टा' से आशय 'ईरान तथा ईरानी संस्कृति' से है।

1417. प्राचीन ईरान के सासानी राजवंश में दो शापूर हुये हैं एक शापूर प्रथम और दूसरा शापूर द्वितीय। यहाँ कवि का आशय यह है कि जब ईरान में पश्चिमी प्रभाव के अन्तर्गत राष्ट्रवाद की भावना का उदय हुआ तो ईरानी अपने प्राचीन बादशाहों पर गर्व करने लगे और अरबों के योगदान को भुलाकर उनकी भर्त्सना करने लगे।

गुम कर दी है अपनी ख़ुदी, जोड़ लिया है नाता वतन से
रुस्तम[1418] को दे दिया है दिल, तोड़ लिया है रिश्ता हैदर[1419] से।
कर रहा है मिथ्या छवि स्वीकार यूरोप से
इतिहास की व्याख्या ग्रहण करता है यूरोप से।

उसपर बुढ़ापा था आ गया यज़्द ज़िर्द[1420] के काल से
मुख हो गया था दीप्तिहीन उसका ठण्डे ख़ून से।
पुरातन था उसका धर्म व विधान, थी जीर्ण व्यवस्था
पुरातन था प्रकाश व तिमिर उसके प्रात व संध्या का।
न थी हिल्लौर मदिरा की उसके अस्तित्व के चषक में
चिनगारी न थी कोई उसकी मिट्‌टी के ढ़ेर में।
यहाँ तक कि रेगिस्तान से एक क़यामत हुयी बरपा[1421]
जिसने प्रदान किया उन्हें जीवन एक नया।
क़यामत है इस प्रकार की, ईश्वर की एक कृपा
फ़ारस तो है बाक़ी अभी किन्तु रोम है कहाँ?
जिस क़ौम के शरीर से निकल चुकी हो पवित्र आत्मा
वह मिट्‌टी से उठ सकती नहीं क़यामत के बिना।
रेगिस्तानी पुरुषों[1422] ने फूँकी नयी आत्मा ईरान में
फिर अपने रेगिस्तान की ओर वापस चले गये।
मिटा दिया जो पुरातन था हमारे फ़लक से और चले गये
वे नवयुग का साज़ोसामाँ हमें देकर चले गये।
अफ़सोस कि ईरान ने अरबों का उपकार न पहचाना
स्वयं को दिया यूरोप की आग में पिघला।

1418. प्राचीन ईरानी हीरो।

1419. इस्लाम के चौथे ख़लीफ़ा हज़रत अली।

1420. ईरान का आख़िरी बादशाह।

1421. यहाँ ईरान में अरबों के आगमन एवं उनकी ईरान विजय के प्रति संकेत है।

1422. अरबों ने।

नासिर ख़ुसरो अलवी[1423] की आत्मा प्रकट होती है तथा एक मतवाली ग़ज़ल गाकर अंतर्धान हो जाती है

हाथ को यदि बनाया है वाहन तलवार व क़लम का
कर न ग़म यदि तन का अश्व हो लूला या लंगड़ा।
हुनर होता है पैदा धार से तलवार के और नोक से क़लम के
ऐ बंधु जैसे ज्योति अग्नि से, और अग्नि गुलनार[1424] से।
यदि विधर्मी के हाथ आ जाय क़लम या तलवार तो समझ वह गुणी नहीं
क्योंकि धर्म न हो तो क़लम और तलवार की क़ीमत कोई नहीं।
होता है ज्ञानी से प्रतिष्ठित धर्म और अपमानित अज्ञानी से
अज्ञानी के समक्ष धर्म है जैसे मालती समक्ष गाय के।
उस मोटे कपड़े की तरह जिसके एक आधे से इलियास[1425] के लिए
बनता है कुर्ता और शेष आधे से कफ़न यहूदी के लिए।

1423. ईरान के प्रसिद्ध कवि नासिर ख़ुसरो अलवी का पूरा नाम हुज्जत ख़ुरासान व बदख़्शाँ अबू मुईन नासिर बिन ख़ुसरो है। उसका जन्म लगभग 1004 ई. में बल्ख़ के समीप क़बदियान गाँव में हुआ था। अपनी विलक्षण प्रतिभा के कारण अपने समय की समस्त पारम्परिक विधाओं का उसने प्रगाढ़ ज्ञान प्राप्त किया। यह इस्माईली धर्म का अनुयायी था। उस समय मिश्र में फातिमी हुक़ूमत थी जो इस्माईली धर्म की अनुयायी थी और जो ज्ञान-विज्ञान का बहुत आदर करती थी। फ़ातिमी हुक़ूमत ने सर्वत्र इस्माईली प्रचारकों का जाल बिछा रखा था। अत: नासिर खुसरो का मिश्री दरबार में बहुत आदर-सत्कार हुआ और इस्माईली धर्म के प्रचार के लिए ख़ुरासान और बदख़्शाँ का इलाक़ा उसके सुपुर्द किया गया। इसीलिए उसे 'हुज्जत ख़ुरासान व बदख़्शाँ' की उपाधि प्रदान की गयी। इस्माईली धर्म की शब्दावली में 'हुज्जत' का अर्थ 'प्रधान धर्म प्रचारक' होता है जिसके अधीन अनेक 'धर्म प्रचारक' होते हैं। स्पष्ट है कि नासिर खुसरो इस्माईली मज़हब का एक नैतिक एवं धार्मिक कवि था। कवि के साथ ही साथ नासिर ख़ुसरो गद्यकार भी था। उसका सफरनामा 'ज़ादल्मुसाफ़िरीन' बहुत प्रसिद्ध है। उसने कभी किसी अमीर या बादशाह की प्रशंसा नहीं की, बल्कि दुनिया को दीन (धर्म) की दृष्टि से देखा। 'संभवत: यही कारण है कि इक़बाल उसकी रुह को बिना किसी व्याख्या या टिप्पणी के प्रकट करवाते हैं' (डॉ. मुहम्मद रियाज: 'जावेदनामा-अनुसंधान एवं व्याख्या', इक़बाल अकादमी, लाहौर, पाकिस्तान, 1988, पृष्ठ 169-170)। 1087 ई. में नासिर ख़ुसरो अलवी की मृत्यु हुयी।

1424. मूल पाठ में 'नारवन' जिसका अर्थ है 'गुलनार' (Elm-Tree)।

1425. हज़रत इलियास (Eligeh) एक पैग़म्बर थे।

अब्दाली

वह युवक[1426] कि जिसने सल्तनतों की डाली आधारशिला
फिर पर्वतों व मरुस्थलों में स्वयं को ले गया।[1427]
अपनी पर्वतमालाओं में उसने एक अग्नि की थी प्रज्वलित
निकला खरा उसमें से या पूर्णतया उसी में जल गया?

ज़िन्दारूद

अन्य राष्ट्र हैं जब कि भाईचारे में तत्पर
अफ़ग़ानियों में लेकिन भाई से भाई है युद्धरत्।
निर्भर है उसके जीवन पर प्राची का जीवन
करता है दस वर्षीय किशोर उसका सैन्य संचालन।
उस बेख़बर ने स्वयं को कर लिया स्वयं से पृथक्
संभावनाओं से स्वयं की वह नहीं अवगत।
वह रखता है एक दिल, पर है उस दिल से लापरवा[1428]
तन से तन का है वियोग और दिल से दिल का।[1429]

1426. मूल पाठ में 'आँ जवाँ ' जिसका अर्थ है 'वह युवक या ज़वान' जिससे आशय 'अफ़ग़ान क़ौम' है।

1427. मूल पाठ में 'बाज़ दर कोहोक़फ़ारे ख़ुद रमीद' जिसका अर्थ है 'फिर वह स्वयं पर्वतों एवं बियाबानों (बीहड़ों) में चला गया'। यदि 'क़फ़ार' का अर्थ 'सूखी रोटी या बिना सालन की रोटी' लिया जाय तो इसका अर्थ होगा, 'फिर वह अपने पहाड़ों में सूखी रोटी पर संतुष्ट होकर चला गया' अर्थात् 'वह अपने पहाड़ों में सीमित हो गया या उसकी ज़िन्दगी पहाड़ों में सीमित हो गयी'। यदि 'क़फ़ार' का अर्थ 'बिना हरियाली की भूमि' लिया जाय तो पहला अनुवाद होगा। 'क़फ़ार' 'क़फ्र' का बहुवचन है।

1428. मूल पाठ में 'ग़ाफ़िल ज़ दिल' जिसका अर्थ है वह 'दिल से ग़ाफ़िल या बेख़बर या लापरवा'। आशय यह है कि अफ़ग़ान अपने जीवन के ध्येय से बेख़बर हैं।

1429. मूल पाठ में 'तन ज़ तन अन्दर फिराक़ दिल ज़ दिल' जिसका अर्थ है 'तन से तन और दिल से दिल वियोग (फ़िराक़) में है अर्थात् पृथक है'। आशय यह है कि अफ़गान क़ौम का एक व्यक्ति (तन) दूसरे व्यक्ति (तन) से कोई सरोकार नहीं रखता क्योंकि उनमें परस्पर वैमनस्य एवं मतभेद है।

इस राही को मंज़िल का रास्त मिलता नहीं है
प्रयोजनों से आत्मा के वह अवगत नहीं है।
क्या बात कही अफ़ग़ानों से परिचित उस कवि ने[1430]
जो कुछ भी देखा कह दिया उसने बिना डरे।
था वह अफ़ग़ानों की मिल्लत का मीमांसक
था वह अफ़ग़ानों की बीमारी का उपचारक।
देखा उसने[1431] क़ौम का रहस्य और स्पष्टतया कह दिया उसे
कह दी सच्ची बात उसने मतवालों की बेबाकी से।
"यदि आज़ाद अफ़ग़ान को एक एक ऊँट मिल जाये
साज़ो सामाँ से सुसज्जित लदा मोतियों के ढेर से।
बजाय मोतियों के ढेर के नादानी से अपनी
हो जायेगा वह ख़ुश घन्टी से ऊँट की।"

अब्दाली

हमारी प्रकृति में उमंग व तत्परता है हृदय के कारण
जागरण व निद्रालुता शरीर का है हृदय के कारण।
हो जाता है परिवर्तित शरीर हृदय की मृत्यु से
स्वेद हो जाता है लहू रोमरंध्रों में उसके।
हृदय हो रोगग्रस्त तो शरीर कुछ नहीं है कुछ नहीं

1430. ख़ुशहाल ख़ाँ खटक, जो ज़िला पेशावर के अकोड़ा खटक गाँव में 1673 ई. में पैदा हुआ था, अपने पिता शहबाज़ ख़ाँ की मृत्यु के पश्चात् अपने क़बीले का सरदार बना। 1664 ई. में काबुल के सूबेदार सैयद अमीर ख़ाँ ने ख़ुशहाल ख़ाँ को व्यक्तिगत शत्रुता के कारण गिरफ्तार करके पैरों में बेड़ियाँ डालकर लाहौर से दिल्ली भेजा। 1667 ई. में उसे रिहाई मिली। रिहाई मिलने के बाद से मृत्यु पर्यन्त वह अफ़ग़ानों की आज़ादी के लिए मुगलों से संघर्ष करता रहा। 1689 ई. में उसकी मृत्यु हुयी।

1431. ख़ुशहाल ख़ाँ खटक ने।

1432. हृदय का जीवन धार्मिक एवं नैतिक मूल्यों के अनुसरण पर निर्भर करता है और इन मूल्यों के निर्वहण एवं अनुसरण से ही राष्ट्रों एवं व्यक्तियों में परस्पर भाईचारा पैदा होगा जिसकी परिणति क़ौमी एकता में होगी जैसा कि आगामी शे'र से स्पष्ट हो जायेगा।

हृदय पर आँख को टिका अन्यत्र उसे उलझा नहीं।[1432]
एशिया एक देह[1433] है नीर-मिट्टी की
अफ़ग़ान क़ौम दिल है उस देह में।[1434]
उसकी क्षति में है क्षति एशिया की
उसकी समृद्धि में है समृद्धि एशिया की।
दिल आज़ाद है जब तक आज़ाद रहता है शरीर
अन्यथा हवा की राह में एक तिनका है शरीर।
शरीर की तरह नियम का पालक होता है हृदय
घृणा से मृत और धर्म से जीवित होता है हृदय।
एकत्व के अवस्थान से शक्ति धर्म की आती है
एकत्व हो दृष्टिगोचर[1435] तो वह मिल्लत[1436] होती है।

पश्चिम के अन्धानुकरण से स्वयं को पूर्व ने दिया भुला
इन कौमों को[1437] करनी चाहिये पश्चिम की मीमांसा।[1438]
शक्ति पश्चिम की है न बंसी सितार से
न तो अवगुण्ठनहीन[1439] कन्याओं के नृत्य से।
न लाला सदृश सुर्ख़ चेहरे वाली जादूगरनियों के जादू से
न नग्न पिण्डलियों से, न कटे हुये बालों से।
न स्थायित्व है उसका धर्महीनता के कारण

1433. मूल पाठ में 'पैकर' जिसका अर्थ है 'शरीर, देह, आकृति या मुजस्समा'।

1434. आशय यह है कि यदि अफ़ग़ान क़ौम जागृत हो जाय तो समस्त एशिया जागृत हो जायेगा। अफ़ग़ानों की जागृति से उनमें क़ौमी एकता पैदा होगी।

1435. मूल पाठ में, 'वहदत अज़ मशहूद' जिसका अर्थ है 'यदि एकत्व (वहदत) गोचर (मशहूद) हो तो'।

1436. राष्ट्र, क़ौम।

1437. मूल पाठ में, 'ई.अक़्वाम' जिसका अर्थ है 'इन क़ौमों (राष्ट्रों) को'।

1438. पश्चिमी सभ्यता एवं संस्कृति के गुण-दोष का विवेचन करना चाहिए न कि अन्धानुकरण।

1439. मूल पाठ में 'बेहिजाब' जिसका अर्थ है 'बेपर्दा, अवगुण्ठनहीन'।

1440. मूल पाठ में 'क़त्ओबुरी दे जाम:' जिसका अर्थ है 'लिबास या परिधान (जाम:) की कटाई-छँटाई (क़तओबुरीद-Cut and trim) या सज-धज'।

1441. मूल पाठ में 'इमाम:' जिसका अर्थ है 'पगड़ी या साफा या उष्णीष' (Turban)। यहाँ 'इमाम:' (पगड़ी) से आशय यह है कि मुसलमान या पूर्व के अन्य राष्ट्र अपनी वेश-भूषा में रहते हुये भी पश्चिमी विज्ञान व शिल्प को ग्रहण कर सकते हैं।

न प्रगति है उसकी लातीनी लिपि के कारण।
शक्ति है यूरोप की विज्ञान व कला से
दीपक है उसका देदीप्यमान उसी आग से।
वेश-भूषा की सज-धज से[1440] व्युत्पत्ति नहीं विवेक की
विज्ञान व शिल्प में पगड़ी[1441] बाधा नहीं होती।
ज्ञान व शिल्प के लिए ऐ चपल सुन्दर नौजवान
मस्तिष्क चाहिये न कि फिरंगियों का परिधान।
इस राह में[1442] दृष्टि के सिवा कुछ और नहीं अभीष्ट
यह टोपी या वह टोपी[1443] है नहीं अभीष्ट।
यदि तू रखता है कुशाग्र बुद्धि तो है पर्याप्त वह
यदि तू रखता है विवेकशील प्रकृति[1444] तो है पर्याप्त वह।

रातों में जो खाता है धुँआ दीपक का[1445]
ज्ञान, शिल्प व विवेक का वह पाता है पता।
अर्थ के राज्य की कोई सीमाबन्दी कर सका नहीं
अनवरत संघर्ष के बिना जो हस्तगत होता नहीं।
तुर्क है स्वयं से बेख़बर और मदमत्त फिरंग से
पी लिया है मधुर विष उसने हाथ से फिरंग के।[1446]

1442. ज्ञान-विज्ञान की गवेषणा एवं अनुसंधान की राह में।

1443. मूल पाठ में 'ईं कुलह या आँ कुलह' जिसका अर्थ है 'यह टोपी या वह टोपी' (कुलह)। आशय यह है कि विज्ञान व कला की उपलब्धि का संबंध लोगों की वेशभूषा से नहीं, बल्कि उनकी दृष्टि एवं बुद्धि और विवेक से है।

1444. मूल पाठ में 'तब् अे-दर्राक' जिसका अर्थ है 'तेज़ समझ वाला स्वभाव व विवेकशील प्रकृति'।

1445. मूल पाठ में 'ख़ुरद दूदे चिराग़' जिसका अर्थ है 'दीपक का धुँआ खाता है'। आशय यह है कि रातों को जाग-जाग कर चिन्तन एवं मनन करता है। इस दृष्टि से इस शे'र का अनुवाद इस प्रकार होगा :

'जाग-जाग कर रातों को जो चिन्तन है करता
ज्ञान, शिल्प एवं विवेक का वह पाता है पता।'

1446. आशय यह है कि अपनी अस्मिता, परम्परा, सभ्यता एवं संस्कृति भुलाकर तुर्क पश्चिम का अन्धानुकरण कर रहे हैं।

इराक़ की प्रत्यौषध उन्होंने छोड़ दी है हाथ से[1447]
इसके सिवा मैं क्या कहूँ ईश्वर उनकी रक्षा करे।
दास यूरोप का दिखावे की भावना से
लाता है नृत्य, गान पश्चिम वालों से।
अपनी आत्मा की नक़्दी वह खेल में हार देता है
चूँकि ज्ञान है कठिन वह खेल को अनुकूल पाता है।[1448]
आलस्य के कारण वह ग्रहण करता है सुगम को
उसकी प्रकृति करती है अंगीकार सुगम को।
करना तलाश सुगम की इस प्राचीन मूर्ति-गृह में[1449]
प्रमाण है कि निकल चुकी है आत्मा शरीर से।

ज़िन्दारूद

क्या तू है परिचित यूरोपीय सभ्यता से
रंगों के दो सौ स्वर्ग हैं उसके जगत् में।[1450]
घरबारों को उसकी चमक-दमक ने जला दिया
शाखा, पत्ता और नीड़ को उसने[1451] जला दिया।

1447. मूल पाठ में 'ज़ाँकि तिर्याक़े इराक़ अज़ दस्त दाद' जिसका अर्थ है 'चूँकि उन्होंने (तुर्कों) ने इराक़ की प्रत्यौषध (Antidote) हाथ से दे दिया है' अर्थात् 'त्याग दिया है'। तात्पर्य यह है कि तुर्कों ने अपनी अस्मिता या पहचान का कोई चिह्न नहीं छोड़ा जिससे कि वे पुन: स्वयं को पा सकें। 'इराक की प्रत्यौषध' (मूल पाठ में 'तिर्याक़े-इराक़') यानी 'इराक़ से तिर्याक़' लाने की बात मुहावरा है। तात्पर्य यह ह कि जब तक इराक़ से तिर्याक़ (प्रत्यौषध या ज़हरमोहरा-Antidote) लाया जायेगा, साँप का डँसा हुआ मर जायेगा।

1448. मूल पाठ में 'इल्म दुश्वार अस्त मी साज़द बलह्व' जिसका अर्थ है 'ज्ञानार्जन कठिन होता है, अत: वह खेल-तमाशा (लह्व) से अनुकूलन करता है' अर्थात् 'वह खेल तमाशा को अपने अनुकूल पाता है न कि ज्ञानार्जान को जो बहुत कठिन होता है'।

1449. मूल पाठ में 'सहल रा जस्तन दरीं दैरे कुहन' जिसका अर्थ है 'इस प्राचीन मूर्तिगृह (दैरे कुहन) में अर्थात् संसार में सुगम (सहल, सरल) की तलाश करना'। फ़ारसी और उर्दू शाइरी में संसार को 'दैरे कुहन' यानी 'प्राचीन मूर्तिगृह या प्राचीन सराय' कहते हैं।

1450. मूल पाठ में 'दर जहाने ऊ दो सद फिरदौसे रंग' जिसका अर्थ है 'उसके (पश्चिमी सभ्यता) के जगत् में रंग के दो सौ स्वर्ग हैं'। तात्पर्य यह है कि यूरोपीय सभ्यता बाह्य चमक-दमक की दृष्टि से दो सौ रंगों के स्वर्ग का दृश्य प्रस्तुत करती है।

1451. पाश्चात्य सभ्यता के बाह्य आकर्षण ने।

प्रकाशमान और आकर्षक बाह्य है उसका
हृदय है निर्बल और है ग़ुलाम नज़र का।
देखती है आँख, अन्दर डगमगाता है हृदय
गिरता है वह औंधा इस मूर्तिगृह के समक्ष।
कोई जानता नहीं है प्राची की नियति क्या
बाह्य से आबद्ध हृदय की है युक्ति क्या? [1452]

अब्दाली

रखता है जो कुछ वश नियति पर प्राची की
निर्भर है वह संकल्प व दूरदर्शिता पर पहलवी[1453] और नादिर[1454] की।
क़ुबाद[1455] के सिंहासन का उत्तराधिकारी वह पहलवी
नाख़ून ने जिसके खोली थी ग्रन्थि ईरान की।
नादिर वह जो कि है पूँजी दुर्रानियों की
अफ़ग़ान राष्ट्र को जिसने व्यवस्था प्रदान की।
व्यथित है वह धर्म और राष्ट्र के दुःख से
लश्कर उसका आया बाहर पहाड़ों से।
वह सैनिक, वह सेनानायक और वह शासक है

1452. मूल पाठ में 'दिल बज़ाहिर नस्त: रा तद्‌बीर चीस्त' जिसका अर्थ है 'बाह्य (Exterior) से बंधे हुये (अर्थात् बाह्य से आसक्त) हृदय की युक्ति क्या है?' आशय यह है कि पूर्व की जातियाँ (क़ौमें) पश्चिमी सभ्यता की बाहरी चमक-दमक से अभिभूत हैं तथा वे बाह्य से दिल लगाये हुये हैं और अभ्यंतर (बातिन-Interior) की ओर आँख उठाकर नहीं देखतीं ऐसी स्थिति में आखिर उनकी इस मनोवृति का निदान क्या है?

1453. ईरान का तत्कालीन शासक रज़ा शाह पहलवी जिसे 1943 में अंग्रेजों ने राज सिंहासन छोड़ने के लिये विवश कर दिया था।

1454. अफ़ग़ानिस्तान के तत्कालीन (इक़बाल के समकालीन) शासक जनरल नादिर ख़ान जिन्होंने अक्टूबर, 1929 में बच्चा सिक्क़ा को परास्त करके नादिरशाह की उपाधि कारण करके अफ़ग़ानिस्तान के शासन की बागडोर अपने हाथों में ले ली थी। शीघ्र ही वह अपनी दूरदर्शिता, सूझबूझ, न्यायप्रियता एवं प्रशासनिक योग्यता के कारण अफ़ग़ानिस्तान में बहुत लोकप्रिय हो गये थे। 1933 में एक अफ़ग़ान नवयुवक ने गोली मारकर उन्हें शहीद कर दिया। नादिरशाह का संबंध अहमदशाह अब्दाली से था जो दुर्रानी था।

1455. प्राचीन ईरान के सासानी वंश के एक बादशाह का नाम जो नौशेरवाँ आदिल का पिता था।

शत्रुओं के लिए इस्पात और मित्रों के लिए रेशम है।
निछावर मैं उसपर स्वयं को देखा है जिसने
वर्तमान युग को अच्छी तरह तौला है जिसने।
रंग-ढंग पश्चिम वालों के हैं मायावी
स्वयं के सिवा अन्य पर भरोसा है काफ़िरी।

सुल्तान शहीद[1456]

हिन्द और हिन्दुस्तानियों के बारे में कुछ और कह
क़ीमत नहीं उपवन की, जिसके एक तिनके के बराबर।
वह कि जिसकी मस्जिदों का कोलाहल है मर चुका[1457]
वह कि जिसके मन्दिरों की बुझ गयी है आग।[1458]
वह कि जिसके वास्ते मैंने ख़ून किया था दिल अपना[1459]
वह कि जिसकी याद से मैंने पोषित किया था अपना प्राण।
अनुमान कर उसकी व्यथा का हमारी व्यथा से
अफ़सोस उस प्रेम पात्र पर जो अपना प्रेमी न पहचाने।[1460]

1456. सुल्तान शहीद टीपू।

1457. मूल पाठ में 'आँ कि अन्दर मस्जिदश हंगामः मुर्द ' जिसका अर्थ है 'वह (हिन्दुस्तान) कि जिसकी मस्जिदों के अन्दर कोलाहल (हंगामः) मर चुका है'। यहाँ 'कोलाहल' (हंगामः) से आशय 'आज़ादी की भावना, कर्मोत्साह, संघर्ष या जिहाद की भावना' है। अतः इस मिसरे (अर्ध शे'र) का तात्पर्य यह है, '(उस हिन्दुस्तान के बारे में कुछ बता) जिसकी मस्जिदों में मुजाहिद, स्वतन्त्रता सेनानी, संघर्षरत् कर्मवीर अब नहीं रहे अर्थात् जिसकी मस्जिदों में कर्मयोगी और संघर्षकर्त्ता एवं आज़ादी के मतवाले अब तैयार नहीं किये जाते'।

1458. आशय यह है कि वह (हिन्दुस्तान) जिसकी मन्दिरों में आज़ादी की आग बुझ गयी है और जिसके पुजारी अर्थात् हिन्दू लोग अंग्रेजों की ग़ुलामी पर राज़ी हो गये हैं।

1459. 4 मई, 1799 को अपनी राजधानी श्रृंगपटम की रक्षा करते हुये टीपू सुल्तान के शहीद होने के प्रति संकेत हैं।

1460. आशय यह है कि 'हिन्दुस्तान के वास्तविक शुभचिन्तक हम (अर्थात् टीपू सुल्तान) हैं क्योंकि उसकी आज़ादी की रक्षा के लिए हमने अपने प्राण और अपनी सल्तनत की क़ुर्बानी दी है, किन्तु अफ़सोस इस बात का है कि वह हिन्दुस्तान जिसके लिए मैंने यह सब किया मुझे भूल गया है'।

ज़िन्दारूद

हिन्दुस्तानी हो गये हैं अवज्ञाकारी फिरंगी क़ानून के[1461]
फिरंगी तिलिस्म और प्रवंचना वे स्वीकार नहीं करते।[1462]
होता है एक भारी बोझ आत्मा पर विदेशी क़ानून
भले ही आसमान से क्यों न उतरा हो वह क़ानून।

सुल्तान शहीद

मनुष्य चूँकि पैदा होता है मुट्ठी भर मिट्टी से
एक दिल के साथ, उस दिल में उत्कण्ठा लिये हुये।
अवज्ञा[1463] का स्वाद चखना सरोकार है उसका
अपने सिवा किसी और को न देखना काम है उसका।
चूँकि अवज्ञा के बिना ख़ुदी होती नहीं है हस्तगत
ख़ुदी हो न जबतक हस्तगत, आदमी खाता है शिकस्त।
मेरे शहर, मेरे देश को देखा है तूने[1464]
डाली है निगाह मेरे मज़ार पर तूने।
ब्रह्माण्ड की सीमाओं के ऐ जानकार!
क्या देखा है तूने दकन में जीवन का आसार?

1461. यहाँ 'फिरंगी कानून' का तात्पर्य 'विदेशी शासन' है। यहाँ सविनय अवज्ञा आन्दोलन (Civil Disobedience Movement) के प्रति संकेत है।

1462. आशय यह है कि इस समय (जावेदनामा की रचना के समय) हिन्दुस्तान में आज़ादी का आन्दोलन शुरू हो गया है।

1463. मूल पाठ में 'इस्याँ' जो 'इसयान' का लघु रूप है जिसका अर्थ है 'अवज्ञा, नाफर्मानी, पाप या गुनाह'।

1464. 1929 ई. में अल्लामा इक़बाल ने शृंगापटनम की यात्रा की थी और सुल्तान टीपू के मज़ार पर हाज़िरी दी थी। यहाँ उसी के प्रति संकेत है।

ज़िन्दारूद

मैंने बो दिये[1465] हैं आँसुओं के बीज दकन में
लाला उग रहे हैं उस उपवन की धूलि से।[1466]
कावेरी सरिता है निरन्तर यात्रा में
देखी है मैंने एक नयी हलचल[1467] उसकी आत्मा में।

सुल्तान शहीद

ऐ कि हृदय-प्रभासक काव्य-शक्ति प्राप्त है तुझे
मैं जल रहा हूँ अभी तक तेरे आँसुओं के परिताप से।
रहस्यज्ञाताओं का नाख़ून प्रयास और परिश्रम से
निकालता है रुधिर का सरित् वाद्य की रग से।
वह स्वर-माधुर्य जो कि होता है तेरी आत्मा से प्रस्फुटित
प्रत्येक वक्ष को करता है प्रदान एक परिताप आन्तरिक।
मैं हाज़िर हो चुका हूँ दरबार में सबके आक़ा के[1468]
वह कि जिनके बिना तय होते नहीं हैं रास्ते।[1469]

1465. मूल पाठ में 'रेख़्तम' जिसका अर्थ है 'मैंने बिखेर दिये हैं या छितरा दिये हैं या बिखरा दिये हैं' जिसका आशय है 'बो दिये हैं'।

1466. मूल पाठ में 'लालाहा रूयद ज़ ख़ाके ऊ चमन' जिसका अर्थ है 'उस चमन (उपवन) की मिट्टी से लाला उगते हैं'। 'लाला' एक सुर्ख़ फूल है जिसे अहिपुष्प (Tulip) कहते हैं। तात्पर्य यह है कि मेरे द्वारा दिये गये संदेश के कारण अब दकन की धरती से आज़ादी के मतवाले पैदा हो रहे हैं। 1928-29 में अल्लामा इक़बाल ने दकन की यात्रा की थी और वहाँ के लोगों को अपना संदेश दिया था।

1467. मूल पाठ में 'शोर' जिसका अर्थ है 'कोलाहल, आवेश, हलचल'। आशय यह है कि दकन के लोगों में अब आज़ादी के प्रति एक नयी जागृति उत्पन्न हो रही है।

1468. मूल पाठ में 'बूद:अम दर हज़रते मौला-ए-कुल' जिसका अर्थ है 'मैं जो आया हूँ या मैं हाज़िर हो चुका हूँ सबके स्वामी (मौला-ए-कुल) के दरबार में'। 'सबके स्वामी' या 'सबके आक़ा' से आशय 'पैग़म्बर हज़रत मुहम्मद' (स.अ. व स.) से है।

1469. 'तय होते नहीं रास्ते' का तात्पर्य 'तय होते नहीं जीवन के रास्ते' है।

यद्यपि वहाँ पर बात करने का साहस नहीं होता
आत्मा को दीदार के सिवा कोई काम नहीं होता।
मैं था जला हुआ तेरे शे'रों की आग से
मेरी ज़बान पर तेरे विचार आ गये।
पूछा,[1470] "किसका है यह शे'र जो तूने है पढ़ा?
उसके अन्दर है कोलाहल जीवन का"।
अब तू उसी परिताप से जो अनुकूल है आत्मा के
एक-दो शब्द मेरी ओर से कावेरी तक पहुँचा दे।
संसार में तू जीवन्त सरित, वह भी जीवन्त सरित[1471]
स्वरमाधुर्य के अन्दर स्वरमाधुर्य होगा अत्यन्त उत्कृष्ट।

कावेरी सरिता के प्रति सुल्तान शहीद टीपू का संदेश
(जीवन, मृत्यु एवं शहादत की यथार्थता)

ऐ कावेरी सरित! तू ज़रा आहिस्ता चल
शायद कि तू है क्लान्त भ्रमण से सतत।
पर्वतमालाओं में उम्र भर तू करती रही है आर्तनाद
पलकों से तूने किया है प्रशस्त अपना मार्ग।
ऐ कि तू है मुझको उत्तमतर जैहून[1472] और फ़ुरात[1473] से
ऐ कि तेरा नीर है जीवनामृत दकन के लिए।
आह! वह एक शहर[1474] जो पहलू में था तेरे

1470. पैग़म्बर हज़रत मुहम्मद (स.अ. व स.) ने पूछा।

1471. मूल पाठ में 'दर जहाँ तू ज़िन्दारूद ऊ ज़िन्दारूद' जिसका अर्थ है 'संसार में तू ज़िन्दारूद (जीवन्त सरित) कहलाता है और वह भी जीवन्त-सरित (ज़िन्दारूद) है'।

1472. मध्य एशिया की एक नदी जो बलख़ के किनारे बहती है। इसे आमू (Oxus) भी कहते हैं जिसे ईरान और तूरान (तुर्किस्तान) के मध्य सरहद माना जाता था और इस नदी के पास के इलाक़े को मावरा उन्नहर कहते थे।

1473. इराक की प्रसिद्ध नदी जिसे अंग्रेजी में Euphrates कहते हैं।

1474. सुल्तान शहीद टीपू की राजधानी श्रृंगपटम के प्रति संकेत है जो कावेरी नदी के तट पर स्थित थी।

प्रतिरूप था जिसका मधुर-सौंदर्य, सौंदर्य का तेरे।
यद्यपि तू हो गयी है बूढ़ी तेरा तारुण्य है वही
तेरा प्रवाह, तेरी छवि, तेरी कान्ति है वही।
सिवा मोती के एक दाना के[1475] तेरी लहर ने कुछ नहीं किया पैदा
ईश्वर करे अनन्तता[1476] तक साहिल उत्तेजित रहे तेरा।[1477]
ऐ! वह कि जिसका[1478] वाद्य है परिताप जीवन का
क्या जानती है तू यह संदेश है किसका?
तू जानती है उसका कि जिसके वैभव की तू करती थी प्रदक्षिणा
जिसके कि राज्य की तू रही है दर्पणधारिका।
वह कि जिसके उपायों ने कानन को स्वर्ग कर दिया
वह कि जिसने चित्र अपना लहू से अपने अंकित किया।[1479]
वह कि जिसकी क़ब्र है शरण-स्थली सैकड़ों उत्कण्ठाओं की
उसके ही लहू के कारण है व्याकुलता तेरी लहरों की।
वह कि साक्षात् कर्म जिसकी वाणी थी
वह था जागृत और निद्रा में था प्राची।[1480]

ऐ कि मैं और तू लहरें हैं जीवन-सरित की
हर क्षण हो जाती है यह सृष्टि दूसरी।[1481]

1475. मूल पाठ में 'जुज़ दान ए गौहर' जिसका अर्थ है 'मोती के एक दाना के सिवाय'। 'मोती के एक दाना' का आशय 'सुल्तान शहीद टीपू' है।
1476. मूल पाठ में 'अबद' जिसका अर्थ है 'अनन्तता' (Eternity)।
1477. आशय यह है कि तू सदैव उमड़ता रहे और तेरी लहरें सदैव अपने साहिल से टकराती रहें।
1478. 'जिसका' से आशय 'जिसकी लहरों' अर्थात् 'कावेरी नदी की लहरों' से है।
1479. मूल पाठ में 'आँकि नक़्शे ख़ुद बखूने ख़ुद नविश्त' जिसका अर्थ है 'वह (सुल्तान शहीद टीपू) कि जिसने अपने ख़ून से अपना चित्र (दकन के इतिहास के पन्ने पर) बना दिया या अंकित कर दिया। आशय यह है कि वह सुल्तान शहीद टीपू जो अपने राज्य की रक्षा करते हुये शहीद हुआ।
1480. मूल पाठ में 'मशरिक़ अन्दर ख़्वाब ऊ बेदार बूद' जिसका अर्थ है 'पूर्व (एशियायी राष्ट्र) निद्रा में थे (केवल) वह (सुल्तान शहीद टीपू) जाग रहा था'। सुल्तान टीपू के चरित्र (Character) को चित्रित करने के लिए इससे बेहतर मिसरा असंभव है। वह पहला हिन्दुस्तानी शासक था जिसने अन्दाज़ा कर लिया था कि हिन्दुस्तान में अंग्रेजों द्वारा पैर जमाने का अर्थ हिन्दुस्तान की ग़ुलामी है।
1481. मूल पाठ में 'हर नफस दीगर शवद ईं काइनात' जिसका अर्थ है 'हर क्षण यह सृष्टि (जगत्) भिन्न (अर्थात् परिवर्तित) हो जाती है'।

हर घड़ी एक आमूल परिवर्तन[1482] है ज़िन्दगी
खोज में रहती है वह एक अभिनव जगत् की।
ताना-बाना हर अस्तित्व का है फ़ना के कारण[1483]
यह सकल अभिव्यक्ति है फ़ना के कारण।[1484]
यात्री सदृश रास्ते हैं यात्रा में रत
सर्वत्र यात्रा है प्रच्छन्न, टिकान है प्रकट।[1485]
क़ाफ़िले हों, ऊँट हों, कानन हों या तरु खजूर के
जो कुछ तू देखे रोता है वह दर्द से कूच के।
चमन में फूल है मेहमान पल भर का
उसका रंग व रौनक़ है मेहमान पल भर का।
क्या है वसंत ऋतु? मातम भी और उत्सव भी
उसकी गोद में कली और कंधे पर लाश फूल की।
"थोड़ी देर और जल", मैंने लाला के फूल से कहा[1486]
"तू मेरे राज़ को अभी तक नहीं जानता", उसने कहा।

1482. मूल पाठ में 'इन्क़िलाब' जिसका अर्थ है 'क्रान्ति, परिवर्तन, समय का उलटफेर'।

1483. मूल पाठ में 'तारो पौदे हर वुजूद अज़ रफ्तो बूद' जिसका अर्थ है 'ताना-बाना हर अस्तित्व का फ़ना (रफ्तोबूद) से है'। 'फ़ना' का अर्थ है 'अस्तित्व का नष्ट होना, विलीनता या अस्तित्व का मिट जाना'।

1484. आशय यह है कि चूँकि नैसर्गिक रूप से हर अस्तित्ववान (Existent) जानता है कि उसका सांसारिक जीवन चन्द दिनों का है यदि वह अपनी हस्ती या अपने अस्तित्व की अभिव्यक्ति नहीं करेगा तो नि:संदेह बिना अभिव्यक्ति के यहाँ से चला जायेगा। इसीलिए कहा कि 'यह सकल अभिव्यक्ति है फ़ना के कारण'। मूल पाठ में 'ईं हम: ज़ौक़े नुमूद अज़ रफ्तोबूद' जिसका अर्थ है, 'इस सकल आत्माभिव्यक्ति की चाहत का कारण फ़ना है'।

1485. इस शे'र का आशय यह है कि यात्रियों की तरह रास्ते भी यात्रा में है यद्यपि सर्वत्र रास्तों की यात्रा गुप्त या प्रच्छन्न और उनका टिकान या ठहराव प्रकट है। तात्पर्य यह है कि संसार की हर चीज़ बदलती रहती है और वह जो वर्तमान क्षण में है अगले क्षण में नहीं होती। अत: ध्यान से देखने पर मालूम होगा कि यात्री ही यात्रा में नहीं होता, बल्कि स्वयं राह भी यात्रा में होती है। अत: टिकान या ठहराव देखने में है, परन्तु वास्तव में नहीं है क्योंकि जो वस्तु ठहरी हुयी है वह भी शनै: शनै: मिट रही है, परिवर्तित हो रही है, घिस रही है, जीर्ण हो रही है। इस प्रकार ठहरे या स्थिर होने पर भी परिवर्तन की यात्रा में रत है और फ़ना की ओर गमन कर रही हैं। इसीलिए ऐसी वस्तुओं की यात्रा सर्वत्र प्रच्छन्न और टिकान/ठहराव प्रकट है। मूल पाठ में 'हर कुजा पिन्हाँ सफर पैदा हज़र' जिसका अर्थ है 'सर्वत्र यात्रा गुप्त और टिकान (टिकाव या ठहराव-हज़र) प्रकट है'।

1486. लाला के फूल का जलना उसके सुर्ख रंग और उसके सीने में काले दाग़ के आधार पर।

"खर पतवार से होती है रचना अस्तित्व की
क्या है सजा उत्कण्ठा के सिवा आत्माभिव्यक्ति[1487] की?"

अस्तित्व-जगत्[1488] की सराय में चाहता है आना? न आ
अनस्तित्व[1489] से अस्तित्व की ओर चाहता है आना? न आ।
आना है तो चिनगारी की तरह न स्वयं से गुज़र
तलाश में किसी खलिहान की तू आवारा फिर।
यदि रखता है तू आभा व ऊष्मा सूर्य की तरह
निवसित विस्तार में आकाश के रख तू क़दम।
पर्वत, पखेरु, उपवन और कानन को दे जला
सागर की तह में मछलियों को भी दे जला।
यदि तीर के लायक़[1491] तू रखता है वक्षस्थल
संसार में जी बाज़ की तरह और बाज़ की तरह मर।
जीवन की गहनता में निहित है चूँकि अमरता[1492]
माँगी नहीं ईश्वर से मैंने जीवन की दीर्घता।[1493]

1487. मूल पाठ में नुमूद जिसका अर्थ है ज़ुहूर, प्रकटन, प्रकटीकरण, आविर्भाव, अभिव्यक्ति या आत्माभिव्यक्ति।

1488. मूल पाठ में 'हस्तोबूद' जिसका शाब्दिक अर्थ है 'है और था' जिसका आशय 'अस्तित्व जगत् या अस्तित्व की दुनिया' या 'सृष्टि अथवा काइनात' है।

1489. मूल पाठ में 'अदम' जिसका अर्थ है 'अस्तित्व न होना'।

1490. मूल पाठ में 'शरार' जिसका अर्थ है 'चिनगारी या अग्निकण'। यहाँ चिनगारी 'उद्देश्यहीन जीवन' का प्रतीक है।

1491. 'तीर के लायक' का आशय 'तीर खाने के लायक' है। 'तीर के लायक' का अभिप्राय है संसार की कठिनाइयों, मुसीबतों का सामना करने की सामर्थ्य रखने वाला।

1492. मूल पाठ में 'जाँकि दर अर्ज़े हयात आयद सबात' जिसका अर्थ है 'चूँकि जीवन की चौड़ाई (Breadth of life) से अमरता आती है। 'अर्ज़े हयात' का शाब्दिक अर्थ है 'जीवन की चौड़ाई' अर्थात् 'जीवन की गहनता'। 'अर्ज़े हयात' या 'जीवन की गहनता' जीवन के संघर्षों, जीवन में कुछ कर दिखाने में, जीवन की संघर्षमय उपलब्धियों में निहित होती है न की जीवन की दीर्घता या दीर्घायुता में। अत: 'अर्ज़े हयात' अल्प किन्तु संघर्षों एवं महान् उपलब्धियों से परिपूर्ण जीवन है।

1493. चूँकि जीवन की चिरन्तनता, शाश्वतता या अमरता 'अर्ज़े हयात' यानी 'जीवन की गहनता' (शाब्दिक अर्थ में 'जीवन की चौड़ाई'-Breadth of life) में निहित होती है इसीलिए मैंने ईश्वर से जीवन की दीर्घता या दीर्घायुता (मूल पाठ में 'तूले हयात' अर्थात् 'जीवन की लम्बाई-जीवन की दीर्घता) नहीं माँगी। सुल्तान टीपू शहीद ने मात्र 48 वर्ष की उम्र पायी थी, किन्तु इस छोटी सी उम्र में उसका जीवन संघर्षों एवं जीवन की महान् उपलब्धियों से परिपूर्ण था। अत: अल्लामा इक़बाल ने जीवन की गहनता एवं दीर्घता का बिन्दु निकाला है जिसके अन्तर्गत जीवन की दीर्घता (तूले हयात) की अपेक्षा जीवन की गहनता (अर्ज़े हयात) अधिक महत्वपूर्ण होती है।

रस्म, धर्म और पंथ क्या है जीवन के लिए
एक लमहा शेर का बेहतर है सौ साल से भेड़ के।

समर्पण व स्वीकरण[1494] से जीवन होता है सुदृढ़
मृत्यु है एक छल, तिलिस्म और दृष्टिभ्रम।[1495]
सिंह है ईश्वरभक्त और मृत्यु हिरन है
उसके सैकड़ों अवस्थावों में एक अवस्थान मरण है।
वह सिद्ध पुरुष[1496] झपटता है मृत्यु पर ऐसे
श्येन झपटता है एक कपोत पर जैसे।
मरता रहता है हर लमहा दास मृत्यु के भय से
उसकी ज़िन्दगी हो जाती है हराम मृत्यु के भय से।
आज़ाद बन्दे की शान होती है कुछ और
मृत्यु देती है उसे नयी ज़िन्दगी कुछ और।
उसे स्वयं की चिन्ता होती है,[1497] मृत्यु की चिन्ता नहीं
आज़ाद व्यक्ति के लिए मृत्यु एक पल से अधिक नहीं।

1494. मूल पाठ में 'तस्लीमोरज़ा'। 'तस्लीम' का अर्थ है 'समर्पण' और 'रज़ा' का अर्थ है 'स्वीकृति या स्वीकार'। 'तस्लीमोरज़ा' की धारणा इस्लामी शरीअत और तसव्वुफ की आत्मा है। अत: इकबाल ने इसे अपनी हर कृति में अपना विषयवस्तु बनाया है। 'तस्लीमोरज़ा' (समर्पण एवं स्वीकरण) का तात्पर्य यह है कि मनुष्य ईश्वर की इच्छा में अपनी इच्छा को विलीन करके इस प्रकार जीवनयापन करे कि ईश्वरेच्छा से उसकी इच्छा का पूर्णतया अनुकूलन हो जाय। इससे मनुष्य में यह विश्वास पैदा हो जाता है कि जो भी होता है वह ईश्वरेच्छा से ही होता है, अत: वह न तो मुसीबत में घबराकर शिकायत करता है और न मैदान छोड़कर भागता है। वह हर स्थिति का मानसिक संतुलन एवं ईश्वर में निष्ठा के साथ सामना करता है। उसे पूरा विश्वास होता है कि यदि ईश्वर न चाहे तो सारी दुनिया के लोग उसका बाल बाँका नहीं कर सकते और ईश्वर चाहे तो सारी दुनिया के लोग मिलकर भी उसे नहीं बचा सकते। इसीलिए क़ुरआन में ईश्वरभक्तों के लिए कहा गया है 'ईश्वर उनसे राज़ी (संतुष्ट, रज़ामन्द) हुआ और वे ईश्वर से राज़ी हुये'। 'रज़ा' की अवस्था में ईश्वर बन्दे से और बन्दा ईश्वर से राज़ी होता है और 'तस्लीम' की अवस्था में बन्दा ईश्वर की ही मर्ज़ी, उसकी हर इच्छा एवं हर आदेश के सामने अपने समर्पण का सिर झुका होता है।

1495. आशय यह है कि मृत्यु मानव जीवन की समाप्ति का नाम नहीं है, बल्कि जीवन की अवस्थाओं में एक अवस्था तथा जीवन की मंज़िलों में एक मंज़िल का नाम है। मृत्यु वह द्वार है जिससे गुज़र कर हम एक उच्चतर एवं श्रेष्ठतर जीवन-प्रांगण में प्रवेश करते हैं।

1496. मूल पाठ में 'आँ मर्दे तमाम' जिसका अर्थ है 'वह पूर्ण पुरुष या वह सिद्ध पुरुष'।

1497. मूल पाठ में 'ऊ ख़ुद अन्देशस्त' जिसका अर्थ है 'वह स्वयं की चिन्ता करनेवाला होता है' अर्थात् 'सदैव उसे केवल अपनी ख़ुदी को सुदृढ़तर करने की चिन्ता होती है। उसे मृत्यु की चिन्ता नहीं होती।'

अनुकूल हो जो क़ब्र के तू हो परे मृत्यु से ऐसी
क्योंकि वह मृत्यु होती है मृत्यु हैवान दरिंदों की।
आस्थावान पुरुष आकांक्षा करता है पवित्र ईश्वर से
वह अन्य मृत्यु जो ऊपर उठा दे मिट्टी से उसे।[1499]
वह अन्य मृत्यु जो है पराकाष्ठा प्रेम के राह की
अन्तिम तक्बीर[1500] है प्रेम की युद्ध-भूमि की।
यद्यपि मोमिन[1501] के लिए हर मृत्यु होती है मधुर
मुर्तज़ा के पुत्र[1502] की मृत्यु चीज़ है कुछ और।
ग़ारतगरी[1503] है संसार के सम्राटों का युद्ध
पैग़म्बरी सुन्नत[1504] है मोमिन का युद्ध।[1505]
क्या है मोमिन का युद्ध? दोस्त की ओर अभिगमन[1506]
त्यागना संसार का और दोस्त की गली का वरण।

1498. मूल पाठ में 'मर्दे मोमिन' जिसका अर्थ है 'मोमिन पुरुष या मुसलमान पुरुष या आस्थावान पुरुष'।

1499. मूल पाठ में 'आँ दिगर मर्गे कि बरगीरद ज़ ख़ाक' जिसका अर्थ है 'वह अन्य मृत्यु जो उसे धरती से (ऊपर) उठा दे' अर्थात 'जो उसे धरती से आसमान पर पहुँचा दे'। आशय यह है कि ईश्वर पुरुष ऐसी मृत्यु का अभिलाषी होता है जो उसे एक नयी ज़िन्दगी प्रदान कर दे या उसे पुन: जीवित कर दे। तात्पर्य यह है कि ईश्वर पुरुष आत्म बलिदान या शहादत में मृत्यु नहीं, बल्कि एक नई ज़िन्दगी की तलाश करता है।

1500. 'अल्लाहु अकबर' (ईश्वर महान्) कहने को 'तक्बीर' कहते हैं।

1501. आस्थावान् , मुसलमान।

1502. 'मुर्तज़ा' इस्लाम के चौथे ख़लीफ़ा हज़रत अली का नाम है। 'मुर्तज़ा के पुत्र' से आशय हज़रत इमाम हुसैन है जो कर्बला के मैदान में शहीद हुये थे।

1503. लूटमार।

1504. मूल पाठ में 'सुन्नते पैग़म्बरी' जिसका अर्थ है पैग़म्बर हज़रत मुहम्मद (स.अ. व स.) की पैरवी या उनका अनुकरण। आशय यह है कि मोमिन (आस्थावान्, मुसलमान) का युद्ध जिहाद होता है।

1505. संसार के बादशाहों और मोमिन के युद्ध में यही अन्तर है कि बादशाहों के युद्ध का उद्देश्य लूटमार, बर्बादी और मनुष्यों को ग़ुलाम बनाना होता है, किन्तु मोमिन का जिहाद संसार को न्याय से परिपूर्ण कर देने और अन्याय के विनाश तथा मनुष्यों को ग़ुलामी से छुटकारा दिलाने के लिए होता है। पैग़म्बर हज़रत मुहम्मद (स.अ. व स.) की सुन्नत का अर्थ यह है कि हज़रत मुहम्मद (स.अ. व स.) ने जितने भी युद्ध किये उनका उद्देश्य लूटमार, बर्बादी और मनुष्यों को ग़ुलाम बनाना नहीं था, बल्कि शहंशाही और राजशाही के कदाचार का समूल विनाश तथा ऐसा माहौल उत्पन्न करना था जिसमें ईश्वर के बन्दे आज़ादी से जीवन व्यतीत कर सकें।

1506. मूल पाठ में 'हिजरत सूये दोस्त' जिसका अर्थ है 'दोस्त (ईश्वर) के प्रति हिजरत या देशान्तरण या प्रवजन' अर्थात् 'ईश्वर की ओर अभिगमन'।

वह कि जिन्होंने[1507] क़ौमों को सिखलाया शब्द प्रेम का
बतलाया युद्ध को यतित्व भाव इस्लाम का।[1508]
शहीद के सिवा कोई नहीं जानता है इस बिन्दु को
क्योंकि ख़रीदा है अपने लहू से उसने इस बिन्दु को।

ज़िन्दारूद स्वर्ग से विदा होता है
स्वर्ग की हूरों का निवेदन

शीशा हो गया चूर-चूर मेरे धैर्य व चैन का[1509]
"उठ", मेरे कान में सन्त रूमी ने कहा।
वह प्रेम की बातें, वह तल्लीनता और विश्वास
आह वह उत्तुंग भवन और भव्य वह प्रासाद।
मैं रक्तरंजित हृदय के साथ पहुँचा उसके द्वार पर
देखा हूरों का एक हुज़ूम मैंने उसके द्वार पर।
था उनके होठों पर "ज़िन्दारूद ऐ ज़िन्दारूद
परिताप और स्वरमाधुर्य के मालिक ऐ ज़िन्दारूद"।
शोर उठा दायीं ओर से और बायीं ओर से
"एक-दो पल बैठ पास हमारे, बैठ पास हमारे"।

ज़िन्दारूद

राही कि जो जानता है राज़ सफर का
मंज़िल से अधिक डरता है रहज़न की अपेक्षा।
संयोग और वियोग में प्रेम को नहीं विश्रान्ति
अनश्वर सौन्दर्य[1510] के बिना उसे नहीं विश्रान्ति।
झुकना[1511] बुतों के सामने आदि है उसकी[1512]

1507. पैग़म्बर हज़रत मुहम्मद (स.अ. व स.)।
1508. प्रसिद्ध हदीस पैग़म्बर हज़रत मुहम्मद (स.अ. व स.) का कथन 'अल् जिहादु रह्बानियतुल् इस्लामि' जिसका अर्थ है 'जिहाद इस्लाम का यतित्व या संन्यासभाव है'।
1509. आशय यह है कि सुल्तान टीपू शहीद की बातें सुनकर मैं (ज़िन्दारूद) अधीर-बेचैन हो गया।
1510. मूल पाठ में 'जमाले लायज़ाल' जिसका अर्थ है 'अनश्वर सौन्दर्य' अर्थात् 'ईश्वर का सौन्दर्य'।
1511. मूल पाठ में 'उफ्तादगी' जिसका अर्थ है 'झुकना, गिरना, विनय या आजिज़ी'।
1512. प्रेम की शुरुआत लौकिक प्रेम (इश्क़े मजाज़ी) से होती है।

प्रेमपात्रों से स्वतन्त्रता पराकाष्ठा है उसकी।
प्रेम है बेपर्वा और सदैव कूच में
वह राहगीर है दिक् और अदिक् में[1513]।
तीव्रगामी लहर सदृश है पंथ हमारा
अंगीकार मार्ग का और त्याग पड़ाव का।

स्वर्ग की हूरें

विभिन्न अवस्थाओं का धारक है तू भी काल के सदृश
हमसे न कर संकोच एक मधुर गीत के निमित्त।

ज़िन्दारूद की ग़ज़ल

आदमी को तो न पा सका, ख़ुदा को तू है क्या ढूँढ़ता[1514]
स्वयं से तो हो गया है दूर, सखा को तू है क्या ढूँढ़ता?
फिर फूल की डाल से लटक,[1515] खींच नीर व नमी उससे[1516]
ऐ विवर्णित![1517] प्रात समीरन से तू है क्या ढूँढ़ता?[1518]

1513. मूल पाठ में 'दर मकानो ला मकाँ' जिसका अर्थ है 'दिक् और अदिक् में' अर्थात् 'इहलोक (दिक्) और परलोक (अदिक्) में'।

1514. आशय यह है कि जब तू आत्मज्ञान (आदमी को) प्राप्त नहीं कर सका तो तुझे ब्रह्मज्ञान कैसे प्राप्त होगा। तात्पर्य यह है कि ब्रह्मज्ञान प्राप्त करने के लिए पहले अपनी ख़ुदी का ज्ञान यानी आत्मज्ञान (Self knowledge) प्राप्त करो उसके पश्चात् ही ब्रह्मज्ञान की जिज्ञासा करो।

1515. मूल पाठ में 'दिगर ब शाख़े गुल आवेज़' जिसका अर्थ है 'फिर फूल की डाल से लटक या फिर फूल की डाल से अनुलग्न हो जा' अर्थात् 'किसी कामिल मुर्शिद (किसी सक्षम ब्रह्मज्ञानी-Spiritual Director) से संलग्न हो जा या संसर्ग प्राप्त कर'। यहाँ 'आवेज़' (लटकने) का अर्थ 'साहचर्य प्राप्त करना' है।

1516. मूल पाठ में 'व आबोनम दर कश' जिसका अर्थ है 'और उससे तरी और नमी खींच या आत्मसात कर'। तात्पर्य यह है कि आध्यात्मिक गुरु से ब्रह्मज्ञान प्राप्त कर।

1517. मूल पाठ में 'परीद: रंग' जिसका अर्थ है 'वह जिसका रंग उड़ गया है' अर्थात् 'वह जो विवर्णित (Faded colour) है'।

1518. मूल पाठ में 'ज़ बादे सबा चे मी जोयी' जिसका अर्थ है 'प्रात:कालीन समीर (बादे सबा) से तू क्या तलाश कर रहा है?'। यहाँ 'प्रात:कालीन समीर' या 'प्रात समीरन' का तात्पर्य 'बाहरी रीति-रिवाज और किताबी ज्ञान' है। आशय यह है कि बाह्य रीति-रिवाजों या अनुष्ठानों से कुछ नहीं प्राप्त होता क्योंकि बक़ौल महाकवि अकबर इलाहाबादी 'दीन होता है बुज़ुर्गों की नज़र से पैदा' यानी 'अध्यात्मज्ञानियों से अन्तर्दृष्टि प्राप्त करने से ही कुछ मिलता है'।

दो बूँदें हैं हृदय के रक्त की कस्तूरी कहते हैं जिसे[1519]
हरम के ऐ हिरन! [1520] ख़ता के देश में तू है क्या ढूँढ़ता।[1521]
राजत्व व विश्व प्रभुत्व है निकष दरवेशी का[1522]
माँग तख़्त जमशेद का, [1523] बोरिया को तू है क्या ढूँढ़ता।[1524]
क्यारियों से लाला के फूल की[1525] लोग उसका लगाते हैं पता[1526]

1519. मूल पाठ में 'दो क़तर: ख़ूने दिल अस्त आँ चे मुश्क मी नामन्द' जिसका अर्थ है 'दिल के ख़ून की दो बूँद है जिसे कस्तूरी कहते हैं'। यहाँ 'कस्तूरी' से आशय 'ईश्वर का प्रेम' है। 'दिल के ख़ून की दो बूँद' (दो क़तर: ख़ूने दिल) का आशय 'हृदय की भावना' (Feeling of Heart) है। आशय यह है कि ईश्वर-प्रेम का संबंध हृदय की भावना से है किसी तीर्थ या धार्मिक स्थान से नहीं। यदि हृदय में ईश्वरभक्ति नहीं है तो तीर्थों में क्या धरा है।

1520. मूल पाठ में 'तू ऐ ग़ज़ाले हरम' जिसका अर्थ है 'तू ऐ का'बा के हिरन'। 'हरम' का अर्थ है 'पुण्य-स्थान' (Sanctuary)। मुसलमानों का हरम यानी पुण्य-स्थान (Sanctuary) यानी का'बा मक्का में है। यहाँ 'हरम के हिरन' का तात्पर्य 'मुसलमान' है।

1521. मूल पाठ में 'दर ख़ता चे मी जो यी' जिसका अर्थ है 'ख़ता (चीन का एक प्रदेश) के देश में तू क्या ढूँढ़ता है? '। आशय यह है कि हिरन की नाभि में कस्तूरी उसके रक्त से बनती है। यदि हिरन में कस्तूरी उत्पन्न करने की क्षमता नहीं है तो उसे चीन के ख़ता प्रदेश में वर्षों रखने से भी कोई लाभ नहीं होना है। तात्पर्य यह है कि यदि हाजी या मुसलमान या तीर्थयात्री के हृदय में ईश्वरभक्ति या ईश्वर प्रेम की भावना नहीं है तो मात्र का'बा की यात्रा करने से उसे कुछ लाभ नहीं होगा।

1522. मूल पाठ में 'अयारे फ़क्र ज़ सुल्तानी व जहाँगीरी अस्त' जिसका अर्थ है, 'फ़क्र यानी फ़क़ीरी या दरवेशी की कसौटी (अयार) बादशाही व विश्व-विजय की शक्ति है'। आशय यह है कि वास्तविक दरवेशी या फ़कीरी (फ़क्र) वह है जो दुनिया का मोहताज नहीं होती, वह संसार से निस्पृह होती है बल्कि संसार उससे अपेक्षा करता है वह संसार से नहीं। फ़कीरी या दरवेशी की शान यह है कि इसमें संसार को वशीभूत करने की शक्ति होती है।

1523. मूल पाठ में 'सरीरे जम बतलब' जिसका अर्थ है 'जमशेद (प्राचीन ईरान का एक प्रतापी शासक) का सिंहासन (तख़्त) माँग'। तात्पर्य यह है कि अपने अन्दर सृष्टि को वशीभूत करने की क्षमता उत्पन्न कर।

1524. मूल पाठ में 'बोरिया चे मीजोयी' जिसका अर्थ है 'बोरिया की क्या तलाश करता है? '। आशय यह है कि वास्तविक दरवेशी या फ़क़ीरी (फक्र) बोरे या टाट पर बैठना नहीं है। वास्तविक दरवेशी वह है जो अपने अन्दर सृष्टि को वशीभूत करने की शक्ति रखती है।

1525. मूल पाठ में 'ज़ ख़ियाबाने लाल:' जिसका अर्थ है 'लाला फूल की क्यारियों से'। 'लाला फूल की क्यारियों' (ख़ियाबाने लाल:) का आशय 'ईश्वरोन्मत्त प्रेमी' हैं जो इक़बाल के कलाम की प्रभावकारिता के कारण साधना (सुलूक) के मार्ग पर अग्रसर हैं।

1526. मूल पाठ में 'सुराग़ ऊ' जिसका अर्थ है 'उसका यानी इक़बाल के संदेश का या इक़बाल के संदेश की प्रभावकारिता का सुराग या पता'।

हमारे रक्तरंजित गीत को[1527] हमसे तू है क्या ढूँढ़ता?[1528]
संगत से प्रबुद्ध हृदयों[1529] की वृद्धि होती है दृष्टि में[1530]
अल्प दृष्टि के दर्द के लिए[1531] तूतिया को तू है क्या ढूँढ़ता?[1532]
कलंदर हैं हम सृष्टि-ज्ञान[1533] है चमत्कार हमारा
मुझसे निगाह[1534] कर तलब कीमिया को तू है क्या ढूँढ़ता?

ईश्वर के समक्ष[1535]

यद्यपि उसकी[1536] प्रव्यंजनाओं में स्वर्ग है एक प्रव्यंजना[1537]
चैन आत्मा को नहीं दोस्त[1538] के दीदार के सिवा।
अपने उद्‌भव के प्रति हम हैं पर्दे में
पक्षी हैं हम जो नीड़ अपना गुम हैं कर चुके।

1527. मूल पाठ में 'नवाये खूँशुदः या' जिसका अर्थ है 'हमारे हृदय के ख़ून में डूबकर ज़बान से निकला हुआ कलाम या पैग़ाम या संदेश'।

1528. आशय यह है कि 'ऐ मेरे गीत! तू मेरे संदेश की प्रभावकारिता के संबंध में मुझसे क्या पूछती है?' इसके सुराग़ के लिए या इसके असर को जानने के लिए देखना होगा कि क्या दूसरों के दिल भी ख़ून हुये हैं या नहीं।

1529. मूल पाठ में 'रौशनदिलाँ' जिसका अर्थ है 'ज्योतित हृदय वालों या प्रबुद्ध हृदयों' (Enlightened of Heart)। 'प्रबुद्ध हृदयों' (रौशन दिलाँ) का आशय 'ईश्वरोन्मत्तों' (God-Intoxicated) या 'ईश्वरभक्तों' या 'ईश्वरप्रेमियों' है।

1530. 'दृष्टि में होती है वृद्धि' का अभिप्राय 'आध्यात्मिक ज्ञान (मा'रिफत) में वृद्धि होती है'। यहाँ 'दृष्टि' (मूल पाठ में 'नज़र') का आशय 'आध्यात्मिक ज्ञान' है।

1531. मूल पाठ में 'ज़ दर्दे कम बसरी' जिसका अर्थ है 'अल्प दृष्टि के दर्द के निमित्त'।

1532. सुर्मा, अंजन।

1533. मूल पाठ में 'जहाँबीनी' जिसका अर्थ है 'सृष्टि की यथार्थता का संज्ञान' जो इस बोध में है कि यह सृष्टि या जगत् कुछ नहीं है केवल ईश्वरीय गुणों (Divine Attributes) का प्रतिबिम्ब है।

1534. ज्ञान, विवेक।

1535. मूल पाठ में 'हुज़ूर' जिसका अर्थ है 'हाजिरी, उपस्थिति या विद्यमानता'। जन्नत की हूरों से विदा होकर ज़िन्दा रुद ईश्वर के दरबार में हाज़िरी देता है।

1536. ईश्वर की।

1537. मूल पाठ में 'गर चे जन्नत अज़ तजल्लीहाये अस्त' जिसका अर्थ है 'यद्यपि जन्नत (स्वर्ग) उसकी (ईश्वर की) तजल्लियों यानी प्रव्यंजनाओं (Manifestations) में से है'। आशय यह है कि स्वर्ग (जन्नत) ईश्वर की एक तजल्ली यानी प्रव्यंजना (Manifestations) है।

1538. ईश्वर।

ज्ञान[1539] है यदि वक्रप्रकृति और कुटिल वृत्ति
पर्दा है वह सबसे बड़ा हमारी चक्षु के समक्ष।
यदि दिव्य-ज्ञान[1540] हो उद्‌देश्य बुद्धि का[1541]
एक साथ हो जाती है वह[1542] राह और रहनुमा।
रख देती है तेरे सामने वह अस्तित्व[1543] का छिलका
ताकि तू पूछे राज़ क्या है इस प्रदर्शन[1544] का।[1545]
मार्ग को वह इस प्रकार करती है समतल
प्रेम को वह इस प्रकार करती है जागृत।[1546]

1539. मूल पाठ में 'इल्म' जिसका अर्थ है 'ज्ञान'। किन्तु यहाँ 'ज्ञान' का आशय 'बुद्धि' (Reason) है। साथ ही यहाँ 'ज्ञान' (इल्म) का अभिप्राय 'विज्ञान' भी लिया जा सकता है।

1540. मूल पाठ में, 'नज़र' जिसका अर्थ है 'दृष्टि', किन्तु यहाँ 'दृष्टि' (नज़र) का आशय 'मा'रिफत' (दिव्य-ज्ञान, ईश्वर का अवबोध या संज्ञान) है।

1541. मूल पाठ में 'इल्म रा' जिसका अर्थ है 'ज्ञान का', किन्तु यहाँ 'ज्ञान का' (इल्म रा) से आशय 'बुद्धि (Reason) का' है।

1542. बुद्धि (Reason)।

1543. मूल पाठ में 'वुजूद' जिसका अर्थ है 'अस्तित्व'।

1544. मूल पाठ में 'नुमूद' जिसका अर्थ है 'प्रकटन या प्रदर्शन (Display), अभिव्यक्ति'। वास्तव में यह छिलका (काइनात या सृष्टि) वुजूद (अस्तित्व, ईश्वर की हस्ती) की नुमूद (नुमाइश, प्रदर्शन) के लिए है।

1545. इस शे'र का आशय यह है कि सृष्टि की वस्तुयें छिलके के समान हैं, किन्तु अभीष्ट वह है जो इस छिलके के अन्दर है। अत: छिलका (सृष्टि की चीज़ें) उद्‌देश्य नहीं, उद्‌देश्य इस (सृष्टि) का स्रष्टा अर्थात् ईश्वर है। ध्यान रहे कि इक़बाल ने इस शे'र में इस्लामी (वह्दतुल वुजूदी) संकल्पना के दो मूलाधारात्मक शब्दों अर्थात् 'वुजूद' (अस्तित्व) और 'नुमूद' (प्रकटीकरण, प्रदर्शन, प्रकटन) का प्रयोग किया है। ईश्वर ने सृष्टि की सर्जना आत्मप्रकटन के लिये की है। इस अभिधारणा यानी वह्दतुल वुजूद (इस्लामी सर्वेश्वरवाद-Islamic Pantheism) के अनुसार वास्तविक अस्तित्व (वुजूद) ईश्वर का है और यह जगत् उस वास्तविक अस्तित्व का मात्र प्रतिबिम्ब (पर्तव) या जलवाग़री (प्रदर्शन) है।

1546. आशय यह है कि बुद्धि मनुष्य को इस बात पर विचार करने की मन्त्रणा देती है कि चूँकि यह जगत् हरपल परिवर्तित होता रहता है, अत: इस परिर्वतन के पीछे ज़रूर कोई ऐसी हस्ती है जो स्वत: अस्तित्ववान् हो (अर्थात् जो वाजिबुल वुजूद हो अर्थात् जिसका अस्तित्व दूसरे के सहारे न हो यानी वह स्वयंभू है) अर्थात् ईश्वर है। 'प्रेम को वह इस प्रकार करती है जागृत' का आशय यह है कि 'बुद्धि (मूल पाठ में इल्म यानी ज्ञान) ईश्वर की हस्ती का यक़ीन पैदा करती है'।

दर्द, दाग़, उत्कण्ठा और परिताप करती है तुझे प्रदान
विलाप अर्धरात्रि का करती है तुझे प्रदान।[1547]
व्याख्या ऐसी करती है बुद्धि[1548] रंग व गंध जगत् की
परवरिश होती है जिससे नेत्र और हृदय की।
तन्मयता और उत्कण्ठा के अवस्थान पर वह लाती है तुझे[1549]
जिब्रील की तरह फिर वह छोड़ देती है तुझे।[1550]
एकान्तता में किसी को प्रेम ला सकता है कैसे
अपनी आँख से भी लज्जा आती है उसे।[1551]
आरंभ में उसका साथी और सहपंथी होता है अपना
आख़िर में वह चलता है राह साथी के बिना।[1552]

हूरों और महलों से मैं बढ़ गया आगे
आत्मा की नौका डाल दी मैंने नूर सागर में।

1547. दर्द, दाग़, उत्कण्ठा और परिताप तथा अर्धरात्रि का विलाप यह सब प्रेम की दशायें (कैफ़ियत) हैं।

1548. मूल पाठ में 'इल्म' जिसका अर्थ है 'ज्ञान', किन्तु यहाँ 'ज्ञान' (इल्म) से आशय 'बुद्धि' (Reason) है।

1549. मूल पाठ में 'बर मक़ामे जज़्बोशौक़ आरद तुरा' जिसका अर्थ है 'वह (सद्बुद्धि) तुझे तन्मयता (जज़्ब) और उत्कण्ठा (शौक़) के अवस्थान (मक़ाम) पर ले आती है'। आशय यह है कि सद्बुद्धि (मूल पाठ में 'इल्म' यानी 'ज्ञान') का काम मात्र ईश्वर प्रेम जागृत करना है या ईश्वर के अस्तित्व का एहसास कराना है। यहीं उसका कार्य (Functions) समाप्त हो जाता है। वह ईश्वर का साक्षात्कार नहीं करा सकती।

1550. मूल पाठ में 'बाज़ चूँ जिब्रील बगुज़ारद तुरा' जिसका अर्थ है 'फिर वह तुझे जिब्रील की तरह तुझे छोड़ देती है'। यहाँ पैगम्बर हज़रत मुहम्मद (स.अ. व स.) के स्वर्गारोहण (मे'राज) की घटना के प्रति संकेत है। मे'राज की रात्रि जिब्रील फ़रिश्ता स्वर्ग की सीमा सिद्रतुलमुन्तहा के स्थान पर ठहर गया और हज़रत मुहम्मद (स.अ. व स.) अकेले ईश्वर के समक्ष चले गये क्योंकि ज़िब्रील को सिद्रतुलमुनतहा की सीमा से आगे जाने की आज्ञा नहीं थी। आशय यह है कि बुद्धि (Reason) ईश्वर के प्रति मार्गदर्शन कर सकती है, किन्तु ईश्वर से साक्षात्कार नहीं करा सकती। यह प्रेम का कार्य है।

1551. आशय यह है कि बुद्धि (मूल पाठ में 'इल्म' या 'ज्ञान') को प्रेम पीछे छोड़ देती है वह ख़ुदा के घर तक तो ले जाती है, परन्तु उसके अन्दर नहीं ले जा सकती, उसके अन्दर ले जाना प्रेम का कार्य है। इस प्रकार बुद्धि (Reason) पर प्रेम या इश्क़ (Love) की श्रेष्ठता बतायी गयी है।

1552. आशय यह है कि साधना के आरंभ में साधक को साथी और सहपंथी यानी मार्गदर्शक (Guide) की आवश्यकता होती है, किन्तु साधना की अन्तिम मंजिल साधक को अकेले तय करनी होती है।

मैं निमज्जित हो गया दीदार में उस सौन्दर्य के
हर पल जो लाता है परिवर्तन और अनश्वर है।[1553]
गुम हो गया मैं सृष्टि के अन्तःकरण में
जीवन सितार[1554] की तरह आया नज़र मुझे।[1555]
वह कि जिसका हर तार था एक दूसरा सितार
हर स्वर था जिसका दूसरे स्वर से रक्ताक्ततर।[1556]
हम सब हैं एक परिवार प्रकाश और अग्नि का
मनुष्य, सूर्य और चन्द्रमा, जिब्रील और अप्सरा।[1557]
लटका दिया एक दर्पण आत्मा के सामने
मिला दिया विस्मय को विश्वास से।[1558]

1553. मूल पाठ में 'हर ज़माँ दर इन्क़िलाबो लायज़ाल' जिसका अर्थ है 'जो ईश्वर (मूल पाठ में 'जमाल' जिसका अर्थ है 'सौन्दर्य' और जिसका आशय है 'ईश्वर की ज़ात' यानी 'ईश्वर का अस्तित्व') हर पल कायापलट या आमूल परिवर्तन लाता है और (स्वयं) अनश्वर (लायज़ाल) है'। इस शे'र में क़ुरआन की आयत 'कुल्ल यौमिन हुव की शानिन' अर्थात् 'वह (ईश्वर) हर समय एक नयी शान (सतत सृजन) में होता है'। तात्पर्य यह है कि यदि अस्तित्व (ज़ात) की दृष्टि से देखा जाय तो ईश्वर अनश्वर (लायज़ाल) है और यदि उसकी तजल्लियों, उसके आत्मप्रकटीकरणों अर्थात् उसकी सिफ़ात (Attributes) यानी उसके गुणों की दृष्टि से विचार किया जाय तो ईश्वर सदैव सृजनरत, सदैव आमूल परिवर्तनरत (दर इन्क़िलाब) है।

1554. मूल पाठ म 'रबाब' जो सितार की तरह का एक वाद्य होता है।

1555. इस शे'र का आशय यह है कि जिस प्रकार सितार के तारों से विभिन्न स्वर निकलते हैं उसी प्रकार परम अस्तित्व (Absolute life-हयाते मुत्लक़ या अल हक़) की आभाओं (तज़ल्लियों) की अभिव्यक्ति विभिन्न रूपों में होती है। दूसरे शब्दों में, जिस प्रकार सितार के तारों से विभिन्न स्वर निकलते हैं उसी प्रकार 'अस्मा' (ईश्वरीय नामों-Divine Names) और सिफ़ात (ईश्वरीय गुणों-Divine Attributes) से विभिन्न शक्लें पैदा होती हैं।

1556. मूल पाठ में 'ख़ूनीं तरे' जिसका अर्थ है 'अधिक रक्ताक्त' (More Blood Drenched) अर्थात् 'अधिक रम्य या आकर्षक'।

1557. आशय यह है कि संसार की समस्त सृजित वस्तुओं का मूल एक ही है अर्थात् परम अस्तित्व (Absolute Existence)।

1558. मूल पाठ में 'हैरते रा बा यक़ी आमेख़्तन्द' जिसका अर्थ यह है कि 'विस्मय को विश्वास से मिश्रित कर दिया'। विस्मय इसलिए कि पहले मैं स्वयं (Self-आत्मन्) को परम अस्तित्व (Absolute Existence) से भिन्न या इतर (Other) समझता था क्योंकि तअय्युन (निर्धारण) का आवरण (पर्दा) मेरी आँखों पर पड़ रहा था, किन्तु जब आवरण (पर्दा) उठा तो पता चला कि अस्तित्व तो एक ही है अर्थात् 'परम अस्तित्व'; अतः अपना, पराया या इतर का प्रश्न ही नहीं पैदा होता।

आज की सुबह कि जिसका प्रकाश है प्रत्यक्ष
विगत कल और आगामी कल वर्तमान[1559] हैं उसके समक्ष ।
अपने सकल रहस्यों सहित ईश्वर प्रकट है
मेरी निगाह से वह अपना दीदार[1560] करता है।
दीदार है उसका वृद्धि होना ह्रास के बिना[1561]
दीदार है उसका शरीर की क़ब्र से उठना।[1562]
दास[1563] और स्वामी[1564] हैं एक दूसरे की घात में

1559. मूल पाठ में 'दर हुज़ूरश दोशो फर्दा हाज़िर अस्त' जिसका अर्थ है 'उसके सामने विगत कल (Yesterday-दोश) और आगामी कल (Tomorrow-फर्दा) वर्तमान (Present) है'। तात्पर्य यह है भौतिक जगत् के काल में भूत, वर्तमान और भविष्य का विभाजन होता है, किन्तु ईश्वरीय काल (Divine Time) में भूत, वर्तमान और भविष्य का विभेदीकरण नहीं होता है। ईश्वर के समक्ष भूत, वर्तमान और भविष्य का विभेदीकरण नहीं होता है। ईश्वर के समक्ष भूत, वर्तमान, और भविष्य सब एक अनन्त आज या अनन्त वर्तमान (Eternal Now or Eternal Present) होता है। बक़ौल अक़बर इलाहाबादी ईश्वर के यहाँ 'हर वक़्त ज़माना हाल में है'। हर समय काल वर्तमान (हाल) में होता है यानी वहाँ सदैव 'अनन्त वर्तमान' (Eternal Now) होता है यानी भूत और भविष्य वर्तमान के रूप में विद्यमान होते हैं।

    क्या बात तेरे जमाल में है,
    हर वक़्त ज़माना हाल में है।

    - अकबर इलाहाबादी

1560. यह शे'र और साथ ही यह स्थल जावेदनामा के कठिनतम अशआर (शे'र का बहुवचन) और स्थलों में से है। 'मेरी निगाह से वह अपना करता है दीदार' (मूल पाठ में 'बा निगाहे मन कुनद दीदारे ख़ेश') का निहितार्थ यह है कि अस्तित्व केवल एक है वह परम अस्तित्व या निरपेक्ष अस्तित्व (Absolute Existence) या ईश्वरीय अस्तित्व (Divine Exixtence) है। अत: ईश्वर के अस्तित्व के अतिरिक्त अस्तित्व है ही नहीं। अत: मेरी निगाह ईश्वर की निगाह है क्योंकि मैं तो मौजूद ही नहीं क्योंकि मेरा अस्तित्व ही नहीं। इसीलिये कहा मेरी निगाह से वह (ईश्वर) अपना दीदार करता है।

1561. मूल पाठ में 'दीदनश अफ्ज़ूदने बे कास्तन' जिसका अर्थ है 'उसका (ईश्वर का) दीदार करना (ईश्वर का ऐसा ज्ञान यानी मा'रिफ़त है जिसमें) बिना ह्रास के वृद्धि होना है'। आशय यह है कि एक बार ईश्वर का दीदार कर लिया तो साधक के विश्वास और उसके ईश्वर के प्रति ज्ञान (मा'रिफत) में कमी का प्रश्न ही नहीं पैदा होता।

1562. मूल पाठ में 'दीदनश अज़ क़ब्रेतन बर्ख़ास्तन' जिसका अर्थ है 'उसका (ईश्वर का) दीदार शरीर की क़ब्र से उठ खड़ा होना है' अर्थात् 'दिक् और काल (Time And Space) की क़ैद से आज़ाद हो जाना है'।

1563. मूल पाठ में 'अब्द' जिसका अर्थ है 'दास या बन्दा' (Slave)।

1564. मूल पाठ में 'मौला' जिसका अर्थ है 'स्वामी, आक़ा' (God)।

दोनों हैं अधीर उत्कण्ठा से दीदार के।
जीवन जहाँ कहीं भी है एक तलाश है वह
पहेली यह हल हुयी नहीं मैं हूँ शिकार या कि वह।[1565]

मेरी आत्मा को प्रेम ने दिया दीदार की लज़्ज़त
मेरी वाणी को दिया वार्तालाप की हिम्मत।
"ऐ कि तेरे कारण दोनों लोक रखते हैं ज्योति और दृष्टि
इस धूलिपात्र[1566] पर भी ज़रा डाल तू अपनी दृष्टि।
अनुकूल नहीं है यह[1567] स्वतन्त्र दास[1568] के
सुंबुल[1569] से जिसके उगते हैं दंश शूल के।[1570]
भोग-विलास में निमज्जित हैं विजेता
विजितों को मात्र काम है दिन-रात का गिनना।
राजशाही[1571] से तेरी दुनिया हुयी ख़राब
सूरज के आस्तीन में छुपी है काली रात।
तबाही और लूटमार फिरंगियों का है विज्ञान

1565. ससीम अहं या ससीम आत्मन् (Finite Ego or Finite Self) की दृष्टि से विचार किया जाये तो 'मैं' (I) शिकार है और यदि परम अस्तित्व यानी 'वुजूदे मुत्लक़' (Absolute Existence) की दृष्टि से देखें तो 'वह' (ईश्वर) शिकार है। यदि इस अवधारणा की दृष्टि से विचार किया जाये कि जब ईश्वर के सिवा कोई अस्तित्व ही नहीं रखता तो मेरा देखना उसका देखना और मेरा शिकार होना उसका शिकार है, अतः दोनों शिकार और दोनों शिकारी भी हैं।

1566. मूल पाठ में 'ख़ाक दाने' जिसका अर्थ है 'धूलिपात्र' अर्थात् 'धरती'।

1567. यह धरती।

1568. मूल पाठ में 'बन्द ए आज़ाद' जिसका अर्थ है 'स्वतन्त्र दास' अर्थात् 'सत्यनिष्ठ व्यक्ति'।

1569. जटामासी, बाल छड़, एक ख़ुशबूदार घास जिसमें शाख की जगह अलकों (ज़ुल्फों) के समान तार होते हैं। यहाँ 'सुंबुल' (जटामासी, बाल छड़) सत्यवादिता और सत्यता का प्रतीक है।

1570. स्वतन्त्र सत्यनिष्ठ को उसकी सच्चाई एवं सत्यवादिता का फल फाँसी के फंदे के रूप में मिलता है।

1571. मूल पाठ में 'मुलूकिय्यत' जिसका अर्थ 'राजतन्त्रवाद (Monarchism), राजशाही अर्थात् निरंकुश शासन (Autocratic Rulership)' है। यहाँ आशय 'साम्राज्यवाद' है।

बुतख़ाने[1572] ख़ैबर हो गये हैदर न होने से।[1573]
निरुपाय हो गया है वह जो ला इलाह[1574] कहता है
एक केन्द्र के अभाव में दिशाहीन विचार उसका है।
चार मौतें हैं घात में इस सख़्तजान[1575] की
सूदखोर और हाकिम, मुल्ला और पीर।
तेरी शान के अनुरूप है कहाँ ऐसा जगत्
एक दाग़ है दामन पर तेरे यह नीर-मिट्टी का जगत्।

सौन्दर्यवाणी[1576]

अच्छे-बुरे चित्रों में से ईश्वर के क़लम ने
उपयुक्त था[1577] जो कुछ हमारे कर दिया अंकित उसे।
जानता है ऐ उत्तम मनुष्य! क्या है आना अस्तित्व में?[1578]

1572. मूल पाठ में 'दैरहा' जिसका अर्थ है 'मूर्तिगृह, ईसाइयों का गिरजा, बुतख़ाना, मन्दिर'। 'बुतख़ाने' (दैरहा) का आशय ज्ञान-विज्ञान की धारणाओं, विचारधाराओं के बुतख़ाने हैं।

1573. मूल पाठ में 'दैरहा ख़ैबर शुद अज़ बे हैदरी' जिसका अर्थ है 'बुतख़ाने ख़ैबर हो गये हैं हैदर के न होने के कारण'। मदीना के निकट ख़ैबर नामक स्थान पर एक क़िला था जिसे विजित करना कठिन हो गया था। अन्ततः इस्लाम के चौथे ख़लीफ़ा हज़रत अली ने उसे विजित किया।

1574. 'अल्लाह के सिवा कोई उपास्य नहीं' अर्थात् 'ईश्वर एक है'। यह इस्लामी धर्मसूत्र (कलिमः) का अंश है जो इस प्रकार है, 'ला इलाह इल्लल्लाह मुहम्मदर्रसूलुल्लाहि' जिसका अर्थ है, 'अल्लाह के सिवा कोई उपास्य नहीं'।

1575. मूल पाठ में 'देरमीर' जिसका अर्थ है 'देर से मरने वाला या तड़प-तड़पकर मरने वाला' या 'सख़्त जान, जो मुश्किल से मरता है'। यहाँ 'सख़्त जान' (मूल पाठ में 'देरमीर') से आशय 'मुसलमान क़ौम' है।

1576. मूल पाठ में 'निदा-ए-जमाल' जिसका अर्थ है 'सौन्दर्य की आवाज़' या 'सौन्दर्यवाणी' (Voice of Beauty) अर्थात् 'ईश्वरीय वाणी'।

1577. मूल पाठ में 'साज़गार आमद' जिसका अर्थ है 'अनुकूल पड़ा, पसंद आया, अनुकूल या उपयुक्त था'।

1578. मूल पाठ में 'बूदन' जिसका अर्थ है 'होना, अस्तित्व में आना, ज़िन्दा रहना'।

लेना है अपना अंश सौन्दर्य से ईश्वरास्तित्व के।[1579]
सृजन करना?[1580] तलाश एक प्रेमपात्र की
प्रकट करना दूसरे पर ख़ुदी को[1581] अपनी।
यह सकल कोलाहल अस्तित्व जगत्[1582] का
आया नहीं अस्तित्व में हमारे सौन्दर्य के बिना।
जीवन है नश्वर भी और अनश्वर भी
यह पूर्णतया सृजनशीलता[1583] है और उत्कण्ठितता[1584] भी।
क्या तू जीवित है? उत्कण्ठावान् बन, सृजनकर्त्ता बन
हमारी तरह सकल सृष्टि का वशीकर्त्ता बन।[1585]
तेरे उपयुक्त चित्र जो न हो उसको तोड़ दे
अन्तःकरण में एक अन्य जगत् सृजित कर अपने।
स्वतन्त्र दास को क्लेशप्रद है लगता
दुनिया में दूसरों का जीवन गुज़ारना।
वह कि जिसमें है नहीं शक्ति सृजन की
हमारे समक्ष है वह मात्र काफ़िर और विधर्मी।
हमारे सौन्दर्य से हिस्सा लिया नहीं जिसने
जीवन-तरु का फल खाया नहीं उसने।
ऐ ईश्वरभक्त! खड्ग सदृश विदीर्णकारी बन
स्वयं तू नियति अपने जगत् की बन।

1579. मूल पाठ में 'अज़ जमाले ज़ाते हक़ बुर्दन नसीब' जिसका अर्थ है 'ईश्वर (हक़) के अस्तित्व (ज़ात) के सौन्दर्य (जमाल) से अपना हिस्सा (नसीब) लेना'। आशय यह है कि अस्तित्व में आना या ज़िन्दा होने का उद्देश्य है, स्वयं में ईश्वरीय गुण पैदा करना।

1580. मूल पाठ में 'आफ़रीदन' जिसका अर्थ है 'पैदा करना, उत्पन्न करना, सृजन करना'।

1581. मूल पाठ में 'ख़ेश रा' जिसका अर्थ है 'स्वयं को, आत्मन् को, अहं को, ख़ुदी को'।

1582. मूल पाठ में 'हस्तो बूद' जिसका शाब्दिक अर्थ 'है और था' है, किन्तु इसका तात्पर्य 'सृष्टि या अस्तित्व जगत्' है।

1583. मूल पाठ में 'ख़ल्लाक़ी' जिसका अर्थ है 'सृजनकारिया या सृजनशीलता' (Creativeness)।

1584. मूल पाठ में 'मुश्ताक़ी' जिसका अर्थ है 'उत्कण्ठायुक्तता या उत्कण्ठितता'।

1585. मूल पाठ में 'हमचू मा गीरिन्दःरा आफाक़ शव' जिसका अर्थ है 'हमारी (ईश्वर की) तरह आकाशों के किनारों (आफाक़) को, अर्थात् सकल सृष्टि को पकड़ने वाला या कब्ज़े में लेने वाला अर्थात् वशीकर्त्ता बन'।

ज़िन्दारूद

क्या है विधान रंग और गंध के जगत् का
सिवा इसके कि बहा हुआ पानी नदी में वापस नहीं आता।
जीवन में इच्छा नहीं है पुनरावृत्ति की
प्रकृति उसकी अभ्यस्त नहीं है पुनरावृत्ति की।
आकाश तले अनुचित है प्रत्यागमन उसका
होता नहीं उत्थान पतन-प्राप्त क़ौम का।
जब हो गया एक राष्ट्र मृत उठता नहीं वह क़ब्र से
क़ब्र और सब्र के सिवा क्या उपाय है पास उसके?

सौन्दर्यवाणी

साँस का मात्र आना-जाना ही जीवन नहीं
जीवन्त[1586] और अनश्वर[1587] से उत्पत्ति है उसकी।
आत्मा का सामीप्य उससे "मैं तुम्हारे समीप हूँ"[1588] कहा जिसने
प्राप्त करना है भाग अपना चिरन्तन जीवन से।
ईश्वरगुणोपेत हो जाता है व्यक्ति तौहीद से[1589]
सर्वशक्तिमान् हो जाती है क़ौम तौहीद से।

1586. मूल पाठ में 'हय्युन' जिसका अर्थ है 'जीवन्त' (Living)। 'हय्युन' ईश्वर के 99 सुन्दर नामों (अस्माउल् हुस्ना) में से एक है।

1587. मूल पाठ में 'क़य्यूमुन' जिसका अर्थ है 'शाश्वत, अनश्वर'। यह भी ईश्वर के 99 सुन्दर नामों में से एक है।

1588. मूल पाठ में 'इन्नी करीबुन' जिसका अर्थ है 'मैं (ईश्वर) तुम्हारे समीप हूँ'। यह क़ुरआन (2:186) की आयत का अंश है।

1589. मूल पाठ में 'फर्द अज़ तौहीद लाहूती शवद' जिसका अर्थ है 'व्यक्ति तौहीद (ईश्वर को एक मानने का सिद्धान्त) से ईश्वरीय गुणों से युक्त (मूल पाठ में 'लाहूती') अर्थात् ईश्वरगुणोपेत हो जाता है'।

बायज़ीद,[1590] शिब्ली[1591] और अबूज़र[1592] हैं उसी से
क़ौमों के लिए तुग़रिल[1593] और संजर[1594] हैं उसी से।
स्थायित्व नहीं मनुष्य को दिव्य-प्रकाश[1595] के बिना
जीवन है व्यक्ति और क़ौम के निमित्त हमारी प्रव्यंजना।[1596]
तौहीद से दोनों प्राप्त होते हैं पूर्णता को
जीवन है प्रताप[1597] क़ौम को, सौन्दर्य [1598] व्यक्ति को।
यह[1599] है सुलेमानी[1600] और वह[1601] है सल्मानी[1602]
वह[1603] सकल दरवेशी है और यह[1604] है सुल्तानी।[1605]

1590. बायज़ीद बिस्तामी के नाम से प्रसिद्ध हैं। यह दूसरी और तीसरी हिजरी के एक महान् सूफी थे। उनके दादा ने मजूसी धर्म त्याग कर इस्लाम स्वीकार किया था। बायज़ीद ने तसव्वुफ की दीक्षा अबू अली अलसन्दी से ली थी। प्रसिद्ध सूफी हज़रत जुनैद बग़दादी ने बायज़ीद के बारे में कहा था, 'बायज़ीद का अस्तित्व हमारे बीच ऐसा है जैसे फ़रिश्तों में जिब्रील का अस्तित्व।'

1591. अबू बक्र शिब्ली 247 हिजरी में बग़दाद में पैदा हुये थे। अपने ज़माने के प्रसिद्ध सूफी थे। वह प्रसिद्ध सूफी सन्त हज़रत जुनैद बग़दादी के शिष्य थे। 334 हिजरी में बग़दाद में शिब्ली की मृत्यु हुयी।

1592. अबू ज़र ग़िफारी पैग़म्बर हज़रत मुहम्मद (स.अ. व स.) के सहाबियों (साथियों) में बहुत प्रसिद्ध हैं। उनकी महानता का अन्दाज़ा हज़रत मुहम्मद (स.अ. व स.) के इस कथन से लगाया जा सकता है, 'आसमान के नीचे और धरती के ऊपर अबू ज़र से सच्चा कोई नहीं।' सन् 311 हिजरी में अबू ज़र की मृत्यु हुयी।

1593. पूरा नाम रुक्नुद्दीन अबू तालिब मुहम्मद बिन मीकाईल था। वह ईरान के सल्जूक़ी ख़ानदान का पहला बादशाह था।

1594. संजर भी सल्जूक़ी ख़ानदान का बादशाह था। तुग़रिल और संजर अत्यन्त प्रतापी एवं वैभवशाली शासक थे।

1595. मूल पाठ में 'तजल्ली' जिसका अर्थ है 'प्रभु-प्रकाश या दिव्य-प्रकाश' (Epiphany)।

1596. मूल पाठ में 'जल्व:' जिसका अर्थ है 'प्रव्यंजना, प्रकटीकरण, प्रकटन' (Manifestation)।

1597. मूल पाठ में 'जलाल' जिसका अर्थ है 'प्रताप, महिमा, तेज' (Majesty)।

1598. मूल पाठ में 'जमाल' जिसका अर्थ है 'सुन्दरता, चारुता, सौन्दर्य' (Beauty)।

1599. 'जलाल' अर्थात् 'प्रताप'।

1600. सुलेमान (Soloman) से संबंधित। हज़रत सुलेमान (Soloman) पैग़म्बर और बादशाह थे। यहाँ सुलेमानी का अर्थ बादशाहत है।

1601. 'जमाल' अर्थात् 'सौन्दर्य '।

1602. हज़रत सल्मान फ़ारसी पैग़म्बर हज़रत मुहम्मद (स.अ. व स.) के सहाबी थे। वह बहुत बड़े ईश्वरभक्त और दरवेश थे। अत: यहाँ सल्मानी का अर्थ दरवेशी है।

1603. सल्मानी।

1604. सुलेमानी।

1605. बादशाहत।

वह[1606] महसूस करता है एक को,[1607] इसमें[1608] आ जाती है जिससे[1609] एकता
संसार में उसके[1610] साथ बैठ, और इसके[1611] साथ जीवन बिता।

ऐ 'ला इलाह'[1612] कहने वाले क्या तू जानता है मिल्लत है क्या
हज़ारों आँखों के साथ होना है एक निगाह का।[1613]
सत्यनिष्ठों[1614] का प्रमाण और दावा होता है एक
"हमारे ख़ेमे हैं अलग-अलग, दिल हैं हमारे एक"।[1615]
दृष्टि के एकत्व से[1616] कण बन जाते हैं सूरज
एकदृष्टिकोणवान्[1617] बन ताकि देखे ईश्वर को निरावरण।
तिरस्कार से न देख एकत्व को दृष्टि के
दिव्य-ज्योतियाँ[1618] हैं यह एकत्व की ईश्वर के।[1619]
एकत्व में एक क़ौम जब होती है मदमत्त
शक्ति और प्रभुता उसको होती है हस्तगत।

1606. मूल पाठ में 'आँ' जिसका अर्थ है 'वह' यहाँ जिसका आशय 'व्यक्ति' है।
1607. मूल पाठ में 'यकी' जिसका अर्थ है 'एकाकी' को अर्थात् 'ईश्वर' को।
1608. क़ौम में।
1609. तौहीद के आस्था से।
1610. 'एकेश्वरवादी' अर्थात् 'तौहीद में विश्वास करनेवाला व्यक्ति'।
1611. एक ईश्वर में विश्वास करनेवाली क़ौम।
1612. 'अल्लाह के सिवा कोई उपास्य (ईश्वर) नहीं'।
1613. आशय यह है कि समाज में व्यक्ति तरह-तरह के भले ही हों, किन्तु उनमें एक दृष्टिकोण होना चाहिये और तौहीद की यही शिक्षा है। दूसरे शब्दों में, समाज के विभिन्न व्यक्तियों में दृष्टिकोण एवं वैचारिक एकता होनी चाहिये।
1614. मूल पाठ में 'अह्ले हक़' जिसका अर्थ है 'सत्यनिष्ठ लोग, ईमानदार लोग, ईश्वर भक्त'।
1615. एक अरबी कहावत है।
1616. मूल पाठ में 'यकनिगाही' जिसका अर्थ है 'अवलोकन का एकत्व' (Unity of Vision) या 'समानदर्शिता या एकदर्शिता या दृष्टि का एकत्व'।
1617. मूल पाठ में 'यक निगह शव' जिसका अर्थ है 'एक निगाह वाला बन' अर्थात 'एकदर्शी या समदर्शी या समतादर्शी अथवा एक दृष्टिकोण बन या वैचारिक एकत्व से सम्पन्न हो जा'।
1618. मूल पाठ में 'तजल्लीहाए' जिसका अर्थ है 'तजल्लियों अर्थात् दिव्य आभाओं' अर्थात् 'ईश्वरीय या दिव्य ज्योतियों' (Epiphanies)।
1619. मूल पाठ में 'तौहीद' जिसका अर्थ है 'ईश्वर का एकत्व' (Oneness of God)।

समुदाय[1620] में है अस्तित्व आत्मा का क़ौम[1621] की[1622]
शरीर की मोहताज नहीं है आत्मा क़ौम[1623] की।[1624]
चूँकि साहचर्य से अभिव्यक्त उसका[1625] होता है अस्तित्व
मर जाती है वह जब साहचर्य का बंधन होता है खंडित।
क्या मृत है तू? दृष्टि के एकत्व से हो जा तू जीवित
केन्द्रहीनता को छोड़कर तू प्राप्त कर ले स्थायित्व।
विचार और कर्म का एकत्व कर पैदा
ताकि तुझे संसार में प्राप्त हो जाय प्रभुसत्ता।

ज़िन्दारूद

मैं कौन हूँ? तू कौन है? जगत् है कहाँ?
मेरे और तेरे मध्य में दूरी है क्यों?
बंधन में नियति के बता मैं क्यों हूँ?
तू तो नहीं मरता, मर जाता मैं क्यों हूँ?

सौन्दर्यवाणी

रहा है तू अन्दर में चतुर्दिशिक जगत् के[1626]
समाविष्ट उसमें जो होता है वह मर जाता है उसमें।

1620. मूल पाठ में 'अंजुमन' जिसका अर्थ है 'सभा, समिति, संघ, समुदाय'।
1621. मूल पाठ में 'मिल्लह' जिसका अर्थ है 'क़ौम या राष्ट्र'।
1622. आशय यह है कि किसी क़ौम की आत्मा की अभिव्यक्ति सामुदायिक जीवन (Community Life) में होती है।
1623. मूल पाठ में 'मिल्लत' जिसका अर्थ है 'क़ौम या राष्ट्र'।
1624. आशय यह है कि क़ौम (मिल्लत या राष्ट्र) व्यक्तियों के शरीरों के समूह का नाम नहीं है (यानी भीड़ से मिल्लत नहीं बनती), बल्कि व्यक्तियों के विचारों एवं वैचारिक दृष्टिकोणों के एकत्व का नाम क़ौम, मिल्लत या राष्ट्र है।
1625. क़ौम या मिल्लत का।
1626. मूल पाठ में 'अन्दर जहाने चार सू' जिसका शाब्दिक अर्थ है 'चार दिशाओं वाले जगत् में' जिसका आशय 'दिक् और काल का जगत्' (World of Time and Space) है।

चाहता है ज़िन्दगी तो कर ख़ुदी को अग्रसर
चारों दिशाओं को[1627] अपने अन्दर निमग्न कर।
मैं कौन हूँ, तू कौन है फिर तू देखेगा
तू जगत् में कैसे मरा, और कैसे जीवित रहा।

ज़िन्दारूद

इस अज्ञानी व्यक्ति की स्वीकार कर क्षमा-याचना
पर्दे को दे हटा नियति के चेहरे से।
इन्क़िलाब रूस और जर्मनी का देखा है मैंने
मुसलमान के अन्त:करण में कोलाहल देखा है मैंने।
देखीं हैं मैंने युक्तियाँ[1628] प्रतीची और प्राची की
दिखा दे मुझे नियतियाँ प्रतीची और प्राची की।

ईश्वरीय तेज की आभा का पड़ना[1629]

अचानक मैंने देखा अपना जगत्
वह पृथ्वी और वह अपना गगन।
उषा वर्ण के प्रकाश में निमग्न देखा मैंने उसे
मजीठा[1630] की तरह सुर्ख़ वर्ण देखा मैंने उसे।
प्रभु प्रकाश[1631] से जो मेरी आत्मा पर पड़ा

1627. दिक् एवं काल (Time and Space) को।
1628. पूर्वी क़ौमों (राष्ट्रों) को साम्राज्यवाद एवं उपनिवेशवाद का शिकार बनाकर ग़ुलाम बनाने की युक्तियाँ।
1629. मूल पाठ में 'उफ्तादन तजल्ली-ए-जलाल' जिसका अर्थ है 'ईश्वरीय तेज (Divine Majesty) की ज्योति (तजल्ली) का पड़ना'।
1630. मजीठा एक सुर्ख रंग की लकड़ी होती है जिसे पानी में उबालकर उससे सुर्ख़ रंग प्राप्त करते हैं।
1631. दिव्य-ज्योतियों (Epiphanies) अर्थात् प्रभु-प्रकाश (Epiphany)।
1632. मूल पाठ में 'जल्व:' जिसका अर्थ है 'दिव्य-दर्शन' (Apparition)।

दिव्य-दर्शन[1632] से मस्त होकर मैं मूसा सदृश गिर पड़ा।
गुप्त रहस्यों को कर दिया प्रकट उसके प्रकाश ने
वाणी की शक्ति छीन ली मेरी जिह्वा से।
दिक्काल रहित जगत्[1633] के अन्तःकरण से
सुनाई पड़ी मर्मस्पर्शी आवाज़ एक।

"त्याग प्राची को, सम्मोहित न हो प्रतीची से[1634]
योग्य नहीं यह सब प्राचीन और अभिनव एक जई के।
वह नगीना[1635] जो तू हार गया है अहि्रमनों[1636] को
कर सकते नहीं गिरवी उसे सत्यनिष्ठ जिब्रील[1637] को।[1638]
जीवन समुदाय का संस्थापक है और उसका संरक्षक भी
ऐ तू जो क़ाफ़िले में है सबसे अलग रह, चल सबके साथ भी।[1639]
तू है अधिक ज्योतिर्मय, प्रकाशमान सूरज से भी
ऐसे व्यतीत कर जीवन कि हर कण तक पहुँचे छाया तेरी।
पड़े हुये तिनके की तरह राह में हवा के
सिकन्दर, दारा[1640], क़ुबाद[1641] और ख़ुसरो[1642] चले गये।
ओछेपन से तेरे बदनाम हो गयी मधुशाला
प्याला उठा, होशियारी से पी और चला जा।"

1633. मूल पाठ में 'आलमे बे चन्दो चूँ' जिसका शाब्दिक अर्थ है 'कितना (चन्द) और जब तक (चूँ) जगत् से रहित' अर्थात् 'परिमाण और गुण से रहित जगत्' जिसका आशय 'दिक्काल रहित जगत्' है।
1634. अल्लामा इक़बाल ने ये पंक्तियाँ अपनी फ़ारसी कृति 'ज़बूरे अजम' की एक ग़ज़ल से उद्धृत की है जो अत्यन्त समीचीन है और इसमें इक़बाल के प्रश्न का उत्तर भी निहित है।
1635. अंगूठी का नग। यहाँ 'नगीना' का आशय 'हृदय' है।
1636. ज़रतुस्ती धर्म में बदी के ख़ुदा को अह्रिमन कहते हैं। यहाँ 'अह्रिमनों' से आशय 'शैतानों' से है।
1637. जिब्रील फ़रिश्ता को अमीन (अमानतदार-Trusty) कहते हैं क्योंकि वह ईश्वर के संदेश(वह्इ) की अमानत रखता है।
1638. इस शे'र का आशय यह है कि हृदय ईश्वर का घर है उसमें जिब्रील जैरे महान् फ़रिश्ता को भी स्थान नहीं देना चाहिए, किन्तु तूने उसमें शैतान को बसा लिया है।
1639. तात्पर्य यह है कि व्यक्ति को अपने समुदाय, समाज से भी जुड़ा होना चाहिए और अपनी वैयक्तिकता का भी परिरक्षण करना चाहिए।
1640. 1641.1642. दारा, क़ुबाद और ख़ुसरो प्राचीन ईरान के बादशाह।

संदर्भ

1. प्रो. यूसुफ सलीम चिश्ती : जावेदनामा म'अ शर्ह : एतिक़ाद पब्लिशिंग हाउस, दिल्ली : 2000

2. मियाँ अब्दुल रशीद : कुल्लियाते इक़बाल फ़ारसी म'अ सलीस उर्दू तर्जुमा जिल्द 1 और 2 : शैख़ ग़ुलाम अली एण्ड सन्ज़; प्राइवेट लिमिटेड पब्लिशर्ज़, लाहौर : 1992

3. डॉ. अलिफ दाल नसीम और ग़ुलाम जीलानी मख़्दूम : कुल्लियाते इक़बाल फ़ारसी : उर्दू तर्जुमा और तशरीह : शैख़ मुहम्मद बशीर एण्ड सन्ज़, उर्दू बाज़ार, लाहौर : प्रकाशन का वर्ष नहीं दिया गया है।

4. Shaikh Mahmud Ahmad : The Pilgrimage of Eternity-Versified English Translation of Iqbal's Javid Nama : Institute of Islamic Culture, Lahore : 1961

5. Arthur J. Arberry : JavidNama : Translated from Persian with Introduction and Notes, George Allen & Unwin Ltd., London : 1966

6. Prof. Dr. Abdul Ghani : The English Translations of Iqbal's Poetry' : Bazm-i-Iqbal, Lahore : 2004

7. A.Q. Niaz : Iqbal's JavidNama : (Versified English Rendering) : Iqbal Academy Pakistan, Lahore 1984

8. सैयद नज़ीर नियाज़ी : दानाए-राज़, इक़बाल अकादमी, पाकिस्तान, लाहौर : 1988

9. सैयद नज़ीर नियाज़ी : इक़बाल के हुज़ूर : इक़बाल अकादमी, पाकिस्तान, लाहौर : 2000

10. अब्दुल्लाह शाह हाशमी : इक़बालियाते नज़ीर नियाज़ी: इक़बाल अकादमी, पाकिस्तान, लाहौर: 1996
11. डॉ. सैयद अब्दुल्लाह : मसाइले इक़बाल : मग़रिबी पाकिस्तान उर्दू अकादमी, लाहौर : 1987
12. डॉ. सैयद अब्दुल्लाह : मुतालअः-ए-इक़बाल के चन्द नये रुख़ : बज़्मे इक़बाल
13. डॉ. सैयद अब्दुल्लाह : मुता'ल्लिक़ाते ख़ुतबाते इक़बाल : इक़बाल अकादमी पाकिस्तान, लाहोर : 1977
14. अज़ीज़ अहमद : इक़बाल नई तशकील : एतिक़ाद पब्लिशिंग हाऊस, सुई वालान, दिल्ली, 1980
15. डॉ. मुहम्मद रियाज़ : जावेदनामा : तहक़ीक़ो तौज़ीह : इक़बाल अकादमी, पाकिस्तान, लाहौर:1988
16. डॉ. जावेद इक़बाल : ज़िन्दारूद : शैख़ ग़ुलाम अली एण्ड सन्ज़ पब्लिशर्ज़, लाहौर : 2002
17. मौलाना मुश्ताक़ अहमद : इक़बालियाते शोरिश सम्पादित : अहरार फाउन्डेशन, पाकिस्तान, लाहौर : 2003
18. विश्वनाथ नरवणे : आधुनिक भारतीय चिन्तन (दसवाँ अध्याय इक़बाल), पृष्ठ 321-342, राजकमल प्रकाशन, नई दिल्ली : 2003
19. मुज़्तर मजाज़ : जावेदनामा मंज़ूम तर्जुमा : इक़बाल अकादमी, हैदराबाद : 2000
20. प्रो. ज़हीर अहमद सिद्दीक़ी: अक्से जावेद-मंज़ूम उर्दू तर्जुमा म'अ मुक़द्दमा व हवाशी : बज़्मे इक़बाल, लाहौर : 1993
21. मुहम्मद हनीफ़ शाहिद : नज़रे इक़बाल : सर अब्दुल क़ादिर के मक़ालात, मुक़द्दमात और मकातीब का मजमूआ : बज़्मे इक़बाल, लाहौर : 1972
22. डॉ. मुहम्मद इक़बाल : इस्लाम में धार्मिक चिन्तन की पुनर्रचना, राधाकृष्ण प्रकाशन, नई दिल्ली : 1996
23. डॉ. जावेद इक़बाल : मै ए लाला फाम : इक़बाल अकादमी, पाकिस्तान : 2003

24. अब्दुल ग़फ़्फ़ार शकील : इक़बाल के नस्री अफ़कार (सम्पादित) : अन्जुमन तरक्की उर्दू (हिन्द), नई दिल्ली : 1977

25. सैयद अब्दुल वाहिद और मुहम्मद अब्दुल्लाह कुरैशी : मक़ालाते इक़बाल : आईना-ए-अदब, चौक मीनार, लाहौर : 1982

26. अमजद सलीम अलवी : इक़बालियात अज़ मौलाना ग़ुलाम रसूल मेह्र (सम्पादित) : मेह्र सन्ज़ (प्रा.) लिमिटेड, लाहौर : 1988

27. Herausgegen von Wolfgang Kohler : Mohammad Iqbal and the Three Realms of Spirit Vol. 3 in the series of publications by the German-Pakistan forum : Hamburg : 1977

28. Syed Abdul Vahid : Iqbal : His Art and Thought, Shaikh Muhammad Ashraf, Kashmiri Bazar, Lahore : 1948

29. Syed Abdul Vahid : Studies in Iqbal Shaikh Muhammad Ashraf, Kashmir Bazar, Lahore : 1976

30. Syed Abdul Vahid : Thoughts and Reflections of Iqbal : Shaikh Muhammad Ashraf, Lahore : 1992

31. Latif Ahmad Sherwani : Speeches, writings and statements of Iqbal : Iqbal Academy, Pakistan, Lahore : 1977

32. Miguel Asin Palacios : Islam and the Divine Comedy : Quasain, Khan Chambers, Moolchand Street, Lahore : 1977

33. Annemarie Schimmel : Gabriel's Wings : Iqbal Academy, Pakistan,. Lahore : 1989

34. Annemarie Schimmel : And Muhammad Is His Messenger : Vanguard Books Ltd,. Lahore : 1987

35. Dr. Sheila Mc. Donough : The Flame of Sinai : Hope and Vision of Iqbal : Iqbal Academy Pakistan, Lahore : 2002

36. Dr. Javid Iqbal : Stray Reflections : A Note Book of Allama Iqbal : Iqbal Academy, Pakistan Lahore, 1992

37. Marshall G.S. Hodgson : The Venture of Islam : Conscience and History in a World Civilization Vol.-3, Pages 347-52, The University of Chicago Press : Chicago and London : 1974

38. Bashir Ahmad Dar : Iqbal and Post-Kantian Voluntarism : Iqbal Academy, Pakistan, Lahore : 1965

39. Kenneth Cragg : Counsels in Contemporary Islam (Islamic Surveys, Vol.-3) : Edinburgh University press, Edinburgh : 1965

40. M. Saeed Shaikh : Studies In Iqbal's Thought And Art (Edited), Bazm-I-Iqbal, Lahore : 1987

41. Dr. Waheed Ishrat : Hundred Years of Iqbal Studies (Compiled) : Pakistan Academy of Letters : Islamabad : 2003.

❑